웨슬리언 신약개론
우리 신앙의 표준

kmc

차례

편집자 서문   006

제1장 제2성전기 유대교   011
1. 제2성전기의 역사   012
2. 쿰란-에세네 공동체와 사해문서   024

제2장 신약성서의 배경   033
1. 그리스-로마 문화   035
2. 신약성서 정경화   043
3. 영지주의와 신약외경   051

제3장 비평 방법론 - 이론과 연습   061
1. 서론   062
2. 역사비평적 해석을 위한 기초 이해   065
3. 양식비평   067
4. 편집비평   071
5. 사회학적 해석 방법   077
6. 나가는 말   080

제4장 웨슬리와 함께 읽는 마태복음   085
I. 마태복음을 이해하기 위한 배경   086
II. 마태복음 함께 읽기   092
III. 웨슬리와 함께 읽는 마태복음   116

제5장 웨슬리와 함께 읽는 마가복음   123
I. 마가복음을 이해하기 위한 배경   124
II. 마가복음 함께 읽기   128
III. 웨슬리와 함께 읽는 마가복음   144

제6장 누가문서 - 누가복음, 사도행전   149
1. 웨슬리와 함께 읽는 누가복음
I. 누가복음을 이해하기 위한 배경   150
II. 누가복음 함께 읽기   154
III. 웨슬리와 함께 읽는 누가복음   162

2. 웨슬리와 함께 읽는 사도행전
I. 사도행전을 이해하기 위한 배경   165
II. 사도행전 함께 읽기   167
III. 웨슬리와 함께 읽는 사도행전   180

제7장 요한복음, 요한1서, 요한2서, 요한3서(공동서신)   183
1. 웨슬리와 함께 읽는 요한복음
I. 요한복음을 이해하기 위한 배경   185
II. 요한복음 함께 읽기   187
III. 웨슬리와 함께 읽는 요한복음   196
2. 웨슬리와 함께 읽는 요한1서
I. 요한1서를 이해하기 위한 배경   197
II. 요한1서 함께 읽기   200
III. 웨슬리와 함께 읽는 요한1서   204
3. 웨슬리와 함께 읽는 요한2서
I. 요한2서를 이해하기 위한 배경   206
II. 요한2서 함께 읽기   208
III. 웨슬리와 함께 읽는 요한2서   211
4. 웨슬리와 함께 읽는 요한3서
I. 요한3서를 이해하기 위한 배경   212
II. 요한3서 함께 읽기   213
III. 웨슬리와 함께 읽는 요한3서   217

제8장 역사 속의 예수와 바울   219
I. 역사 속의 예수(역사적 예수)   220
II. 사도 바울의 역사(역사적 바울)   241

제9장 바울서신 1 - 로마서, 갈라디아서   245
1. 웨슬리와 함께 읽는 로마서
I. 로마서를 이해하기 위한 배경   246
II. 로마서 함께 읽기   249
III. 웨슬리와 함께 읽는 로마서   256
2. 웨슬리와 함께 읽는 갈라디아서
I. 갈라디아서를 이해하기 위한 배경   259
II. 갈라디아서 함께 읽기   263
III. 웨슬리와 함께 읽는 갈라디아서   268

제10장 바울서신 2 - 고린도전·후서   271
1. 웨슬리와 함께 읽는 고린도전서
I. 고린도전서를 이해하기 위한 배경   272
II. 고린도전서 함께 읽기   274
III. 웨슬리와 함께 읽는 고린도전서   281

차례

2. 웨슬리와 함께 읽는 고린도후서
- I. 고린도후서를 이해하기 위한 배경 … 284
- II. 고린도후서 함께 읽기 … 287
- III. 웨슬리와 함께 읽는 고린도후서 … 290

제11장 바울서신 3 - 에베소서, 빌립보서, 골로새서, 데살로니가전·후서, 디모데전·후서, 디도서, 빌레몬서 … 295

1. 웨슬리와 함께 읽는 에베소서
- I. 에베소서를 이해하기 위한 배경 … 296
- II. 에베소서 함께 읽기 … 298
- III. 웨슬리와 함께 읽는 에베소서 … 302

2. 웨슬리와 함께 읽는 빌립보서
- I. 빌립보서를 이해하기 위한 배경 … 303
- II. 빌립보서 함께 읽기 … 307
- III. 웨슬리와 함께 읽는 빌립보서 … 311

3. 웨슬리와 함께 읽는 골로새서
- I. 골로새서를 이해하기 위한 배경 … 314
- II. 골로새서 함께 읽기 … 317
- III. 웨슬리와 함께 읽는 골로새서 … 320

4. 웨슬리와 함께 읽는 데살로니가전서
- I. 데살로니가전서를 이해하기 위한 배경 … 322
- II. 데살로니가전서 함께 읽기 … 324
- III. 웨슬리와 함께 읽는 데살로니가전서 … 327

5. 웨슬리와 함께 읽는 데살로니가후서
- I. 데살로니가후서를 이해하기 위한 배경 … 330
- II. 데살로니가후서 함께 읽기 … 332
- III. 웨슬리와 함께 읽는 데살로니가후서 … 334

6. 웨슬리와 함께 읽는 목회서신(디모데전·후서, 디도서)
- I. 목회서신을 이해하기 위한 배경 … 336
- II. 목회서신 함께 읽기 … 337
- III. 웨슬리와 함께 읽는 목회서신 … 343

7. 웨슬리와 함께 읽는 빌레몬서
- I. 빌레몬서를 이해하기 위한 배경 … 345
- II. 빌레몬서 함께 읽기 … 348
- III. 웨슬리와 함께 읽는 빌레몬서 … 349

제12장 히브리서와 공동서신 353
1. 웨슬리와 함께 읽는 히브리서
   I. 히브리서를 이해하기 위한 배경 354
   II. 히브리서 함께 읽기 358
   III. 웨슬리와 함께 읽는 히브리서 365

2. 웨슬리와 함께 읽는 야고보서
   I. 야고보서를 이해하기 위한 배경 368
   II. 야고보서 함께 읽기 370
   III. 웨슬리와 함께 읽는 야고보서 373

3. 웨슬리와 함께 읽는 베드로전서
   I. 베드로전서를 이해하기 위한 배경 375
   II. 베드로전서 함께 읽기 377
   III. 웨슬리와 함께 읽는 베드로전서 381

4. 웨슬리와 함께 읽는 베드로후서
   I. 베드로후서를 이해하기 위한 배경 383
   II. 베드로후서 함께 읽기 385
   III. 웨슬리와 함께 읽는 베드로후서 387

5. 웨슬리와 함께 읽는 유다서
   I. 유다서를 이해하기 위한 배경 389
   II. 유다서 함께 읽기 390

제13장 웨슬리와 함께 읽는 요한계시록 395
   I. 요한계시록을 이해하기 위한 배경 396
   II. 요한계시록 함께 읽기 400
   III. 웨슬리와 함께 읽는 요한계시록 421

제14장 웨슬리 신학과 신약성서 425
   1. 웨슬리의 삶과 감리회 신학의 형성 428
   2. 표준설교 435
   3. 웨슬리 신학과 구원의 여정 439
   4. 웨슬리 신학과 신약성서 451

참고문헌 454

편집자 서문

기독교대한감리회 『교리와 장정』(2023) 헌법 제1장 총칙 3조는 다음과 같이 선언한다.

> 감리회의 기초교리는 기독교 개신교파가 공통적으로 믿는 복음주의 신앙에 기초한다. 이 교리는 존 웨슬리의 설교와 강론 그리고 찬양시집과 우리 교회의 신앙적 개요[25개 종교강령], 교리적 선언[웨슬리 설교에 근거] 및 신앙 고백에 설명되어 있다.

여기에서 "설교"는 44편으로 된 웨슬리의 『표준설교』(1746, 1748, 1750, 1760)를 가리키고, "강론"은 웨슬리의 『신약성서주석』(1754)을 가리킨다. 또한 "찬양시집"은 찰스 웨슬리가 만든 찬송시선집을 가리키고, "신앙적 개요"는 25개 종교강령을 뜻한다. 25개로 이루어진 종교강령은 삼위일체, 참 하나님이시면서 참 인간이신 그리스도, 부활, 칭의, 자유의지와 선행은총, 성도의 타락과 회개를 통한 회복의 가능성 등 우리가 믿는 신앙 고백의 핵심들을 포함하는데, 여기에서 다섯 번째 항목으로 제시하는 것은 "구원의 필요 충분 표준인 성경"에 대한 고백이다. 종교 개혁의 전통 안에 있는 웨슬리언은 성경을 우리 신앙의 표준으로 삼는다.

1765년 5월 14일 일지에서 웨슬리는 1730년 옥스퍼드대학 홀리클럽(Holy Club) 시절을 회고하면서 자신은 "한 책의 사람"(homo unius libri)이 되기로 했다고 고백한다.

> 1730년, 나는 한 책의 사람이 되기 시작했다. 나는 비교적 다른 책은 안 보고 성경만 탐독했다. 그때 나는 오직 한 가지만이 필요하다는 사실, 즉 하나님과 이웃을 사랑함으로써 역사하는 믿음만이, 모든 내적, 외적 거룩함만이 필요하다는 사실을 그 어느 때보다도 분명하게 깨닫게 되었다. (1765. 5. 14. 일지)

웨슬리는 이 고백에서 성경의 핵심을 "하나님과 이웃을 사랑함으로써 역사하는 믿음", "모든 내적, 외적 거룩함"으로 보았다. 예수께서 밝히셨듯이(마 22:37-40), 모든 성경의 핵심은 하나님 사랑과 이웃 사랑이다. 그리고 이것을 통해 우리의 믿음이 참믿음이라는 것이 증명된다(갈 5:6). 하나님 사랑과 이웃 사랑을 다른 말로 표현하면 하나님 형상의 회복이요, 하나님 나라의 모습이다.

성경이 우리를 하나님 나라로 이끌어 주는 신앙의 표준임은 두말할 나위가 없다는 전제 아래 우리에게 주어진 일차적 과제는 "그렇다면 성경이 구체적으로 그 길을 어떻게 가르치고 있는가?"라는 질문에 대한 응답이다. 즉, 성경의 중요성과 필요성을 알았다면 다음으로 우리가 해야 할 중요한 과제는 성경 말씀을 바르게 읽고 해석하고 이해하는 것이다. 이런 바른 이해와 깨달음이 있어야 바른 실천이 가능하기 때문이다.

이런 차원에서 『우리 신앙의 표준 - 웨슬리언 신약개론』은 우리 웨슬리언이 어떻게 하나님 나라로 우리를 이끌어 주는 성경 말씀을 바르게 이해할 것인지 안내하는 가이드 역할을 할 것이다.

우리나라에도 신약성서를 안내해 주는 개론서가 참으로 많다. 그런데 왜 우리는 또 하나의 신약개론서를 만들었는가?

신약개론서는 많지만, 웨슬리언의 신학과 관점으로 신약성서를 해석하고 안내하는 책은 없기 때문이다. "성서를 성서 자체로 보아야지, 왜 웨슬리언의 관점으로 보는가?" "이렇게 보면 성서를 교단의 교리적 관점에서 해석하는 것이 아닌가?"라는 반문을 던질 수 있다. 그러나 성서는 해석되기 위해 우리 앞에 펼쳐져 있다. 성서 자체가 입을 열어서 우리에게 친절하게 구구절절 말씀을 해석해 주지 않는다. 만일 그랬다면 2천 년 기독교 역사에서 '성경책' 외에 다른 주석서나 성서 안내서, 심지어 성직자의 설교나 말씀 강해도 필요 없었을 것이다. 성서의 말씀은 2천 년 동안 수많은 사람에게 읽히고 해석되어 왔다. 그 어느 해석도 읽거나 해석하거나 선포하는 사람의 시각과 관점이 100퍼센트 배제된 것은 없다. 이것을 우리는 '오염되었다'라고 말하지 않고 '성령의 감동'과 '이성의 활용'이라고 표현한다.

『우리 신앙의 표준 - 웨슬리언 신약개론』의 탄생은 2023년 여름으로 거슬러 올라간다. 기독교대한감리회의 목회자를 양성하는 감리교신학대학교, 목원대학교, 협성대학교에서 신약성서를 가르치는 교수들이 모였고, 웨슬리언의 관점으로 신약성서를 안내하는 책을 함께 만들자고 뜻을 모았다. 그간 같은 감리교 목사를 배출하면서도 세 학교가 함께 무엇인가 의미 있는 결과를 만들어 낸 것은 그리 많지 않았다. 그러나 이번에 신약성서 개론서를 함께 만드는 작업을 통해 감신대 목사, 목원대 목사, 협성대 목사가 아닌 기독교대한감리회 목사를 배출하는 데 이 책이 이바지하게 하자는 목소리가 모였다.

이 작업에 참여한 감리교 신약 성서학자는 다음과 같다. 감리교신학대학교의 임진수, 김충연, 박성호 교수, 목원대학교의 박찬웅 교수 그리고 협성대학교의 양재훈, 신동욱 교수이다. 이 여섯 명의 감리교 신약 성서학자들이 함께 자신의 전공 분야를 살려서 각각 저술했다. 그 저술 내용은 다음과 같다.

제1장 제2성전기 유대교: 제2성전기의 역사(박찬웅), 쿰란-에세네 공동체와 사해문서(양재훈)
제2장 신약성서의 배경: 그리스-로마 문화(박찬웅), 신약성서 정경화(신동욱), 영지주의와 신약외경(양재훈)
제3장 비평 방법론 – 이론과 연습(박찬웅)
제4장 마태복음(양재훈)
제5장 마가복음(박찬웅)
제6장 누가문서 - 누가복음, 사도행전(김충연)
제7장 요한복음, 요한1,2,3서(공동서신)(임진수)
제8장 역사 속의 예수와 바울(신동욱)
제9장 바울서신 1 - 로마서, 갈라디아서(박성호)
제10장 바울서신 2 - 고린도전·후서(박성호)
제11장 바울서신 3 - 빌립보서, 빌레몬서, 데살로니가전·후서(박성호), 에베소서, 골로새서, 목회서신(임진수)
제12장 히브리서와 공동서신 - 히브리서(박찬웅), 야고보서, 베드로전·후서, 유다서(김충연)
제13장 요한계시록(신동욱)
제14장 웨슬리 신학과 신약성서(양재훈)

아울러 이 프로젝트는 세 감리교 신학교의 하나 됨을 넘어서 한국감리교회의 하나 됨도 생각했다. 그래서 이 작업에 각 학교 출신 목회자들과 그들이 사역하는 여러 교회가 함께 지원함으로써 이 일에 동참했다. 이 작업에 동참한 각 학교 동문 목회자와 그들이 섬기는 교회는 다음과 같다.

감신대: 일산광림교회(박동찬 목사), 목원대: 목원대학교회(김홍관 목사), 빛가온교회(서길원 목사), 서울은혜교회(서동원 목사), 제자들교회(김동현 목사), 협성대: 갈월교회(이병칠 목사), 강화제일교회(이주호 목사), 제암교회(최용 목사), 주사랑교회(조성범 목사), 천안목천교회(박하종 목사), 청령포교회(구자성 목사), 하늘꿈교회(신용대 목사)

이 책은 한국의 모든 성도에게 신약성서를 제대로 이해하도록 돕는 데 목적이 있다. 특히 신약성서를 깊이 공부하고자 하는 목회자와 신학생에게 도움을 주려고 만들었다.

이 책은 앞부분에서 신약성서를 이해하기 위한 역사 문화적 배경을 다루었다. 신약성서 배열은 저술 연대 순서나 학문적 논의 순서가 아니라 가능한 한 신약성서 정경 구성의 순서로 구성했다. 그 이유는 이 책이 연구 목적 외에도 교회 신앙 공동체의 신앙 고백과 성서가 가진 신앙의 경전으로서의 정체성을 존중하기 위함이다. 각 장은 그 성서를 이해하기 위한 배경과 각 책의 내용을 중심으로 다루었고, 후반부에는 그 성서를 웨슬리언의 관점으로 어떻게 볼 수 있는지, 오늘날 한국 교회에 어떤 시사점을 던져주는지, 함께 무엇을 더 고민할 수 있는지 생각할 주제들을 넣었다. 이렇게 함으로써 각 성서를 학문적으로, 신앙 고백적으로, 특히 웨슬리언의 관점으로 접근함으로써 균형 잡힌 시각으로 신약성서를 읽으려 했다.

아무쪼록 이 책을 읽는 독자가 이 책을 통해 성서를 바로 읽어서 하나님의 말씀으로 변화되며, 하나님과 이웃을 사랑하는 '사랑으로 역사하는 믿음'(갈 5:6)의 사람으로서 이 땅에 하나님 나라가 임하도록 하는 역할을 감당하게 되기를 기도한다.

편집자 **양재훈**

제 1 장

제2성전기 유대교

제2성전기 유대교

> **이 장에서 함께 공부할 주요 내용**
> - 제2성전기 유대교의 특징은 무엇인가?
> - 제2성전기의 시대적 흐름은 어떠한가?
> - 중요한 연도에 대해, 유대인들이 관계했던 제국들에 대해 알고 있는가?
> - 제2성전기의 시대적 배경은 신약성서와 어떻게 관련되는가?
>
> **키워드:** 제2성전기 유대교, 페르시아 제국, 헬레니즘 제국, 마카베오스 혁명, 하스모네아 왕조, 쿰란-에세네파, 사해문서

1. 제2성전기의 역사

1) 제2성전기 개념

신약성서를 깊이 있게 이해하기 위해서는 신약성서가 기록된 배경을 잘 알아야 한다. 그런데 어느 정도의 배경을 알아야 하는지, 적어도 어떤 부분을 파악해야 하는지에 관해서 막막하게 여기는 사람이 많다. 이 장의 제목 '제2성전기 유대교'에서 엿볼 수 있듯이, 신약성서의 형성 배경을 이해하기 위해서는 이스라엘의 두 번째 성전이 세워진 시기 이후부터 신약성서의 문서들이 작성되고 유포되었던 시기까지의 모든 시간이 중요하다. 그러므로 신약성서를 제대로 이해하고자 하는 독자는 자세한 역사를 최대한 암기하도록 노력해야 한다. 물론 이 한 장으로 자세한 내용을 모두 다룰 수는 없다. 배경사에 관한 자세한 내

용에 관심 있는 독자는 다른 전문적인 서적이나 이 장에서 인용한 자료들을 검토할 것을 권한다. 이 책에서는 아주 간략한 핵심 내용만 언급할 것이다.

　역사상 이스라엘 민족은 거룩한 도시 예루살렘에 공식적으로 두 개의 성전을 건립했다. 첫 번째 성전은 기원전 10세기 말에 솔로몬 왕이 건축했는데, 이 솔로몬 성전은 바빌론 제국 느부갓네살 왕의 공격으로 기원전 587년에 무너지고 이스라엘 백성의 일부는 바빌론 제국에 의해 포로로 끌려가게 된다(바빌론 유수). 이후 페르시아(바사)가 바빌론 제국을 무너뜨리고 세상을 지배하는 새로운 제국이 되자, 바빌론 포로기는 끝났다. 페르시아의 고레스(키루스, Cyrus the Great) 왕은 바빌론에 거주하던 유대인들이 본국으로 귀향하도록 명(고레스 칙령)을 내렸고, 돌아온 유대인들은 무너진 성전 터에 두 번째 성전인 스룹바벨 성전을 건축했다. 이 두 번째 성전은 기원전 515년에 완공되었는데, 이를 가리켜 제2성전이라고 부른다. 이후 한참의 세월이 지나 헤롯 대왕이 기원전 19년부터 제2성전을 전면적으로 개축하면서 그 규모를 크게 확장했다. 헤롯 대왕이 시작한 공사는 그가 사망한 이후에도 계속되었고 기원후 63년에 마무리되었다. 이 헤롯 성전은 완공된 이후 불과 7년이 지난 기원후 70년에 유대-로마 전쟁 중에 로마제국에 의해 파괴됨으로써 제2성전기는 끝난다.

　'제2성전기 유대교'라는 말이 중요하게 거론되는 데는 여러 가지 이유가 있지만, 가장 쉽게 이해하려면 첫 번째 솔로몬 성전이 존재했던 시기(제1성전기)에는 이스라엘 국가가 종교적 체제의 중심인 성전도 갖고 있었고, 동시에 정치적 체제의 중심인 독립적 다윗 왕조도 갖고 있었다는 점을 기억해야 한다. 반면에 두 번째 성전이 세워진 제2성전기 시기에는 정치적 주권이 박탈된 채 종교적 주권의 상징인 성전만이 존재하게 되었다는 차이점이 있다. 제2성전기의 유대인들은 정치적, 종교적 주권을 모두 갖고 있었던 과거의 역사를 회상하면서 오직 종교적 자치권만 남게 된 현실에 순응하는 삶을 이어갈 수밖에 없었다. 따라서 과거의 역사와 비교하여 새로운 전환점을 맞게 된 시대가 되었음을 강조하기 위해 '제2성전기 유대교'라는 개념이 사용된다.

바빌론 포로로 잡혀갔던 유대인들 가운데 일부는 귀향했지만, 일부는 이국땅에 남았고, 또 일부는 다른 신흥 도시들로 이주했다. 귀향하지 않은 이 유대인들을 '흩어져 있음'을 의미하는 그리스어로 '디아스포라'(diaspora) 유대인들이라고 부르며, 이후 그리스-로마 시대에는 이들을 '헬레니즘적 유대인들'(the Hellenistic Jews)이라고도 일컫는다(또는 헬라파 유대인들이라고도 부른다). 이렇게 세계 각지에 흩어진 유대인들은 회당을 건설하고 회당에서 구약성서 연구 및 새로운 종교적 활동을 펼침으로써 여러 지역에서 유대교 사상의 다양성이 구축되는 데 이바지했다. 우리가 '제2성전기 유대교'라는 개념을 중시하는 이유는 바로 이런 지점과 관련된다. 즉, 제1성전기와 비교하여 제2성전기 유대교는 커다란 변화를 겪게 되었다. 더는 정치적 독립은 불가능한 상황이었지만, 그럼에도 불구하고 유대인들은 정체성을 유지하기 위해 성전 중심의 그리고 그 성전의 실질적 대표자인 대제사장 중심의 체제를 형성하고 강화할 수밖에 없었다. 또한 페르시아 제국의 지배 이후 헬레니즘 제국, 로마제국의 식민지로 전락한 시대에는 유대인들이 이전에는 경험하지 못했던 새로운 환경에 직면하여 유대인 사회에 일련의 변화의 물결이 크게 일어났다. 다음에서는 페르시아 제국, 헬레니즘 제국, 로마제국의 지배기를 잇달아 경험했던 제2성전기의 시대적 배경에 관해서 간략하게 설명하려고 한다.

2) 페르시아 제국 시대

기원전 539년경, 바빌론 제국을 무너뜨렸던 페르시아 제국은 알렉산드로스 대왕의 헬레니즘 제국에게 패권을 넘겨줄 때까지 약 2백 년 이상 동방 세계의 지배자로 군림했다. 페르시아 제국의 첫 번째 왕인 고레스는 이전 제국들의 왕에 비해 상당히 관용적인 통치자로 평가되곤 한다. 그의 포로 송환령 덕분에 바빌론에 끌려간 유대인들은 고향으로 귀환했으며(스 1:5), 또한 그는 식민지 지역의 전통 종교를 회복하고 장려하는 정책을 통해 포로기 이후 본토 유대교가 발전할 수 있는 길을 열어주었다(대하 36:22-23; 스 6:3-12). 이후

다리오 왕 시대에는 다윗 가문 사람으로 페르시아의 총독이었던 스룹바벨의 지휘 아래 제2성전이 건축되었다(대상 3:1; 스 3:2; 학 1:1 참조).[1]

성전 재건의 성공만이 아니라 페르시아 제국의 여러 정책과 문화는 유대교의 변화와 발전의 기틀이 되었다고 볼 수 있다. 페르시아 제국은 유대인들이 사용한 아람어를 공식적 언어로 인정함으로써 신약 시대에 이르기까지 유대인들이 널리 사용한 아람어를 통해 유대교의 정신적, 문화적 통일성이 유지되는 일을 가능하게 했다(왕하 18:26; 스 4:7 참조). 페르시아의 발전된 도로망과 우편망을 통해 과거보다 이동과 정보 교류가 더 활발해졌고(슥 1:8-11 참조), 예루살렘은 성전 도시로서 상업적, 경제적 면에서도 발전하기 시작했으며, 당연하게도 이런 발전의 이면에는 빈부 격차의 심화와 같은 부정적인 현상도 수반되었다(느 5:1-2 참조).

신앙을 중심으로 한 사회적 조직 면에서도 의미 있는 진전이 있었다. 한편으로는 율법학자, 제사장들을 중심으로 한 지배적 집단과 다른 한편으로는 비(非)성직 계층인 장로 회의(게루시아)가 있었는데, 이 가운데 장로 회의가 후대 공회(산헤드린)의 기원인 것인지는 분명하지 않다. 페르시아 제국 시대의 유대인들의 사회상을 분석하고 평가하는 데는 다양한 견해가 있지만, 포로기 이후 유대인 사회를 재편하는 과정에서 통합적인 측면과 분열적인 측면이 공존했다고 볼 수도 있다. 예컨대 한편으로는 예루살렘 성전 중심의 신학도 발전했지만, 다른 한편으로는 디아스포라 지역의 회당들에서 이루어진 예배를 통해 개인적인 경건을 강조하는 신학이 발전함으로써 팔레스타인 본토에도 영향을 주었다고 볼 수 있다. 또한 다양한 유형의 신학이 발전함으로써 헬레니즘 시대를 거쳐 유대인의 신학과 사상이 변화하고 발전하는 과정으로 이어졌다.[2]

3) 헬레니즘 제국 시대(헬라 제국 시대)

마케도니아 출신인 알렉산드로스는 페르시아 제국을 무너뜨리고 마케도니아에서부터 동쪽으로 인도에 이르는 지역까지 이어지는 광대한 헬레니즘 제국을 건설했다. 알렉산드로스가 유대인들의 땅을 식민지로 삼은 시점은 기원전 332년이었다. 유대인들이 헬레니즘 제국의 식민지 생활을 하게 된 시대를 헬레니즘 시대라고도 부른다. '헬레니즘'(Hellenism)이라는 개념은 알렉산드로스(Alexander the Great)의 동방 정복으로 서방의 그리스 문화와 동방 문화가 혼합되어 형성된 새로운 문화 및 현상을 가리키는 것으로, 정복된 동방 지역에 그리스 문화가 유입되어 문화의 융합 현상이 발생함을 가리키는 '헬레니즘화'라는 표현으로 자주 언급된다. 신약 배경사와 관련하여 이 용어를 이해할 때 유대인들 또는 그리스도인들이 단순히 서방의 문화를 수용한 현상으로만 볼 것이 아니라 그들이 이미 보유했던 유대교 신앙 체계를 새로운 관점에서 형성하게 됨을 의미한다고 보아야 한다.

헬레니즘 제국의 식민지가 되기 이전, 유대인들은 이미 바빌론과 페르시아 제국의 지배를 받으면서 새로운 문명과 만났던 경험이 있었지만, 이런 이질적 문화와의 상호 작용을 통해 무언가 극적인 변화를 경험한 것은 아니었다. 반면에 헬레니즘 제국의 문화를 마주하면서 예전과는 아주 다른 경험을 하게 되었다. 즉, 그들은 이전에 볼 수 없었던 월등한 고도의 문명에 직면한 것이다. 유대인들은 그리스인들이 보유한 우수한 문명과 사상을 접하게 되면서 그리고 현실적으로 그들의 지배에서 벗어날 수 없는 정치적 현실을 직시하게 되면서 유대인 자신들의 전통을 돌아보게 되었다. 다시 말해, 유대인들은 전에는 경험하지 못한 고도의 이국적 문화에 직면하여 자신의 정체성을 깊이 고민하게 되었다고 말할 수 있다. 그 고민은 외래문화인 헬레니즘 문화에 직면하여 개방화를 선택할 것이냐, 보수화를 선택할 것이냐의 문제였다. 이런 문제의식의 결과, 헬레니즘 문화가 유대인들의 삶의 깊숙한 곳까지 들어오게 된 상황에서 그것을 유연한 태도로 수용하면서 유대교 전통을 새롭게 발전시키려는 입장과 보수적으로 외래문화를 배척하고 최대한 전통적 신앙을 고수하려는 입장으로 나뉘게 되었다. 유대인 사회에서 대부분의 움직임은 보수화 방향을 선택했으며 개방파는 소수에 불과했다. 하지만 상류층 집단 가운데에는 헬레니즘적 생활양식을 적극적으로 받아들인 이들이 많았을 것이다. 물론 유대교의 신앙적 정체성을 포기하는 정도는 아니었지만, 언어, 복장, 교육, 공적 축제 등에서 헬레니즘 양식을 수용하려는 움직임이 일어났다. 이런 사회 현상은 한편으로는 하층민(또는 시골 주민)에게 심각한 위화감을 느끼게 했을 뿐만 아니라 상류층 내에서도 전통을 고수하려는 보수파의 반대를 초래했다.

유대인들이 헬레니즘 제국의 지배를 받았던 시기는 셋으로 나뉜다. 첫 번째 시기는 알렉산드로스의 지배를 받았던 기원전 332-323년으로, 알렉산드로스가 마케도니아 지방 사람이기 때문에 이 시기의 유대인들은 마케도니아의 통치를 받았던 것으로 역사에 기록된다. 두 번째 시기는 알렉산드로스 사후에 이집트 왕조의 지배를 받았던 기원전 323-198년이고, 세 번째 시기는 시리아 왕조의 지배를 받았던 기원전 198-142년이다.

첫 번째 시기인 마케도니아 지배기의 알렉산드로스에 관해서는 그가 난해한 고전 그리스어(Classic Greek)를 쉬운 언어인 코이네 그리스어(Koinē Greek)로 만들어 전 세계가 사용하는 공용어로 유포함으로써 유대인들도 헬레니즘화의 세계적 현상을 피할 수 없었다는 점을 기억해야 한다. 언어의 통일은 광대한 헬레니즘 제국이 하나의 문화로 묶이는 데 중요한 수단이 되었으며, 이 언어-문화적 통일은 주로 도시들을 중심으로 이루어졌다. 이후 로마제국 시대까지 이어지는 헬레니즘화의 현상은 대부분 도시화된 지역들에서 발견되었다. 예수와 초기 기독교의 시기는 이 코이네 그리스어가 3백 년 이상 세계 공용어로 사용되고 있던 시기였다.

알렉산드로스가 젊은 나이에 병들어 죽자, 헬레니즘 제국 내의 유력한 권력자들 사이에서 내분이 발생했는데, 이런 권력 다툼은 약 20년에 걸친 디아도코이(Diadochoi, 알렉산드로스의 '후계자들'을 의미하는 그리스어) 전쟁으로 이어졌으며 헬레니즘 제국은 마케도니아, 이집트, 시리아의 지배자들로 분열되어 상호 견제하는 형국이 되었다. 이 전쟁의 결과, 유대인들을 지배하게 된 것은 이집트의 프톨레마이오스 왕조였다. 이 왕조는 헬레니즘 제국 지배기의 두 번째에 해당하는 기원전 323-198년 동안 유대인 영토를 통치했으며, 따라서 이 시기의 유대인들은 여전히 헬레니즘 제국의 식민지 상태에 있는 것으로 기록된다. 이집트의 프톨레마이오스 왕조는 유대인의 종교와 전통에 대해 우호적인 태도를 보였다고 말할 수 있다. 예컨대 히브리어로 기록된 구약성서를 그리스어로 번역한 이른바 칠십인 역 구약성서(LXX, Septuaginta)는 프톨레마이오스 왕조의 지원으로 이루어졌으며, 칠십인 역의 출판으로 그리스어를 구사하는 사람들이 구약성서의 내용을 이해할 수 있는 바탕이 마련되었다. 또 신약성서 기록자의 대부분은 이 칠십인 역 구약성서를 활용했다.

그런데 이집트의 프톨레마이오스 왕조는 오랫동안 시리아 왕조와의 영토 분쟁에 휘말려 있었다. 시리아를 지배했던 정권은 셀레우코스 왕조였는데, 기원전 198년에 이 왕조는 마침내 이집트의 프톨레마이오스 왕조의 지배 아래 있던 유대인들의 땅을 자기 것으로 만드는 데 성공했다. 이집트 정부에서 시리아 정부로 지배자가 바뀌는 이 세 번째 시기가 신약성서의 배경사에서 중요하다. 시리아의 셀레우코스 왕조가 이스라엘의 통치자가 되자, 유대인들은 이전에 겪어보지 못했던 놀라운 역사적 경험에 직면했다. 즉, 이집트의 프톨레마이오스 왕조를 포함하여 이전의 마케도니아의 알렉산드로스나 그 이전의 페르시아 제국 지배기에서 경험할 수 없던 일을 겪게 될 것이다. 그것은 이른바 최초의 종교 박해라고 말할 수 있는 일, 즉 유대인들이 자신들의 신앙의 자유를 유린당하는 최초의 사건을 경험하게 되었던 것이다.

유대인들의 신앙과 전통에 대해 관용적이었던 이집트 왕조와 달리, 시리아의 셀레우코스 왕조는 유대인 사회에 대한 헬레니즘화를 강하게 추진했다. 이에 대해 유대인들의 반발이 있었던 것은 당연하다. 그러나 다른 한편으로는 유대인 상류층 내부에서 이런 시대적 변화에 직면하여 자발적으로 변화를 모색하려는 시도도 있었다. 이런 시도에 나섰던 이들을 유대교 내부의 헬레니즘적 개혁가들이라고 부른다. 이들의 음성은 "주위의 이방인들과 맹약을 맺읍시다. 그들을 멀리하고 지내는 동안 얼마나 많은 재난을 당하였습니까."(마카베오상 1:11)라고 기록되어 있다. 물론 이들이 백성을 선동한 '반역자들'이라고 묘사되어 있지만, 이는 아마도 헬레니즘화에 대한 철저한 반대를 주장한 마카베오스 가문에 우호적이었던『마카베오스서』의 관점을 반영하는 묘사일 것이다. 이 구약외경 문헌에 반(反)민족적 세력으로 묘사된 이들은 주로 대제사장 세력을 중심으로 한 유대인 상류층 출신의 헬레니즘적 개혁가들로, 이들이 유대인의 전통 신앙을 포기하자는 식의 주장을 펼친 것은 아니었다. 오히려 그들은 변화된 상황 속에서 유대교 신앙과 생활방식을 적응시키려 시도했다고 보아야 한다. 이 과정 가운데 한편으로는 사독 계열의 대제사장 야손을 중심으로 한 온건파 개혁가들과 사독 계열의 혈통과 무관한 메넬라오스를 중심으로 한 급진파 개혁가들 사이의 다툼, 다른 한편으로는 시리아의 셀레우코스 왕조의 개입으로 복잡한 상황이 전개되었으며, 결국 기원전 167년에 파국적인 상황이 벌어진다.³ 셀레우코스 왕조의 안티오코스 4세 에피파네스 왕은 군대를 동원해 이스라엘을 공격하여 할례 및 안식일 준수를 금지하고 토라 두루마리가 발견되면 불살라 버렸다. 더 나아가 매달 25일에는 예루살렘 번제 제단에서 제우스 신을 위한 제사를 지내라고 명령했다. 이렇게 해서 유대인들은 이전에 경험하지 못한 신앙의 박해를 겪게 되었고, 이에 대한 반발로 이른바 마카베오스 반란(또는 혁명)이 발생하게 된다.

4) 마카베오스 가문의 반란과 하스모네아 왕조 시대

안티오코스 4세 에피파네스 시리아 왕의 박해에 저항하는 반란에 성공한 가문을 마카베오스 가문 또는 하스모네아 가문이라고 부른다. 이 반란을 시작한 사람은 맛다디아라고 하는 모데인 지역의 제사장 가문 사람이었다. 마카베오스는 아버지 맛다디아가 반란 운동을 시작했을 때 함께한 다섯 형제 가운데 셋째 아들이었는데, 이 마카베오스가 뛰어난 전략으로 반란 전쟁을 승리로 이끈 영웅이었기 때문에 마카베오스의 이름이 후세에 널리 기억되었다. 이 가문은 시리아에 맞선 전쟁을 승리로 이끌고 정치적 독립을 성취한 후 자신들이 권력자로 군림했고, 어느 정도 시간이 흐른 뒤에는 독자적으로 왕조를 형성하게 되면서 그들 조상의 이름을 따라 하스모네아 왕조라고 불리게 되었다. 쉽게 말하면 마카베오스라는 말은 혁명 전쟁의 시기를 강조하는 표현이고, 하스모네아 왕조라는 말은 약 20년 동안의 전쟁이 실질적으로 끝나고 완전한 독립에 성공한 이후의 시기를 가리키는 개념이다.

안티오코스 4세 에피파네스가 강요한 이교 제의는 예루살렘만이 아니라 다른 곳에서도 행해졌다. 기원전 167년, 예루살렘 북서쪽 근방에 있는 모데인 도시에서 이교 제의가 거행되는 과정에서 유다 마카베오스의 아버지 맛다디아는 시리아 정부가 보낸 사신과 그 제단에서 희생 제물을 바치려고 했던 한 유대인을 살해하고 제단을 헐어버렸다(마카베오상 2:23-24). 이 사건 직후에 그는 다섯 명의 아들(요한, 시몬, 유다 마카베오스, 엘르아살, 요나단)을 이끌고 반란 전쟁을 시작했고, 율법에 열심을 내었던 '하시딤'이라는 사람들이 그들에게 합세했다.

기원전 166년에 아버지 맛다디아가 죽자, 셋째 아들 유다 마카베오스가 전쟁 지휘관이 되어 뛰어난 전략으로 기원전 164년에 마침내 예루살렘을 탈환하여 성전을 정화하고 하나님께 거룩한 성전을 봉헌했다(이것이 오늘날까지 기념되는 하누카 축제, 즉 수전절의 기원이다). 이스라엘 전역에 걸쳐서 종교적 자유를 완전히 회복한 것은 기원전 162년이었다. 계속되는 전쟁 가운데 기원전 160년에 유다 마카베오스가 전사하자, 그의 막내 형제 요나단이 민족의 영도권을 지닌 지휘관이 되었는데, 그는 기원전 152년에 정치적 지도자이면서 동시에 시리아 정부의 승인을 받아 대제사장직에 오르게 된다(마카베오상 10:20-21). 사독 계열이 아닌 평범한 제사장 가문 사람이 대제사장이 되었다는 점과 정치 지도자가 동시에 종교적 최고 지도자까지 겸직하게 된 이 일은 큰 파장을 일으켰다.

기원전 143년에 요나단은 시리아 정부의 음모로 죽임을 당하고, 마카베오스 형제의 둘째인 시몬이 그의 뒤를 이어 유대인의 대제사장이자 사령관인 지도자로 등극했다. 기원전 142년, 그는 시리아 정부에 더는 세금을 바치지 않아도 된다는 허락을 받게 됨으로써 이 시점부터 완전한 독립을 이룩하고 하스모네아 왕조가 본격적으로 시작하게 된다. 시몬은 기원전 134년에 살해되었고, 이어서 그의 아들 요한 휘르카노스 1세(기원전 134-104년), 아리스토불로스 1세(기원전 104-103년), 알렉산드로스 얀나이오스(기원전 103-76년), 그의 아내인 살로메 알렉산드라(기원전 76-67년), 알렉산드라의 아들인 아리스토불로스 2세(기원전 67-63년)가 차례로 왕위에 올랐다. 하스모네아 왕조는 기원전 63년에 로마가 유대인들의 새로운 지배자로서 예루살렘을 정복할 때까지 약 80년 동안 통치했으며, 마카베오스 반란이 시작된 기원전 167년까지 거슬러 올라간다면 한 세기 이상을 유대인의 지배자들로 군림한 셈이었다.

5) 하스모네아 왕조에 대한 평가

마카베오스 반란(혁명)이 성공하고 하스모네아 왕조가 한 세기 가까이 이어졌다는 사실은 기원전 587년에 남유다 왕국이 몰락한 이후 유대인이 4세기 이상의 세월이 지난 뒤에 비로소 주권을 회복하고 독립을 성취한 일로 여겨진다. 헬레니즘화의 물결에 맞서 신앙의 자유를 수호하고 불경한 이교 제의로 인해 유린당했던 신성한 예루살렘 성전 제의를 회복했다는 점에서 이 혁명 운동은 신앙의 순수성을 지키고 민족적 자존감을 회복했다고 긍정적으로 평가될 수 있다. 또한 목숨을 걸고서 거룩한 신앙을 지켜야 하며, 이민족에게 신앙의 자유를 빼앗기면 무력 투쟁으로 맞설 때 하나님께서 도와주실 것이라는 신념이 형성되는 데 중요한 모델이 되었던 사건이기도 하다. 이후의 로마제국 지배 시기에는 유대인들이 많은 무력 투쟁 및 비폭력 투쟁에 목숨을 걸었고, 결국 기원후 66-70년에 유대-로마 전쟁이 전면적으로 발생했는데, 이런 후대의 저항 운동들이 과거 마카베오스 혁명 성공의 영향일 가능성도 없지 않다.

그런데 하스모네아 왕조 시대에 살았던 유대인들과 그 시대의 가까운 후대에 살았던 유대인들은 과연 어떻게 평가했을까? 하스모네아 왕조의 통치에 대한 평가는 엇갈렸으며, 아마도 부정적인 평가가 더 많았을 것으로 추정된다. 학자들은 대체로 독립을 경험했던 약 80년 또는 100년 동안의 시간을 하나님께서 주도하신 완벽한 해방의 때로 여기지 않았던 견해가 더 지배적이었을 것이라고 평가한다. 마카베오스 가문은 처음에는 열정적으로 신앙을 수호하는 민족주의자로 출발했지만, 자신들이 권력을 움켜쥐게 되자 원래의 목적을 망각하고 자신들의 권력 유지를 위해 모든 수단과 방법을 동원한 전형적인 헬레니즘적 군주국가의 왕들과 같은 모습으로 변질된 사람들이라는 평가를 받았을 것이다. 기원전 167년에 혁명이 시작되었지만, 실질적인 독립은 시리아 정부가 납세를 면제해 준 기원전 142년에 완성되었다. 유다 마카베오스가 사망한 기원전 160년 이후 거의 모든 시기는 시리아 정부와의 외교적 관계, 때로는 새롭게 부상하는 로마 공화국과의 정치적 역학 관계와 맞물려 있었다. 마카베오스 가문은 주변 강대국들의 영향력에서 완전하게 벗어난 적이 없었으며, 그들과의 소통 속에서 자신들의 권력을 유지하고 확장했다. 따라서 하스모네아 왕조는 자신들의 힘에 의해서가 아니라 외세에 의존하여 왕조를 유지했다고 말할 수 있다.

아마도 제2성전기 유대교 시대에 다윗 혈통의 메시아(Davidic Messiah)에 대한 기대감이 확산되고 구체화된 배경에는 이 하스모네아 왕조의 지배에 대한 경험도 일조했을 것이라고 추정된다. 이 가문의 통치를 경험하면서 유대인들은 구약성서에 예언된 정통성 있는 다윗 가문의 메시아에 대한 염원을 키워나갔을 수 있다. 하스모네아 가문이 한 세기 가까이 군림하는 것을 보면서 유대인들은 그들을 일종의 반면교사(反面教師)로 여겼을 것이다. 정통성이 결여된 자들이 아니라 진정한 다윗 가문에 대한 기대감, 그 후손 가운데 어떤 메시아적 존재가 등장하리라는 소망이 구체화된 과정에는 하스모네아 왕조의 인물들도 반면교사로서 한몫을 담당했을 수 있다.

또한 종교적 차원에서 볼 때 하스모네아 왕조 시대는 예루살렘 성전에 대한 인식이 변화되는 계기가 되었다. 유대인들 스스로 예루살렘 성전의 유효성 내지는 절대성에 대한 강한 의문이 제기되었기 때문이다. 앞에서 언급했듯이, 제2성전기 유대교 시대에 성전은 대체로 절대적인 공간으로 이해되었다(이것을 성전 절대화라는 말로 표현한다). 그런데 기원전 152년에 요나단이 정치 지도자인 동시에 대제사장에 등극한 일은 유대인 사회에 충격적인 일로 각인되었다. 한 사람이 정치 영역과 종교 영역의 수장을 겸직하는 일은 일찍이 없었으며, 더욱이 사독 계열이 아니라 평범한 일반 제사장 가문이 대제사장직을 차지하게 된 사실도 신앙적 상식에서 벗어난 일이었다. 전통에 역행하는 이런 결정이 이루어지자, 예루살렘 성전의 유효성을 거부하는 두 가지 중요한 일이 발생했는데, 이를 성전 상대화 움직임 또는 대안 성전(Alternative Temple) 운동이라고 부른다.[4] 이런 움직임은 기존의 예루살렘 성전의 역할을 부정하면서 새로운 성전과 공동체를 건설하는 사건으로 구체화되었다. 하나는 본래 사독 계열인 오니아스 가문의 대제사장 계열 사람들의 일부가 요나단의 대제사장직 취임 직후에 예루살렘 성전을 떠나(이집트 왕조의 도움을 받아) 이집트의 레온토폴리스 도시에 새로운 성전을 건설했다는 사실이다. 이 성전을 오니아스 성전 또는 레온토폴리스 성전이라고 부른다. 즉, 기원전 2세기 중엽에 예루살렘 성전의 수장에 반기를 들고 멀리 이국땅에 또 하나의 유대인 성전이 건축된 것이다. 이 성전에 대한 자세한 정보는 남아 있지 않지만, 기원후 70년 유대-로마 전쟁 당시 로마 제국에 의해 이 성전이 폐쇄되기까지 2세기 이상 유대인들의 또 다른 성전으로 역할을 했다. 모든 디아스포라 유대인이 이집트에 건설된 이 성전에 모여들지는 않았겠지만, 이 성전은 많은 유대인이 거주했던 알렉산드리아 도시를 비롯하여 적지 않은 유대인들에게 새로운 대안 성전으로 여겨졌을 것이다.

또 하나는 바로 쿰란-에세네파의 건설 가설과 관련된다. 이 공동체가 시작된 계기에는 여러 가지 가설이 있으나, 그중 하나가 바로 요나단의 대제사장 등극이 원인이 되었다는 것이다. 이 가설에 따르면 요나단의 대제사장 취임을 예루살렘 성전의 기능이 무력하게 된 것으로 이해했던 사람들이 성전을 떠나 광야로 나가 그곳에 자신들의 공동체를 건설했다는 것이다. 이들은 성전의 핵심 기능인 정결 예식을 거부했다. 쿰란-에세네파는 아침과 저녁에 스스로 몸을 깨끗이 씻는 일종의 세례 예식을 통해 죄를 깨끗하게 하는 정결 예식을 거행함으로써 예루살렘 성전의 희생 제사를 대신했고, 이로써 예루살렘 성전의 중요성을 상대화하는 또 하나의 구체적인 모델로 자신을 제시했다는 것이다. 이 가설에 따르면 이 공동체를 건설한 인물은 쿰란 문헌을 통해 '의의 교사'(Teacher of Justice)인 것으로 알려져 있는데(그의 실명은 비밀로 남아 있음), 그가 공동체를 건설한 동기 또한 정통 사독 계열의 대제사장 가문의 일원이었던 사람의 입장에서 볼 때 하스모네아 왕조 권력자들의 대제사장직 등극과 밀접하게 관련되었을 것이다. 이 쿰란-에세네 공동체는 이스라엘 땅 안에서 뚜렷하게 반(反)성전주의를 표방한 자들로서 요세푸스는 이들이 존경받을 만한 훌륭한 집단이었다고 전한다(요세푸스, 『유대전쟁사』 2:119 이하, 160-161 참조).

헬레니즘 제국의 통치에서 벗어나게 해준 하스모네아 왕조에 대한 평가는 이렇게 양면적이면서도 복합적이다. 대체로 보면 이들의 통치를 경험하면서 유대인들은 이 왕조는 약속된 왕조가 아니며, 한참 과거에 예언되었던 다윗 가문의 메시아가 출현할 수 있다는 기대를 하게 만들었을 것이다. 또한 절대적인 것으로 여겼던 예루살렘 성전에 대한 생각도 복잡해졌을 것이다. 안티오코스 4세 에피파네스 왕이 더럽혔던 성전을 정결하게 회복한 사람들이 스스로 대제사장이 됨으로써 성전의 전통과 권위를 무너뜨리는 일을 보면서 예루살렘 성전조차도 재론의 여지가 있다는 생각을 하게 만들었을 것이다. 이후 세례 요한이 광야에서 자신을 통해 (예루살렘 성전을 통해서만 가능했던) '죄 용서'의 세례를 받으라고 역설한 일도 성전 상대화 운동의 한 맥락일 수 있고, 더 나아가 성전 정화 사건을 감행함으로써 스스로 목숨을 위태롭게 만든 예수의 행적 또한 이와 비슷한 맥락에서 이해할 수 있다.

2. 쿰란-에세네 공동체와 사해문서

1) 사해문서 공동체들

1946년 말, 이스라엘 사해에서 북서쪽으로 4킬로미터 정도 떨어진 곳에 있는 동굴에서 베두인들이 항아리 몇 개를 발견했는데, 그 안에는 몇 개의 양피지 재질의 물건들이 있었다. 이 물건들은 구약 이사야(1QIsa), 하박국 해석서인 하박국 페셰르(1QpHab) 그리고 공동체의 규약을 적은 문서(1QS) 등이 적힌 사본이었다. 이후 1952년에 제2 동굴로부터 시작하여 1956년에 제11 동굴을 발견할 때까지 계속 발굴이 이루어졌고, 동굴마다 다양한 사본들이 발견되었다. 이 사본들이 바로 사해문서(Dead Sea Scrolls, DSS)이다. 특히 관심을 받은 것은 1QS라고 이름 붙여진 "공동체 규약"(Serek ha Yahad)인데(1QS에서 S는 Serek의 머리글자), 이 안에는 이 문서와 연관된 사람들이 어떻게 살았는지 엿볼 수 있는 흔적들이 있기 때문이다.

그림1 쿰란 제4, 제5 동굴 ⓒ양재훈

그림2 쿰란 유적지. 멀리 사해와 요르단이 보인다. ⓒ양재훈

한편 1800년대 말에 이집트 카이로의 벤 에즈라 회당에서 발견되어 1910년에 '사독 문서'라는 이름으로 출간된 문서가 있는데, 이것이 소위 다마스커스 문서(Cairo Damascus, CD)이다. 그런데 이 문서의 좀 더 나은 다른 상태의 사본이 쿰란 제4 동굴에서 발견되었다. 쿰란에서 발견된 다마스커스 문서 사본은 CD의 서두와 말미 부분을 담고 있고 내용도 더 많다. 게다가 이 CD 내용 중 일부가 1QS의 내용과 겹치기도 한다. 그래서 1QS와 CD의 주인들이 서로 어떤 관계에 있는지 사람들이 관심을 두기 시작했다. 이 두 문서를 개괄적으로 비교하면 다음 표와 같다.

구분	CD	1QS
자기 호칭	회중(edah)	공동체(yahad)
입문	• 15.1-17 • 모세의 율법으로 돌아가겠다는 서약 (15.8) • 감독관의 심사와 1년간 교육(15.14) • 장애인은 가입 불가(15.15-17)	• 모세의 율법 준수에 서약(5.8-10) • 대표로 선출된 파키드(paqid)의 심사 → 다수 구성원 라빔(rabbim)의 심사 → 견습 기간 2년 → 심사 통과 후 등록 및 재산 헌납(6.13-23) • 재산을 관리자 메바케에게 등록 제출 (6.19) • 견습 기간에 라빔과 함께 음료 마시기 금지(8.20) • 이 기간에 모세 율법 위반 시 추방 (8.22-9.2)
교관/감독관	• 메바케(mebaqger) (13.1-23) • 30~50세 사이(14.9) • 회중을 엄격하게 통제 심사하는 권한이 큰 존재: 율법 교수, 신입회원 심사 및 통제 관리, 구성원의 경제활동 통제, 결혼 및 이혼 통제, 자녀 교육(12.22-13.23	• 마스킬(maskil) • 훈련 교관을 위한 규정(9.12-11.22)
규율	1) 이스라엘 성읍 중에 있는 사람을 위한 규율(12.19) 2) 진 안에 있는 사람을 위한 규율 (12.22)	• 엄격한 위계질서(2.22-23; 6.4-9)
경제	• 사유재산 소유(12.17) • 한 달에 이틀 치 소득 기부하여 구제 (14.12-13; 12.14-16) • 외부 세계와의 거래는 통제하에 이루어짐(12.7-10; 13.14)	• 전 재산 헌납(6.19-23)
결혼과 성	• 결혼한 사람들과 가정에 관심(7.6-7; 12.1; 13.16-19; 19.2-3; 4Q267 frag. 9 col. 6, 4-5; 4Q270 frag.7 col. 1, 13) • 결혼과 이혼(13.16-17) • 이중 혼인 금지(4.21-5.2) • 생리 중 성관계 금지(5.6-7) • 조카와의 혼인 금지(5.8-10) • 예루살렘에서 성관계 금지(12.1-2)	• 결혼, 가정에 대한 별도 언급 없음 • 자녀의 풍성함 언급하나(4.7), 특별한 의미는 없고 통상적인 축복의 표현임 • 독신자 공동체일 가능성 높음
예루살렘 관계	• 성전 제의 비판하나, 인정 • 성전 제사 규정 명시(11.17-12.9)	• 반 성전 제의(9.4-6) • 성전 제의를 대체하는 야하드

구분	CD	1QS
조직	최소 10명의 구성원으로 조직(CD 13.1; 1QS 6.3)	
징벌 규정	모욕죄, 중간에 말 끼어들기, 모임 중 잠자기, 모임에 세 번 이상 결석, 신체 노출, 실없이 웃기, 비방하기 등(4Q266 frag. 10 col. 2, 1-14=1QS 6.10-7.25)	
거주	각 지역 캠프 존재(CD 12.19-22), 각자의 거주지에 사는 여러 캠프(1QS 6.2)	

위와 같이 다마스커스 문서를 바탕으로 보면 다마스커스 회중(에다, edah) 집단 구성원은 결혼, 이혼, 자녀 출산과 양육까지 다 했으며, 사회로부터 분리되어 자기들끼리 어느 한 곳에 떨어져 나와 산 것이 아니라 외부 세계와 교류하며 살았다. 이런 모든 것이 통제를 받기는 했지만, 그렇다고 완전히 단절된 것은 아니었다. 이들은 모세의 율법을 엄격하게 준수했고, 율법을 실생활에 적용하기 위한 할라카적 해석에서는 바리새파보다는 사두개파와 결이 비슷하다.

한편 야하드는 에다와 비슷하면서도 차이점을 보인다. 모세의 율법 준수를 중시한 것, 회에 들어오기 위한 입문 심사 과정이 있다는 점, 교관/감독관이 있다는 점, 엄격한 규율이 있다는 점, 최소 10인의 구성원이 한 진(camp)을 형성한다는 점, 징벌 규정의 유사성, 거주 방식 등에 있어서 매우 유사한 모습을 보이지만, 구체적으로 들어가면 약간의 차이를 보인다. 입문 과정에서 CD는 1년의 기간을 말하지만, 1QS는 2년의 심사 과정을 포함한 총 3년가량의 입문 심사 과정을 언급한다. 그리고 그 과정도 1QS가 좀 더 상세하게 설명한다. 이 두 집단이 차이를 보이는 것은 경제 문제이다. 에다에서는 구성원들이 한 달 수입 중 이틀 치 금액을 헌납하지만, 야하드에서는 개인 재산을 모두 헌납하여 공동재산으로 관리한다. 결혼과 성 문제도 차이가 있다. CD에서는 결혼도 하고 자녀도 양육하며 이혼도 한다. 그런데 1QS에서는 결혼이나 자녀 등에 관해서 침묵한다. 그래서 학자들은 야하드 공동체가 독신자 공동체였다고 본다. 예루살렘 성전 제의에 대해서도 성격이 조금 다르다. CD에서는 성전 제의에 대해 비판은 하지만, 부정하지는 않고 도리어 제사 규정에 대해 상세히 말한다.

그러나 1QS에서는 성전 제의에 반기를 들며 야하드 자신이 그 성전 제의를 대체하는 존재로 이해한다.

2) 에세네파와 쿰란 공동체

사해 근처 쿰란에서 발굴된 유적지와 근처 동굴들에서 발굴된 사해문서에 나오는 이 에다와 야하드 집단이 누구인가라는 문제에 대해 많은 학자들이 에세네파 사람들일 가능성을 말한다. 에세네파에 대해서는 필로와 요세푸스가 소개한 바 있다. 필로는 자신의 글 "Quod Omnis" 75-91과 "Hypothetica" 11.1-8에서 에세네파를 소개한다. 필로가 직접 에세네파 사람들과 접촉하고 이들을 경험으로 알고 있었는지는 모르나, 필로가 소개한 에세네파 사람들은 시골에 사는 농업인

그림3 쿰란 유적지의 정결례 욕조(mikveh) ⓒ양재훈

들이었다. 이들은 자기들끼리 모여 사는 공동체 생활을 했고, 사유재산을 인정하지 않았다. 이들은 자발적으로 가난하게 살았으며, 금욕생활을 강조하는 남성으로 구성된 독신자 집단, 즉 결혼을 인정하지 않은 사람들이었다. 이들은 노예제도도 거부했고 철저하게 안식일을 준수하는 사람들이었다.

한편 요세푸스도 자신의 글 몇 군데에서 에세네파를 소개한다. 그의 『유대전쟁』 2.8.3-13과 『유대고대사』 13.5.9; 18.1.4에 따르면 이들은 사유재산을 인정하지 않고 공동으로 재산을 관리했다. 이들은 각 도시에 흩어져서 살았으며 공동체 생활을 했다. 또한 흰옷을 입었고 매일 저녁 찬물로 정결례를 했다. 그리고 매일 공동식사를 했고, 이 공동체를 지도하는 감독관이 있었는데, 그 감독관의 지시에 절대적으로 복종했다. 이들은 모임에서 늘 질서를 강조했고 말을 할 때도 질서 있게 발언권을 얻어서 했다. 이들은 철저한 위계질서 안에 살았고 총 4개의 계급 체계가 있었다. 그러나 노예제도는 금지했다. 이들은

말씀을 연구하는 데 열심이었으며 모세를 존경하고 안식일을 철저하게 준수했다. 또한 철저한 입문 심사 과정을 거쳤는데, 1년간 따로 격리하여 공동체의 생활 방식으로 생활했고, 2년의 심사 기간을 모두 통과한 3년 후에 비로소 회원으로 들어올 수 있었다. 이들은 영혼의 불멸과 죽은 뒤의 심판을 믿었고 운명론을 믿었다. 주로 농사를 지었고, 덕과 의를 추구했다. 대부분 독신으로 살았지만, 에세네파 중에서 어떤 집단은 결혼하여 자녀를 양육하는 집단도 있었다. 요세푸스는 4천 명가량의 에세네파 사람들이 있었다고 전한다.

필로와 요세푸스가 전하는 에세네파의 모습을 보면 서로 비슷한 점도 있고 약간의 차이를 보이는 점도 있다. 우리가 이 두 사람의 증언에서 공통으로 볼 수 있는 것은 이들이 금욕적인 생활을 하는 사람들이었고, 사유재산을 인정하지 않는 공동체 생활을 했다는 것이다. 또한 율법 준수에 열심을 보였다는 점도 비슷하다. 결혼과 관련하여 필로는 결혼하지 않은 남성 독신자 집단으로 보았지만, 요세푸스는 에세네파 중에는 결혼하여 가정을 꾸리며 사는 집단도 있었다고 전한다. 필로와 요세푸스 그리고 CD와 1QS를 종합해 보면 우리는 이 집단에 대해 큰 그림을 그려볼 수 있다. 비록 사해 근처에서 쿰란 유적지가 발견되었지만, 이 장소가 쿰란 공동체 모두가 모여 살았던 장소가 아니라는 점이다. 이 집단은 여러 지역에 집단/진(캠프)을 이루어 흩어져 살았었다. 특히 CD와 1QS를 비교해 볼 때 아마도 에다는 야하드 공동체보다 더 오래된 집단의 모습이라고 생각할 수 있다. 즉, 야하드 공동체는 에다의 보다 발전된 후대의 모습을 보여준다. 사해문서는 곳곳에 흩어져서 공동체를 이루고 살았던 여러 야하드들이 만든 문서를 모아놓은 것이고, 야하드는 사해 근처 쿰란 유적지에 살았던 공동체를 가리키는 이름이 아니라 곳곳에 흩어져 살았던 공동체들을 통칭하는 명칭이다. 사해 근처에서 발굴된 쿰란 유적지는 야하드 캠프 중 하나였을 것이다.

3) 쿰란 공동체의 역사

다마스커스 문서 시작 부분에서는 바빌론 포로기 이후 390년을 언급한다 (CD 1.6). 이를 근거로 이 공동체의 기원을 기원전 196년으로 보는 의견이 있다. 특히 사해문서 곳곳에서 발견되는 "의의 교사"와 "사악한 제사장" 등 갈등 구조를 보이는 표현 때문에 이 공동체의 기원을 기원전 152년으로 연결해 보려는 시도가 많았다. 앞에서 우리가 살펴보았듯이, 마카베오스의 독립 전쟁이 기원전 164년에 성전 정화로 1차 성공을 거둔 후 맛다디아의 다섯 아들이 돌아가면서 정권을 잡았는데, 문제는 기원전 152년에 발발한다. 당시 이스라엘의 대제사장은 야손(기원전 175-172년)-메넬라오스(기원전 172-162년)-알키모스(기원전 162-159년)로 이어져 오고 있었다. 그런데 이상하게도 기원전 159년부터 152년까지 7년간 대제사장 공백이 발생한다. 게다가 기원전 152년에는 요나단이 시리아의 발라스(Balas)에 의해 대제사장으로 임명되어 하스모네아 가문이 정당성 없이 대제사장직을 찬탈하는 일까지 벌어진다.

대제사장 직분이 공백이 된다는 것은 불가능한 일이었고, 그래서 일부 학자는 이 7년의 '기억의 단죄(damnatio memoriae)' 기간에 대제사장직을 불법적으로 수행했던 다른 제사장이 바로 '사악한 제사장'이었을 것이라는 가설도 제시했다. 즉, 대제사장직을 둘러싼 혼란스러운 상황이 바로 쿰란 공동체의 탄생 배경이 된다는 것이다. 더 나아가서 요나단의 대제사장 등극이 바리새파와 사두개파의 탄생을 끌어냈다고도 본다.

그러나 쿰란 공동체의 기원을 기원전 2세기 초반으로 올려 잡는 이 가설은 문제가 있다. 일단, 사해문서인 제4 동굴에서 발견된 쿰란 공동체의 율법 실천집인 4QMMT(Miqsat Ma'ase ha-Torah)는 전체적으로 예루살렘 성전 제의와 대립 구도를 보여주고 있는데, 이는 쿰란의 공동체가 성전 제의에 대한 차이 때문에 분리되었음을 말한다. 그러나 대제사장의 정통성 문제로 심한 갈등을 빚어서 쿰란 공동체가 예루살렘에서 분리되어 나왔다는 것을 말해주거나 강하게 시사하는 부분이 사해문서에는 딱히 없다. '사악한 제사장'에 대한 부분도 대제사장직의 불법적 찬탈을 말하는 것은 아니다. 여러 고고학적 증거나 문서 분석을 통해 제시되는 최근의 가설은 쿰란 공동체가 기원전 2세기 초가 아니라 2세기 말이나 기원전 1세기 초반에 형성되어 하스모네아 왕조 후반기에 왕성하게 활동하다가 기원후 68년의 유대-로마 전쟁 때 역사의 뒤안길로 사라졌다고 본다.

---

1   페르시아 제국 시대에 관한 더 자세한 설명은 보 라이케, 『신약성서 시대사』(서울: 한국신학연구소, 1986), 15-45를 보라.
2   페르시아 제국 시대의 사회적 통합과 분열에 대한 더 자세한 내용은 박찬웅, 『초기 기독교와 요세푸스: 헬레니즘 시대의 유대교를 배경으로』(서울: 동연, 2018), 231-260을 보라. 또한 라이너 알베르츠/강성열 옮김, 『이스라엘 종교사 II』(고양: 크리스찬 다이제스트, 2004), 139 이하를 참조하라.
3   이에 관한 자세한 내용은 게르트 타이센, 아네테 메르츠/손성현 옮김, 『역사적 예수: 예수의 역사적 삶에 대한 총체적 연구』(서울: 다산글방, 2001), 204-208을 참조하라.
4   타이센, 메르츠/손성현 옮김, 『역사적 예수』, 208을 참조하라.

제 2 장

신약성서의 배경

신약성서의 배경

> **이 장에서 함께 공부할 주요 내용**
> - 신약 시대를 아우르는 그리스-로마 문화는 어떤 특징이 있고, 이것이 기독교 형성과 어떻게 연결되는가?
> - 신약외경에는 어떤 것들이 있고 어떤 특징이 있는가?
> - 신약성서 정경화 과정, 즉 기독교 신앙의 표준적인 규범을 담고 있는 신약성서의 형성 과정은 어떠한가?
>
> **키워드:** 그리스-로마 문화, 성경과 성서, 정경, 외경, 위경, 정경화 과정, 전승과 편집

앞에서 우리는 신약 시대의 유대적 배경이 되는 제2성전기에 관해서 살펴보았다. 제2성전기에 무슨 일이 있었고, 그런 일련의 사건들이 당시 팔레스타인에 거주하던 유대인들의 삶과 신앙에 어떤 영향을 주고받았는지 다루었다.

예수의 사역과 그의 뒤를 이은 초기 부활 이후 예수 운동가들은 시간적, 공간적으로 제2성전기 안에 있었고, 따라서 제2성전기 맥락을 벗어나서 기독교를 말할 수 없다. 이 장에서는 보다 직접적으로 예수 운동과 직결되는 그리스-로마 문화와 신약외경에 관해서 살펴본다. 제2성전기 부분이 시간적으로 600여 년에 걸쳐 넓게 다루어진 것이라면, 그리스-로마 문화와 신약외경 부분은 예수 운동 전후로 더 범위를 좁혀서 다루는 것이다. 이 두 부분은 제2성전기와 그 이후, 즉 기원후 70년 이후인 랍비 유대교(Rabbinic Judaism) 시기도 해당된다.

아울러 우리는 이 장에서 오늘날 우리에게 있는 27권으로 이루어진 신약성서가 어떻게 만들어졌는지 신약성서의 역사도 함께 공부할 것이다. 이 시기는 기원후 1세기에서 4세기를 아우르는 시간에 해당된다. 신약외경, 그리스-로마 문화 그리고 신약성서의 정경화 과정은 시간적으로 서로 겹치는 부분이 많아서 이것들이 서로 어떻게 연결되는지 생각해 볼 필요가 있다.

1. 그리스-로마 문화

1) 헬레니즘 문화를 계승한 로마제국

알렉산드로스 대왕 사후, 그가 건설한 헬레니즘 제국은 분열되어 그 세력이 약화되어 갔고, 기원전 2세기 중반 즈음에는 로마가 지중해 세계의 새로운 강자로 부상했다. 헬레니즘 제국이 지중해의 절반 영역과 인도에 이르는 동방 지역을 포괄했다면, 로마제국은 지중해 연안 지역 전체를 아우르는 영토를 확보하여 유럽과 아프리카 북부, 동방의 일부를 차지하게 되었다. 기원전 45년, 카이사르(Gaius Julius Caesar) 시대에 이르러 로마는 강력한 중앙집권적 국가 체제를 구축했고, 기원전 27년, 초대 황제 아우구스투스 시대부터는 원칙적으로 오직 황제 한 사람을 통치자요, 세상의 주인으로 여기는 제정(帝政) 체제가 시작되었다.

그리스와 로마를 한 단어처럼 연결하여 '그리스-로마'(헬라-로마)라고 부르게 된 이유는 로마제국이 그리스 문화, 즉 헬레니즘 문화를 그대로 계승하여 지속하고 발전시키려고 노력했기 때문이다. 로마는 오랜 역사와 수준 높은 문화를 이어온 그리스인들의 유산을 계승하기를 원했고, 언어 면에서도 자신들의 언어인 라틴어와 함께 알렉산드로스 대왕 이후 전 세계 공용어로 사용된 그리스어를 받아들이는 것이 합리적이라고 여겼다. 이렇게 함으로써 세상의 새로운 주인이 된 로마제국이 군사력과 기술력뿐만 아니라 정신적, 문화적으로도 우수하다고 여겨지기를 원했다.

예수 운동과 초기 기독교 운동은 로마가 황제 중심의 제정 체제를 시작한 초기 시대를 배경으로 한다. 한 사람의 지배자인 로마 황제가 다스리고, 문화적으로 통일된 세상을 열어 놓은 이 시기에 로마제국은 '로마의 평화'(Pax Romana)라는 개념을 널리 선전했다. 로마제국 시대가 시작되면서 더 이상 전쟁이 일어나지 않게 되었으며, 온 세상에 정말로 평화가 임했음을 널리 알렸던 것이다. 하지만 이 '로마의 평화'는 로마제국이 지배하는 현실을 인정하고 순응하는 한에서만 납득할 만한 문구였다. 왜냐하면 기본적으로 식민지들에게 관용을 베풀었음에도 불구하고 로마는 제국의 질서를 불안하게 만드는 어떤 움직임도 허용하지 않았기 때문이다.

2) 로마제국의 통치와 신약성서

　　여기에서는 신약성서 시대와의 관계성을 중심으로 로마제국 지배기의 유대인들의 역사와 관련하여 중요한 내용만 간략하게 살펴보려고 한다. 로마의 폼페이우스 장군이 유대인들을 식민지로 만든 해는 기원전 63년이다. 이로써 하스모네아 왕조 시대는 끝나고 유대인들은 로마제국의 식민지로 전락했다. 예루살렘에 입성했을 당시 폼페이우스와 그의 부하들은 예루살렘 성전의 지성소에 들어가는 행위를 했다(요세푸스, 『유대고대사』 14:71-72 참조). 유대인들은 이 사건을 우발적인 일로 여기지 않고, 자신들의 새로운 지배자 로마인들이 거룩한 하나님을 모독하는 자들이라고 여기는 첫 사건으로 기억했다고 말해도 과언이 아니다. 물론 로마는 몰락한 하스모네아 가문의 남은 인물들과, 새롭게 정치 무대에 등장한 헤롯 가문 등의 유대인 귀족층을 활용하는 간접적 통치를 시행했다. 헤롯 왕조에 대해서는 이 내용 바로 다음에 다룰 것이며, 여기에서는 기원후 1세기 말까지의 로마 황제들의 통치기와 관련된 내용을 간략하게나마 통시적으로 소개할 것이다.

　　로마의 첫 번째 황제인 아우구스투스(Augustus)는 기원전 27년에서 기원후 14년까지 통치했다. 그의 본래 이름은 옥타비아누스(Octavianus)로, 안토니우스와 클레오파트라(7세) 연합군을 무찌르고 일인자가 되어 마침내 로마의 초대 황제가 되었다. 그는 유대인들에게 종교적 자유와 군대 면제 등의 관용적인 정책을 펼쳤고, 로마의 평화를 확립했다. 황제가 되면서 주어진 이름 아우구스투스는 '존엄자, 고귀한 자'라는 뜻을 갖고 있다. 신약성서에는 예수의 출생 직전에 나사렛에서 베들레헴으로 요셉과 마리아가 여행하게 된 계기를 아우구스투스 황제가 온 세상에 내린 호적조사 명령에 따른 것이라고 기록하는 부분에서 그의 이름이 언급된다(눅 2:1). 즉, 예수의 탄생과 어린 시절은 이 첫 번째 황제 시대를 배경으로 한다.

제2대 황제인 티베리우스(Tiberius)는 기원후 14-37년 동안의 통치자였다. 예수는 티베리우스의 재위 기간에 공생애를 살았으며, 신약성서에서 그의 이름은 누가복음서에서 세례 요한의 등장 시기를 알려주는 본문에서 언급된다(눅 3:1).

제3대 황제인 가이우스 칼리굴라(Gaius Caligula)의 재위 기간은 기원후 37-41년이었다. 그는 최초로 암살된 황제로, 유대인들에게 관용적이었던 아우구스투스나 티베리우스 황제와 달리, 유대인들에게 커다란 신앙적 위기의식을 갖게 만들었다. 기원후 39/40년에 칼리굴라 황제는 예루살렘에 자신의 조상(彫像, statue)을 세우려고 했으며, 이 시도는 유대인들의 강력한 반대에 부딪혔다. 그의 계획은 자기를 신격화하려는 의도로, 유대인들에게는 하나님과 유대인의 신앙을 모독하는 의도로 여겨졌으므로 그들은 목숨을 걸고 이 계획을 막아내려고 했다. 칼리굴라 황제는 많은 수의 로마 군대를 동원하여 조상을 세우려고 했고, 평화로운 방식으로 이에 반대했던 유대인들은 실제로 전쟁과 학살이 일어날 수 있다는 두려움과 공포에 휩싸였다. 유대인들의 반대 시위로 시간이 지연되는 중에 칼리굴라는 암살되었다. 따라서 황제의 조상은 예루살렘에 들어가지 못하고 돌아가게 되었지만, 기원후 40년 초의 이 사건은 유대인들에게 커다란 신앙적 위기감을 갖게 만들었다고 볼 수 있다. 이 '칼리굴라 위기'(the Caligula Crisis)의 경험은 유대인의 신앙 전통이 언제든지 로마제국에 의해 짓밟힐 수 있다는 끔찍한 기억으로 작용했을 것이다. 비록 신약성서에는 이 사건이 보도되지 않지만, 1세기의 유대교 정황에서 이 사건은 강대국에 의해 신앙이 무참히 짓밟힐 수 있던 사건으로 오랫동안 그리고 깊이 기억되었을 것이고, 이 기억은 신약성서 본문이 전승되고 기록되는 과정에 간접적으로 반영되었을 수도 있다.[1]

제4대 황제인 클라우디우스(Claudius)의 재위 기간은 기원후 41-54년이었다. 클라우디우스 황제는 예루살렘에 자신의 상을 세우려고 했던 칼리굴라 황제의 무모한 시도가 로마제국 전체에 불안감을 조성한 일을 바로잡아야 하는 과제를 안고 있었다. 따라서 초기 기독교 역사와 관련하여 그가 중요하게 시행한 '전통 보호 정책'(status quo)을 기억해야 한다. 이는 로마제국의 지배를 받는 각 민족의 전통이 수호되어야 한다는 원칙을 강조하며, 이 정책을 로마 정부가 중요하게 다룬다는 것을 말한다. 실제로 이 정책이 의도한 주요 대상은 유대교였을 가능성이 높다. 왜냐하면 칼리굴라 위기는 유대인의 고유한 신앙 전통을 위협하는 일이었으므로 클라우디우스는 확실하게 관용적인 태도를 강조한다는 점을 홍보함으로써 로마의 평화를 유지하려고 했기 때문이다. 클라우디우스의 이 정책은 사도행전 기록에서 확인되는데, 누가 기자는 브리스길라와 아굴라 부부가 이탈리아에서 추방되어 고린도로 오게 된 경위를 클라우디우스의 추방령에 따른 것이라고 보도한다(행 18:1-3). 물론 사도행전 보도에서는 '모든 유대인'에 대한 추방령을 내렸다고 언급되지만, 이 황제의 명령을 기록한 수에토니우스의 글에서는 '기독교 신앙을 가진 유대인들'을 대상으로 했다고 보도된다(수에토니우스, 『클라우디우스 전기』 25:4).

초기 기독교 시대에 유대주의자들이 그리스도인들을 박해할 수 있었던 배경에는 이런 로마제국의 정책이 있었다고 볼 수 있다. 예컨대 사도행전 12장에서 헤롯 왕(이 사람은 헤롯 대왕의 손자 아그립바1세)이 사도 야고보를 처형하자, 유대인들이 기뻐했고(행 12:1-2), 이어서 베드로를 옥에 가두어 죽이려고 했던 시도도 이런 배경과 무관하지 않을 수 있다. 왜냐하면 아그립바1세 왕은 클라우디우스 황제의 충실한 부하였고, 기독교에 대한 그의 박해는 황제의 '전통 보호 정책'을 수행한 결과라고 추정할 수 있기 때문이다.

제5대 황제인 네로(Nero)의 재위 기간은 기원후 54-68년이었다. 어린 나이에 황제가 된 네로는 통치 초기에는 훌륭한 통치를 했지만, 나중에는 그리스도인들을 박해했고, 그의 통치 말기에는 유대-로마 전쟁이 발발했다.

네로가 자살로 삶을 마감한 이후 로마제국은 내란에 휩싸여 커다란 위기를 맞게 된다. 기원후 68-69년에 세 명의 황제가 연달아 암살되는데, 그들은 순서대로 갈바(Galba), 오토(Ottho), 비텔리우스(Vitellius)였다. 로마제국의 동쪽 경계 지역에서는 유대-로마 전쟁이 끝날 기미를 보이지 않았고, 서쪽 로마 도시에서는 피비린내 나는 권력 다툼이 끊이질 않았으므로 이 어려운 상황을 해결하고 로마의 평화와 안정을 다시 이룩해 줄 인물이 절실하게 필요했다.

로마인들은 기원후 69-79년에 재위했던 베스파시아누스(Vespasianus)를 새로운 황제로 선택했다. 그는 네로의 명에 따라 유대-로마 전쟁을 진압하기 위해 파견된 지휘관으로서 군인으로 명성을 쌓았던 인물이었다. 또한 그는 율리우스-클라우디우스 황조 출신이 아닌 평민 출신의 황제였다. 내란으로 혼란스러웠던 네로 이후 시대에 동쪽 경계 지역에서 전쟁을 지휘하고 있던 베스파시아누스를 황제로 추대한 핵심 세력은 로마 군대였다. 오랫동안 군인으로 살아온 그는 로마 군대의 지지를 통해 새로운 황제로 등극할 수 있었다. 그는 로마제국의 불안을 종식시켰고, 자기 아들 티투스를 통해 유대-로마 전쟁도 승리로 마감할 수 있었다. 그의 사후에는 두 아들이 황제직을 수행했다. 즉, 그의 첫째 아들 티투스는 기원후 79-81년 동안, 또 다른 아들 도미티아누스는 기원후 81-96년 동안 황제가 되어 통치했다. 이렇게 대략 기원후 70년 이후 1세기 말까지 통치한 이 세 황제의 시기를 플라비우스 황조 시대라고 부른다.

3) 헤롯 가문과 로마 총독의 통치

유대인들의 영토가 로마의 식민지가 되고 하스모네아 왕조가 몰락하게 된 이후로 기원후 70년에 예루살렘 성전이 파괴되기까지 약 100년 동안 유대인들을 직접 통치했던 자들은 헤롯 가문의 사람들과 로마 총독들이었다. 헤롯 가문의 통치가 지속되는 이 기간 중에 로마 총독이 파견된 시기는 기원후 6년부터 시작하여 약 60년 동안이었다.

신약성서에 이름이 언급되는 헤롯 가문 사람은 헤롯 대왕, 아르켈라우스, 헤롯 안티파스와 헤로디아, 빌립, 헤롯 아그립바1세, 아그립바2세와 그의 여동생 베르니케(버니게) 정도이다. 헤롯 대왕에게는 10명의 아내와 많은 자녀가 있었기 때문에 사실상 헤롯 가문의 가계도는 아주 복잡하다. 여기에서는 신약성서에 등장하는 인물들을 중심으로 각 인물의 활동 시기와 기본적인 정보에 관해서만 살펴보기로 한다.

헤롯 가문의 모든 사람을 획일적으로 평가하기는 힘들며, 각 사람에 따라 대중적 인기를 누렸던 사람도 있고 매우 잔혹한 통치자로 평가되는 사람도 있다. 그럼에도 불구하고 이 가문의 등장이 유대인 사회에 어떤 영향을 주었고 예수 운동과 기독교의 시작과 어떻게 관련이 되는지는 대체로 부정적인 평가가 이루어진다고 말할 수 있다. 헤롯 가문이 역사의 무대에 등장한 것은 하스모네아 왕조 통치 말기에 한 사람의 관료였던 안티파테르 때부터였다. 안티파테르는 헤롯 대왕의 아버지로, 새로운 강대국으로 부상하고 있던 로마의 실력자 폼페이우스 장군과의 친분을 바탕으로 로마로부터 신뢰받는 인물이 되었고, 향후 자신의 아들 헤롯 대왕이 팔레스타인 땅 전체의 지배자가 되는 발판을 마련했다. 즉, 헤롯 가문의 권력은 오로지 강대국 로마의 힘을 근거로 형성되었고, 이들은 로마의 충신임을 자처한 로마제국의 대리 통치인들이었다.

본래 그들은 유대 땅 남쪽의 이두매 지역 사람들이었는데, 하스모네아 왕조 시대에 강제로 할례를 받아 유대화된 자들이었다. 과거 하스모네아 가문은 다윗 혈통은 아니었지만, 순수한 유대인 혈통이자 지방의 제사장 가문이었고, 또한 헬레니즘 제국에 맞서 전쟁을 벌였기 때문에 어느 정도 정치적 정당성을 확보했었다고 말할 수도 있다. 이에 반해 헤롯 왕조에게는 유대인 백성이 인정할 만한 정당성이 전혀 없었고 오직 로마의 세력을 등에 업은 권력자들로만 인식되었다. 약간 과장되게 말하면 이 가문은 자신들의 권력 유지를 위해, 로마제국을 위해 백성 위에 군림했던 자들이었다고 볼 수 있다. 이런 과정에서 그들은 팔레스타인 영토를 헬레니즘화하는 데 박차를 가했다고 평가된다.

헤롯 대왕(기원전 37-4년 재위)은 로마로부터 왕(basileus)의 직분을 수여받고 팔레스타인 전체 영토를 다스렸다(그의 죽음 이후 권력을 승계한 세 아들은 '왕'의 직분이 아니라 '분봉왕'의 지위에 머물렀다). 다윗 왕 이후 가장 넓은 영토를 다스렸던 그는 오랜 기간 왕으로 군림하면서 정치적, 경제적 측면에서 여러 업적을 남기기도 했다. 그러나 이런 그의 업적은 자신의 권력 강화와 로마제국에게 충성을 보이려는 의도를 드러냈다고 말해도 과언이 아니다. 헤롯 대왕은 가이사랴, 세바스테(사마리아) 도시를 로마제국의 영웅들을 기념하려는 목적으로 건설했으며, 이런 의도는 이 도시들의 이름에서 분명하게 드러난다. 또한 자신의 정치적 안정을 위해 사해 남쪽에 마사다(요새)를 건설했다. 그의 가장 중요한 업적으로 기억되는 일은 성전 건축 사업이다. 헤롯 대왕은 제2성전인 스룹바벨 성전을 개축하여 역사상 가장 큰 규모의 예루살렘 성전을 만들었다. 그의 사후에도 성전 건축 공사가 계속 이어졌고, 성전을 통해 예루살렘의 경제적 발전이 이루어진 것은 사실이지만, 그 발전의 혜택을 모든 백성이 골고루 누린 것은 아니었다. 오히려 큰 도시와 지방 사이의 불균형과 갈등이 심화되는 부작용이 더 크게 작용했던 것으로 여겨진다.

기원전 4년에 헤롯 대왕은 병으로 죽었고, 그의 아들 가운데 아르켈라우스, 안티파스, 빌립 세 사람이 '분봉왕'(tetrarches, ethnarches)의 직위를 받고 헤롯 대왕의 영토를 분할 통치하게 되었다.[2] '사분봉왕'이라는 말 자체가 넷으로 나눈 지역을 각각 다스리는 자를 가리킨다. 아우구스투스 황제는 팔레스타인 영토를 넷으로 나누어서 세 명의 후계자에게 맡겼다. 이렇게 해서 남서부 지역인 사마리아와 유대 및 이두매는 아르켈라우스, 북서부의 갈릴리 및 남동부의 베뢰아 지역은 안티파스, 북동부 지역은 빌립이 각각 분봉왕으로 통치하게 되었다. 꽤 오랜 기간 동안 권력을 유지했던 안티파스(기원전 4-기원후 39년 재위)와 빌립(기원전 4-기원후 33년 재위)과 달리, 예루살렘이 속한 유대 지역에 분봉왕으로 임명된 아르켈라우스는 정치적 어려움에 휘말려 기원후 6년에 강제로 폐위되었다. 로마제국은 그가 권좌에서 물러난 기원후 6년부터 유대, 사마리아, 이두매가 있는 남서부 지역의 통치자로 로마 총독을 직접 파견했다. 그러므로 예수의 공생애 당시에는 안티파스가 갈릴리와 베뢰아를, 빌립이 북동부 지역을, 로마 총독이 유대, 사마리아, 이두매를 통치했던 것이다. 로마는 기원후 66-70년, 유대-로마 전쟁이 발발하기까지 총 14명의 총독을 파견했고, 예수 당시의 총독이었던 빌라도는 그 가운데에서도 매우 악독한 인물로 평가되곤 한다.

　기원후 41년에 큰 변화가 일어난다. 이제는 분봉왕 안티파스도 빌립도 더는 존재하지 않았으며, 로마 황제 클라우디우스는 41년에 헤롯 아그립바1세에게 그의 할아버지 헤롯 대왕이 다스리던 전체 영토를 맡기고 그를 왕(basileus)으로 임명했다. 그러므로 41년부터는 로마 총독도 파견되지 않았고, 오직 이 사람이 황제의 신뢰를 받는 유일한 팔레스타인의 권력자로 군림하게 되었다. 사도행전 12장에 '헤롯 왕'으로 언급된 인물이 바로 이 사람으로, 그는 헤롯 대왕의 10명의 부인 가운데 하스모네아 가문 출신의 마리암네라는 여인에게서 낳은 아리스토불로스라는 사람의 아들이며, 안티파스와 부정한 결혼 관계를 맺었던 헤로디아의 오빠이다(고대의 다른 문헌이나 현대 학계에서는 이 사람을 보통 '아그립바' 또는 '아그립바1세'라고 부른다). 사도행전 12장의 묘사와 같이 그는 기원후 44년에 질병에 걸려 갑자기 죽게 되었다(행 12:20 이하; 요세푸스, 『유대고대사』 19:343-350 참조).[3] 비록 그가 로마제국과 결탁한 인물에 불과했을지라도 아그립바1세가 갑자기 죽고 다시 로마 총독이 파견되는 상황이 오게 되자, 유대인 사회는 다시 술렁였다. 즉, 44년에 제2총독 지배기가 시작됨으로써 유대인들은 이민족의 직접 지배를 받는 상황에 다시 놓이게 되었다.

　사도행전 25장과 26장에 등장하는 아그립바 왕은 아그립바1세 왕의 아들로서 학계에서는 그를 보통 아그립바2세라고 부른다. 그의 아버지가 갑자기 사망할 당시 십대의 어린 나이였던 그는 20대가 되면서 점차 헤롯 가문을 대표하는 팔레스타인의 권력자로 등장한다. 로마 황제는 그에게 성전 감독권과 대제사장 임명권을 수여하고, 점진적으로 팔레스타인의 여러 영토를 넘겨주었다. 그는 사도행전에서 바울을 심문한 인물로 묘사되며, 이후 유대-로마 전쟁이 발발하자 주로 로마 편에서 유대인들을 설득하려고 노력한 일이 역사에 기록되어 있다. 그는 유대인들이 로마제국에게 멸망한 기원후 70년까지 활동한 많은 헤롯 가문의 실력자 가운데 마지막 인물로 알려져 있다.

지금까지 간략하게나마 그리스-로마 시대와 신약성서의 관계에 대해 살펴보았다. 하나님은 인간 역사에 구체적으로 개입하시며 구원의 역사를 이어나가신다는 사실을 구약성서도 신약성서도 모두 보여준다. 따라서 성서의 깊은 세계를 이해하고 성서 본문을 통해 하나님의 심오한 음성을 파악하기 위해서는 배경사에 대한 많은 공부가 필요하다. 예수님과 그 이후 교회가 어떤 시대를 배경으로 활동했는지를 명료하게 파악하고 있을수록 본문을 더 깊게 깨달을 수 있는 길이 열리기 때문이다.

2. 신약성서 정경화

1) 정경(Canon) 그리고 정경화 과정(Canonization)이란?

현재 우리가 갖고 있는 27권의 신약성서는 어떻게 만들어졌을까? 어느 날 갑자기 경전의 필요성을 느낀 몇몇 사람들이 함께 모여서 신약성서라는 책을 기록했다고 생각하는 사람은 없을 것이다. 신약성서 27권은 대략 50-130년에 다양한 사회-문화적인 상황 속에 살았던 저자들에 의해 기록된 문서들 가운데에서 교회가 자신의 신앙생활의 표준(Canon)을 삼을 수 있는 문서들을 모아 놓은 것이라고 말할 수 있다. 이와 관련하여 누가복음 1장 1-4절은 다음과 같이 말한다.

우리 가운데서 일어난 일들에 대하여 차례대로 이야기를 엮어내려고 손을 댄 사람이 많이 있었습니다. 그들은 이것을 처음부터 말씀의 목격자요 전파자가 된 이들이 우리에게 전하여 준 대로 엮어냈습니다. 그런데 존귀하신 데오빌로님, 나도 모든 것을 시초부터 정확하게 조사하여 보았으므로, 각하께 그것을 순서대로 써 드리는 것이 좋겠다고 생각하였습니다. 이리하여 각하께서 이미 배우신 일들이 확실한 사실임을 아시게 되기를 바라는 바입니다.

이 말씀 속에서 우리는 두 가지 중요한 정보를 얻을 수 있다. 첫 번째는 성경이 기록된 역사적인 과정이다: 말씀의 목격자들(문서를 기록하지 않았으나, 예수의 일들을 눈으로 목격한 세대)-전파자들(문서를 기록하지 않았으나, 예수에 대해 말로 전파하는 세대)-전해준 것을 문서로 만든 사람들(그러나 자기가 만든 문서가 성경이 될 것을 목적으로 기록하지는 않았음). 이런 역사적인 과정을 학문적으로는 전승(Tradition)과 편집(Redaction)이라는 개념으로 설명한다. 성경은 이런 과정을 거쳐서 기록되었다. 그리고 이 성경 구절에서 얻을 수 있는 두 번째는 예수에 관한 문서들이 사복음서(마태복음, 마가복음, 누가복음, 요한복음)보다 더 많이 기록되었다는 사실과 교회에 의해 네 권의 복음서만 신앙생활의 표준이 되는 책으로 선택되었다는 사실이다.

베드로와 야고보, 바울과 같은 사도적 권위를 갖고 있었던 제자들이 순교를 당하는 선교적 위기를 경험하면서 교회는 신앙생활의 통일된 기준과 규범이 필요했을 뿐만 아니라 미래 세대의 신앙을 위해서도 권위 있는 문서들이 필요했기 때문에 신앙생활의 규범이 되는 문서를 선별하여 수집했다. 이렇게 선택된 문서들을 정경이라고 하며, 이런 선택 과정을 정경화 과정이라고 하는데, 이 과정에 영향을 미친 요인들은 다음에서 설명하겠다.

2) 정경 형성을 일으킨 요인들

정경 형성을 촉진한 첫 번째 요인은 예수께서 선포하신 하나님 나라에 대해 신뢰할 만하고 권위를 부여할 수 있는 문서(복음서)의 필요성이다. 초대교회는 자기들의 사명을 예수 그리스도께서 선포하신 하나님 나라를 세상 끝 날까지 선포하는 것으로 이해했다(마 28:16-20). 그런데 예수를 가까이에서 따랐던 소수의 제자만으로는 선교 사명을 감당하기가 쉽지 않았다. 더욱 심각한 문제는 예수께서 선포하신 하나님 나라에 관한 올바른 지식을 갖고 있지 않으면서도 선교에 동참하는 사람들이 있었다는 것이다. 사도행전 18장 24-26절에 나오는 아볼로가 그 예이다. 그는 세례 요한의 세례만 알고 성령세례에 대해서는 들어본 적 없이 전도사역을 감당하고 있었다. 따라서 하나님 나라의 복음이 점점 넓은 지역으로 퍼져나감에 따라 예수께서 선포하신 하나님 나라의 복음을 신뢰할 수 있고 권위를 부여할 수 있게 증언하는 문서를 수집해야 할 필요성이 대두되었다.

정경 형성을 촉진한 두 번째 요인은 목회적 필요성이었다. 오늘날과 같은 교회의 직제나 신학과 교리의 체계를 갖추지 못한 초대교회 안에 발생하는 다양한 문제들을 예수 그리스도의 복음적 원칙을 갖고 진단하고 해결책을 제시해 줄 수 있는 권위 있는 문서(목회적 편지들)의 필요성이 대두되었다.

정경 형성을 촉진한 세 번째 요인은 90년경 바리새인들에 의해 주도된 구약성서의 정경화 작업이다. 유대-로마 전쟁(66-73년, 로마제국과 유다 사이에 벌어진 전쟁)의 결과로 바리새파만 남게 되었고, 이들에 의해 유대교 회복 운동이 전개되었다. 이런 유대교 회복 운동을 통해 '랍비 유대교'(Rabbinic Judaism)가 등장했고 오늘날 우리가 갖고 있는 구약성서 39권의 범위가 확정되었다.[4] 종교가 사라질 수도 있는 위기 상황 속에서 유대교가 행한 자기 종교의 정체성을 지키기 위해 만든 정경화 작업이 동일한 위기를 느끼고 있는 초대교회에게도 정경화 작업의 필요성을 요구하게 되었다.

정경 형성을 촉진한 네 번째 요인은 교회 안에 등장한 이단들이었다. 마르키온(Marcion, 85-160년)은 구약성서에 나오는 하나님을 질투심과 복수심으로 가득 찬 하나님으로 이해했기 때문에 구약성서를 매우 부정적으로 판단했다. 그리고 예수 그리스도께서 율법과 예언을 성취하기 위해서가 아니라 폐지하기 위해서 이 땅에 오셨다는 신학적 입장을 근거로 마르키온 정경 안에는 누가복음과 바울의 편지 10개만을 포함시켰고, 나머지 문서들은 외면했다. 자신의 신학적인 입장을 근거로 신약성서의 범위를 최초로 확정 지었다는 점에서 마르키온은 정경의 범위를 확정 지은 첫 번째 인물로 간주할 수 있다. 따라서 성서를 자의적으로 분류하는 이단들을 견제하고자 정경화 작업의 필요성이 요구되었다.

3) 정경화 과정

기독교가 시작되고 처음 200년 동안 생산된 많은 문서들 중에서 기독교적인 신앙과 삶을 모범적으로 규정하는 문서로서 신약 정경 27권이 교회에 의해 확정되기까지 300년 정도의 시간이 걸렸는데, 그 과정은 다음과 같이 개괄적으로 설명될 수 있다.

정경화 작업의 초기 단계로서 몇 개의 편지들이 교회 사이에서 회람되거나 몇 개의 편지들이 모음집(Collection) 형태로 여러 교회에서 읽히는 모습을 생각해 볼 수 있다. 초대교회가 작성한 문서들은 교회의 구체적인 상황과 관련되어 기록된 문서들이지만, 바울의 편지들은 1세기 후반부터 이미 바울과 그의 제자들이 선교하는 지역에서 신앙적인 교훈과 삶의 규범으로써 교회들 사이에서 회람되었을 뿐만 아니라 모음집(Collection) 형태로 교회에서 사용되었기 때문에(골 4:16; 벧후 3:15-16) 바울의 편지들은 이미 정경적 권위를 갖고 있었다고 볼 수 있다. 그리고 속사도 시대의 교부인 안디옥의 이그나티우스(Ignatius von Antiochien)와 서머나의 폴리카르포스(Polykarp von Smyrna)가 바울의 편지를 자주 인용함으로써 바울의 편지들이 2세기 이후 교회에 영적인 권위를 갖고 있었다고 말할 수 있다.

사복음서가 로마제국에 흩어져 있는 여러 지역 교회에서 사용되었다는 사실도 사복음서의 정경적 권위를 말해주고 있다. 이집트에서 발견된 파피루스 52번(P^{52}, 요한복음이 기록된 가장 오래된 파피루스)[5]은 125년경, 요한복음이 이집트의 교회들에게 권위 있는 문서로 알려졌다는 사실을 시사한다.⁶ 흔히 마가복음 16장 9-20절은 마태복음, 누가복음, 요한복음의 결말 부분과 조화를 이루기 위해 부활절 이야기를 후대에 교회가 추가한 것으로 간주하는데, 이를 사실로 받아들인다

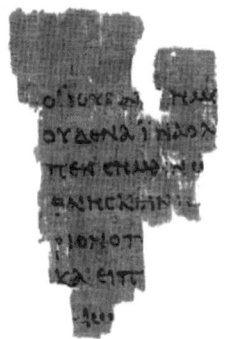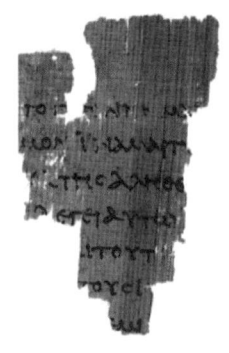

그림4 P⁵². 앞면(좌측, 요 18:31-33)과 뒷면(우측, 요 18:37-38).
8.9×6.0cm ⓒ Rylands Library, the Univ. of Manchester, UK.

면 2세기 중엽에 이미 마가복음을 추가 편집한 교회는 마태복음, 누가복음, 요한복음을 알고 있었다고 확언할 수 있다. 또한 2세기 중엽에 유스티누스(Justin Martyr)는 '변증'이라는 자신의 글에서 기독교의 예배 관습을 설명하면서 예배 시간에 복음서를 가리키는 '사도들의 회고'(Die Erinnerungen der Apostel)와 구약의 '예언자들의 글'이 함께 낭독되어야 한다고 주장함으로써 사복음서가 이미 정경의 가치를 갖고 예배시간에 낭독되었다는 사실을 보여준다.⁷ 유스티누스와 비슷한 시기에 활동했던 교부 이레니우스도 사복음서에 대해 언급했을 뿐만 아니라 바울의 편지들과 베드로전서와 요한1서의 권위를 높이 평가했다. 그는 오늘날 외경에 속하는 『헤르마스의 목자서』와 『솔로몬의 지혜서』를 요한2서와 요한3서, 베드로후서와 빌레몬서에 비해 정경적 가치를 높게 평가했고, 정경으로서의 요한계시록의 가치에 대해 의심하지 않았다.⁸ 2세기의 정경의 범위에 관해서 중요한 정보를 제공하는 것은 무라토리 정경(Muratorian Canon) 목록이다. 1740년, 이탈리아 밀라노에서 무라토리가 발견한 이 성경책은 신약성서의 라틴어 사본으로서 성경의 중간 부분은 떨어져 나가서 없지만, 앞부분에 나오는 정경 목록만으로도 중요한 정보를 알려준다. 무라토리 정경에는 현재 우리가 갖고 있는 신약성서 27권 중 23권이 정경에 포함되었고, 히브리서, 야고보서, 베드로전·후서, 요한3서는 목록에서 제외되었다. 한편 3세기에 활동한

터툴리아누스(Tertullian)는 사복음서와 사도행전, 13편의 바울서신들, 베드로전서, 요한1서, 유다서와 요한계시록을 정경으로 간주했고 히브리서를 바나바가 기록한 문서로 간주하여 정경에서 배제했다. 또한 우리는 처음으로 오리게네스(Origenes)가 기독교 문서들을 정경, 정경이 아닌 문서, 아직 논쟁 중인 문서로 삼분화했다는 데도 관심을 가져야 한다. 그는 사복음서와 사도행전, 14편의 바울서신들(히브리서 포함), 베드로전서, 요한1서와 요한계시록을 정경에 포함시켰고, 요한2서와 3서, 베드로후서, 야고보서와 유다서를 정경에서 제외했으며, 『헤르마스의 목자서』를 논쟁 중인 문서로 분류했다.

지금까지의 내용으로 미루어 보건대, 2세기 말경부터 사복음서와 사도행전, 바울서신들과 공동서신(편지의 수신자가 특정한 교회나 사람이 아니라 모든 사람이기 때문에 일반서신이라고도 하며, 야고보서, 베드로전·후서, 요한1, 2, 3서와 유다서가 해당됨) 중의 일부가 정경의 권위를 갖고서 교회에서 신앙적 교훈을 위한 규범으로써 사용되었다고 말할 수 있다. 로마를 중심으로 로마제국의 서쪽 편에 있는 교회는 히브리서의 정경성을 의심했고, 동쪽 편에 있는 교회는 요한계시록과 공동서신의 정경성을 의심했다. 그리고 공동서신에 정경의 권위를 부여해야 하는지에 관한 논쟁은 4세기까지 이어졌다.[9]

4세기에 유세비우스(Eusebius)는 사복음서와 사도행전, 14편의 바울서신들, 요한1서, 베드로전서를 정경에 포함시켰고, 야고보서, 유다서, 베드로후서, 요한2서와 3서에 대해서는 정경의 권위를 의심했다. 그는 요한계시록을 정경에 포함시키기도 했지만, 정경의 권위에 대해서는 의심스러운 입장을 취함으로써 요한계시록의 정경성에 대해 찬성과 반대의 상반된 입장을 취했다는 점에서 특이하다. 또한 4세기에 이르러서는 『헤르마스의 목자서』, 『바나바의 편지』, 『베드로의 묵시록』, 『솔로몬의 지혜서』와 같은 문서들이 더는 정경의 권위를 인정받지 못했다.

초대교회가 정경을 만들어 가는 과정은 교회가 만들어 낸 많은 문서들을 사도성(문서 내용이 사도 또는 사도적 가르침으로부터 유래했는가?), 교회 수용성(얼마나 많은 교회에서 신앙의 표준으로 사용되었는가?), 교리적 일치(기독교 교리에 부합하는가?)라는 세 가지 기준을 근거로 엄선하는 과정이었으며,[10] 367년에 알렉산드리아의 감독 아타나시우스(Athanasius)가 보낸 부활절 목회 편지에서 오늘날과 같은 27권의 목록이 정경으로 언급되었다. 여기에서 아타나시우스는 사복음서(마태복음, 마가복음, 누가복음, 요한복음)-사도행전-공동서신(야고보서, 베드로전·후서, 요한 1,2,3서, 유다서 순서로)-바울서신(히브리서를 맨 뒤에 포함)-요한계시록의 순서로 정경 목록을 제시했다. 오늘날 신약성서와 달리, 바울서신이 일반서신 뒤에 놓였다는 것이 특이하다.[11]

4) 정경의 권위

우리의 신앙과 삶을 규정하며 기독교의 정체성을 가리키는 규범 문서로서의 정경은 초대교회가 선택한 것이며 지금의 우리가 새로운 신학적 기준을 근거로 정경의 범위를 마음대로 바꿀 수는 없다. 그러나 중세 시대까지 신앙적 권위가 의심받지 않았던 신약성서 27권은 종교개혁자 마틴 루터(M. Luther)에 의해 도전을 받았다. 루터는 자신이 번역한 1522년의 독일어 성경의 야고보서 서론에서 네 권의 책(히브리서, 야고보서, 유다서, 요한계시록)을 정경 목록의 맨 뒤로 옮겨놓으면서 이 네 권의 책에 대한 정경의 권위에 도전했다. 여기에서 루터는 정경의 기준을 다음과 같이 말했다. "베드로나 바울이 기록했어도 예수 그리스도를 가르치지 않으면 사도적이지 않으며, 가룟 유다, 안나스, 빌라도, 헤롯이 기록했어도 예수 그리스도를 가르치고 선포하면 사도적이다." 정경에 대한 이런 입장을 근간으로 루터는 야고보서가 행위로 의롭다함을 얻는다는 사실을 강조할 뿐만 아니라 예수 그리스도를 말하고 있지 않기 때문에 지푸라기 서신(eine stroherne Epistel)이며, 히브리서는 두 번째 회개의 가능성을 거부하기 때문에(히 6:4-6) 성경의 권위를 의심할 수밖에 없다고 했다. 또한 그는 유다서의 내용은 베드로후서의 요약본으로 간주할 수 있으므로 정경으로서의 가치를 부여할 수 없으며, 요한계시록은 해석하기 어려운 환상으로 예언을 기록했기 때문에 정경으로 받아들이기 어렵다고 했다.12 그러나 루터의 이런 입장은 1546년에 개최된 트리엔트 공의회(Tridentinische Konzil, 신학자들과 목회자들이 모여 교리와 예식 등에 관해 토론한 회의)에서 거절되었으며, 신약성서 27권에 대해 정경으로서의 가치를 평가하는 것이 허락되지 않았다. 여기에서 우리는 루터가 27권의 신약성서 가운데 차등적인 권위를 부여하여 '정경 안의 정경'을 만듦으로써 4권의 책을 교회가 보편적으로 정경으로 인정하기에 결함이 있는 책으로 규정했음을 알 수 있다. 루터가 제기한 '정경 안의 정경', 즉 정경의 가치와 한계를 어떻게 규정할 수 있을까?라는 질문에 대한 대답은 성서학적인 차원을 뛰어넘어 총체적인 신학적 차원에서 다루어야 할 것이다.13

웨슬리언 관점에서 우리는 정경에 대해 다음과 같은 생각을 견지해야 한다. 정경은 하나님 앞에서 살아가야 할 표준적인 신앙적 삶을 위해 예수께서 선포하신 말씀을 기억하고 해석함으로써 생겨났기 때문에 교회에 의해 만들어진 것이 아니라 예수 그리스도로부터 교회에게 주어진 것이다. 교회는 먼저 성령의 도우심을 힘입어(딤후 3:16) 올바른 신앙적 삶을 위한 표준적 증언이 무엇인지를 결정한 후에 이 표준적 증언으로부터 판단의 기준을 얻어 정경의 한계를 결정했다. 하나님께서는 우리를 모든 진리 가운데로 인도하시는 성령(요 16:13)을 통해 앞으로 있을 모든 선포와 교리를 위한 토대와 척도로서 정경을 교회에 주셨다.14 주님의 말씀인 정경을 통해 교회는 스스로 비판받고 검증받아야 하며, 개신교회는 정경을 기준으로 항상 개혁되어야만 한다(Ecclesia reformata, semper reformanda).

신약성서 정경화와 관련하여 다음과 같은 문제를 생각해 볼 수 있다. 첫째, 개신교회, 가톨릭교회 그리고 동방교회의 성경책 숫자와 배열 순서를 확인해 보라. 각 성경책의 순서 배열이 어떻게 다르고 이것이 신학적으로 어떤 의미가 있는가? 둘째, 혹시 나는 신구약성서 66권 중 특정한 책들만 읽고 있지는 않은가? 그렇다면 나도 루터처럼 정경 안에 정경을 만들고 있지는 않은가? 나는 성경 내용의 통일성과 다양성이라는 관점에서 성경 전체를 골고루 균형 있게 읽고 있는가? 어떻게 하면 그럴 수 있는가?

3. 영지주의와 신약외경

예수께서 부활하신 이후 하나님 나라 운동은 제자들을 중심으로 이어졌고, 예루살렘을 기반으로 한 집단과 바울을 중심으로 이방인을 향해 전 세계로 퍼져나간 집단이 이 일을 담당했다. 특히 이방인을 향해 나아가면서 복음 전파자들은 그리스-로마 문화 세계 안에서 사는 사람들과 많이 접촉하게 되었는데, 이들이 접하게 된 다양한 이교 문화 현상 중 하나가 바로 영지주의였다. 그리스 철학자 플라톤까지 거슬러 올라가는 영지주의가 기독교 세계로 들어오면서 기독교적 영지주의라는 모습까지 띠게 되었는데, 기독교적 메시지와 혼합된 이교 문화가 이방인을 중심으로 모이는 여러 초기 교회 공동체를 많이 흔들어 놓았다. 이런 현상은 이들에게 복음을 심고 그들이 자라도록 돌보아야 했던 바울을 비롯한 1세기 후반 복음 전파자들에게 큰 어려움을 주었다. 신약성서 중에 "철학, 헛된 속임수, 세상의 유치한 원리" 등으로 종종 표현되는 가르침이 이런 흔적을 보여준다. 골로새교회에 스며든 가르침 중 "붙잡지도 말아라, 맛보지도 말아라, 건드리지도 말아라."(골 2:21)라는 가르침이나 "예수 그리스도께서 육신을 입고 오셨음을 부인하는"(요일 4:2-3) 가르침 등이 기독교적 영지주의의 흔적을 보여준다. 기독교적 영지주의는 1세기뿐만 아니라 2-3세기 고대 기독교 공동체에 큰 골칫거리가 되었었고, 이들에 대해 알지 못하면 우리는 고대 교회의 역사를 제대로 알지 못하는 셈이 된다. 이에 우리는 기독교적 영지주의에 대해 살펴보려고 하는데, 이를 알기 위해서는 영지주의와 기독교적 영지주의 사상을 많이 담고 있는 신약외경 문서들을 살펴볼 필요가 있다.

1) 영지주의의 기원과 사상

기독교적 영지주의의 기원에 대해 제2성전기 유대교(예를 들어 『요한의 비전』)

나 플라톤의 철학을 손꼽는다. 또한 페르시아 종교나 윤회를 말하는 힌두나 불교 철학의 영향까지 말하는 목소리도 있다.[15] 그러나 무엇보다도 가장 큰 영향 관계에 있는 것은 플라톤 철학이다. 플라톤은 그의 저작 『티마이오스』에서 이 세상의 기원과 창조에 관해서 말하면서 '데미우르고스'라는 존재를 언급한다. 이 존재는 이 세상을 창조한 조물주로, 기독교적 영지주의가 창조주로 언급하는 존재가 바로 이 존재이다. 플라톤은 『국가』에서 이데아를 논하면서 그 유명한 동굴의 비유를 말하는데, 이 비유가 말하고자 하는 요점은 가시적인 물질은 본질이 아니라 그 본질의 그림자일 뿐이라는 것이다. 기독교적 영지주의자들은 이것에 착안하여 이 세상을 바라보는 자신들의 시각을 제시했다. 그들이 바라보는 이 세상에 관한 기본적인 관점은 물질적 세계는 악하다는 것이다.

이런 세계관은 제2성전기를 거치면서 유대인들이 고민했던 문제와 일맥상통하는데, 그 질문은 '선하신 하나님께서 이 세상을 창조하셨다면 왜 세상에는 악이 존재하고 인간은 고통을 받는가?'라는 신정론적 질문이다. 제2성전기 중반 유대교에서는 욥기나 전도서 등의 지혜 문학을 통해 하나님의 심오하신 섭리와 뜻을 우리 인간이 어찌 다 헤아릴 수 있겠는가?라는 방향으로 물꼬를 텄지만, 영지주의에서는 세상에 악이 있는 것이 이 세상을 만든 존재가 악한 존재이기 때문이라는 방향으로 이야기를 끌고 간다. 즉, 이데아론에서 말하듯이, 우리가 보는 물질의 가시적 세계는 참된 본질이 아닌 허상일 뿐이며 거짓이다. 그렇다면 선하신 하나님이 악한 물질세계를 만드셨을 리는 없고, 결국 이런 악한 물질세계를 창조한 존재는 하나님이 아니라 다른 조물주라고 이해한다. 그리고 그 조물주가 바로 데미우르고스(얄다바옷, 사클라스, 사마엘)인 것이다.

이런 이원론적인 세계관을 가진 영지주의가 기독교로 들어오면서 기독교적 영지주의가 만들어진다. 그들은 창세기에서 천지를 만든 것은 하나님이 아니라 어리석고 악한 조물주인 데미우르고스라고 본다. 사실 플라톤은 데미우르고스를 선하거나 악하다는 가치를 부여하여 말하지는 않지만, 기독교적 영지주의자들은 데미우르고스에 악의 가치를 부여한다. 이들의 창조론을 가장

그림5 얄다바옷의 형상. 『요한의 비전』에 따르면 그는 사자의 얼굴과 뱀의 몸을 가졌고 눈에서는 번갯불 같은 빛이 나온다.

잘 보여주는 것이 『요한의 비전』이다. 천상의 완벽한 세계인 플레로마에는 유일자 참 하나님이 계시고, 그를 둘러싼 신적 존재인 열두 에온들이 있다. 그런데 그 에온 중 하나인 소피아가 하나님을 흠모하여 그분을 관조(觀照)하고, 그래서 자기 마음대로 자식을 하나 낳았는데, 그것이 바로 데미우르고스라고도 하는 얄다바옷이다. 그런데 이 얄다바옷이 너무 흉측한 괴물이라 그에게 숨(영)을 불어넣어서 플레로마 천상계 밖으로 내버리는데, 이 숨이 얄다바옷에게 들어가서 천상계는 그만큼 모자란 부분이 생긴다.

플레로마에서 추방된 얄다바옷은 자기 부하들인 아르콘들과 함께 자신들을 본떠서 인간을 창조한다. 그러나 그 인간에게는 생명이 없어서 축 늘어져 있다. 한편 천상의 플레로마에서는 소피아가 얄다바옷에게 숨을 불어넣은 것 때문에 빠져나간 영을 어떻게 되찾아 올 것인지 논의한 끝에 얄다바옷을 부추겨 그 숨을 인간에게 불어넣도록 한다. 어리석은 얄다바옷은 인간에게 숨(영)을 불어넣고, 이때부터 인간은 살아 움직이는 존재가 된다. 이제 천상계에서 할 일은 인간에게 옮겨진 이 영을 되찾아 와서 흠이 생긴 플레로마를 온전하게 회복시키는 것이다. 인간의 몸에 영이 들어간 후로 영은 인간의 육체 안에 갇히게 된다. 그래서 인간은 물질적인 육체는 얄다바옷에게 속하고, 비가시적인 영은 최상신인 하나님께 속한 모순된 존재가 된다.

육체 안에 영을 가진 존재인 인간은 망각에 빠져서 자신이 영적인 존재라는 사실을 잊고 잠에 빠져 산다. 인간은 자기가 누구이고, 자신의 본질이 무엇이며, 원래 있어야 할 곳이 하늘의 플레로마인 것을 망각하고 있다. 그래서 이런 인간이 잠에서 깨어나 자신이 누구이며 원래 어떤 존재인지 본질을 깨달아야 본향을 향해 갈 수 있다. 자신의 본질을 깨닫는 것, 자신의 육신 안에 "신적 섬광"인 영을 갖고 있다는 사실을 "아는 것"이 중요하며, 이것을 깨달아 본향에 돌아가는 것을 가리켜 구원이라고 말한다. 그런데 이런 깨달음, 즉 영적 지식(영지)이 있어야 구원을 받는데, 이것을 깨우쳐 주는 사람이 바로 구원자이다. 이 구원자, 즉 영지자의 도움을 받아 인간이 자기의 본질을 깨닫고 육신의 감옥에서 영을 해방하여 영이 원래 있었던 곳인 천상의 플레로마로 돌아가 원래의 자기 본질과 온전하게 합일하게 되면 이것이 바로 구원을 얻는 것이다.[16] 이런 이유에서 '영지', 즉 영적 깨달음이라는 말이 나왔다. 이렇게 인간을 깨우쳐서 그의 육체 안에 숨겨진 영을 천상의 플레로마로 돌아오게 하면 소피아의 잘못으로 영이 유출되어 결함이 생겼던 천상의 플레로마(온전함)가 원상 복구된다.

기독교적 영지주의에서는 인간을 세 부류로 나눈다. 첫째, 가장 하급 인간인 육적 인간이다. 이 인간은 신적 요소가 하나도 없는 사람이다. 둘째, 혼적 인간이다. 이 사람은 그 안에 신적 요소가 있기는 하지만, 자신이 그것을 가진 존재라는 사실을 아직 깨닫지 못한 사람이다. 마지막으로 영적 인간이다. 이 사람은 신적 요소를 갖고 있으며 그 사실을 깨달아 알고 있는 사람이다. 이처럼 기독교적 영지주의에서는 인간이라는 존재를 신적 섬광인 영을 가진 존재, 그러나 대부분이 아직 자신이 그런 존재라는 사실조차 깨닫지 못한 채 무지 속에서 이 세상에 빠져 사는 사람이라고 본다. 그래서 그들은 인간이 깨달음을 얻어서 악한 물질세계, 육신의 감옥에서 해방되어 본향에 돌아가 자신의 원형(본질)과 하나 되어야 하는 숙제를 안고 사는 존재라고 본다. 이런 깨우침을 주는 자는 구원자, 영지자이며, 이런 구원자 자신도 여전히 구원을 받아야 하는 구원자(Salvator Salvandus)이다.

예수는 인간에게 이런 깨달음을 주는 존재이다. 따라서 기독교적 영지주의는 기독교의 중요한 신학 중 하나인 대속적 죽음의 신학이 없다. 왜냐하면 예수께서는 인간의 죄를 자신의 대속적 죽음을 통해 해결하러 오신 분이 아니라 깨달음을 주시기 위해 오신 분이라고 믿기 때문이다. 이들은 육신을 악한 것, 무의미하고 쓸모없는 것으로 보기 때문에(이런 이유로 영지주의 성향을 보이는 신약외경 문헌에는 금욕, 특히 성적 금욕이 매우 강조됨[17]) 예수께서 자신의 목숨을 내놓으신다는 것을 참으로 어리석고 쓸데없는 행동으로 이해한다. 흥미로운 것은, 초기 기독교적 영지주의자들에게서 순교자를 찾아볼 수 없다는 점인데, 그 이유는 이들이 육신을 무의미하고 무가치한 것으로 보아서 자신의 믿음과 신앙을 증명해 보이기 위해 육신을 버리고 생명을 내놓는 행동은 어리석은 짓이라고 생각했기 때문이다. 반면에 정통 기독교인들은 순교를 통해 자신의 믿음을 증명했고, 심지어 순교하면 곧장 천국으로 가는 티켓을 얻는 것이라고 믿었다. 일반적으로 사람들은 육신과 생명이 이 세상에서 가장 소중한 것이라고 믿으며, 그래서 자기 육신을 버리고 목숨을 내놓는 행동을 매우 고귀하게 생각한다. 이런 이유에서 고대 기독교인들이 자신의 믿음을 증명하는 가장 고결한 행동이 순교가 될 수 있었다.

2) 신약외경과 기독교적 영지주의

1945년, 이집트 나일강 상부의 나그 함마디라는 곳에서 농부인 무함마드 알리와 그의 형제들이 비료를 채취하고 있었다. 그들이 한창 땅을 파던 중에 무엇인가 삽에 부딪히는 소리를 듣고 그곳을 파보았는데, 거기에 밀봉된 항아리가 있었다. 그들은 항아리를 앞에 두고 그 안에 귀신이 들어 있을지도 모른다는 두려움과 금은보화가 들어 있을 수도 있다는 유혹 사이에서 갈등하고 있었다. 결국 그들은 유혹을 떨치지 못하고 항아리를 열어보았는데, 거기에는 보화도 귀신도 아닌 가죽으로 엮인 13권의 책이 있었다. 안도감과 실망감을 동시에 느낀 그들은 일단 그 책 꾸러미를 집으로 가져가서 던져놓았고, 떨어져 나간 책장 일부는 그냥 아궁이 옆에 던져놓았는데, 심지어 그것을 불쏘시개로 사용했다.

이로부터 얼마 후 이 형제들은 살인을 저지르게 되는데, 이 일 때문에 경찰이 집에 들이닥치면 이 고대 문서를 발견하게 될 것이고, 그러면 여러모로 일이 복잡해질 것이라고 생각하여 일단 그 책 꾸러미를 자기들이 아는 사제에게 보관해 달라고 부탁했다. 그러던 중 이 책 꾸러미가 역사 교사였던 라지브의 눈에 띄었고, 그는 이 책들이 값이 나갈 것이라 생각하여 일단 한 권을 빼내서 가격 파악을 위해 카이로로 보냈다. 그 후 이런저런 이유로 이 문서들은 암시장에서 돌고 돌다가 경찰에 의해 대부분 압수되었다. 그 와중에 13번째 책은 이미 미국에 팔려간 상태였다. 이렇게 여기저기 돌아다니던 문서들은 발견된 지 30년이 지난 1972년에 처음으로 일부가 영인본으로 묶여서 출판되다가 1979년 즈음에 13권 모두가 세상에 제대로 그 모습을 드러내게 되었다. 우리는 총 13권으로 된 이 책 묶음을 가리켜 나그 함마디 문서(Nag Hammadi Library, NHL)라고 부른다.

나그 함마디 문서 안에는 여러 종류의 글들이 실려 있다. 우리에게 잘 알려진 것으로는 야고보의 비전, 요한의 비전, 도마 복음서, 빌립 복음서, 이집트인의 복음서, 구세주의 대화, 바울 묵시록, 야고보 첫째 묵시록, 야고보 둘째 묵시록, 진리의 복음서 등이 있고, 특이하게도 플라톤의 공화국, 조스트리아노스, 헤르메스주의 문헌 등과 같은 일반적 문서들도 있다. 이 문서들이 모두 영지주의적인 글들도 아니고, 그저 여러 글을 모아놓은 것으로 보인다. 그럼에도 여전히 나그 함마디 문서의 글들은 기독교적 영지주의에 해당하는 것들이 많으며, 이것들이 신약외경에 포함되어 연구된다.

신약외경이라 함은 27권으로 구성된 정경 신약성서 외의 경전 문서를 가리킨다. 정경 신약성서는 크게 복음서, 행전, 서신서, 묵시록 등 네 개의 장르로 구성되는데, 신약외경도 이와 비슷하다. 전부는 아니지만, 일부 신약외경 문헌 몇 개를 옆의 표와 같이 정리해 볼 수 있다.

앞에서 언급했듯이, 나그 함마디 문서들은 모두 기독교적 문서들도 아니고 모두 영지주의적 문서들도 아니다. 또한 신약외경에 해당하는 문서들이 기독교적 영지주의 문서도 있지만, 그렇지 않은 것도 있다. 그리고 동일한 문서 안에서도 편집층에 따라 기독교적 영지주의 성격을 띠기도 하고 그렇지 않기도

장르	문서	시기/소장	내용
복음서	에거톤 복음서	1-2세기, 파피루스, 영국박물관	예수와 율법학자들의 논쟁, 나병환자 치유 이야기, 가이사에게 세금 바치는 논쟁, 요단강가 씨앗과 열매 기적
	옥시링쿠스 840	2세기, 양피지 코덱스, 옥스퍼드 보들레이안 도서관	악인의 오류 답습 가르침, 정결 논쟁 이야기
	야고보의 원복음서	2세기 중반	마리아의 신적 출생과 성장, 요셉과 결혼, 예수 출산
	도마의 예수 유년기 복음서	2세기 중반	예수의 5, 6, 8, 9, 12세 시절 일화
	도마 복음서	2세기 초, NHL	114개 예수 어록 묶음
	빌립 복음서	2-3세기, NHL	• 예수의 가르침, 일화 모음집 • 영지주의 성례에 관한 언급
	진리의 복음서	2-3세기, NHL	• 예수께서 전하는 구원에 대한 가르침 • 이레니우스가 언급
	유다 복음서	2세기	• 가롯 유다와 예수의 대화 • 영지주의적 성격
	베드로 복음서	1-2세기, 파피루스, 옥스퍼드대학교	예수와 베드로의 대화, 예수의 수난과 부활
	마리아 복음서	2세기, 베를린 코덱스	부활하신 예수와 막달라 마리아의 대화
행전	요한행전	2세기	사도 요한의 소아시아 활동
	바울과 테클라 행전	2세기	테클라와 바울의 사역, 바울의 순교
	베드로행전	2세기	베드로의 로마 선교 이야기와 순교
	안드레행전	2세기	사도 안드레의 소아시아 선교 이야기
	도마행전	3세기	도마의 인도 선교 이야기와 순교
서신	바울과 고린도 서신	2세기, 고린도3서(?)	시몬과 클레오비우스의 영지주의적 가르침 반박
	라오디게아서	2-4세기	불가타 성경에 실린 바울서신 짜깁기 문서
	예수와 압가루스 서신	3세기, 유세비우스『교회사』언급	압가루스의 병을 치료하기 위해 예수께서 자신의 초상화를 보내주신 이야기
	바울과 세네카 서신	4세기	작문에 대해 세네카와 바울이 주고받은 이야기
묵시록	베드로 묵시록	2세기	천국과 지옥 여행 장면
	바울 묵시록	3세기 이전	바울의 천국 여행

하는 등 혼재되어 있다. 따라서 신약외경 문서는 모두 기독교적 영지주의 문서라고 생각하면 안 되고, 한 문서가 한 저자에 의해 만들어졌다고 생각해서도 안 된다.

우리가 신약성서를 이해하기 위해 신약외경에 대해 기본적인 것들은 알고 있어야 하는 이유는, 신약외경의 문서들이 고대 기독교의 역사 속에 중요한 한 부분으로 같이 뒹굴고 있었기 때문이다. 오늘날 신약외경으로 분류되는 문서들의 저자들이나 그 문서의 사상을 추종했던 집단들은 모두 1-3세기 부활 이후 예수 운동 집단이나 고대 기독교 집단과 관계를 맺고 있었던 이들이다. 신약외경을 만들어 냈거나 그 문서가 추구하는 신학을 따랐던 집단들은 모두 기본적으로 교회 공동체 안에 있었던 사람들이다. 이 시기의 기독교는 하나의 종교 시스템으로 자리를 잡아가던 중이었다. 오늘날 우리에게는 27권으로 완결된 신약성서가 있지만, 이 시기에는 그런 것도 없었다. 오늘날처럼 27권의 신약성서 목록이 처음으로 정리되어 세상에 언급된 것은 367년, 아타나시우스의 부활절 서신이었다. 즉, 처음 3세기 동안 교회는 무엇을 믿고 무엇을 고백해야 하는지 고민하고 갈등하던 정착 과정의 시기를 보내고 있었다. 그리고 이 시기에 함께 목소리를 내던 것이 바로 신약외경 공동체들이었다.

따라서 신약외경은 처음 3세기 동안 교회가 무슨 일을 겪었는지, 구원론, 창조론 그리고 무엇보다도 예수는 누구신가라는 기독론 등과 관련하여 서로 어떻게 생각하고 갈등했는지 그 흔적들을 잘 보여준다. 예수께서 부활하신 이후 그리스도인이라고 하는 다양한 예수 추종자들이 생겨났고 그들이 모이는 다양한 교회가 형성되었다. 로마서로부터 시작하여 유다서에 이르기까지 정경 신약성서에 있는 서신서만 보더라도 얼마나 다양한 교회가 있었고, 그 안에 얼마나 다양한 신학적 성격과 신앙 스타일과 세계관과 신앙 관습과 신앙 고백들이 있었는지 쉽게 엿볼 수 있다. 정경 신약성서 안에도 그러한데 신약외경의 공동체까지 나아가면 부활 이후 예수 운동이 기독교라는 종교로 정착하기까지 얼마나 많은 걸러내는 과정을 겪었는지 쉽게 짐작할 수 있다.

모두가 그런 것은 아니지만, 신약외경으로 분류된 문서들 중 상당수가 기독교적 영지주의적 성격을 보인다. 이는 기독교 초창기에 교회가 기독교적 영지주의 가르침과 얼마나 피나는 투쟁을 했는지 보여준다. 바울의 서신서 곳곳에서 볼 수 있듯이, 교회는 항상 거짓교사, 거짓 가르침, 헛된 속임수 등 현혹적인 가르침에 맞서 늘 경계했고, 끝내 잘 막아냈다. 바울서신 몇 군데에서 단편적으로 엿볼 수 있는 몇 마디로 모든 것을 알 수는 없지만, 우리는 신약외경의 문서들을 통해 그때 그들에게 무슨 일이 있었는지 그리고 그 다양한 공동체들이 무슨 생각을 하고 무엇을 믿고 무슨 신앙을 추구했는지 알 수 있다. 따라서 신약외경을 모르면 우리는 한쪽 이야기만 듣고 처음 3세기의 역사를 반쪽짜리 그림으로 그리는 오류를 범하게 된다. 신약외경을 공부하는 이유는, 그들의 가르침을 믿고 따르기 위한 것이 아니라 오늘날 우리가 전해받아 믿고 고백하는 신앙이 어떤 과정을 거쳐서 어떻게 형성되었는지 알기 위함이며, 이를 제대로 알아야 오늘 우리가 왜 이렇게 믿고 고백하게 되었는지 더 정확히 말할 수 있기 때문이다.

---

1 칼리굴라 위기에 관한 자세한 설명은 박찬웅, 『초기기독교와 요세푸스』, 175-202를 보라.
2 안티파스와 다른 헤롯 가문 사람들에 관한 자세한 설명에 관해서는 박찬웅, "세례 요한과 헤롯 안티파스에 관한 비교 연구," 「신약연구」 16(2017), 36-70을 보라.
3 유대인 사회에서의 아그립바1세의 영향에 관해서는 박찬웅, "사도행전 12장에 나타난 아그립바1세의 박해와 죽음에 관한 연구," 「신학논단」 99(2020), 39-69를 보라.
4 유대-로마 전쟁의 결과가 신약성서에 미친 영향에 대해서는 김창선, "유대전쟁과 예루살렘 성전 멸망," 「성서마당」 87(2008), 85-98을 보라. 또한 에드워드 로제/박창건 역, 『신약성서 배경사』(서울: 대한기독교출판사, 1983), 40-46, 143-145를 참조하라.
5 파피루스는 종이(paper)가 발명되기 이전에 사용된 매체로서 나일강에서 많이 자라는 풀의 이름이며, 성경의 본문이 주로 파피루스에 기록되었다. 파피루스 52번은 파피루스의 발견된 순서를 가리킨다.

6 그러나 2세기에 등장한 극단적인 금욕생활과 종말론적인 주장을 하는 이단 몬타니스트(Montanist)와 영지주의자들에 의해 중요한 책으로 간주된 요한복음은 3세기 초까지도 일부 지역의 교회들로부터 정경으로서의 권위를 의심받았다.

7 이에 관해 보다 상세한 내용은 E. Lohse, *Die Entstehung des Neuen Testaments* (Stuttgart: Kohlhammer, 1983), 13을 참조하라.

8 하워드 클락 키이/서중석 옮김, 『신약성서의 이해』(천안: 한국신학연구소, 1990), 541-542를 참조하라.

9 E. Lohse, *Die Entstehung des Neuen Testaments*, 15를 참조하라.

10 정경 선택의 기준에 관해서는 키이/서중석 옮김, 『신약성서의 이해』, 545-546을 참조하라.

11 E. Lohse, *Die Entstehung des Neuen Testaments*, 16을 참조하라.

12 여기에 기록된 내용은 H. Bornkamm, *Luthers Vorreden zur Bibel* (Göttingen: Vandenhoecker & Ruprecht, 1989), 214-219의 내용을 요약한 것임을 밝혀둔다.

13 '정경 안의 정경'의 문제는 신구약성서에 모두 해당되는 문제이며, 특히 구약성서에서 이 문제는 보다 심각하다. 개신교회는 구약성서가 39권, 가톨릭교회는 46권, 동방교회는 50권이다.

14 이에 관해서는 W. Klaiber and M. Marquardt/조경철 역, 『감리교회 신학』(서울: 도서출판 kmc, 2006), 76-77을 참조하라.

15 송혜경, 『영지주의, 그 민낯과의 만남』(의정부: 한님성서연구소, 2014), 36-38을 참조하라. 윤회의 경우 플라톤도 윤회를 말하기 때문에 과연 이것이 힌두 철학의 영향까지 확장해 볼 것인지는 논란의 여지가 있다.

16 이런 유형을 잘 보여주는 한 예가 도마행전 가운데 나오는 '진주의 찬가' 부분이다. 양재훈, "신약외경과 알레고리: 도마행전 '진주의 찬가'의 알레고리화와 이데올로기 고찰," 「캐논앤컬쳐」 8/2(2014), 135-161을 참조하라.

17 Jayhoon Yang, "Apocryphal Women in Wonderland: Asceticism and Desire in the Apocryphal Acts," *Canon&Culture* 11(2017), 213-238을 참조하라.

제3장

비평 방법론 - 이론과 연습

비평 방법론 - 이론과 연습

이 장에서 함께 공부할 주요 내용
- 역사비평이란 무엇인가?
- 양식비평, 편집비평, 사회학적 해석에 대해 설명할 수 있는가?
- 두 자료설에 관해서 설명할 수 있는가?
- 공관복음서가 비슷하면서도 다른 이유는 무엇인가?
- 비평 방법론을 통한 해석이 현장 설교에서는 어떻게 적용될 수 있는가?

키워드: 주석과 해석, 전승, 역사비평, 양식비평, 편집비평, 사회학적 해석, 두 자료설, 삶의 자리(Sitz-im-Leben)

1. 서론[1]

넓은 의미에서 볼 때 신약성서를 어떻게 해석할 것인지에 관한 방법에는 꽤 많은 그리고 다양한 내용이 포함되어야 한다. 신약성서가 기록된 그리스어 어학적 지식과 시대사적 배경에 대한 이해도가 전제되어야 하고, 각 문서의 기록 시기와 저자 및 독자(또는 청중)의 상황 등에 관한 최대한 많은 요소가 고려되어야 하기 때문이다. 그러나 대체로 좁은 의미에서 신약성서 해석학은 본문(text) 자체에 대한 정교한 분석과 기록 정황에 대한 재구성을 목표로 하는 양식비평, 편집비평, 사회학적 해석 등의 특정한 주석 방법론에 관한 내용을 다룬다. 성서해석 방법을 다루기 위해서는 성서해석을 가리키는 전문 용어인 주석(exegesis)과 해석(hermeneutics)의 개념 차이도 파악하고 있어야 한다(이 두 용어는 모두 그리스어에서 기원했다). '주석'은 본문 자체의 의미, 즉 저자가 본래적 독자(청중)에게 어떤 메시지를 전하려고 했으며, 그들과 어떤 상호 소통을 의도했는지에 집중함으로써 본문 생성 당시의 본래적 의미를 탐구한다면, '해석'은 본래적 독자(일차적 독자)보다는 현재 성서 본문을 해석하는 이차적 독자의 신앙적 삶에 본문이 어떻게 적용될 수 있을지에 초점을 둔다.

예컨대 "누가 너더러 억지로 오 리를 가자고 하거든, 십 리를 같이 가 주어라."(마 5:41)라는 예수 말씀을 '주석'할 때 우리는 우선 그리스어 본문에서는 5리와 10리라는 표현이 1밀리온(milion)과 2밀리온으로 되어 있으며, 이 '밀리온'이라는 그리스어는 라틴어의 '밀레'(즉, 영어 '마일'의 어원인 mille)의 음차(音借)에 해당한다는 점을 파악해야 한다. 또한 "억지로 가게 하다"로 번역된 그리스어 '앙가류오'(angareuō)가 로마제국 군대가 무거운 짐을 지고 이동하는 강제노역에 민간인을 마음대로 이용하되, 인권 문제를 고려하여 1마일의 거리만큼만 강요할 수 있고 그 범위가 넘어가면 불법 행위에 해당했다는 역사적 배경을 염두에 두어야 한다. 따라서 이 예수의 말씀은 무언가 로마제국 군대의 강압적 행동과 관련된 것일 수 있다는 점을 고민하여 섬세하게 주석 작업을 진행해야 한다.

하지만 이런 자세한 배경을 고려하지 않고 본문을 임의로 해석하는 사람은 단순히 누군가 자신에게 도움을 청할 때는 훨씬 더 후한 태도로 베풀라는 것으로 예수 말씀을 파악해도 충분하다고 여기게 된다. 물론 이런 적용 위주의 해석에 심각한 오류가 있다고 단정할 수는 없지만, 본문에 대한 자세한 주석적 분석 없이 성급하게 해석하면 불충분한 부분이 적지 않다는 점을 부인할 수는 없다.

이런 점을 고려하여 이 장은 신약성서 해석 방법의 기본적 내용을 쉽게 소개하면서 실제 적용 사례를 제시함으로써 목회자나 신학생이 성서를 이해하는 데 도움을 주려는 목적이 있다. 성서는 친숙한 말씀으로 읽으면서 신앙에 적용할 수 있는 텍스트임과 동시에 하나님 말씀을 임의로 해석하여 오류를 범하지 않도록 주의를 기울여야 할 난해한 고대의 문서이기도 하다. 성서해석은 쉽게 여겨지기도 하고 어렵게 여겨지기도 하지만, 성서 자체의 증거는 하나님 말씀이 난해하여 신중함이 필요하다는 점을 더 강조한다.

유대교와 기독교의 초기 역사에서부터 일찍이 성서의 내용은 난해하므로 율법학자와 같은 해석자의 도움이 필요했다. 바리새파, 사두개파, 에세네파 등의 다양한 유대교 종파가 성서해석에 집중했고, 이들은 때로는 서로 다른 해석 방식을 제시하기도 했다. 예수 자신의 가르침도 성서에 대한 독특한 해석에 입각한 것이라고 말해도 과언이 아니다. 이른바 산상수훈에서 예수께서는 토라에 대한 해석을 다룬다. 물론 산상수훈 단락에 보도된 다섯 개의 반명제(反命題, antithesis)는[2] 근본적으로 토라 자체에 대한 예수의 입장 표명, 즉 토라의 가르침에 하위 종속되지 않은 예수의 자의식을 보여주는 것이기는 하지만, 또한 예수 당시의 다른 유대인들의 토라 해석 방식에 대한 반론을 제시하는 것일 수도 있다.[3] 즉, 마태복음의 예수는 성서해석의 근본적 의미에 대해 문제를 제기하며 마태 공동체(마태 공동체를 포함한 신앙인들)를 향해 높은 수준의 윤리적 기준을 설정한다.

일찍이 초기 기독교 공동체가 신중한 성서해석의 중요성을 강조했다는 점은 베드로후서의 다음과 같은 언급을 통해 알 수 있다. "여러분이 무엇보다도 먼저 알아야 할 것은 이것입니다. 아무도 성경의 모든 예언을 제멋대로 해석해서는 안 됩니다. 예언은 언제든지 사람의 뜻에서 나온 것이 아니라 사람들이 성령에 이끌려서 하나님께로부터 오는 말씀을 받아서 한 것입니다."(벧후 1:20-21) 더 나아가 베드로후서 기자는 당시 알려져 있던 바울서신에 대한 주의 깊은 해석의 필요성에 대해서도 다음과 같이 말한다. "바울은 모든 편지에서 이런 것을 두고 말하고 있는데, 그 가운데에는 알기 어려운 것이 더러 있어서, 무식하거나 믿음이 굳세지 못한 사람은, 다른 성경을 잘못 해석하듯이 그것을 잘못 해석해서, 마침내 스스로 파멸에 이르고 말 것입니다."(벧후 3:16) 이는 신중한 성서해석의 당위성이 기독교의 아주 초기 시대부터 강조되어 왔

음을 알려주며, 적절하지 않은 해석에 대해 강하게 경고하는 단적인 사례라고 볼 수 있다.[4]

초기 기독교 시대나 지금이나 신약성서 본문에 대한 해석은 절대 쉽지 않기 때문에 꾸준한 훈련이 필요하다는 점은 자명하다고 볼 수 있다. 따라서 이 장의 목적은 신약성서 해석의 전통적인 방법을 정리하고 그 적용 사례를 소개함으로써 목회자와 신학생이 목회와 학습 현장에서 쉽게 활용할 수 있도록 하려는 데 있다. 여기에서는 먼저 신약성서 해석 방법론을 다루는 데 기초가 되는 전승 자료에 대한 가정 및 특히 공관복음서 문제와 관련된 내용을 간략하게 다룬 후 전통적인 해석 방법론인 양식비평(양식사적 해석), 편집비평(편집사적 해석), 사회학적 해석을 중심으로 논의를 진행하려고 한다.

2. 역사비평적 해석을 위한 기초 이해

역사비평(Historical Criticism)은 교리 중심적 울타리 안에서만 해석하는 방식을 넘어서 성서 본문 자체의 기원과 본래적 내용에 집중하여 해석하는 방식을 말한다. 여기에서 '비평'이라는 말은 비판의 의미도 포함하지만, 또한 연구하고 분석하고 평가하는 등의 포괄적 의미를 갖는다. 양식사(樣式史, Formgeschichte), 편집사(編輯史, Redaktionsgeschichte) 등과 같이 역사적 내용을 다루는 해석 방법들이 모두 역사비평적 방법에 해당한다.

많은 학문 이론이 그렇듯이, 역사비평 방법은 여러 가정(假定)을 전제로 한다. 그 가정들의 중요한 기저에는 '전승'(傳承)이라는[5] 개념이 깔려 있다. 이는 각 신약 문서가 최종적으로 출판되기까지 그 문서가 만들어지는 데 어느 정도의 시간, 즉 전역사(前歷史)가 존재했음을 가정하는 표현이다. 특히 네 개의 복음서는 실제의 예수의 삶과 행적이 발생한 때로부터 그 일들에 대한 기억과 해석이 오랜 시간에 걸쳐서 구두로 전승된 후에 문서로 만들어졌다고 여겨진다. 풍부한 구전 전승이 존재했다는 점은 신약성서 본문에서도 드러난다. 요한복음 기자는 마지막 결론에서 "예수께서 하신 일은 이 밖에도 많이 있어서, 그것을 낱낱이 기록한다면(graphētai), 이 세상이라도 그 기록한 책들을 다 담아 두기에 부족할 것이라고 생각한다."(요 21:25)라고 언급함으로써 요한복음에 기록된 내용 이외에도 다른 구전 전승(Oral Tradition)이 존재했음을 알려준다. 또한 부활 목격자 명단을 알려주는 바울서신의 중요한 본문에서 바울은 이렇게 말한다.

> 형제자매 여러분, 내가 여러분에게 전한 복음을 일깨워 드립니다. 여러분은 그 복음을 전해 받았으며, 또한 그 안에 서 있습니다. 내가 여러분에게 복음으로 전해드린 말씀을 헛되이 믿지 않고, 그것을 굳게 잡고 있으면, 그 복음을 통하여 여러분도 구원을 얻을 것입니다. 나도 전해 받은 중요한 것을 여러분에게 전해드렸습니다. 그것은, 곧, 그리스도께서 성경대로 우리 죄를 위하여 죽으셨다는 것과(고전 15:1-3)

여기에서 바울은 고린도 교인들에게 전한 복음이 우선 바울 자신이 먼저 전해들은 것이며, 또 바울 자신이 그 복음을 구두로 고린도 교인들에게 전했다고 언급하면서 그 사실을 밑줄 친 부분과 같이 여러 번 강조한다(따라서 고린도전서 15장 4절 이하에 언급된 게바로부터 시작된 부활 목격자 명단에 바울 자신이 포함된다는 점이 확고한 사실임을 주장한다). 당연한 말이지만, 구술문화가 지배적이었던 시대에는 구전 전승을 통해 복음을 전하고 이야기를 보존할 수밖에 없었을 것이다. 고대 시대에 필기도구를 지참하는 일은 드물었으며, 특히 예수 일행과 그 이후 시대의 복음 전파자들도 활발하게 이동하는 가운데 문서를 기록할 수 있는 상황을 만들기 힘들었을 것이다. 굳이 문서로 기록을 남기려고 노력하지 않고 구전 전승이 지속하여 널리 유포된 데는 예수의 죽음 이후 많은 직접 목격자가 적극적으로 활동하면서 자신들이 기억하고 있는 예수 말씀과 이야기 전승을 생생하게 전달했던 이유도 있었을 것이다. 게다가 임박한 종말에 대한 확고한 믿음이 있던 초기 신앙인들은 후세를 위한 기록을 남겨 보존해야 할 필요성을 크게 느끼지 못했을 것이다.

전승사에 관한 이런 가정을 뒷받침하는 매우 중요한 증거는 누가복음 서문에 다음과 같이 나타난다.

> 우리 가운데서 일어난 일들에 대하여 차례대로 이야기를 엮어내려고 손을 댄 사람이 많이 있었습니다. 그들은 이것을 처음부터 말씀의 목격자요 전파자가 된 이들이 우리에게 전하여 준 대로 엮어냈습니다. 그런데 존귀하신 데오빌로님, 나도 모든 것을 시초부터 정확하게 조사하여 보았으므로, 각하께 그것을 순서대로 써 드리는 것이 좋겠다고 생각하였습니다. 이리하여 각하께서 이미 배우신 일들이 확실한 사실임을 아시게 되기를 바라는 바입니다.(눅 1:1-4)

여기에서 누가 기자는 한편으로 누가복음 이전에 기록된 전승 자료(Written Tradition 또는 Written Material)를 활용했다는 점을 명시적으로 언급한다. 물론 그 자료가 몇 개였는지는 확실하지 않고, 과연 그 문서 자료들에 두 자료설(two-source-hypothesis)에서 말하는 마가복음과 Q문서(또는 Q복음서)가 포함되어 있었는지도 명확히 언급하지 않지만, 자신이 이미 예수의 삶과 행적에 대해 기록한 다른 글들을 알았다는 점을 분명히 밝히고 있다. 또한 그 문서들이 "처음부터 목격자와 말씀의 일꾼 된 자들이 <u>전하여 준</u>(paredosan) 그대로" 기록된 것이라는 언급은 문서로 만들어지기 이전에 구전 전승이 존재했으며, 누가 기자가 활용한 그 문서들이 누군가에 의해 갑자기 기록된 작품들이 아니라 기록 이전에 꽤 오랜 기간의 구전 전승 기간이 있었다는 점을 말해준다. 바로 이 점이 역사비평 방법 가운데 널리 알려진 양식비평 방법에서 주목한 부분이다.

3. 양식비평[6]

양식비평(Form Criticism)이라는 용어는 본래 양식사(Formgeschichte)라는 독일어에서 기원했다. 이 용어는 구약학자인 헤르만 궁켈(Hermann Gunkel)이 구약성서 연구서에서 처음으로 사용한 용어로, 신약학자인 마르틴 디벨리우스 (Martin Dibelius)는 이 개념을 신약성서 연구에 적극적으로 적용함으로써[7] 이후 신약 문서에 대한 양식사 연구가 활발하게 이루어지게 되었다.[8]

양식사 연구의 출발은, 신약 문서들은 작은 전승 단위들이 수집되고 합쳐져서 이루어진 것이라는 착안점에 있다. 양식사 연구는 '양식'(Form)의 발전에 따라 나타나는 전승의 역사를 연구하는 작업이다. '양식'이라는 말은 전승의 작은 단위를 의미한다. 예컨대 사람들이 전승을 기억할 때 몇 소절의 짧은, 되새기기 쉬운 형태로 기억하는데, 이때 이 작은 단위를 양식이라고 부른다. 해석 방법론으로서의 양식비평의 목적이 무엇인지에 관해서 일찍이 불트만은 두 개의 과제에 관해서 언급했다.[9] 불트만에 따르면 복음서 연구에서의 양식사의 과제는 첫 번째가 전체 복음서의 문학적 특성과 문학적 위치를 일반 문학사의 범주에서 찾는 것인데, 복음서 장르는 일반 문학사에서 비슷하다고 할 만한 어떤 장르도 찾아볼 수 없는 고유한 양식이다.[10] 불트만이 말한 두 번째 과제가 사실상 양식비평 연구자들이 더 집중했던 부분인데, 그것은 곧 복음서의 전승 자료들을 문서화 이전의 원초적 단계, 즉 구전 단계에서 시작하여 문서로 정착되기까지의 전체 과정을 탐구하는 것 그리고 원래 개개의 단편 내지는 작은 단위들로 이루어진 그 전승 자료들의 원래적 양식을 밝히는 일이다.

여기에서 양식사 연구자들은 본래적 구전 전승이 문서화되는 과정에서 추가로 이루어진 편집자의 작업을 제외하여 전승의 원래 형태를 발견하려고 시도했다. 양식사 연구자들은 한편으로는 원래의 구전 전승이 문서화되는 과정에서 임의적인 편집이 이루어졌다고 추정하고, 다른 한편으로는 원래의 구전 전승들이 대부분 초기 교회의 삶의 자리(Sitz im Leben)에 따라서 형성되어 사용되었다고 간주했다. 즉, 본문의 배후에 있는 전승들은 주로 초기 교회의 예배의 삶, 곧 신앙적 삶의 정황(setting) 내지는 컨텍스트(context)에[11] 따라서 깊이 변형되었으며, 순수한 형태의 본래적 전승을 회복하기 어렵다고 여겨졌다. 다시 말해, 초기 교회들은 실제 예수의 삶과 행적 그대로를 보존하기보다는 신앙 공동체의 예배의 삶의 정황에 적합한 전승을 형성하고 보존하는 데 더 관심을 기울였다는 것이다. 이런 결론은 현재의 신약 문서들을 통해서는 역사적 예수를 파악하기 힘들다는 회의감으로 이어지게 되었다.

신약 문서들의 토대가 된 양식을 어떤 유형으로 분류할 수 있는지는 학자들의 통일적 공감대가 존재하지 않았다. 예컨대 디벨리우스는 긴 분량의 수난 설화양식 이외에도 다섯 개의 범주(paradigm, paraenesis, novelle, legend, mythos)를 제시했고, 불트만은 더 단순하게 설화(narratives)양식과 (예수) 말씀(sayings)양식의 두 가지 큰 범주로 분류하여 각각의 범주 아래에서 세부적 양식을 구별했다. 이후 필하우어(P. Vielhauer)는 복음서 및 서신서들에 나타난 전승을 더 세밀하게 분석하여 초기 교회의 삶에서 적용되었을 것으로 보이는 여러 양식을 추정했다(신조양식, 고백양식, 설교양식, 송가양식 등).[12]

양식비평을 본문 분석에 적용한 사례 가운데 하나는 설교(케뤼그마)양식이라고 볼 수 있다. 양식비평 연구자들은 초대교회 당시 이방인을 향한 설교양식과 유대인을 향한 설교양식이 상이했다고 가정하면서 그 흔적을 본문에서 발견할 수 있다고 주장했다. 대표적으로 디벨리우스는 데살로니가전서 1장 9-10절에서 이방인을 향한 설교양식의 흔적이 드러난다고 보았다.[13] 디벨리우스에 따르면 이 본문에는 전형적인 바울의 가르침이 드러나지 않고 오히려 이방인을 향한 설교양식의 세 가지 주제가 암시되어 있다. 즉, 그 내용은 예수 죽음의 의미에 대한 해석 등을 다루지 않고, 오히려 (이방인 신자들이 우상을 버리고) 유일신 하나님께 돌아온 일에 관한 것, 예수의 부활, 종말론적 재림에 관한 것으로만 이루어져 있다는 것이다. 다시 말해, 양식비평 연구자들은 데살로니가전서에 짧게 언급된 이 부분이 이방인 교회들에서 선포되었던 설교 주제의 요약이라고 보았다.

한편 사도행전에서는 유대인을 향한 선교적 설교양식이 발견된다. 유대인들을 향한 사도행전의 많은 설교 본문(특히 행 2, 3, 4, 5, 10, 13장)에는 일정한 세 단계의 순서가 드러나는데, 그것은 곧 예수 삶의 주요 사건들에 대한 요약적 진술(케뤼그마), 성경 말씀의 성취, 회개의 촉구라는 것이다.[14] 예컨대 사도행전 2장 14-40절에 기록된 베드로의 설교에서 예수의 삶과 죽음과 부활에 대한 케뤼그마(행 2:22-24), 성경 말씀의 성취(행 2:25-28), 회개의 촉구(행 2:37-38)의 세 개의 패턴을 발견할 수 있으며, 위에서 언급한 다른 장들에서도 이런 패턴이 계속하여 나타난다는 것이다. 디벨리우스와 찰스 다드(Charles H. Dodd)는 사도행전의 이 본문들이 실제로 행해졌던 설교를 그대로 보존한 것이 아니라 초대교회 당시에 고정된 유대인을 향한 선교적 설교양식을 토대로 누가 기자가 창작한 내용이라고 추정했다.

로버트 스타인(Robert Stein)은 양식비평의 중요한 주장들을 알기 쉽게 다음과 같이 정리한다.[15]

① 복음서들은 기록되기 이전에 구전 전승의 시기를 거쳤다.
② 구전 전승의 시기에는 설화(내러티브) 전승, 말씀 전승이 분리되어 독립적으로 전승되었지만, 수난 설화는 예외이다.
③ 전승 자료는 양식에 따라 분류될 수 있다.
④ 양식들이 형성, 보존된 이유는 초기 공동체들의 관심에서 비롯되었으며, 초기 신앙인들의 필요(삶의 정황)에 따라 전승들이 보존되거나 창작되었다.
⑤ 전승 자료에 나타난 전기적, 시간적, 지리적 진술들에 역사적 가치를 부여하기 힘들다.[16]
⑥ 전승 법칙을 발견하여 구전 전승의 "최초 형태"를 회복해 재구성할 수 있다고 생각했는데,[17] 그 법칙은 예컨대 시간이 흘러가면서 전승의 길이가 늘어나고, 세부적 묘사가 강화되는 반면에 유대교적 색채는 감소하며, 간접화법에서 직접화법으로 발전함이라고 볼 수 있다. 또한 서로 다른 전승 자료가 융합되는 경향이 있음을 보여준다는 것이다. 즉, 이런 법칙을 역행하여 거슬러 올라가면 본래적 전승에 다가설 수 있다는 가정인 것이다.
⑦ 최초의 목격자들은 구전 전승 전달 과정에서 중요한 역할을 하지 못했다.[18]
⑧ 구전 전승의 기록 과정에서 복음서 기자들의 역할은 미미한 것이었으

며, 그들은 단순히 전승 자료를 수집하여 임의적인 편집 작업만 수행했을 뿐이다.[19]

물론 이러한 양식비평의 전제들이 본문의 역사성에 신뢰감을 갖지 않았다는 느낌을 받을 수 있음에도 불구하고, 양식비평은 바울서신이 기록된 50년대 이전에도, 복음서가 기록된 70년대 이전에도 수십 년 동안 많은 구전 전승이 보존되었었고, 이런 초기 교회의 정황이 신약성서에 보존된 전승의 확실성을 보장하는 통로가 되었음을 입증하는 데 공헌했다고도 볼 수 있다. 또한 다양한 구전양식이 구체적인 삶의 현장이라는 역사적 정황에서 형성되고 보존되며 전승되었음을 보여주었다. 그러므로 신약성서가 생생한 현장감을 반영하고 있음을 염두에 두고 본문에 접근해야 하며, 본문의 역사적 기원을 탐구하는 태도를 보여야 함을 알 수 있게 해주었다. 하지만 양식비평에서 말하는 양식 분류 방식의 가설들에 너무 매달리거나 전승의 역사성에 지나치게 회의적인 입장을 견지하는 태도는 적절하지 않다. 또한 신약 문서의 저자(편집자)들의 신학적 작업을 과소평가하거나 본문의 삶의 자리를 예배의 정황으로만 협소하게 가정하는 방식도 극복해야 할 필요가 있다. 양식비평 이후에 등장하는 편집비평은 성서 기자들의 섬세한 작업을 밝혀냈고, 사회학적 해석 방법은 초기 공동체가 다양하고 폭넓은 삶의 정황을 갖고 있었음을 밝혀내는 데 상당한 발전을 이루었다.

4. 편집비평

1950년대 이후에 발전한 편집비평(Redaction Criticism) 또는 편집사(Redaktionsgeschichte) 연구는 한 작품의 저자나 저자들이 전승되어온 자료들을 자신의 '신학적 의도'에 맞게 어떻게 채택하고 편집했는가를 묻는다. 여기에서 '편집'은 기존의 전승 자료들을 새로운 필요와 상황에 맞게 의도적으로 개작하고 재배열하는 작업을 말한다. 즉, 양식비평에서 가정한 것과 달리, 편집비평에서는 신약성서 기자들이 전승된 자료들을 단순히 수집하여 일부만 수정하는 데 그치지 않고, 자료들을 창조적으로 변형시키는 작업을 수행했다고 본다.

앞에서 다룬 누가복음 1장 1-4절의 언급을 모든 복음서에 적용할 수 있다면 복음서 기자들은 자신들이 기록한 사건들에 대한 직접적 목격자라기보다는 전해져 온 자료들을 이용했으며, 편집비평은 그런 자료들이 어떤 방법과 의도에 따라 편집되었는지에 집중한다. 편집비평은 특히 공관복음서 연구에 잘 적용될 수 있다. 왜냐하면 두 자료설(two-source-hypothesis)에 근거하여 우리는 공관복음서 중에서 마가복음이 가장 먼저 기록된 책이며, 마태복음과 누가복음 기자가 이 책을 자료로 활용하며 어떻게 편집했는지를 확인할 수 있기 때문이다. 양식비평에서와 달리, 편집비평 연구자들은 복음서 기자들이 치밀한 구상을 하고 자신의 기록을 완성했다고 생각한다. 따라서 편집비평은 신약성서의 본문이 매우 정교하게 구성되어 있음을 파악하려는 노력을 가능하게 한다.

편집비평 방법을 철저하게 적용한 대표적 연구서로 널리 알려진 책은 『시대의 중심: 누가의 신학』이라는 제목의 한스 콘첼만(Hans Conzelmann)의 누가-사도행전 연구서이다.[20] 콘첼만은 누가복음과 사도행전을 기록한 누가 기자가 이 방대한 두 개의 문서를 뚜렷한 신학적 구상을 하고 편집했다고 분석했다. 콘첼만에 따르면 누가 기자는 "율법과 예언자는 요한의 때까지다. 그 뒤로부터는 하나님 나라가 기쁜 소식으로 전파되고 있으며, 모두 거기에 억지로 밀고 들어간다."(눅 16:16)라는 본문을 중요한 시대 구분의 기준이 되는 예수 말씀으로 편집했으며, 누가는 이 기준에 따라 누가복음 1-2장을 과거 이스라엘의 시대를 상징하는 것으로, 누가복음 3장 이후 예수의 삶에 관한 보도를 예수의 시대를 묘사하는 것으로, 사도행전 전체를 예수 이후 교회의 시대를 묘사하는 것으로 통시적으로 보도했다는 것이다. 콘첼만에 따르면 누가 기자는 역사를 하나님의 구원사(Heilsgeschichte, Salvation History)가 이스라엘의 시대, 예수의 시대, 교회의 시대의 세 단계로 진행되며 예수의 시대가 이런 구속사의 중심을 장식한다고 보았다. 그리고 예수의 시대 이후 곧바로 종말이 임하는 것이 아니라 성령이 주도하는 새 이스라엘인 교회가 종말의 때까지 중요한 역할을 담당한다는 점을 암시함으로써 실현된 종말론(Realized Eschatology)을 통해 지연된 종말의 문제를 해결하는 위업을 달성했다.[21]

편집비평의 선구자 가운데 한 사람인 학자 빌리 마르크센(Willi Marxsen)은 역사비평과 관련하여 세 차원의 삶의 자리를 구별했다. 그는 예수 자신의 실제 행적 당시의 제1의 삶의 자리, 초기 기독교 공동체의 제2의 삶의 자리, 복음서 기자(편집자)의 제3의 삶의 자리를 가정했다. 즉, 양식비평은 제2의 삶의 자리까지만 파악할 수 있고, 편집비평은 제3의 삶의 자리를 더 추가함으로써 현존하는 복음서 기록은 역사적 예수의 제1의 삶의 자리에서 두 차원이나 더 멀어져 있다는 것이다.[22] 이런 가정이 신약성서 본문의 공동체적 정황과의 관련성을 약화시킨 것은 부정할 수 없으나(이 약화된 부분은 이후에 등장하는 사회학적 해석을 통해 극복됨), 콘첼만, 마르크센 등을 비롯한 이후의 많은 학자의 편집비평적 분석은 본문에 대한 풍부하고 섬세한 해석에 기여했으며, 오늘날까지도 편집비평은 역사비평적 해석 방법의 아주 중요한 부분을 담당하고 있다.

그렇다면 편집비평 방법이 어떻게 적용되는지를 간략하게 살펴보자. 앞에서 언급했듯이, 공관복음서 가운데 가장 먼저 기록된 마가복음을 마태 기자와 누가 기자가 어떻게 수정하고 변형했는지 그리고 마가복음의 동일한 본문을 마태 기자와 누가 기자가 어떻게 다르게 편집했는지는 어렵지 않게 살펴볼 수 있다. 각 복음서에서 하나씩만 간단한 사례를 들어 살펴보자.

첫째, 누가복음을 중심으로 사례를 살펴보자.

<u>요한이 잡힌 뒤에</u>, 예수께서 갈릴리에 오셔서 (막 1:14)
<u>요한이 잡혔다고 하는 말</u>을 들으시고, 갈릴리로 돌아가셨다. (마 4:12)
예수께서 <u>성령의 능력</u>을 입고 갈릴리로 돌아오셨다. (눅 4:14)

위 내용은 모든 공관복음서에서 예수의 공생애 시작을 알리는 매우 중요한 장면에 대한 보도이다. 모든 본문은 예수가 마침내 공생애를 시작했고, 그

활동 지역은 갈릴리라는 점을 알려준다. 그런데 세례 요한이 잡힌 뒤에 예수가 공생애를 시작했음을 보도하는 점에서 마태는 마가의 보도와 크게 다르지 않지만, 누가는 (체포를 통해) 세례 요한이 공적 삶에서 물러난 일과 예수의 공생애 시작을 연결하는 언급을 생략하며, 대신 "성령의 능력으로"라는 문구를 추가하는 방식으로 편집했다. 이어지는 구절에서 누가는 예수가 여러 회당에서 가르치며 많은 사람에게 칭송을 받았다고 추가로 언급하며(눅 4:15), 계속하여 나사렛 회당에서 설교하는 긴 장면을 누가만이 보도하고 있다(눅 4:16-30).

그렇다면 여기에서 우리는 누가 기자가 예수의 공생애 시작을 성령의 능력과 연결하는 방식으로 특별하게 편집했음을 알 수 있으며, 이 점을 단서로 해서 누가복음과 사도행전 전체에 걸쳐서 '성령'의 역할이 많이 강조되어 있음을 확인할 수 있다. 또한 우리는 누가가 세례 요한의 투옥과 예수 공생애의 시작을 명시적으로 연결하지 않은 점에 관해서는 어떤 신학적 의도가 있는지 그리고 누가만이 공생애의 첫 설교 장면을 보도한 이유는 어떤 의미가 있는지 질문할 수 있을 것이다.

둘째, 마태복음 본문으로 사례를 살펴보자.

> 그들은 회당에서 나와서,*곧바로 야고보와 요한과 함께 시몬과 안드레의 집으로 갔다. 마침 시몬의 장모가 열병으로 누워 있었는데, 사람들은 그 사정을 예수께 말씀드렸다. 예수께서 그 여자에게 다가가셔서 그 손을 잡아 일으키시니, 열병이 떠나고, 그 여자는 그들의 시중을 들었다. 해가 져서 날이 저물 때에, 사람들이 모든 병자와 귀신 들린 사람을 예수께로 데리고 왔다. 그리고 온 동네 사람이 문 앞에 모여들었다. 그는 온갖 병에 걸린 사람들을 고쳐주시고, 많은 귀신을 내쫓으셨다. 예수께서는 <u>귀신들이 말하는 것을 허락하지 않으셨다. 그들이 예수가 누구인지를 알았기 때문이다.</u>(막 1:29-34)

예수께서 회당을 떠나서, 시몬의 집으로 들어가셨다. 그런데 시몬의 장모가 심한 열병으로 앓고 있어서, 사람들이 그 여자를 두고 예수께 청하였다. 예수께서 그 여자에게 다가가서서 굽어보시고, 열병을 꾸짖으셨다. 그러자 열병이 물러가고, 그 여자는 곧 일어나서 그들에게 시중을 들었다. 해가 질 때에 사람들이 온갖 병으로 앓는 사람들을 다 예수께로 데려왔다. 예수께서는 한 사람 한 사람에게 손을 얹어서, 고쳐주셨다. 또 귀신들도 많은 사람에게서 떠나가며, 소리를 질렀다. "당신은 하나님의 아들입니다." 그러나 예수께서는 꾸짖으시며, <u>귀신들이 말하는 것을 허락하지 않으셨다. 그들이 그가 그리스도임을 알았기 때문이다.</u>(눅 4:38-41)

예수께서 베드로의 집에 들어가셔서, 그의 장모가 열병으로 앓아 누운 것을 보셨다. 예수께서 그 여자의 손에 손을 대시니, 열병이 떠나가고, 그 여자는 일어나서, 예수께 시중을 들었다. 날이 저물었을 때, 마을 사람들이 귀신 들린 사람을 많이 예수께로 데리고 왔다. 예수께서는 말씀으로 귀신을 쫓아내시고, 또 병자를 모두 고쳐주셨다. **이리하여 예언자 이사야를 시켜서 하신 말씀이 이루어졌다. "그는 몸소 우리의 병약함을 떠맡으시고, 우리의 질병을 짊어지셨다."**(마 8:14-17)

   이 본문은 예수께서 베드로 장모의 병을 낫게 하신 일 외에도 그 현장에서 많은 병자와 귀신 들린 자를 낫게 하셨음을 생생하게 보도한다. 여기에서 누가는 마가복음을 거의 비슷하게 옮겼지만, 마태의 보도는 상당히 분량이 줄어들었다는 점 그리고 마태 본문의 마지막 부분에서는 이사야 53장 4절의 말씀을 인용하며 이때 벌어진 일들이 구약성서 말씀의 성취라고 해석하고 있음을 알 수 있다. 이를 단서로 마태복음 전체를 살펴보면 비유로 말씀하신 이유를 설명하는 부분(마 13:35)을 비롯하여 꽤 많은 부분에서 구약성서를 인용하면서 "이는 ~함을 이루려 하심이라"는 언급을 반복적으로 부가한 것을 확인할 수 있다. 이로써 우리는 마태 기자가 예수의 활동을 적극적으로 구약성서 말씀의 성취로 해석하는 신학적 구상을 하고 있었음을 알 수 있다. 또한 위 밑줄 친 부분에서처럼 마가와 누가는 이른바 '메시아 비밀' 주제를 언급하지만, 마태 기자가 이를 생략한 것에 어떤 신학적 이유가 있는지 더 논의해 볼 수 있다.[23]

   마가 기자가 자신의 글을 어떻게 편집했는지는 앞에서 언급한 누가와 마태의 경우처럼 공관복음 비교를 통해 간단하게 확인하기 어렵다. 왜냐하면 마가 기자가 어떤 구전 전승 또는 기록 전승을 갖고 있었는지 양식비평적 방법을 통해 우선 가정해야 하기 때문이다. 마가 기자가 신중하게 편집한 내용으로 간주되는 중요한 부분은 세 차례에 걸친 수난예고 장면이다. 마가복음 8장 31절-10장 45절의 긴 본문에서 예수께서는 세 번이나 열두 제자에게 수난을 예고하신다. 그런데 이 부분을 자세히 살펴보면 '예수의 수난예고 말씀, 제자들의 몰이해, 제자직에 대한 예수의 가르침(교정)'이라는 세 가지 주제가 반복되는 패턴이 드러남을 알 수 있다. 즉, 1, 2, 3차 수난예고 장면이 있고 나서(막 8:31; 9:31; 10:32-34), 제자들의 몰이해 장면이 이어지고(막 8:32-33; 9:32-34; 10:35-41), 예수께서는 이어서 '누구든지'라는 말로 제자직의 모델이 열두 제자가 아니라 예수의 수난의 길에 적합한 자들이라는 점을 가르치신다(막 8:35-38; 9:35-37; 10:42-45). 이 긴 본문이 이 세 장면이 세 번 반복되는 것을 중심으로 구성되어 있다는 사실은 마가 기자 자신이 전승 자료를 편집한 결과라고 볼 수 있으며, 이로써 마가 기자는 수난의 신학을 강조하며, 수난의 길을 따르는 제자직에 대한 신학적 중요성을 보여준다고 분석할 수 있다.[24]

공관복음서의 사례만을 짧게 언급했지만, 편집비평은 모든 신약 문서에 대한 섬세한 분석에 매우 유용하게 활용될 수 있다. 그렇지만 우리가 편집비평을 적용할 때 연구하는 짧은 본문에 대한 분석 결과를 성급하게 신학적으로 평가하지 않도록 주의를 기울여야 한다. 성령의 활동을 강조한 누가의 신학을 앞에서 언급한 짧은 본문만을 근거로 다루기보다는 전체 누가–행전의 흐름도 보아야 하며, 또한 신약의 각 문서가 성령을 어떤 측면에서 각각 특별하게 이해하고 있는지도 살펴보아야 한다. 마태의 성경 성취 주제도 마찬가지이다. 신약의 거의 모든 문서가 예언의 성취를 다루고 있으므로 그 가운데 특히 마태의 신학은 어떤 독특성이 있는지도 물어야 할 것이다.

또한 편집비평만을 적용하게 되면 성서 저자의 개인적 신학에만 초점을 맞춤으로써 신약 본문이 특별한 영감을 받은 천재적 기록자의 전유물로만 이해될 수 있다. 즉, 역사비평에서 중요시하는 공동체의 삶의 자리(Sitz im Leben)

에 대한 탐구가 약화될 수 있다는 사실이다. 초기 신앙인들은 공동체와 유리되어 있던 것이 아니라 신앙적 동료들, 즉 신앙 집단 속에서 성장하고 활동했기 때문에 신약 본문을 해석할 때에는 개인적 실존만이 아니라 그 저자가 속했던 공동체의 정황을 추정하려고 노력해야 한다. 바로 이 점이 사회학적 해석의 출현 동기가 된다.

5. 사회학적 해석 방법

1970년대 이후 활발하게 이루어진 사회학(社會學)적 해석(Sociological Interpretation)은 사회학 이론에서 구축된 다양한 사회 분석 방법을 적용한다는 의미에서 '사회학적'이라고 불리는 측면도 있지만, 그렇다고 해서 현대 사회 구성체의 모델을 그대로 고대 사회에 적용하려는 것은 아니다. 따라서 신약성서에 대한 사회학적 성서해석은 고대의 '사회사'(社會史)를 다루기 때문에 '사회사적 해석'(Socio-historical Interpretation)이라고도 불린다. 여기에서 말하는 사회학, 사회사 개념은 신약성서에 나타난 신앙적, 신학적 진술과 묘사가 당시의 사회적 정황과 어떻게 밀접하게 연관되는지에 초점을 둔다는 의미로 이해될 수 있다.

엄밀히 말하면 사회학적, 사회사적 해석은 새롭게 출현한 것이 아니라 기존의 양식비평과 편집비평에서 진화된 방법론이라고 볼 수 있다. 사회학적 연구는 다른 어떤 방법론보다 공동체의 '삶의 자리'(정황)를 중시하는데, 이 삶의 자리 개념은 이미 양식비평에서 제시했던 것이다. 그런데 양식비평이 이 삶의 정황을 예배와 신학과 관련된 것으로만 협소하게 상정했던 것과 달리, 사회학적 해석은 전승 자료의 배후에 종교적 제의만이 아니라 정치, 문화 및 신앙 집단 내부와 외부에서 벌어지는 갈등과 연대와 경쟁 등의 다양한 사회적 환경이 있었을 것이라고 가정하면서 본문을 해석한다. 즉, 사회학적 해석은 양식비평에서 제기한 '삶의 자리'를 최대한 확장하여 분석을 시도한다.

사회학적 해석 방법도 저자의 중요성을 강조한다는 점에서 편집비평과 연속성을 갖는다. 그런데 저자의 개인적 신학만을 강조하는 편집비평과 달리, 사회학적 해석 방법은 그 저자(편집자)가 신앙 공동체와 밀접하게 관련된 인물이라고 본다. 저자는 홀로 책상에 앉아서 글을 쓰는 사람이 아니라 공동체와 함께 생활한 인물이며, 따라서 저자는 한 사람이 아니라 복수의 인물들 또는 집단이 될 수도 있다고 본다. 사회학적 성서해석에서 저자는 공동체 구성원들의 신념과 관심사를 대변하며, 또한 그 구성원들을 특정한 방향으로 안내하고 이끄는 지도적 인물(들)일 수 있다. 따라서 사회학적 해석은 저자를 공동체의 대표적 인물 또는 지도적 인물로 간주하며, 저자의 기록에는 그 문서를 생산한 공동체의 다양한 현실적 정황이 직·간접적으로 반영되어 있다고 가정한다.

앞의 편집비평 부분에서 언급한 마가복음의 수난예고와 제자직의 관계를 사회학적 해석으로 접근해 보면 우선 마가 기자라는 말은 곧 '마가 공동체'라는 표현과 동일시되는 경우가 많은데,[25] 이는 마가복음의 묘사가 그 문서를 산출한 특정 공동체의 상황을 반영한다고 가정하기 때문이다. 마가복음은 네 개의 복음서 가운데 열두 제자를 가장 부정적으로 묘사하며, 대신에 마가복음에는 예수의 수난의 길을 올바르게 이해하는 것으로 직·간접적으로 묘사된 네 명의 익명의 인물, 즉 벳새다의 소경(막 8:22-26),[26] 소경 바디매오(막 10:46-52), 모든 것을 헌금한 과부(막 12:41-44), 향유를 부은 여인(막 14:3-11)[27] 이 열두 제자와 대조되면서 그들을 능가하는 것으로 해석된다. 이런 해석은 편집비평적 방식을 적용하여 이루어진다. 사회학적 해석은 여기에서 더 나아가 마가복음에 묘사된 열두 제자는 마가 공동체가 관계하고 있던 어떤 집단을 상징하고, 또한 네 명의 익명적 인물(물론 이름이 언급된 바디매오는 예외로 볼 수 있음)로 묘사된 자들은 마가 공동체가 이상적으로 여긴 집단을 암시한다고 가정하면서, 마가 공동체는 이름 있는 힘 있는 자들이 아니라 소외되고 배척된 자들이 중심이 된 집단일 것이라고 추정한다.

요한복음에는 '회당에서 내쫓다'(『개역개정』에서는 '출교')라는 말이 세 번 나오는데(요 9:22; 12:42; 16:2), 이는 '아포쉬나고고스'(aposynagōgos)를 번역한 말로, 그리스어의 본래적 의미는 '회당에서 축출된'을 가리키는 형용사이다. 요한복음에 대한 사회학적 해석자들은 신약성서에서 요한복음에만 세 번 등장하는 이 단어는 유대교가 기원후 90년경, 얌니아 회의에서 기독교인들을 회당에서 축출하는 결정을 내린 이후에 사용될 수 있는 어휘라고 가정하면서 이 단어가 요한 공동체가 겪었던 사회적 현실을 강하게 암시한다고 본다. 즉, 사회학적 해석은 요한복음의 내용은 1세기 말의 요한 공동체가 회당에서 쫓겨난 사람들로 시작하여 변화, 발전을 거치면서 결국에는 내부적 분열에 이르게 된 자신들의 역사를 강하게 투영하고 있다는 방식으로 이해함으로써 요한복음은 사회학적 해석을 통해 가장 선명하게 분석될 수 있다고 주장한다.[28]

사회학적 해석과 관련하여 널리 알려진 학자 가운데 한 사람인 게르트 타이센(Gerd Theissen)은 사회학적 해석을 다른 전망들과 연결하여 사회-수사학적 방법으로 네 개의 복음서를 '교회 정치학'이라는 개념으로 분석한다.[29] 그는 네 개의 복음서가 각각 독특한 신학과 사회적 정황을 갖고 있지만, 다섯 개의 공통된 항목에 따라 해석할 때 각 복음서의 내용과 해당 공동체의 사회적 정황이 명료하게 파악된다고 주장한다. 타이센에 따르면 첫째, 모든 복음서는 공동체 구성원의 합의에 기초하거나 합의를 창출하기 위한 목적, 둘째, 공동체의 외부 관계를 설명하려는 목적(특히 로마제국과의 관계성을 중심으로), 셋째, 모(母)종교였던 유대교와의 관계를 설명하려는 목적, 넷째, 공동체 내부의 갈등을 포함한 다양한 관계 설정을 제시하려는 목적, 다섯째, 공동체 내부의 권위 구조에 대한 방향을 설정하려는 목적에 따라 정밀하게 해석될 수 있음을 보여준다.[30] 타이센의 연구를 통해 사회학적 해석에 대한 명료한 적용 사례를 확인할 수 있을 것이다.

6. 나가는 말

지금까지 전통적 역사비평의 해석 방법들에 대해 간략하게 살펴보았다. 성서는 오랜 기간에 걸쳐서 다양한 전승자들을 통해 전해지고 기록되고 해석된 거룩한 문서이므로 해석에 많은 주의를 기울여야 한다. 이를 위해서는 성서학자들이 적용하고 있는 이런 방법론들에 대한 학습과 적용의 시도를 계속 이어가야 한다. 이 장에서는 최근에 중요하게 활용되고 있는 문학비평의 내러티브 비평(Narrative Criticism 또는 서사비평)에 관해서는 다루지 못했지만, 내러티브 비평을 적용하는 학자들도 대체로 전통적인 역사비평을 무시하고 성서해석을 시도하지는 않는다. 새로운 방법론이 등장할 때마다 성서를 더 심오하게 이해할 수 있는 새로운 관점이 열리게 되며, 성서를 사랑하고 해석하는 사람들에게 다양한 해석 방법은 성서를 더욱 입체적으로, 심오하게 이해할 수 있게 도움을 준다. 우리는 다양한 방법들을 충분히 상호 보완적으로 활용하여 성서의 깊은 뜻에 더 가까이 다가설 수 있어야 할 것이다.[31]

---

1   비평 방법론에 관한 이 장의 내용은 박찬웅, "신약성서 주석 방법론의 이해와 적용: 청소년 교육의 목적을 포함하여," 「신학과 현장」 33(2023), 193-218에 발표된 글을 약간 수정했음을 밝혀둔다.
2   마 5:21-48에는 살인, 간음, 맹세, 동태복수(同態復讐, 탈리온법), 원수에 대한 태도에 관한 예수의 근본적 가르침이 나타나며, 이를 마태복음에 보도된 '다섯 개의 반명제'라고 말한다.
3   "옛 사람에게 말한 바 ~을 너희가 들었으나 나는 너희에게 이르노니"라고 반복적으로 언급한 예수의 말씀이 구약성서의 권위를 부정하는 의도로 해석될 것인지, 아니면 구약성서에 대한 예수 자신의 새로운 해석을 부가한 것으로 파악될 것인지에 대한 논의에 관해서는 게르트 타이센/아네테 메르츠/손성현 옮김, 『역사적 예수』, 525를 참조하라. 여기에서 타이센과 메르츠는 전자의 가능성이 더 높다고 보며, 이 본문이 역사적 예수의 자의식을 어느 정도 드러낸다고 추정한다.

4   물론 베드로후서 기록 당시에는 오늘날의 구약성서만이 유대인과 그리스도인에게 성경으로 공인되어 있었고 신약 문서의 정경화(正經化) 과정은 2세기 중반 이후에나 시작되었다고 추정되지만, 놀랍게도 베드로후서 기자는 50년대에 기록되어 그리스도인들 사이에서 널리 알려져 있던 바울서신을 '성경'처럼 언급하고 있다. 이는 정경화 작업과 무관하게 신약 문서들은 그리스도인들 사이에서 일찍부터 거룩한 문서로 여겨지고 있었음을 암시한다.

5   성서학에서 영어 tradition과 독일어 Überlieferung은 대체로 전통이 아니라 '전승'이라는 말로 번역된다.

6   양식비평에 관한 이 글의 내용은 Philipp Vielhauer, *Geschichte der urchristlichen Literatur: Einleitung in das Neue Testament, die Apokryphen und die Apostolischen Väter* (Berlin: Walter de Gruyter & Co., 1978), 280-291을 참조했음을 밝혀둔다.

7   Martin Dibelius, *Die Formgeschichte des Evangeliums* (Tübingen: Mohr, 1919).

8   디벨리우스의 복음서에 대한 양식사 연구서가 발표되기 이전에 Julius Wellhausen, *Das Evangelium Marci* (Berlin: G. Reimer, 1903)에서 율리우스 벨하우젠은 구약성서와 마찬가지로 복음서들도 구전 전승을 활용하여 기록되었다는 점을 지적했고, Karl Ludwig Schmidt, *Der Rahmen der Geschichte Jesus: literarkritische Untersuchungen zur ältesten Jesusüberlieferung* (Darmstadt: Wissenschaftliche Buchgesellschaft, 1919)에서 카를 슈미트는 공관복음서의 구전 전승에서 시간적, 공간적 진술들을 분리시켜 이것들을 복음서 기자들에 의해 부가된 것이라고 주장하며 본래의 구전 전승에는 시간적, 공간적 내용이 포함되지 않았다고 추정했다.

9   Rudolf Bultmann, *Evangelien, gattungsgeschichtlich (formgeschichtlich)*, RGG2, 2. Aufl. (Tübingen: J. C. B. Mohr, 1928), 418을 보라. 양식비평의 목적에 관해서 언급한 E. P. 샌더스, M. 데이비스/이광훈 옮김, 『공관복음서 연구』(서울: 대한기독교서회, 1999), 183; 로버트 스타인/김철 옮김, 『공관복음서 문제』(서울: 솔로몬, 1995), 192-193의 내용도 참조하라.

10 불트만을 비롯한 과거의 역사비평 연구자들이 대체로 복음서의 문학적 장르의 기원을 이렇게 간주했던 것과 달리, 오늘날의 많은 학자는 복음서 양식이 고대의 '전기문'(bios) 양식에 해당한다고 본다. Graham N. Stanton, *A Gospel for a New People: Studies in Matthew* (Edinburgh: T & T Clark, 1992), 63-64는 과거 학자들의 이런 견해를 매우 부정확한 것이라고 혹평한다. 복음서들을 고대의 전기문 장르로 보는 여러 견해에 관해서는 예컨대 George Alexander Kennedy, "Classical and Christian Source Criticism," in William O. Walker (ed.), *The Relationship among the Gospels: An Interdisciplinary Dialogue*, Trinity U. Monograph Series in Religion 5 (San Antonio: Trinity U. Press, 1983), 125-155, 특히 128-134; David E. Aune, *The New Testament in Its Literary Environment* (Philadelphia: Westminster Press, 1988), 46-76, 더 나아가 Craig S. Keener, *Acts: An Exegetical Commentary*, vol. 1 (Grand Rapids: Baker Academic, 2012), 54, n. 26에 소개된 많은 연구서를 참조하라.

11 샌더스, 데이비스/이광훈 옮김, 『공관복음서 연구』, 183은 양식비평에서 자주 언급되는 '삶의 자리'(Sitz im Leben)라는 용어를 영어의 context나 setting과 크게 구별하지 않고 사용할 수 있다고 말한다.

12 필하우어가 제시한 다양한 구전양식에 관해서는 Vielhauer, *Geschichte der urchrist-lichen Literatur*, 9-57을 보라.

13 Martin Dibelius, *An die Thessalonicher I, II, An die Philipper*, HNT 11 (Tübingen: J. C. B. Mohr, 1937), 6-7을 참조하라. 또한 *Vielhauer, Geschichte der urchristlichen Literatur*, 28-29를 참조하라.

14 Dibelius, *Die Formgeschichte des Evangeliums*, 8-34; Charles Harold Dodd, *The Apostolic Preaching and its Developments* (Chicago: Willett, Clark & Company, 1937); Vielhauer, *Geschichte der urchristlichen Literatur*, 29-30에서 재인용되었다.
15 스타인/김철 옮김, 『공관복음서 문제』, 193-224를 참조하라.
16 양식비평의 이런 주장에 대해 스타인은 반론이 가능한 부분도 있음을 언급한다. 예컨대 이른바 베드로의 메시아 고백 본문의 지리적 배경은 가이사랴 빌립보로 가는 길로 언급되어 있는데, 이 도시는 여기에서만 언급될 뿐 복음서 기자들의 특별한 주목을 받지 못하므로 만일 편집자가 임의로 이 장소를 언급했다고 보기 어렵다는 점을 지적한다. 스타인/김철 옮김, 『공관복음서 문제』, 215를 참조하라.
17 물론 앞에서 언급했듯이, 이런 희망은 양식비평 연구가 진행되면서 불가능하다는 회의론에 빠지게 된다. 양식비평 연구자들은 철저한 연구를 통해 최초의 구전 전승을 복원하려고 시도했지만, 모두가 공감하는 원래의 형태를 찾아내기란 쉽지 않은 것이 사실이다.
18 이는 양식비평 연구자들이 구전 전승을 형성하고 보존한 주체를 최초 목격자들이 아니라 초기 교회 공동체들로 보았음을 말하며, 양식비평을 통해 회복한 이른 시기의 전승들의 역사적 가치가 충분하지 않다는 점을 의미한다.
19 양식비평의 관점에서 보면 복음서 기자들은 치밀한 계획에 따라 전승 자료를 편집한 것이 아니라 입수한 구전 전승을 엉성하게 편집하는 역할만 수행했다고 여겨진다. 바로 이 부분에 대해 편집비평은 반론을 제기한다. 편집비평은 복음서 기자들이 미숙한 편집자가 아니라 위대한 신학적 편집자라고 간주한다.
20 Hans Conzelmann, *Die Mitte der Zeit: Studien zur Theologie des Lukas*, Beitrage zur Historischen Theologie 17 (Tübingen: J. C. B. Mohr, 1953). 또한 스타인/김철 옮김, 『공관복음서 문제』, 287을 보라.
21 콘첼만의 이런 가설에 대한 비판에 관해서는 Keener, *Acts*, 684-686을 보라.
22 Willi Marxsen, *Der Evangelist Markus: Studien zur Redaktionsgeschichte des Evangeliums*, FRLANT 67 (Gütersloh: Gütersloh Mohn, 1959), 12를 보라. 마르크센의 주장에 대한 더 자세한 평가는 스타인/김철 옮김, 『공관복음서 문제』, 287-288을 보라.
23 마가의 '메시아 비밀' 주제에 관해서는 William Wrede, *Das Messiasgeheimnis in den Evangelien. Zugleich ein Beitrag zum Verständnis des Markus-Evangeliums* (Göttingen: Vandenhoeck & Ruprecht, 1901, 1969); 박찬웅, "예수 신격화의 유대 사상적 배경," 「신약논단」 27(2020), 1-32, 특히 14-15를 보라.
24 이에 관해서는 박찬웅, "마가복음의 수난과 제자직 관점에서 본 향유를 부은 여자," 「신학과 현장」 31(2021), 227-250, 특히 232-235를 보라. 또한 마가복음의 이 주제에 관해 쉽게 설명한 켈버의 책을 참조하라. 베르너 H. 켈버/서중석 옮김, 『마가의 예수 이야기』(서울: 한국신학연구소, 1991).
25 마가복음을 기록한 집단을 마가 공동체라고 명명하며, 이는 실제로 '마가'라는 이름을 가진 인물이 만들었거나 그런 이름을 가진 집단이 실제로 존재했음을 의미하지는 않는다. 또한 예컨대 마가 공동체 내부에 사도계 집단 또는 베드로계 집단을 가정하여 언급하는 경우도 적지 않은데, 이는 마가복음에서 열두 제자 집단이 부정적으로 묘사된 배후에는 마가 공동체 안에 또는 마가 공동체가 관계를 맺고 있던 외부 집단 가운데 그런 묘사에 어울릴 법한 사람들이 있었을 것이라고 추정하여 그렇게 명명하는 것이다.
26 벳새다의 소경에 관한 편집비평적, 사회학적 해석에 관해서는 박찬웅, "벳새다 맹인 단락(막 8:22-26)의 '보다' 관련 동사에 관한 연구," 「성경원문연구」 41(2017), 100-122를 보라.

27 향유를 부은 여인에 관한 편집비평적, 사회학적 해석에 관해서는 박찬웅, "마가복음의 수난과 제자직 관점에서 본 향유를 부은 여자," 227-250을 보라.
28 요한 공동체 가설에 관한 대표적 연구에 관해서는 레이먼드 브라운, 『요한 공동체의 역사와 신학: 사랑받는 제자 공동체』(서울: 성광문화사, 1994); J. Louis Martyn, *History and Theology in the Fourth Gospel* (New York: Harper & Row, 1979), 50-62를 보라.
29 게르트 타이센/류호성, 김학철 옮김, 『복음서의 교회 정치학: 복음서에 대한 사회 수사학적 접근』(서울: 대한기독교서회, 2002).
30 타이센/류호성, 김학철 옮김, 『복음서의 교회 정치학』, 13-21을 참조하라.
31 내러티브 비평에 관한 설명과 내러티브 비평 및 역사비평의 보완적 활용을 시도한 연구서로는 티모 에스콜라/박찬웅, 권영주, 김학철 옮김, 『신약성서의 내러티브신학: 유배와 회복의 메타내러티브 탐구』(서울: 새물결플러스, 2021), 29-40을 보라.

제 **4** 장

웨슬리와 함께 읽는 마태복음

웨슬리와 함께 읽는 마태복음

이 장에서 함께 공부할 주요 내용

- 마태복음은 누가, 언제, 누구를 위해, 왜 기록했는가?
- 마태복음의 전체적인 구조는 어떻게 이루어졌는가?
- 마태복음이 중요하게 생각하는 주제들에는 어떤 것들이 있는가?
- 웨슬리적 관점에서 마태복음은 어떻게 볼 수 있는가?
- 오늘날 우리에게 주는 마태복음의 메시지는 무엇인가?

키워드: 세계를 향한 복음 선교, 하나님의 구원, 스승이신 예수, 예언의 성취, 임마누엘 하나님, 사랑의 실천으로 증명되는 참믿음

핵심 구절: 예수께서 다가와서, 그들에게 말씀하셨다. "나는 하늘과 땅의 모든 권세를 받았다. 그러므로 너희는 가서, 모든 민족을 제자로 삼아서, 아버지와 아들과 성령의 이름으로 세례를 주고, 내가 너희에게 명령한 모든 것을 그들에게 가르쳐 지키게 하여라. 보아라, 내가 세상 끝 날까지 항상 너희와 함께 있을 것이다."(28:18-20)

I. 마태복음을 이해하기 위한 배경

1. 마태복음의 저자

다른 복음서와 마찬가지로 마태복음의 저자가 누구인지 우리는 정확히 알지 못한다. 전통적으로 교회는 세리 마태가 이 복음서의 저자라고 믿었다. 이런

주장은 오늘날 튀르키예에 있는 히에라볼리의 주교였던 파피아스(Papias, ca. 60~130년)가 한 것이다. 파피아스 외에 이레니우스나 오리게네스도 거의 비슷한 내용을 전한다. 이들이 전하는 내용을 종합하면 마태복음은 세리였다가 예수의 제자가 된 마태가 썼고, 이 책은 원래 히브리어로 작성되었으나 후에 다른 누군가가 그리스어로 번역했다는 것이다. 특히 제롬은 가이사랴의 도서관에 히브리어로 된 마태복음이 있다고 구체적으로 증언하기까지 한다.

마태가 세리였다는 것은 복음서 중에서 마태복음만 언급하고 마가복음, 누가복음, 사도행전은 "마태"라고만 부른다. 예수께서 세관에 앉아 있던 세리를 불러서 자신을 따르라고 하시고 그의 집에서 함께 식사하셨다가 바리새인들과 논쟁을 벌인 일화는 마가복음 2장 17절 이하와 그 평행 구절인 누가복음 5장 27절 이하, 마태복음 9장 9절 이하에 나온다. 마태복음은 세관에서 부름을 받은 마태와 열두 제자 중 하나인 세리 마태를 동일한 인물로 보는 것 같다. 그러나 마가와 누가가 자신들의 복음서에서 열두 제자 중 하나로 언급한 마태(막 3:16-19; 눅 6:14-16; 행 1:13)를 마태가 언급한 세리 마태(마 10:3)와 같은 인물로 보는지는 확실치 않다. 마가와 누가는 그 세리의 이름을 레위, 마태는 마태라고 부르는데, 특히 누가는 그 세리 레위를 "알패오의 아들 레위"라고

본문	열두 제자 이름
마태복음 10:2-4	베드로와 그의 형제 안드레, 세베대의 아들 야고보, 그의 형제 요한, 빌립, 바돌로매, 도마, 세리 마태, 알패오의 아들 야고보, 다대오, 가나안인 시몬, 가룟 유다
마가복음 3:16-19	베드로, 세베대의 아들 야고보, 야고보의 형제 요한(보아너게), 안드레, 빌립, 바돌로매, 마태, 도마, 알패오의 아들 야고보, 다대오, 가나안인 시몬, 가룟 유다
누가복음 6:14-16	베드로와 그의 동생 안드레, 야고보, 요한, 빌립, 바돌로매, 마태, 도마, 알패오의 아들 야고보, 열심당원 시몬, 야고보의 아들 유다, 가룟 유다
사도행전 1:13	베드로, 요한, 야고보, 안드레와 빌립, 도마와 바돌로매, 마태, 알패오의 아들 야고보, 열심당원 시몬, 야고보의 아들 유다(가룟 유다는 생략됨)

부른다.

마태와 달리, 마가와 누가는 열두 제자 명단에서는 마태를 마태라고 부르고, 세관에서 예수를 따랐던 세리는 마태가 아닌 레위라는 이름으로 따로 구분하여 불러서 "마태"와 "세리 레위"를 서로 다른 사람으로 보려고 했던 것 같다. 그러나 오리게네스과 제롬은 세관에서 부름받아 예수를 따랐던 "알패오의 아들 세리 레위"(막 2:17), "세리 레위"(눅 5:27), "세리 마태"(마 9:9)를 모두 한 인물로 보았다. 그러나 오늘날 대부분의 학자는 마태복음의 저자를 제자 마태로 보지 않는다. 마태복음은 마가복음에 많이 의지하는데, 열두 사도 중 하나였던 마태가 그 집단에 포함되지 않았던 마가에 의지하여 복음서를 썼다는 것은 논리적으로도 맞지 않는다.

마태복음에 관한 고대 교회의 증언들

"마태는 원래 히브리인들에게 복음을 전했었다. 그러나 그가 다른 민족에게로 떠나가야 했기 때문에 그는 남겨진 그들을 위해 자신의 모국어로 복음서를 썼다." -유세비우스, 『교회사』 3.34.6

"마태에 관해 그[파피아스]는 다음과 같이 기록했다. '그래서 마태는 히브리어로 된 신탁들을 썼고, 사람들은 그 신탁들을 할 수 있는 한 잘 번역했다.'" -유세비우스, "파피아스의 글들," 『교회사』 3.34.6

"내가 전해들은 바에 따르면 마태복음은 한때 세리였다가 훗날 예수 그리스도의 사도가 된 마태가 쓴 것으로 제일 먼저 기록되었다. 마태는 유대교에서 개종한 사람을 위해 히브리어로 썼다." -오리게네스, 『마태복음주석』, 1.(유세비우스, 『교회사』 6.25에서 기록)

"베드로와 바울이 로마에서 복음을 전하는 동안 마태는 히브리인들에게 그들의 언어로 복음서를 출간했고, 교회의 기초를 놓았다." -이레니우스, 『이단반박문』 3.1.1

"마태는 한때 세리였다가 훗날 사도가 된 사람으로서 레위라고도 한다. 그는 그리스도의 복음을 썼는데, 이는 할례를 받은 신자들을 위해 유대에서 히브리어로 출판되었다. 그리고 훗날 그리스어로 번역되었는데, 이 번역은 누가 했는지는 모른다. 히브리어로 된 것은 밤빌루스(Pamphilus)가 부지런히 수집한 가이사랴의 도서관에 오늘날까지 보관되어 있다. 나는 시리아의 도시인 베뢰아의 나사렛인들로부터 한 권 받아볼 기회가 있었는데, 그들은 이 마태복음을 사용하고 있었다. 이 책에서 눈여겨볼 것은, 이것이 저자 마태가 그렇게 설명하여 그랬던 것인지, 아니면 우리 구세주께서 그러셨던 것인지 모르나, 마태가 구약의 증언을 인용할 때는 [그리스어로 된] 칠십인 역 성경이 아닌 히브리어 성경을 따른다는 점이다. 그래서 '내가 이집트에서 내 아들을 불러냈다.'라는 것과 '그래서 그는 나사렛인이라 불릴 것이다.'라는 두 형태가 존재하게 된 것이다." -제롬, *De Viris Illustibus*, 3

위 고대 교부들은 마태복음이 본디 히브리어로 기록되었다고 증언한다. 마태는 일반적으로 칠십인 역을 사용한다. 그러나 10개의 형식적인 인용 구문들은[1] 칠십인 역이나 히브리어 성경을 의지하여 그대로 인용하지 않고 직접 새롭게 만든다.[2]

2. 마태복음의 기록 시기와 공동체

마태복음은 대략 70-100년 사이에 기록된 것으로 보인다. 70년에 로마의 티투스 장군에 의해 예루살렘은 함락되고, 기원전 520-515년에 건축되었고 헤롯에 의해 증축되었던(요 2:20 참조) 제2 예루살렘 성전은 파괴된다. 이 사건은 유대인들에게 큰 충격이었고, 마태복음에도 트라우마로 남아 있다(22:7). 그리고 이 흔적은 마태복음의 저술 시기를 70년 이후로 잡는 증거로 사용된다. 또한 대부분의 학자가 지지하는 마가 우선설(특히 마가복음 13장 부분)이 마태의 저술 시기를 70년 이후로 미루는 근거가 되기도 한다.

70년, 성전 파괴 사건으로 유대교는 기원전 586년에 바빌론 제국에 의해 솔로몬 성전이 파괴된 이래 두 번째로 큰 위기를 맞는다. 이 충격적 사건은 제2성전기의 끝이자 랍비 유대교(Rabbinic Judaism)의 시작점이 되었고, 이 사건을 계기로 유대인들은 랍비들을 중심으로 새로운 신앙형태를 추구했다. 그들은 요하난 벤 자카이를 중심으로 이스라엘 서편 얌니아(대하 26:6, 오늘날 야브네)에서 유대교를 재정비하는 운동을 벌였다. 소위 얌니아 회의라고 불리는 90년경의 이 사건은 기독교와 유대교의 골 깊은 갈등과 결별의 흔적을 남기는데, 그 예가 비르카트 하미님(*Birkat haMinim*)이라는 기도문이다. 18개로 이루어진 이 축복 기도문 중에서 12번째 기도문은 예수를 따르는 "나사렛인들"에게 저주를 퍼붓는다.

배교자들에게 소망이 없게 하시고 무지의 나라가 속히 우리 사는 날 동안 사라지게 하소서.
나사렛인들과 이단들이 순식간에 망하게 하시고,

그들을 생명책에서 지우셔서 의인들과 함께 기록되지 못하게 하소서.
교만한 자를 꺾으시는 오, 주님, 당신을 찬양하나이다.
(비르카트 하미님 12번째 기도문)

이 둘 사이의 갈등과 결별은 복음서 곳곳에 나타나는데, 특히 요한복음이 가장 노골적으로 이 상황을 전한다(요 9:22-23; 12:42; 16:2). 그러나 요한복음에 비해 마태복음은 그 갈등 여부가 상대적으로 혼란한 상태임을 보인다. 왜냐하면 마태복음에는 반유대적 성향과 더불어 친유대적 성향도 함께 나타나기 때문이다. 마태복음의 친유대적 성향과 반유대적 성향은 마태 공동체가 어떤 공

구분	내용
친유대-반이방 (또는 마태 공동체의 유대적 배경)	• '이스라엘의 잃어버린 양'에 대한 특별한 애정을 보임(10:5-6; 15:24) • 율법에 대한 충성과 율법 준수의 중요성을 강조(5:17, 19-20) • 유대교 전통에 대해 마가와 달리, 별다른 설명 없이 그대로 진술(막 7:3-5 vs. 마 15:1-2) • 베이컨(Bacon)[3]이 제안한 '마태오경' 가설[4] • 잦은 구약 인용 성취 문구들 • 마가와 달리, 아람어를 따로 번역하지 않고 그대로 사용(5:22; 27:6, 27:46 참조; 막 5:41; 7:34)
반유대-친이방	• 이방 여성들이 예수의 족보에 포함됨(1:1-17) • 예수의 탄생을 이방인인 동방박사들은 알아차리고 경배하지만, 정작 유대인들은 무지하고 당혹해함(2:1-3) • 이스라엘 사람 중에 지금까지 본 적이 없는 위대한 믿음을 가진 사람은 이방인 백부장이며, 천국 잔치 자리에서 이스라엘 백성은 쫓겨남(8:10-12) • 모든 민족에게 복음이 전파되어야 끝이 옴(24:14; 26:13) • 모든 민족에게 복음을 전해야 한다는 선교 대위임 명령(28:19) • 유대인 회당을 '그들의 회당'이라면서 거리를 둠(4:23; 9:35; 10:17; 12:9; 13:54) • 유대 지도자들이 신랄하게 비판받음(23:1-36) • 악한 포도원 소작인들(이 나라의 백성들)이 하나님 나라를 빼앗김(21:33-46) • 회당은 그리스도인들을 박해하는 중심(10:17; 23:34)[5] • 예수의 죽음에 관한 책임이 유대인과 그 후손들에게 돌아감(27:25)

동체였는지 우리에게 힌트를 준다. 마태 공동체는 1세기 후반의 다른 그리스도인 공동체처럼 박해 아래 있었고, 그 흔적은 산상수훈 팔복(5:3-10) 중 8번째 복에 대해 마태가 공동체를 염두에 두고 부연하여 덧붙인 9번째 복(5:11-12)에서 엿볼 수 있다. 이 박해의 주된 주체는 유대인이나 이방인 모두 가능하지만, 마태는 박해의 주체를 회당을 중심으로 한 유대인으로 연결하는 것 같다(10:17; 23:34).

위 내용을 종합해 볼 때 마태 또는 마태 공동체는 유대적 배경을 지닌 공동체였고, 구약에 익숙했다. 이들은 구약의 가르침을 존중해야 한다고 믿었으며(5:17-20), 예수께서 율법의 참정신을 가르쳐 주셨기에(5:20-48) 스승이신 예수의 가르침을 충실히 따르는 제자로서 그 가르침을 그대로 실천하며 살아야 한다고 믿었다(13:51-52; 23:8-10). 그러나 그들은 '그들의 회당'이라고 표현되는 유대인에게 박해를 받았다. 마태 공동체의 생각에 그들은 참 이스라엘이 아니었고, 도리어 자신들이 참 이스라엘이라고 생각했다(5:20-48의 여섯 초월제 참조). 그들은 자신들을 특별히 따로 부름을 받은 자들이라고 생각했고(16:18; 18:17, *ekklesia*), 자신들은 하나님의 자녀요(5:9, 45; 13:38; 23:9), 서로 예수의 제자요(23:8, 10), 형제-자매로 생각했다(12:48-50; 25:40; 25:10).[6] 그들은 회당과 결별했으며, 자신들의 눈을 유대인에게서 돌려 세계 모든 민족을 향해 나아가기 시작했다. 이는 마태복음의 핵심 주제이자, 마태복음의 결론인 선교 대위임 명령(28:18-20)에 반영되었다. 그들은 세계를 향한 복음 전파 사역에 어려움을 겪으며(24:9, 14), 내부적으로는 거짓교사(7:15-23; 24:11)의 어려움이 있었으나, 자기들은 하나님이 함께하시는 공동체로 믿으며(1:23; 28:20) 선교 공동체로 자신을 정립했다.

II. 마태복음 함께 읽기

1. 마태복음의 구조

마태복음의 얼개는 학자마다 의견이 분분하다. 특히 오래전 베이컨(B. W. Bacon)은 모세오경의 패턴에 따라 다섯 개의 설교 덩어리로 이루어진 마태복음을 제시했다. 이 구도는 ① 산상수훈(5-7장) ② 선교와 순교(10장) ③ 천국(13장) ④ 교회(18장) ⑤ 종말(23-25장) 등 다섯 덩어리이며, 이 각각의 덩어리는 "예수께서 이 말씀을 마치시니"(7:28; 11:1; 13:55; 19:1; 26:1) 등과 같은 유사한 형식으로 이루어졌다.[7] 김득중은 설교와 설화 상응 구조로 마태를 읽는다. 그는 마태복음이 "설화-설교"가 교대로 이어진다고 본다.[8] 이는 앞부분에 설화가 있고 이를 바탕으로 설교가 이어지는 패턴인데, 이렇게 보면 마태복음은 예수에 관한 이야기보다는 교육적 목적의 책이 된다. 그러나 이 구도는 다소 인위적이다. 교차 대칭구조로 마태복음을 보는 시도도 있다. 버릿지(R. Buridge)는 A. 현재적 가르침(5-7장)-B. 교회의 사명(10장)-C. 천국의 비유(13장)-B′. 교회 생활(18장)-A′. 미래를 위한 가르침(24-25장)을 말한다.[9] 그러나 이는 베이컨의 마태오경 구조만 분석한 것일 뿐 마태복음 전체를 담지는 못한다. 킹스베리(J. D. Kingsbury)의 기독론적 구분도 눈여겨볼 만하다.[10] 그는 기독론적 관점에서 ① 메시아의 인품(1:1-4:16) ② 메시아인 예수의 선포(4:17-16:20) ③ 메시아인 예수의 수난, 죽음과 부활(16:21-28:20) 등으로 3등분한다. 그는 새로운 국면의 시작인 4장 17절과 16장 21절이 "그때부터"(*apo tote*)라는 같은 문구로 시작한다는 점도 이 구분을 뒷받침한다고 주장한다.[11]

마태복음은 예수의 이야기를 담은 문학적 산물이다. 이야기의 주요 요소인 인물, 사건, 배경, 플롯 등이 있다. 마태복음의 전체적 구도는 이런 요소들을 염두에 두고 살펴보는 것이 적절하다. 마태복음을 비롯한 복음서들은 내용 면에서 예수의 사역과 예수의 수난 등 크게 두 부분으로 이루어진다. 부활 이후 예수의 하나님 나라 운동을 계승한 사람들이 이 사역을 해나갈 수 있던 것은 부활 때문이었다. 이에 바울은 고린도 교인들에게 '우리가 전파하는 핵심 메시지는 그리스도의 부활'이며 만약 부활이 없다면 선교나 믿음 등 모든 것이 헛수고가 된다고 강조한다(고전 15:12-34). 이는 초기 그리스도인들이 전하는 복음의 핵심이 예수의 부활임을 보여준다. 이 부활을 말하기 위해 그리스도의 죽음을 말해야 했고, 죽음을 말하기 위해 예수의 삶과 그의 사역을 말해야 했다. 따라서 복음서의 핵심은 예수의 사역과 수난-부활이다. 이런 관점에서 우리는 마태복음의 얼개를 다음과 같이 구성해 볼 수 있다.

서론: 예수의 하나님 나라 사역의 배경(1:1-4:16)
 1:1-17 마태복음의 청사진: 예수의 족보-모든 민족을 향한 하나님의 구원 계획
 <u>1:18-2:23 예수의 탄생-하나님 구원 계획의 성취 사건: "우리와 함께 하시는 하나님"</u>(1:23)
 3:1-12 세례 요한-예수의 하나님 나라 사역을 위한 준비
 3:13-4:16 예수의 하나님 나라 사역을 위한 준비: 세례, 시험, 갈릴리로 이동
  [4:12-16 예수의 나타나심으로 모든 민족을 향한 구원 계획이 성취됨을 선포]

1부. 예수의 갈릴리 하나님 나라 사역(4:17-16:20)
 [4:17-<u>그때부터 예수께서는</u> "회개하여라. 하늘 나라가 가까이 왔다." 하고 <u>선포하기 시작하셨다.</u>]
 4:17-22 하나님 나라 사역을 위한 일꾼을 부르심
 <u>4:3-25 갈릴리 하나님 나라 사역의 청사진: 가르침, 선포, 치유</u>
  (1) 5:1-7:29 갈릴리 하나님 나라 사역: 가르침 1-제자도에 관하여 → 산상수훈
  8:1-9:38 갈릴리 하나님 나라 사역 B: 치유와 제자로 부르심
   A. 8:1-17 + 18-22 세 개의 기적 + 제자로 부르심
   A′. 8:23-9:8 + 9:9 세 개의 기적 + 제자로 부르심

         B. 9:10-17   논쟁과 가르침
         A″. 9:18-34 + 35-38   세 개의 기적 + 제자로 부르심
         9:35-36, 37-38   갈릴리 하나님 나라 사역의 요약
                             과 사역으로의 초대
    (2) 10:1-11:1 갈릴리 하나님 나라 사역: 가르침 2-선포에 관하여
       11:2-12:50 갈릴리 하나님 나라 사역에 대한 저항, 가르침, 치유
         11:2-30   하나님 나라로의 초대에 대한 세상의 무관심
         12:1-50   하나님 나라에 대한 저항, 치유, 가르침
    (3) 13:1-53 갈릴리 하나님 나라 사역: 가르침 3-하나님 나라에
                관하여
       13:54-16:20 하나님 나라에 대한 저항과 기적 그리고 하나님 나
                    라 일꾼으로 부르심
         A. 13:54-14:12   하나님 나라에 대한 저항
         B. 14:13-36   세 개의 기적
         A. 15:1-20   하나님 나라에 대한 저항
         B. 15:21-39   세 개의 기적
         A. 16:1-12   하나님 나라에 대한 저항
         C. 16:13-20   고백 위에 세워지는 교회

2부. 예수의 수난과 죽음과 부활로 완성되는 하나님 나라(16:21-28:15)
  [16:21-<u>그때부터 예수께서는</u>, 자기가 반드시 예루살렘에 올라가야 하며, 장로들과 대제사장들과 율법학자들에게 많은 고난을 받고 죽임을 당해야 하며, 사흘째 되는 날에 살아나야 한다는 것을, 제자들에게 **밝히기 시작하셨다.**]
  [1] 예루살렘을 향한 수난의 여정(16:21-20:34)
      A. 16:21-28   수난과 죽음과 부활에 대한 첫 번째 예고
         17:1-13   변화산의 신비 사건-예수의 정체(하나님의 아들: 5절)
         17:14-21   귀신 들린 아이 치유-제자도의 핵심 요소: 믿음
      B. 17:22-23   수난과 죽음과 부활에 대한 두 번째 예고
         17:24-27   두 드라크마 신비 사건-예수의 정체(하나님의 아들: 26절)
    (4) 18:1-20:16 제자로서 삶에 대한 가르침 4-제자도의 핵심 요소
         18:1-14   약한 자를 섬기는 삶
         18:15-35   용서의 삶

	19:1-15	사람을 소중히 여기는 삶
	19:16-24	재물에 대한 제자의 삶
	19:25-20:16	남들과 차별적 우위를 바라는 삶을 포기하는 삶
C.	20:17-19	수난과 죽음과 부활에 대한 세 번째 예고
	20:20-28	부정적 제자의 예시
	20:29-34	긍정적 제자의 예시

[2] 예루살렘에서의 십자가의 여정(21:1-27:66)
  A. 21:1-22:46   예루살렘 입성과 대결-예수의 승리(22:46)
  B. 23:1-39   예루살렘 대적자들을 향한 심판
  (5) 24:1-25:46 마지막 때와 종말을 대비한 제자의 삶에 대한 가르침 5-깨어 있으라
  C. 26:1-27:66   수난을 향한 마지막 사건들-최후의 만찬, 제자들의 배반, 예수의 재판, 죽음, 매장

[3] 승리의 부활(28:1-15): 부활 이후 사건들

결론: 하나님 나라 사역을 위한 파송(28:16-20)
  28:16-20   세상을 향한 선교적 사명: 하나님의 구원 계획을 성취할 제자들
  - "우리와 함께 하시는 하나님"(28:20)

2. 마태복음의 내용

[1:1-17] 족보: 마태복음은 예수의 족보로 시작한다. 누가(눅 3:23-38)와 달리, 이 족보는 아브라함에서 시작하여 예수까지 아래로 내려온다. 우리가 던질 질문은 ① 왜 아브라함에서 시작하는가? ② 14대로 끊어지는 지점은 어디이며, 그것이 무슨 의미를 지니는가? ③ 족보에 등장하는 여인들은 누구인가?이다. 이 족보는 14대로 끊어졌는데, 정확한 역사적 사실을 전하는 것이 아니라 다른 메시지를 던지기 위해 인위적으로 14에 맞추어서 끊었다. 이 끊어지는 부분은 아브라함-다윗-바빌론 포로-그리스도이며, 이 쉼표들이 독자의 시선을 멈추게 한다. 아브라함은 이스라엘의 시작이고, 모든 민족의 복의

근원이며(창 12:3), 그들의 아버지이다(창 17:16). 이스라엘의 이상적 회복의 모델인 다윗 왕조(마 21:9; 막 11:10 참조) 그리고 이스라엘의 패망과 구원을 갈망하게 되는 바빌론 포로기 등 이 모든 것이 이스라엘의 회복, 하나님의 구원사라는 맥락에 있다.

특히 족보에 등장하는 다말, 라합, 룻과 우리야 아내의 공통점은 모두 이방인이라는 점이다. 이들은 여인이면서 이방인이라는 이중 장벽에 막혀 있다. 그러나 마태는 이들을 하나님의 구원 역사 속에 당당하게 이름을 올렸다. 족보의 여인들은 비윤리적(시아버지와의 부적절한 관계, 기생 출신, 외도)이거나 당시 고대 세계에서 좋은 인상을 주는 여인들은 아니었다(과부-재혼, 결혼 전에 임신한 처녀). 그러나 그들은 하나님의 구원 역사에서 중요한 자리를 차지한다. 이 족보는 예수의 오심이 이 세계의 모든 사람, 특히 세상에서 손가락질받고 천시당하는 사람들도 끌어안는 하나님의 크신 구원의 계획과 그분의 의지를 보여준다(4:15-16 참조).

[1:18-25] 수태고지: 마태는 누가와 달리, 예수 수태 소식을 마리아가 아닌 요셉이 받는다. 그런데 정작 족보에서는 요셉이 언급되다가 그리스도의 탄생에서는 요셉을 제외하고 마리아를 언급한다(1:16). 이는 비록 수태고지에서 요셉이 주체적 역할을 하지만, 예수의 탄생 과정에서 요셉이 아닌 성령의 역할을 말하기 위함처럼 보인다(1:18, 20, 24-25). 여기에서 예수의 탄생은 이사야 예언의 성취이다(1:23). 그러나 예언에서는 아기의 이름을 '임마누엘'이라고 하지만, 정작 천사는 아기의 이름을 '예수'로 지으라고 명한다(1:21, 23). 이로써 마태는 '주님의 구원하심'의 뜻을 가진 '예수'의 의미를 '하나님이 우리와 함께하심'이라는 맥락과 연결시킨다. 마태에게 예수 탄생은 하나님께서 우리와 함께하신다는 것을 보여주는 사건이다.

[2:1-23] 크리스마스 이야기: 목자들의 방문을 전하는 누가와 달리, 마태는 동방박사들의 방문을 전한다. 이방인들은 예수 탄생을 기대하고 먼 길을 찾아오지만, 정작 유대인들은 알지도 못하고 당황한다. 헤롯 일당은 새 왕의 탄생

이 베들레헴이라는 것도 알아낸다(2:5-6). 베들레헴은 아주 작은 동네이며 예루살렘에서 매우 가깝다. 아기 왕을 죽일 작정이면 직접 찾아가서 문제를 해결하면 되는데, 헤롯은 굳이 복잡하게 일을 해결하려 하고(2:8) 어리석게도 절호의 기회를 놓치며 이것에 분노한다(2:16). 덕분에 성가족(Holy Family) 일행은 베들레헴 남자아이 학살에서 유일하게 살아남아서 이집트로 피난했다가 훗날 이집트에서 되돌아온다. 헤롯 일당의 행동은 다소 비논리적이고 비상식적이다. 게다가 마태는 이 일련의 사건을 예언의 성취 구도로 보려 한다. 특히 호세아 11장 1절의 인용을 통해(2:15) 출애굽과 성가족의 이집트 여정을 연결한다. 베들레헴 영아 학살과 그 와중에 유일하게 살아남은 아기 예수, 성가족의 이집트 피난과 이집트에서 다시 돌아오는 구도 등은 마태가 독자에게 예수를 모세에 빗대어 보라고 하는 일종의 힌트이다.

[3:1-17; 4:1-11] 세례 요한과 예수의 세례 그리고 시험: 세례 요한이 유대 지도자들을 향해 독설을 퍼붓는 부분(3:7-12)은 Q에 해당한다. 세례 요한의 메시지는 종말론적이며 분노에 가득 찬 심판을 담고 있다. 예수께서 주실 불의 세례는 쭉정이를 태우는 심판이다(3:12). 예수께서도 세례를 받으러 요한에게 오시고 요한은 당황하며 거절하지만, 결국 예수께 세례를 베푼다. 예수의 세례는 초대 교인들에게는 걸림돌이었다. 죄가 없는 예수인데, 왜 죄인임을 인정하는 세례를 받는가? 또한 예수께서는 세례 요한보다 높으신 분인데, 어찌 그의 앞에 수그리고 그에게 세례를 받으실 수 있는가? 초대 교인들은 이런 당혹스러운 상황에 놓였다. 그러나 그들은 여전히 예수의 세례 사건을 기록으로 남겼다. 마태는 이 당혹스러운 문제를 '이렇게 함으로써 의를 이룰 수 있다.'라는 것으로 해결하려고 한다. 복음서 저자들은 이 사건을 전하면서 예수께서 하나님의 아들이심을 선포한다(3:17, 공관복음서는 하늘의 음성으로, 요한복음은 요한의 증언이라는 방식으로). 예수께서 시험을 받으신다는 점도 초대 교인들에게는 당혹스러운 것이었다. 그러나 이 시험에서도 마태는 여전히 예수를 가리켜 '하나님의 아들'이심을 거듭 언급한다(4:3, 6, 2:15 참조). 시험 종결부에서 누가와 마태는 차이

를 보인다. 마태에서는 마귀는 완전히 떠나고 천사가 시중을 든다(4:11). 그러나 누가에서는 어느 때가 될 때까지 잠시 떠난다(눅 4:13).

> 보라, 주의 모친과 그의 형제들이 그에게 말했다. "세례 요한이 죄 사함의 세례를 주니 우리도 가서 세례를 받자." 그러나 그가 그들에게 말씀하셨다. "내가 지금 하는 바로 이 말이 알지도 못하면서 하는 말이 아닐진대, 내가 무슨 죄를 지었길래 그에게 가서 세례를 받겠습니까?" -제롬,『펠라기우스와의 논쟁』3.2에서 인용한『히브리인의 복음서』

[4:12-16] 서두 마무리: 마태는 지금까지 예수께서 사역을 시작하시기 전까지의 이야기를 담았고, 이 부분은 이 서두의 요약이다. 마태는 예언과 성취 구도로 이것을 정리하는데, 그 내용은 이방인, 어둠과 사망의 그늘에 앉아 신음하는 뭇 백성들에게 예수의 오심은 희망의 빛이라는 점이다. 이로써 마태는 예수 사건이 온 인류에게 기쁜 구원의 소식임을 선포한다.

[4:17-25] 예수의 갈릴리 하나님 나라 사역의 시작: 이제 예수의 하나님 나라 사역은 시작되었다. 예수는 먼저 자기와 함께 이 일을 할 동역자를 모은다. 어부였던 그들은 그 부르심에 아무런 주저함 없이 모두 버리고 예수를 따라나서며, 이로써 독자들에게도 제자가 되려면 어떻게 해야 하는지 보여준다. 23절은 앞으로 예수께서 하실 사역을 구체적으로 알려준다(가르침, 선포, 치유). 그리고 방방곡곡에서 고통에 신음하는 이들이 예수께로 몰려든다.

[5:1-7:29] 산상수훈: 예수 가르침의 첫 묶음은 산상수훈이다. 이 부분은 기독교 신앙의 핵심이기도 하다. 이는 하나님 나라가 어떤 모습이며, 그 나라의 백성은 어떤 삶을 살아야 하는지 말해준다. 웨슬리는 산상수훈을 기독교 신앙의 핵심으로 보았고, 웨슬리언 신앙에서 산상수훈은 가장 중요하다. 그의『표준설교』44편 중에서 무려 13편이 산상수훈 강해로 되어 있다는 사실만 보아도 그가 산상수훈을 얼마나 중요하게 여겼는지 알 수 있다. 산상수훈은 크게 다음과 같은 구조로 나뉜다.

5:1-12   복의 선언
5:13-16   제자의 정체성: 제자란 누구인가?
5:17-48   하나님 나라 삶의 원리: 여섯 초월제 예시-율법의 참정신 → 이웃 사랑
6:1-34   하나님 나라 삶의 원리: 신앙생활과 경제관 예시-의도의 순수성 → 하나님 사랑
  A. 7:1-6   이웃을 향한 제자의 자세
  B. 7:7-11   하나님을 향한 제자의 자세
  C. 7:12   요약
7:13-29   결론: 실천으로 증명되는 제자됨

[5:1-12] 복의 선언: 소위 팔복이라고 하는 이 부분은 산상수훈의 서시로, 실제로는 9개 복이다. 웨슬리는 팔복을 우리 신앙의 여정 단계로 보았다. 그는 팔복이 심령의 가난함, 즉 겸손하게 하나님의 도우심을 늘 갈급하는 데서 시작하여 힘들더라도 하나님과 이웃을 사랑하는 삶을 최선을 다해 살아가는 제자의 길까지 하나님 나라로 가는 여정의 단계를 보여준다고 말한다. 마지막 9복 (11-12절)은 8복과 내용이 겹치는데, 형식 면에서 앞의 8개 복과 큰 차이를 보인다. 따라서 이 9복은 고난 중에 있는 마태 공동체에게 주는 마태의 메시지, 즉 팔복에 대한 마태의 총정리로 보인다.

[5:13-16] 제자의 정체성: 제자는 빛과 소금이다. 예수께서는 우리에게 빛이 되라고, 소금이 되라고 명령하지 않으시고 (지금은 아니지만,) 앞으로는 그렇게 될 것이라고 예언하지도 않으신다. 그저 우리가 (지금) 빛이요, 소금이라고 선언하신다. 따라서 이 부분은 우리가 무엇이 되어야 하는지에 관한 말씀이 아니라 우리가 지금 누구인지 그 정체성을 확인하고 상기시켜 주시는 말씀이다. 짠 것은 소금이고 짜지 않은 것은 소금이 아니며, 빛나는 것은 빛이요, 빛나지 않은 것은 빛이 아니라 초의 심지일 뿐이다.

[5:17-48] 여섯 초월제: 흔히 이 여섯 가르침을 반제(antithesis)라고 부른다. 그러나 예수의 가르침은 모세 율법을 반대하고 새로운 것을 제시하시는

것이 아니다. 율법의 본래 정신은 사람들의 완악함 때문에 왜곡되었고, 모세는 임시로 그렇게 율법을 가르쳤을 뿐이다(19:1-12). 여기에서 예수께서는 율법의 참정신을 회복시키시며 온전케 하신다. 형식적 율법이 아닌 하나님께서 태초에 사람들 마음에 심어두셨던 그 사랑의 마음(웨슬리는 이를 '도덕법'이라고 부름)[12]을 온전히 회복할 것을 요구하신다. 예를 들어, 모세 율법에 따르면 사람을 미워하거나 심지어 마구 때리고 칼로 찌르더라도 그 피해자가 죽지만 않았다면 폭행죄는 될지언정 살인을 범한 것은 아니다. 그러나 예수의 가르침은 살인에 관한 율법을 하나님께서 어떤 마음과 생각으로 우리에게 주셨는지 그 율법의 취지와 본뜻을 생각하라는 것이며, 그 본뜻대로 율법을 지킬 때(도덕법) 비로소 그 율법을 온전히 지켰다고 할 수 있는 것이다. 즉, 살인에 관한 율법은 피해자가 목숨을 잃었느냐, 안 잃었느냐의 문제가 아니라 우리가 상대방에게 어떤 마음을 가졌느냐의 문제라는 것이며, 따라서 예수의 율법(사랑의 법)은 유대인들의 형식적 율법보다 훨씬 더 지키기 어려운 법이기도 하다. 율법을 부정하고 반대하는 것이 아니라 본래의 취지로 돌아가는 것, 눈에 보이는 것을 뛰어넘어 그 높은 본질로 들어간다는 의미에서 반제(antithesis)라는 표현보다 초월제(superthesis)라고 볼 수 있다.

[6:1-18] 제자의 신앙생활-하나님 앞에서 '의도의 순수성': 5장이 하나님 나라에서 제자로 사는 삶의 원리, 즉 이웃 사랑을 말했다면 6장은 하나님 나라에서 제자로 사는 두 번째 삶의 원리, 즉 하나님 사랑을 말한다. 구제, 기도, 금식 이 세 가지는 유대교 신앙의 기본 원리이다. 따라서 여기에서 예수께서는 이 세 가지 의무를 어떻게 해야 하는지 말씀하시는 것이 아니라 위 세 가지를 일종의 예시로 삼아서 제자로서 살아야 할 삶의 근본 원리에 대해 말씀하시는 것이다. 이 세 가르침은 모두 거의 비슷한 패턴으로 되어 있는데, 그 기본 원리는 사람이 아닌 하나님 앞에서 서는 자세를 말한다. 우리의 시선이 누구를 향해 있어야 하는지, 우리가 어떤 행동을 할 때 우리 마음의 의도는 하나님 앞에서 순수한지(마음이 둘로 나뉘지 않았는지 6:24, 마음이 깨끗한지 5:8)를 살펴야 한다는 것

이다. 웨슬리는 이를 '의도의 순수성'(Purity of Intention)이라고 부르며, 이는 웨슬리 신학의 핵심 중 하나이다.

[6:19-34] 제자의 경제생활-하나님이냐, 맘몬이냐: 제자는 이 세상에서 다른 사람처럼 경제활동을 하며 살아가지만, 그 삶의 원리는 하늘에 있어야 한다. 재물을 하늘에 쌓으면 거기는 안전하다는 가르침을 사후 천국의 긴 행복을 위해 이생의 잠깐 행복을 희생하라는, 마치 적선(積善)의 의미로 해석하면 안 된다. 그런 관점(외경인 도마행전 중 군다포로스 왕의 이야기가 좋은 예)은 이생의 신앙이 천국의 행복을 얻기 위해 힘들지만 참아가며 적금이나 보험을 드는 행위로 오도할 수 있기 때문이다. 나중에 좋은 것을 누리기 위해 지금 참는다는 생각은 현재 우리의 삶이 빨리 흘러가 버리면 좋은 것이라는 성속(聖俗) 분리의 잘못된 태도를 우리 안에 심는다. 잘못된 것은 물질을 '누리는' 것이 아니라 물질을 '섬기는' 것이다. '네 눈이 성하다'(합루스)라는 말에는 이중 의미가 있는데, 하나는 '온전하다, 건강하다'는 의미이고 다른 하나는 '단순하다'(simple, single)는 의미이다. 웨슬리는 22절을 단순함으로 해석한다. 즉, 우리 눈이 여기저기 나뉘지 않고 하나님만을 향해 있다면(single) 우리의 삶은 온전하게 되지만, 우리가 하나님뿐만 아니라 다른 것(특히 물질)에도 자꾸 눈을 돌려 그것에 마음을 나누어 준다면 우리 삶은 건강해질 수 없다.[13] 이런 차원에서 24절이 22-23절과 자연스럽게 이어진다.[14] 25-30절은 새와 들꽃을 예로 들어서 우리를 돌보시는 하나님을 말한다. 당장 우리 눈에 보이는 맘몬(단어 자체는 재물을 가리키지만, 재물을 포함하여 하나님에게서 우리의 마음을 빼앗아가는 모든 것을 의미함)을 의지하지(섬기지) 않고 보이지 않는 하나님을 의지하는 것은 쉽지 않다. 그래서 우리 마음은 늘 염려한다(메림나조, 마음이 나뉘고 갈라져서 다른 곳으로 끌리다). 하지만 예수께서는 우리 시선을 하나님께로 고정하라고 말씀하신다. 왜냐하면 그분은 전능하신(하늘에 계신, 6:9) 분이시며, 우리의 모든 필요를 이미 다 알고 계시고(6:8, 32), 늘 우리에게 가장 좋은 것으로 채워주시려는 선하신 분(6:4, 6, 18, 30, 33; 7:11)이시기 때문이다. 따라서 우리에게는 믿음, 즉 하나님의 전능하심과 우리를 향한

그분의 신실하심과 크신 사랑에 대한 신뢰가 하나님 나라로 가는 여정에서 꼭 필요하다. 많은 세상 사람들이 맘몬을 의지하며 살아간다. 그래서 우리도 그들의 삶의 방식에 이끌려 유혹을 받고 계속 그리로 끌려가기 쉽다(7:13-14). 따라서 하나님을 향한 믿음(신뢰)이 없다면 우리의 시선은 자꾸 맘몬을 향해 돌아가고 결국 하나님 나라로 가지 못한다.

[7:1-6, 7-11, 12] 이웃 사랑과 하나님 사랑 그리고 요약: 1-6절은 이웃을 향한 우리의 태도를 말하며, 7-11절은 하나님을 향한 우리의 태도, 즉 그분의 전능하심과 선하심과 신실하심에 대한 우리의 신뢰에 관해서 말한다. 그리고 12절에서 황금률로써 성경(율법과 예언서)의 모든 것을 요약한다. 성경의 핵심은 결국 하나님 사랑과 이웃 사랑이며(웨슬리는 이를 종종 '의'라고 표현함)[15] 산상수훈의 핵심이기도 하다(22:37-40).

[7:13-29] 결론-행하여 지키라: 산상수훈의 말씀은 우리에게 모두 익숙하다. 그러나 아는 것과 실천하는 것은 별개이다. 오히려 잘 안다고 생각하기에 잘 실천하고 있다고 종종 착각한다. 그러나 이 길은 결코 쉽지 않다. 그래서 많은 사람이 편한 길로 간다. 대부분의 사람들이 가는 길로 안 가고 나 홀로 다른 길로 가면 우리의 마음은 매우 불안해진다. 그래서 제자의 길을 가는 것이 더욱 어렵다. 그러하기에 우리에게는 믿음, 즉 하나님의 전능하심과 선하심과 신실하심에 대한 신뢰가 하나님 나라로 가는 여정에서 꼭 필요하다. 믿음은 그 행함의 열매로 증명된다. 많은 교인이 좋은 열매를 맺어야 한다는 것을 알고 있다. 그래서 많은 선한 행위를 하기도 한다. 그러나 좋은 열매를 맺는 것보다 더 중요한 것은 좋은 열매를 맺을 수 있는 좋은 나무가 되는 것이다. 근본이 바르게 바뀌지 않는다면, 빛이요, 소금이라는 우리의 정체성을 바로 세우지 않는다면 좋은 열매를 달고 있는 척은 할 수 있을지 모르나, 비바람이 불면 억지로 가지에 묶어 매달아 놓은 열매는 다 떨어진다. 사과나무에는 사과가 달리고, 배나무에는 배가 달린다. 반석 위에 세운 집과 모래 위에 지은 집 둘 다 말씀을 듣는다. 그러나 이 둘의 차이는 말씀을 들었느냐가 아니라 듣고 난 후에 실천

했는지의 여부이다.

[8:1-9:38] 세 개의 기적 모음과 제자로 부르심, 논쟁과 가르침: 이 부분은 A-A′-B-A″의 구조로 이루어졌다. A는 '기적-기적-기적-부르심'이라는 패턴으로서 A(8:1-17+18-22)는 나병환자 치유(8:1-4)/백부장의 종 치유(8:5-13)/베드로의 장모 치유(8:14-17)/제자로 부르심(8:18-22)으로 한 세트를 이룬다. A′(8:23-9:8+9:9)와 A″(9:18-34+35-38)도 동일한 패턴으로 각각 한 세트씩을 이룬다. 이 각각의 패턴(A, A′, A″)의 방점은 마지막 부분, 즉 제자로 부르심에 찍힌다. 그리고 이 전체의 구조에서 B 부분이 A 형태의 세트에 인클루지오로 감싸여 있다. 그렇다면 우리의 시선은 자연스럽게 B 단락으로 향한다. B(9:10-17)는 유대 지도자들이 예수께 제자들을 문제 삼아 시비를 거는 내용이다. 그들은 "예수님, 당신의 제자들은 왜 이렇게, 저렇게 합니까?"라고 따지는데, 제자들이 이런 공격에 휘말리는 것은 그들이 예수의 제자들이기 때문이다. 더구나 9장 15절은 예수의 수난과 죽음을 떠올리게 한다. 이로써 마태는 우리 독자에게 예수께서 하시는 하나님 나라의 사역에 제자로서 동참할 것을 독려하며, 그렇게 제자로서 나설 때 겪게 될 어려움에 대해서도 미리 경고한다. 이런 고난이 제자의 길을 걸으려는 우리를 기다리지만, 마태는 목자 없는 양 같은 세상을 보라고, 추수꾼을 간절히 부르는 무르익은 밀밭을 보라고 그리고 불쌍한 마음을 갖고 그들을 향해 복음을 들고 나아가라고 우리를 부르시는 예수의 부르심(9:35-38)으로 전체를 마무리한다. 자세한 구조는 앞에서 도식화한 마태복음의 얼개 부분을 보라.

[10:1-11:1] 갈릴리 하나님 나라 사역-두 번째 가르침 묶음: 이 부분은 마태복음에 있는 다섯 가르침 묶음 중 두 번째에 해당한다. 열두 제자의 명단으로 시작하는 이 단락은 하나님 나라의 복음을 전할 제자들이 어떻게 전도사역을 해야 하는지, 그 가운데 어떤 일을 겪게 되는지 설명한 후에 그런 어려움에도 불구하고 그 사역을 감당할 때 어떤 보상을 받게 되는지 말한다. 그들이 박해를 두려워하지 않을 것은 하나님께서 그들을 귀하게 여기시고 보호하실 것이기 때문이다.

[11:2-12:50] 갈릴리 하나님 나라 사역에 대한 저항, 가르침, 치유: 예수께서는 사람들을 하나님 나라로 들어오라고 초대하지만, 세상은 그것에 그리 관심을 두지 않는다(7:13-14 참조). 사람들은 피리를 불어도 춤추지 않고 슬프게 곡을 해도 울지 않는다. 그들에게 세례 요한의 방식으로 초대를 하건, 예수의 방식으로 초대를 하건 어떻게든 핑계를 대면서 그 나라로 가기를 거부한다(11:18-19). 결국 스스로 지혜롭다고 하면서도 회개하지 않는 이들에게는 심판이 주어지고, 무시당하는 어린아이들에게는 도리어 하나님의 모든 것이 밝히 드러난다. 기득권자들은 예수를 꼬투리 잡아 무너뜨리려고 한다. 사람이 굶주림에 고통을 받든 말든, 불구의 몸으로 고통스러운 생활을 하든 말든 관심도 없다. 그들에게 중요한 것은 율법 문구를 지켰는가의 문제이다. 그들은 산상수훈에서 예수께서 가르치셨던 바, 율법의 참정신을 추구하기보다는 형식적인 종교에 빠져서 잘못된 길을 걸어간다. 뿐만 아니라 율법의 참정신, 웨슬리의 표현대로 '도덕법'을 선포하시는 예수를 바알세불에 사로잡혔다고 모함하고 모욕하며 훼방한다. 그들은 나쁜 나무이기에 나쁜 열매를 맺는 자들이며 본성이 악하므로 그 안에서 악한 것이 나오는 사람들이다. 그래서 종교적 교만에 빠진 이들은 아이러니하게도 그들이 악인이라고 손가락질하는 니느웨 사람들로부터 정죄를 받는다. 예수께서는 하나님의 뜻을 행하는 이들을 모아서 하나님 나라의 새로운 가족을 구성하신다(12:46-50).

[13:1-53] 갈릴리 하나님 나라 사역-하나님 나라에 관하여: 이 부분은 마태의 가르침 묶음 중 세 번째 부분이다. 이 부분은 비유들을 모아놓은 부분인데, 이 비유들은 모두 하나님 나라를 향해 있다. 똑같은 복음의 씨앗이 뿌려졌지만, 자라서 열매를 맺는 것은 그 땅이 어떤 땅인지에 따라 달라진다. 사람들 마음에 떨어진 말씀의 씨앗이 자라고 열매 맺지 못하게 되는 이유는 여러 가지이다. 마귀의 악한 행동(13:19), 어려움과 박해(13:21), 염려와 재물의 유혹(13:22) 등이 우리의 시선을 하나님으로부터 빼앗아서 맘몬을 향해 가도록 우리를 흔든다. 그럼에도 불구하고 겨자씨와 누룩처럼 작게 시작한 하나님 나라는 크게

성장한다. 비록 원수들이 가라지 씨앗을 뿌리면서 방해하지만, 그들의 끝은 추수 때 따로 분리되어 불태워지는 것이다. 그 나라의 가치를 발견한 사람은 어떤 대가를 치르더라도 꼭 그것을 자기 것으로 만들지만, 모두가 그런 것은 아니며 그 가치를 우습게 여기며 무시한 사람은 마지막 날에 불의 심판을 받게 된다.

[13:54-16:20] 하나님 나라에 대한 저항과 기적, 고백 위에 세워지는 교회: 마태는 제자들이 선포하고 가르쳐야 할 하나님 나라가 어떤 것인지 전해준 후에 그 하나님 나라가 사람들로부터 어떤 저항을 받게 되는지 말한다. 13장에서 16장에 이르는 이 부분은 세 개의 하나님 나라에 대한 저항 이야기들(A)과 그 중간에 세 개의 기적(B)을 전하는 A-B-A-B-A 구조로 되어 있다. A에 해당되는 부분은 13:54-14:12, 15:1-20 그리고 16:1-12이며, B에 해당되는 부분은 14:13-36과 15:21-39이다. 하나님 나라는 저항을 받는다. 예수의 선구자였던 세례 요한은 참수당하고, 유대 지도자들은 예수께 도전하며, 바리새인들과 사두개인들은 예수를 시험하여 넘어뜨리려고 한다. 그러나 이 저항 이야기들 사이에 마태는 각각 세 개씩 예수께서 기적을 베푸시는 이야기들을 삽입한다. 이로써 세상은 비록 하나님 나라를 거부하고 저항하려 하지만, 누구도 그 침노를 감히 막을 수 없다는 것(11:12 참조)이 증명된다. 이 두 가지 현상을 목격한 제자들에게 예수께서 물으신다. "사람들은 나를 누구라고 하느냐? 그렇다면 너희는 나를 누구라고 하느냐?" 이 질문은 세상의 거부와 도발 앞에 서 있는 제자들에게 어떤 편에 설 것인지 결단을 촉구하는 질문임과 동시에 우리는 누구인가라는 정체성을 점검하게 하는(5:13-16 참조) 질문이기도 하다. 그리고 하나님 나라를 이어갈 제자들의 공동체이자, 하나님 나라의 현실판 모형인 교회는 (16:19) 그런 고백 위에 서 있다.

[16:21-20:34] 예루살렘을 향한 수난의 여정: 16장 21절부터는 마태복음 후반부로 접어든다. 지금까지는 갈릴리를 중심으로 한 사역이었다면, 이제부터는 수난과 죽음과 부활을 향한 여정이 소개된다. 이 부분은 수난과 죽음과 부

활에 대한 예고를 중심으로 크게 세 부분으로 나뉜다.

[16:21-17:21] 첫 번째 예고와 예수의 정체 그리고 제자도 1: 예수의 수난과 죽음과 부활에 관한 첫 번째 예고(16:21-28)가 주어진 후에 변화산 사건과 귀신에 사로잡힌 아이를 고치시는 장면이 나온다. 예수께서 하나님 나라의 완성을 위해 자신의 수난과 죽음과 부활을 말씀하시지만, 제자들은 거부한다(16:22-23). 그래서 예수께서는 참제자의 태도는 어떠해야 하는지 말씀하신다(16:24-28). 변화산 사건 이야기는 단순히 신비 체험 사건이 아니라 예수는 누구신지 제자들에게 계시하는 예수의 정체성에 관한 증언이다. 여기에서 하나님은 예수께서 하나님의 아들이심을 직접 증언하신다. 이어지는 귀신 들린 아이 치유 이야기는 단순한 기적 이야기라기보다는 제자라면 무엇을 갖추고 있어야 하는지 제자도의 핵심 요소를 말해주는 단락이다. 제자들은 무능력하다. 예수께서는 참제자에게 필요한 것이 믿음이라는 점을 가르치신다.

[17:22-20:16] 두 번째 예고와 예수의 정체 그리고 제자도 2: 이 부분도 앞선 이야기 단락과 동일한 패턴을 보인다. 예수께서는 두 번째로 자신의 수난과 죽음과 부활을 예고하신다(17:22-23). 이어서 마태는 두 드라크마의 기적 사건으로 예수가 누구신지 정체를 밝힌다(17:24-27). 다음으로 예수를 따르는 제자는 누구이며 어떤 삶을 사는 사람인지 제자도의 핵심 요소들을 말씀한다(18:1-20:16). 두 드라크마 사건은 물고기 입에서 동전을 꺼내어 성전세를 드렸다고 하는 신기한 기적 이야기를 전하기 위함이 아니다. 이 이야기는 '세금은 누가 내야 하는가?'라는 질문으로써 예수께서 누구신지 논하기 위한 이야기이다. 여기에서 마태는 예수께서 하나님의 아들이심을 말한다(25-26절). 이어서 마태는 그런 예수의 뒤를 따르는 제자란 누구이며 어떤 삶을 사는 자인지 여러 요건들을 말한다. 제자는 약한 자를 섬겨야 하며(18:1-14), 용서하는 삶을 살아야 하고(18:15-35), 사람을 소중히 여겨야 한다(19:1-15). 제자는 재물(맘몬)에 휘둘리지 않고 도리어 그것을 다스리는 삶을 살아야 하며(19:16-24), 남을 대할 때 남들보다 더 좋은 대접을 받으려 하면 안 된다(19:25-20:16).

[18:1-14] 약한 자를 섬기는 제자도: 여기에 나오는 가르침은 세상에서 하찮다고 무시당하는 이들을 제자들은 소중히 여기고 그들을 섬겨야 한다는 점을 가르친다. 제자는 무릇 어린아이처럼 자신을 낮추는 겸손을 갖추어야 하며, 그런 보잘것없는 이를 섬기는 것이 곧 예수를 섬기는 일이다. 보잘것없는 사람이 실족하지 않게 하는 것은 목숨을 걸 가치가 있는 일이며, 사람을 99:1이라는 가성비를 따지는 숫자놀음의 대상으로 보면 안 된다.

[18:15-35] 용서의 제자도: 소위 교회법이라 일컫는 15-20절의 가르침은 '어떻게 죄인을 교회에서 법적 하자 없이 쫓아낼 것인가?'라는 문제가 아니라 '어떻게 하면 죄인을 끝까지 붙들고 용서하며 교회가 끌어안을 것인가?'라는 문제이다. 이어지는 용서에 관한 비유는 후조건적 용서를 말한다.[16] 하나님의 용서는 일단 무조건적으로 주어지지만, 우리가 이웃을 향해 하나님의 용서를 모방하여 용서를 베풀지 않는다면 그 용서는 취소되는 '후조건적 용서'이다. 제자는 용서의 삶을 요구받는다.

[19:1-15] 사람을 소중히 여기는 제자도: 제자는 사람을 사람으로 대하는 삶의 태도를 가져야 한다. 이혼에 관한 가르침에서 바리새인들은 모세법을 들어가며 이혼의 합법성을 주장한다. 그러나 예수께서는 결혼에 관한 태초의 법, 즉 웨슬리의 표현을 빌자면 '도덕법'을 제시하신다. 그들의 이혼법은 하나님께서 남자와 여자를 짝지어 가정을 꾸리게 하신 율법(도덕법)의 본래 취지를 상실했다. 그러나 예수께서는 그 본래 율법을 주장하신다. 웨슬리는 이에 관해서 『표준설교』 29번 "율법의 기원, 본성 그리고 쓰임새"에서 이를 잘 설명한다.[17] 바리새인의 이혼에 관한 모세법의 이면에는 여성을 성적 도구나 남성의 뒷수발이나 해주는 도구로 바라보는 시각이 깔려 있다. 그러나 예수께서는 사람을 도구가 아닌 인격체, 사람 그 자체로 존중하며 바라볼 것을 요구하신다. 이어 나오는 어린아이를 대하는 사람들과 예수의 태도 차이는 이를 잘 보여준다. 사람들은 사람의 나이와 신분을 보며 차별하고 때로는 무시한다. 그러나 예수께서는 어린아이를 생명을 가진 소중한 한 인격체, 한 인간으로 바라보시

고 그렇게 대우하신다. 이것이 제자가 지녀야 할 태도이다.

[19:16-24] 재물을 다스리는 제자도: 제자는 바른 재물관을 가져야 한다. 부자 청년은 자신이 얼마나 잘난 사람이라는 것을 자랑하고 싶어 한다. 그는 모든 율법을 다 지켰다고 자랑스레 말한다. 율법은 하나님을 잘 섬기고 그분과 바른 관계를 유지하기 위한 도구이다. 그러나 그는 겉보기와 달리, 그렇지 못했다. 재물을 놓지 못하고 근심하며 돌아가는 그의 뒷모습은 그가 지금까지 하나님을 섬긴 것이 아니라 맘몬을 섬기고 있었음을 증명한다.

[19:25-20:16] 남들보다 더 대접받기를 포기하는 제자도: 제자는 남들보다 더 높은 위치에서 군림하려고 하면 안 된다. 근심하며 돌아가는 청년을 보면서 베드로는 "우리는 모든 것을 버리고 당신을 따라왔습니다. 그러니 우리가 무엇을 받을 수 있을까요?"라고 욕심을 낸다. 물론 그들은 천국의 상을 받을 것이지만, 일등이 꼴등이 될 수 있다는 경고(19:30)를 항상 새기고 있어야 한다. 포도원 품꾼의 비유는 이것을 잘 보여주는 좋은 예시이다. 아침부터 수고한 일꾼들이 일당을 받고 투덜거린 이유는 돈을 적게 받아서가 아니다. 그들이 분개했던 이유는 자기보다 못하다고 생각하는 사람과 자기들이 똑같이 취급받았기 때문이다(20:12). 그들은 자기보다 못한 사람은 '차별 대우'를 받아야 하고 잘난 자기들은 그들과 달리 '차별 대접'을 받아야 한다고 생각한다. 그들은 자기는 일등이고 그들은 꼴등이기 때문에 자기는 일등으로서 특별한 대접을 받아야 하고, 그들은 꼴등이므로 꼴등에 어울리는 취급을 받아야 한다고 믿는다. 그러나 서열을 매기는 이런 행동에는 사람을 있는 그대로가 아닌 등급을 매겨 분류할 수 있다는 세계관이 깔려 있다. 예수께서는 제자라면 그런 태도를 버려야 함을 가르치신다.

[20:17-34] 세 번째 예고와 제자도 3: 이제 마지막 수난예고가 나온다. 마태는 예수의 세 번째 수난예고 뒤에 예수의 정체에 대한 이야기는 건너뛰고 바로 두 유형의 제자 모델을 제시한다. 20장 20-28절은 부정적인 제자의 사례이고, 29-34절은 긍정적인 제자의 사례이다. 제자도의 부정적 모델은 열두 제

자들이다. 그들은 예수의 최측근으로서 서열을 굳이 매기자면 앞서 나온 일등에 해당될 것이다. 그런데 그들은 서로 높은 자리에 군림하려 하고(조금 전까지 그렇게 해서는 안 됨을 가르쳐 주셨는데도 불구하고!) 서로 시기 질투한다. 반면에 사람들에게서 무시당하는 눈먼 두 사람은 예수께로부터 은혜를 입게 되고 그들은 다시 보게 되어 예수의 뒤를 따른다. 이는 첫째와 꼴찌의 역전에 관한 예수의 가르침(19:30; 20:16)을 잘 보여주는 예시이며, 참제자가 어떤 모델을 선택해야 하는지 우리에게 질문하는 이야기이다.

[21:1-27:66] 예루살렘에서의 십자가의 여정: 마태의 이야기는 이제 끝 지점에 다다른다. 21장과 23장은 예수께서 예루살렘 성으로 들어가시는 행진과 유대 지도자들과 대결을 벌이시는 내용으로 구성된다. 23장은 예루살렘의 대적자들을 향한 심판의 메시지를 담고 있으며, 24-25장은 마지막 때와 종말을 대비하여 제자들은 어떻게 살아가야 하는지 제자의 삶에 대해 가르치신다. 그리고 26-27장은 최후의 만찬과 제자들의 배신, 예수의 재판과 십자가 처형과 매장까지 고난주간의 마지막 시간에 벌어진 사건들을 다룬다. 이로써 예루살렘에서 십자가를 향한 여정은 끝난다.

[21:1-22] 예루살렘 입성과 대결: 고난주간의 시작은 예루살렘 개선 행진으로 시작한다. 무리는 예수께서 가시는 길에 옷과 나뭇가지를 깔아서 이 행진이 승리의 행진이자, 왕으로 등극하는 행진임(왕하 9:13 참조)을 말한다. 그러나 새 임금은(2:1-11 참조) 말 대신에 나귀를 타는 모습을 통해 군중들이 생각하고 기대하는 그런 왕이 아님을 보여준다. 동방박사들이 새 임금의 탄생을 축하하러 왔을 때 모든 예루살렘 백성이 당황했지만(2:3, *etaraxthe*), 이제 새 임금의 등극 행진에 온 예루살렘이 들떠 있다(21:10, *eseisthe*). 예수께서 예루살렘에 개선하여 입성하신 후 처음 하신 일은 성전을 정리하는 일이다. 성전에서 하신 예수의 행동은 성전을 정화하는 것이 아니라 성전 제의를 폐기하는 것이었다. 왜냐하면 제물 거래를 할 수 없으면 제물을 구할 수 없고, 제물 없는 제사를 지낼 수 없기 때문이다. 이런 모습은 이어 나오는 무화과나무가 말라 죽은 상징

적 모습을 통해 잘 드러난다. 마가는 예루살렘 성전 제의 폐기 사건 앞뒤에 무화과나무 저주 사건을 배치하여 예루살렘 성전의 폐기를 강조하는데(막 11:12-25), 대신에 마태는 뒤에 배치하고 무화과나무가 그 자리에서 즉시 말라 죽음으로써 성전 폐기가 지금 당장 이루어졌음을 보여준다. 21장의 예루살렘 입성에서 성전 폐기로 시작한 여정은 24장 1-2절의 예루살렘 성전 파괴에 대한 예언에서 마무리되며, 21장 1-22절과 24장 1-2절은 서로 인클루지오를 이룬다.

[21:23-22:46] 예루살렘에서의 전면 대결: 예루살렘 입성 이후부터 벌어지는 유대 지도자들과의 격돌은 22장 46절에 언급된 "아무도 예수께 한 마디도 대답하지 못했으며, 그날부터는 그에게 감히 묻는 사람도 없었다."라는 구절에서 정점에 이른다. 이 자리에는 대제사장들과 장로들(21:23-22:14), 바리새인과 헤롯당원들(22:15-22), 사두개인(22:23-33), 바리새인(22:34-45) 등 모든 유대 지도자들이 교대로 등장하여 예수와 대격돌을 벌인다. 그들은 모두 패배하고 아무런 대항도 하지 못한다. 그들은 자신들을 겨냥하여 예수께서 공격하신다는 것을 알면서도 두려워하거나(21:45-46), 감탄하며(22:22), 무리들도 놀라워한다(22:33). 결국 이 모든 대결은 예수께서 메시아이심을 선언하는 것으로 정리되며(22:41-45), 이 결론에 대해 아무도 감히 반기를 들지 못하는 것으로 끝난다(22:46).

[23:1-39] 예루살렘에서의 심판: 앞부분에서 예수께서는 예루살렘에 입성하셔서 자신을 대적하는 유대 지도자들을 물리치신다. 이제 그들과의 대결에서 승리하신 예수께서는 그들을 향해 심판의 메시지를 선언하신다. 예수께서는 그들이 얼마나 위선적인지 드러내시고 그들이 받게 될 심판에 대해 과격한 표현으로 말씀하신다. 이는 마치 승리자가 패배자를 짓밟고 올라서서 그 패배자를 모욕하는 것임과 동시에 자신의 승리를 뽐내는 모습과 비슷하다. 그러나 이 심판의 선언이 기분 좋은 승리의 선언은 아니다. 예수께서는 자신이 그들을 품어 안으려고 얼마나 애썼는지 한탄하시며, 그 안타까운 마음은 "예루살렘아, 예루살렘아"라고 반복하여 그들을 부르시는 소리에 담겨 있다. 21장에

서 예루살렘 입성과 성전 폐기 사건으로 시작했던 예루살렘 안에서의 첫 여정은 예루살렘의 파괴에 대한 예언으로 마무리되어 앞뒤를 괄호 치는 인클루지오가 된다. 이는 유대 지도자들의 사악함과 예루살렘 성전 제의의 폐기가 서로 연관됨을 보여준다.

[24:1-25:46] 종말을 대비한 제자의 삶에 대한 가르침 5-깨어 있으라: 마태복음에 나오는 다섯 가르침 묶음 중 이 부분은 마지막에 해당한다. 이 부분은 마지막 때와 그 징조에 대한 예언과 그들에 대한 경고가 때로는 직접적 서술로, 때로는 비유라는 방식의 간접적 서술로 전해진다. 이 마지막 때에 대한 부분은 단지 그때가 언제인지 말해주는 것뿐만 아니라 그때 제자들은 그런 상황에서 어떻게 대처해야 하는지 지도해 준다. 제자들은 자신들이 박해를 당할 것이며 이를 낯설게 받아들이면 안 된다. 그들은 그리스도의 제자이기에(23:8) 그리스도 때문에 박해받는다(24:9, 5:11-12 참조). 그러나 그들은 세상 끝 날까지 제자로서 복음 전파 사명을 완수해야 한다(24:14, 28:18-20 참조). 말세에는 거짓 그리스도와 거짓 예언자가 횡행할 것이나, 그들은 속아 넘어가서는 안 된다. 마지막 때를 살아가는 제자들은 인내하면서 깨어 기다려야 한다. 24장 36절 이하에 연이어 나오는 일련의 비유들은 깨어 있어야 한다는 것을 강조한다. 깨어 있다는 것은 그저 잠들지 않고 신랑이 오기만을 기다리고 있다는 뜻이 아니다. 신실한 종의 비유(24:45-51)와 달란트의 비유(25:14-30) 그리고 이어 나오는 양과 염소의 심판 이야기(25:31-46)는 모두 신랑이 다시 오실 때까지 제자들은 의로운 행실을 하고 있어야 하며 그것이 고난의 시기에 재림을 기다리는 제자의 자세임을 말해준다(22:11-14; 7:15-29 참조). 따라서 중간기의 제자도는 인내라는 수동적 기다림이 아닌 선행의 열매, '사랑으로 증명되는 믿음'(갈 5:6)으로 기다리는 적극적 기다림이다.

[26:1-27:66] 수난을 향한 마지막 사건들: 이제 예수께서는 십자가 앞에 서신다. 그의 고난은 결국 죽음으로 이어지며, 고난과 죽음에 대한 예수의 우울한 마지막 예고의 말씀(26:2)은 앞에서 예루살렘 경내에서 벌어졌던 유대 지

도자들과의 대격돌에서 누렸던 승리의 기쁨과 완전히 상반되는 것처럼 보인다. 그러나 마태는 이 십자가가 패배가 아닌 승리의 여정임을 말해준다. 첫 일화로 소개되는 베다니의 한 여인이 기름을 붓는 행위는 예수의 장례를 위한 것이다(26:12). 그러나 이 기름은 예수의 머리에 부어지며(26:7), 이는 장례식이라기보다 왕의 대관식과 같다. 이 십자가의 죽음을 통한 참된 승리라는 아이러니한 복음은 훗날 대대로 전해 내려올 것이다(26:13).

[26:17-46] 체포되기 전 사건들: 유월절 마지막 식사에서 양고기와 쓴 나물 대신에 상징적으로 주어진 빵과 포도주는 예수의 유월절 사건에 대한 재해석을 말해준다. 이는 공관복음서와 바울 그리고 후대 교회가 모두 받아들이는 예수 죽음의 의미이다. 다만, 요한복음은 이것을 소위 '세족식'이라는 것으로 대체하지만(요 13:1-20), 빵과 포도주를 통한 예수의 몸 은유는 담화의 방식을 통해 소개되며(요 6:51-59), 이는 주의 만찬에 관한 전승은 요한을 포함한 모든 교회 공동체의 중요한 전승이었음을 보여준다. 부활 이후 제자들보다 앞서서 갈릴리로 간다는 예고(26:32)대로 예수께서는 갈릴리에서 제자들을 만나신다(28:16). 마가와 요한 모두 부활하신 예수와 제자들의 재회 장소를 갈릴리로 전하는데, 오직 누가는 예외적으로 예루살렘으로 재회 장소를 전한다. 그러나 이는 예루살렘으로부터 시작하여 땅끝에 이르는 누가의 지리적 전략 구도(행 1:8)에 기인한다.

[26:47-27:66] 체포, 재판, 십자가의 죽음과 장례: 유다의 배신으로 예수께서는 체포당하신다. 그런데 마태는 이를 예언과 성취 구도로 해석한다(26:54, 56). 다른 복음서들처럼 마태도 베드로의 비겁한 모습과 재판대에서의 예수의 당당한 모습을 대비시킨다. 마태, 마가, 요한은 이 두 일화의 간격을 가깝게 붙여놓아서(마 14:53-54, 55-65, 66-72; 요 18:15-18, 19-24, 25-27) 베드로와 예수를 극명하게 대조한다. 그러나 누가는 베드로와 예수의 모습을 대조하여 앞뒤로 묶어놓는 구조를 깨뜨려서 베드로에 대한 부정적 이미지를 완화한다(눅 22:54-62, 63 이하). 빌라도의 아내가 꿈을 꾸는 이야기는 마태 고유의 전승이다. 이 일화

는 빌라도행전(니고데모 복음서) 2.1에 언급되어 있으나, 정경에는 없다. 빌라도 재판의 모습은 반유대적인 성향을 잘 보여준다. 요한은 예수와 바라바 교환을 정치적 맥락으로 강하게 해석한다(요 11:47-53; 19:12, 15). 한편 마태는 예수에 대한 유대 지도자들의 알력으로 인한 것으로 본다(27:18, 21:46 참조; 22:33). 십자가에 달린 예수를 향해 (뛰어) 내려와서 자신이 하나님의 아들이라는 것을 증명하라는 것(27:42-43)은 예수께서 사역을 시작하시기 전, 사탄에게 받으셨던 두 번째 유혹과 연결된다(4:6). 예수의 죽음 순간에 있었던 일에 관해서 마태는 "잠자던 많은 성도의 몸이 부활했다."라는 독특한 증언을 한다(27:52-53). 이 증언은 다소 당혹스럽다. 왜냐하면 예수의 사망과 함께 성도들의 몸이 살아났는데, 그들은 예수께서 "부활하신 뒤에" 무덤에서 나와 사람들에게 나타났다고 기록하기 때문이다. 그렇다면 이들은 예수께서 무덤에 계셨던 3일 동안 어디에 있었다는 말인가? 그들의 부활 시점은 정확히 언제인가? 이 사건에 관한 역사적 사실의 문제는 논란으로 남아 있으나, 이를 통해 예수와 함께 부활한다는 부활 신학을 반영하는 것으로 보는 의견이 학자들 사이에서 강하다.[18] 외경 베드로행전 9-10장은 예수께서 무덤에 계신 동안 음부의 영들에게 선포하신 사역을 전하며, 이는 초대교회 공동체 사이에서 '예수께서 오시기 전, 복음을 들을 기회가 없던 이들은 어떻게 구원을 받을 수 있는가?'에 관한 고민의 흔적을 잘 보여주는 예수의 음부 하강 전도설과 연결된다(벧전 3:19-20).

[28:1-15] 승리의 부활: 안식일 후 첫날 이른 새벽에 있었던 첫 번째 부활절 사건의 목격자에 대해 복음서마다 다른 사실을 전한다. 마태는 막달라 마리아와 다른 마리아를 부활하신 예수를 처음 만난 것으로 전한다(28:9). 다른 복음서들은 각각 다른 전승을 전하는데, 이는 고대 교회 공동체 간에 있었던 부활하신 예수를 누가 처음 만났는가에 관한 논란과 연결되며, 이는 궁극적으로는 고대 교회의 리더십 알력 문제와 관련이 있다.[19] 마태는 누가와 달리, 제자들과 부활 예수의 만남 장소를 갈릴리로 제시한다(28:10). 원본 마가복음에서는 비록 그들이 예수를 만나지 못하지만(막 16:8), 2세기 마가복음 긴 끝(Codex

Alexandrianus, Longer Ending)과 짧은 끝(Codex Bobbiensis, Shorter Ending)에서 공동체는 그들이 결국 예수를 만나는 것으로 전하고 있다. 하지만 여전히 여기에서도 갈릴리라는 장소는 제시되지 않는다. 그러나 마태와 요한은 재회 장소를 갈릴리로 설정한다. 다만, 요한은 갈릴리에서 만날 것이라는 명령을 내리지 않으며, 요한복음의 원래 끝(요 20:31)에서도 결국 제자들은 갈릴리가 아닌 다른 장소에서 자신들을 찾아오신 예수를 만나는 것으로 전한다. 요한복음 첨가 부분인 21장에서는 갈릴리를 재회 장소로 제시하는데, 여기에서는 예수의 재회 장소 소집 명령에 따라 제자들이 갈릴리로 가서 예수를 만난 것이 아니라 그들이 실망하여 옛 직업으로 돌아갔다가 우연히 부활하신 예수를 만난 것으로 전한다. 이렇게 볼 때 네 복음서 중에서 갈릴리에서 만나자는 약속대로 갈릴리로 가서 제자들이 부활하신 예수를 만나는 깔끔한 이야기 전개는 오직 마태복음에서만 나온다.

[28:16-20] 하나님 나라 사역을 위한 파송: 마태복음의 결론은 세상을 향해 복음을 들고 나아가라는 예수의 파송 명령이다. 복음서 중에 유일하게 마태의 제자들은 갈릴리에서 만나자는 예수의 소환 명령을 듣고(28:10) 실제로 갈릴리에 집합한다(28:16). 이 집합 장소는 '산'이며, 이는 마태복음 첫 가르침 묶음이었던 산상수훈을 연상하게 한다(5:1). 그들에게 주어진 큰 명령은 온 세상을 향한 선교적 사명이다. 이는 마태복음의 서두였던 족보 이야기(1:1-17)에서 이미 제시되었던 온 인류를 향한 하나님의 구원 계획이라는 청사진을 다시금 확인시키는 사건이다. 이로써 마태는 자신의 복음서가 온 세계를 향한 선교를 강조하는 책임을 보여준다. 누가복음 역시 예루살렘에서 시작하여 갈릴리, 예루살렘, 유대, 사마리아 그리고 땅끝으로 확장되는 교회와 선교를 말한다는 점에서 선교 지향적인 세계관이 그 중심을 차지하고 있다. 그러나 마태 또한 온 인류와 세상을 향한 하나님의 구원을 향한 애타는 열정(마 23:37 참조)을 자신의 복음서 전체에서 담고 있다. 제자 공동체인 교회는 이 사명을 감당해야 하는

존재로, 그들은 자신들이 배운 것을 가르쳐서 사람들을 제자로 삼아야 하며, 그 배운 대로 실천하도록 해야 한다. 마태는 이런 사명을 받은 제자 공동체와 끝까지 함께하시는 '임마누엘' 하나님을 약속한다.

3. 마태복음 요약

마태복음은 온 세계 모든 민족을 향한 하나님의 구원 계획을 보여주는 책이다. 이 대명제는 마태복음의 시작과 맨 마지막에 배치되어 마태복음 전체를 감싸고 있다. 이 구원 계획에서는 어느 사람도 예외가 없다. 이방인이나 유대인도 예외 없이 그 구원 계획의 대상이 된다. 마태의 예수께서는 이 일을 수행할 제자들에게 많은 가르침을 주신다. 따라서 예수는 제자들이 가르침을 받고 본받아야 할 스승으로 그려지며, 제자들은 하나님 나라를 위해 훈련받은 율법학자로 소개된다(13:51-52). 이는 오래전부터 예언된 계획이며, 이 예언은 예수의 오심과 사역, 고난과 죽음과 부활을 통해 성취된다. 마태는 여러 예언-성취 구절을 통해 이를 증명하려고 한다. 제자 공동체는 고난과 박해 가운데 어려움을 당하고 있다. 그러나 임마누엘 하나님은 그들과 늘 함께하신다. 따라서 제자들은 어려움을 이겨내야 하며, 그들이 이 어려움을 극복하는 방법은 깨어 있어서 사랑을 베풀며 실천함으로써 열매를 맺는 것이다. 그들은 이 과정을 그분의 약속을 신뢰함으로써(믿음) 이겨내야 하며, 그 믿음은 그들의 사랑의 행위를 통해 진정으로 살아 있는 믿음으로 증명된다(갈 5:6 참조).

III. 웨슬리와 함께 읽는 마태복음

1. 웨슬리와 마태복음

웨슬리는 그의 설교 중에서 마태복음을 본문으로 많이 사용했다. 『표준설교』 44편 중에서 산상수훈 강해 13편과 43번 "험담의 치료"가 마태복음을 본문으로 삼는다. 이외에도 "단순한 눈에 대하여"(143번), "순수한 의도"(70번), "하늘에서와 같이 땅에서도"(66번), "먼저 그의 나라를 구하라"(55번), "중요한 질문"(76번), "결혼 예복에 대하여"(145번), "의에 대한 보상"(79번), "시대의 표적"(127번), "아픈 자들을 심방하는 일에 대하여"(117번), "부에 대하여"(133번) 등 24편이 있다. 웨슬리는 신약의 다른 그 어떤 성경보다도 마태복음을 설교 본문으로 월등히 많이 사용했다. 이는 그가 마태복음을 매우 중요하게 생각했다는 것을 보여준다. 특히 『표준설교』 44편 중 3분의 1을 차지하는 산상수훈 강해 설교는 그가 기독교 신앙의 핵심으로 강조했던 매우 중요한 것이었다. 그래서 다양한 본문과 주제로 『표준설교』를 구성했음에도 16-28번 『표준설교』는 산상수훈 강해로 유일하게 강해 설교 방식으로 배정했다. 게다가 143번, 70번, 66번, 55번 설교도 산상수훈을 본문으로 삼는다. 마태복음 본문 24편의 설교 중에서 무려 17편의 설교가 산상수훈을 본문으로 하며, 이는 웨슬리가 산상수훈을 기독교 신앙의 핵심으로 보았다는 것을 잘 보여준다.

웨슬리의 마태복음 신학은 산상수훈에 집중되어 있다. 그는 산상수훈 강해 1번에서 산상수훈에 담긴 가르침이 우리가 하나님 나라로 향하는 신앙 여정의 단계를 보여준다고 말한다. 특히 이 단계는 팔복에 담겨 있다고 말한다. 하나님의 도우심을 늘 갈급하는 심령의 가난함으로부터 시작하여 제자로서 박해를 당하면서도 믿음을 지키는 자세는 하나님 나라로 가는 길에 서 있는 우리가 기억해야 할 이정표와 같다. 웨슬리는 마태복음에서 말하는 하나님 나라를 우리가 나중에 가게 될 천국의 개념뿐만 아니라 이 땅에 사는 동안 누리게 되는 현재적 의미의 하나님 나라 개념을 강조한다(웨슬리 『신약성서주석-마태복음』 3장 2절과 4장 17절 주석). 특히 이 하나님 나라는 우리 마음 안에 이루어지는 내적인 것이다. 『표준설교』 7번 "하나님 나라로 가는 길"에서 그는 이런 개념의 하나님 나라를 강조하는데, 이 내적인 요소는 "의도의 순수성"(Purity of Intention)이라는 개념으로 설명된다.

웨슬리의 신학, 특히 산상수훈 강해 전반에 걸쳐 거듭 강조되는 중요한 개념으로 웨슬리는 의도의 순수성을 제시한다. 하나님 나라의 모습인 의, 평화, 기쁨은 모두 내적인 요소가 중요하다. 예를 들어 '의'라는 개념을 웨슬리는 하나님 사랑과 이웃 사랑으로 요약하는데, 이는 외적인 드러남뿐만 아니라 더 중요한 것, 즉 내적인 '의도의 순수성'이 그 핵심 요소로 강조된다. 웨슬리는 산상수훈 강해에서도 이 점을 강조한다. 산상수훈에서 강조되는 행함으로 열매 맺는 신앙이 참된 신앙이 되기 위해서는 무엇보다도 '의도의 순수성'이 중요하다. 이 '의도의 순수성'에 대한 강조와 설명은 143번 설교, "단순한 눈에 대하여"(마 6:22-23)에 잘 나타나 있다.

웨슬리는 마태복음에서 예수는 누구시냐는 기독론에 많은 관심을 둔다. 그는 『신약성서주석』 마태복음 부분에서 마태복음의 전체 구조를 정리하면서 4장 12절-16장 12절 단락의 제목을 "자신이 그리스도라는 것을 증명하는 행동과 말씀들"이라고 언급한다.[20] 그는 마태복음이 예수께서 그리스도이심을 증명하기 위한 내용으로 이루어졌다고 생각한다. 산상수훈 강해에서도 가르침을 주시는 예수의 이미지를 하나님으로서 신적 권위를 지니신 분, 즉 고기독론적(High Christology) 차원에서 예수를 이해한다. 그는 자신의 마태복음 주석에서 예수를 세 가지 차원, 즉 왕적 메시아, 예언자적 메시아, 제사장적 메시아로 각각 이해한다. 이로써 예수를 우리와 하나님 사이를 매개해 주는 중보자인 제사장적 메시아, 우리가 하나님의 길을 똑바로 갈 수 있도록 인도해 주는 예언자적 메시아 그리고 우리가 거룩한 삶을 살도록 우리를 다스리시는 왕적 메시아로 제시한다. 웨슬리는 마태복음의 기독론을 우리의 스승이신 분으로 이해하는 현대 성서학자들의 의견과는 약간 차이를 보인다.

웨슬리는 마태복음을 통해 예수를 제자들이 따라야 할 길을 신적인 권위를 갖고 명령하시는 분으로 제시하는데, 신적 명령의 내용은 거룩한 실천의 삶이다. 성도의 거룩한 삶에 대한 강조는 "결혼 예복에 대하여"(145번 설교)에 잘 나타난다. 웨슬리는 이 설교에서 성도는 하나님의 형상을 회복하는 영적 새로워짐의 과업을 이루어야 하며, 이는 하나님과 이웃에 대한 사랑으로서 그리스도의 마음을 갖고 그분께서 가신 길을 그대로 따라가는 것이다. 성도가 걷는 거룩한 길이란 하나님과 이웃을 사랑하는 일이며, 이 일에 있어서 중요한 것은 그 눈이 오직 하나님 한 분만을 향해 고정되어야 한다는 것, 즉 의도의 순수성이다. 웨슬리는 "순수한 의도"(70번 설교)와 "부에 대하여"(133번 설교)에서 오직 한 가지 목표, 즉 하나님만을 향할 것을 강조한다. 특히 그는 하나님 대신 맘몬을 의지하는 태도를 경계한다.

성도가 따라야 할 거룩한 삶은 '사랑으로 역사하는 믿음'(갈 5:6)의 삶이다. 이 믿음은 사랑을 통해 그것이 참된 믿음이라는 것이 증명되며(79번 설교 "의에 대한 보상"), 이 사랑은 내적, 외적으로 성결을 갖추고 실천하는 거룩한 삶으로서 세상에 빛을 비추는 삶이다(127번 설교 "시대의 표적"). 이웃을 향한 참된 사랑의 삶은 우리가 하나님의 은혜를 깨닫게 되는 귀한 은총의 수단이며(117번 설교 "아픈 자들을 심방하는 일에 대하여"), 우리에게 참된 행복을 가져다주는 길이기도 하다(76번 설교 "중요한 질문"). 따라서 하나님과 이웃을 향한 사랑은 계속 강조되며(55번 설교 "먼저 그의 나라를 구하라"), 이런 일을 이루기 위해 우리는 자기 뜻을 내려놓고 주님의 뜻을 추구해야 한다(66번 설교 "하늘에서와 같이 땅에서도").

이런 거룩한 삶, 사랑의 실천으로 증명되는 참된 믿음의 삶, 외식하는 사랑의 행위가 아닌 내적 성결, 즉 '의도의 순수성'으로 발현되는 사랑의 행위는 웨슬리가 마태복음을 본문으로 하는 모든 설교에서 공통으로 강조하는 주제이다. 마태복음은 온 인류를 향한 하나님의 구원 계획을 기술하며, 이 일을 이루기 위해 주님을 따라나선 제자들, 초림과 재림의 중간기를 살아가는 제자들은 거룩한 사랑의 열매를 맺음으로써 참된 믿음의 소유자임을 증명해야 한다는 점을 말한다. 특히 마태복음 6장을 통해 강조되는 '의도의 순수성', 하나님만을 향한 시선 고정은 그 사랑의 행위가 진정한 사랑의 거룩한 행위인지, 아니면 외식하는 거짓 사랑의 행위인지를 분별하는 중요한 기준이 된다.

2. 마태복음과 현대 교회

오늘날 한국 교회는 사회 속에서 어떤 존재로 인식되는가? 이런 질문에 존경과 사랑을 받는 존재라고 아무런 거리낌 없이 자랑스럽게 말하기는 쉽지 않은 것이 요즘 현실이다. 많은 한국인의 인식 속에는 한국 기독교는 사회에서 권력의 중앙부에 자리를 튼 존재, 약자와 소외된 자를 대변하기보다는 권력자를 옹호하는 자리에 많이 서 있는 존재로 비치는 안타까운 현실 속에 있다. 이름 없는 수많은 그루터기 교회들이 곳곳에서 몸부림치지만, 문제를 일으키는 교회들 때문에 그들의 노력은 빛이 바랜다. 온 세상과 인류를 향한 하나님의 크신 구원 계획에서 한국 교회는 무엇을 하고 있는가? 외적 성장을 많이 이루었던 시절도 이제는 점점 쇠퇴하고 있으며, 교회는 점점 비어간다. 인구가 줄어들어서 교인 수도 줄어든다고 하기에는 너무나 그 감소세가 가파르다. 안타깝게도 이는 교회가 한국 사회에서 외면당하는 존재가 되었음을 보여준다. 산상수훈 마지막 부분에서 언급된 심판대 앞에서 주님으로부터 외면당하는 사람들이 행여 한국 교회는 아닌지 돌아보아야 한다. 우리는 말로는 주님을 부르지만, 주님의 뜻대로 행하기보다는 자기가 주인이 되어 자기 뜻대로 행하고 있지는 않은가? 혹시 주님을 따르는 제자라고 하면서 실제로는 하나님보다는 맘몬을 섬기고 있지는 않은가? 땅끝까지 이르러 예수께서 가르치신 것을 사람들에게 가르치고 그들이 그 말씀대로 살아가도록 해야 할 소명을 받은 우리는 지금 그

소임을 다하고 있는가? 한국 교회가 진지하게 반성하며 고민해 보아야 할 질문이다.

3. 더 생각해 볼 문제

1) 마태복음에만 나오는 내용을 간추려 보라. 그것들은 어떤 내용으로 구성되어 있는가? 마태는 그런 내용을 통해 무엇을 말해주려고 하는가?
2) 마태복음에는 '의'라는 단어가 여러 곳에 나온다. '의'(dikaiosyne)라는 단어가 나오는 구절들을 다 찾아보라. 마태복음에서 이 단어는 어떤 뜻으로 사용되는가?
3) 마태복음에 등장하는 제자들의 이미지를 살펴보라. 그들은 어떻게 그려지고 있는가? 특히 마가복음에 나오는 열두 제자들과 비교하여 말해 보라.
4) 마태복음 13장에 나오는 천국의 비유들을 살펴보라. 마태가 말하는 천국은 어떤 특징을 갖고 있는가?

---

1 "예언자의 말씀을 이루려 함이니" 등과 같은 형식을 사용하여 예언과 성취의 구도로 구약성서를 인용한 문구가 10개가량(1:22-23; 2:15, 17-18, 23; 4:14-16; 8:17; 12:17-21; 13:35; 21:4-5; 27:9-10)된다. 예언-성취의 구도는 아니지만 구약 예언의 말씀이 성취된 것을 암시하거나 예수와 직접 연관되지 않는 예언-성취 형식을 띠거나, 직접 구약의 말씀을 언급하지는 않으나 예언-성취를 언급하는 문구들도 있다. 예를 들어 2:5-6; 13:13-15; 26:54-56이다.
2 양용의, 『마태복음 어떻게 읽을 것인가』(서울: 성서유니온, 2008), 24-25를 보라.
3 B. W. Bacon, "The 'Five Books' of Matthew Against the Jews," *ExpTim* 8/15(1918), 56-66; idem, *Studies in Matthew* (NY: Henry Holt, 1930).
4 마태복음을 랍비 유대교로의 전환과 얌니아 회의에 대한 기독교의 반응이라는 맥락에서 보는 시각도 있다. W. D. Davies, *The Setting of the Sermon on the Mount* (Cambridge: Cambridge Univ. Press, 1977), 315를 보라.

5   긍정적 인물로 그려지는 '야이로'가 마가복음에서는 회당장으로 소개되지만, 이 이야기의 마태복음 평행 구절에서는 다르게 소개된다(막 5:22, 25-36, 38. vs. 마 9:18, 23).
6   이런 양상들로 인해 이 공동체를 분파 공동체(sectarian group)로 보는 시각도 있다. 예를 들어 G. Stanton, "The Communities of Matthew," *Int* 46(1992), 379-391을 보라. 자신을 참 이스라엘로 보는 공동체의 한 예는 쿰란 공동체이다. 그들은 특히 예루살렘 성전 권력의 정통성에 도전하며 자신을 참 이스라엘로 인식했다.
7   이와 연결된 것은 앨리슨(D. C. Allison, *The New Moses: A Matthean Typlology* [Oregon: Wife & Stock, 2013])의 모세 유형론(Moses Typology)이다.
8   설화-설교: 1-4장, 5-7장; 8-9장, 10장; 11-12장, 13장; 14-17장, 18장; 19-22장, 23-25장; 26-28장, 28:18-20
9   버릿지/김경진 역, 『네 편의 복음서, 한 분의 예수?』(서울: UCN, 2000), 127을 보라.
10 J. D. Kingsbury/김근수 역, 『마태복음서 연구』(서울: CLC, 1990), 11-45를 보라.
11 그러나 이런 구분도 한계가 있다. 예를 들어 유다가 예수를 넘기려고 마음먹는 26장 16절도 새로운 국면 전환으로서 apo tote가 사용되는데, 이는 이 구도에서 무시당했다. 무엇보다도 각 부분의 내용이 꼭 그 부분에서만 나오지 않고 다른 부분에서도 발견된다는 점에서 일관성이 다소 부족하다.
12 웨슬리『표준설교』38번 "원죄"와『표준설교』39번 "신생"을 보라.
13 웨슬리『표준설교』23번 "우리 주님의 산상수훈에 관하여-강해 8"을 보라. 또한 설교 143번 "단순한 눈에 대하여"와 설교 70번 "순수한 의도"도 보라.
14 그러나 안타깝게도 웨슬리는 이 부분을 『표준설교』23번과 24번으로 각각 나누어 설교했다. 그의 해석은 이런 내용이지만, 다른 설교로 본문을 나누어서 22-23절과 24절이 하나로 연결된다는 점을 강조하지는 못했다.
15 웨슬리『표준설교』7번 "하나님 나라로 가는 길"을 보라.
16 이에 관해서는 양재훈, "'몇 번 용서를 할까요?'-용서의 비유(마 18:23-35)에 나타난 용서에 대한 재고찰,"「신약논단」21:4(2014), 865-893을 보라.
17 특히 율법의 기원과 본성에 관한 I과 II 단락을 자세히 보라.
18 자세한 내용은 도날드 헤그너/채천석 역,『마태복음 하; WBC 33B』(서울: 솔로몬, 2006), 1273-1276을 보라.
19 부활 현현하신 예수를 누가 처음 만났는가에 관한 문제를 1-3세기 다양한 기독교 공동체 사이의 정치적 알력 관계로 보는 것에 관해서는 양재훈, "초기 기독교 공동체의 이데올로기와 부활,"「헤르메네이아 투데이」34(2006), 19-32를 보라.
20 존 웨슬리/양재훈 역,『웨슬리 신약성서주석-마태복음』(서울: 동연, 2023), 32를 보라.

제 **5** 장

웨슬리와 함께 읽는 마가복음

웨슬리와 함께 읽는 마가복음

이 장에서 함께 공부할 주요 내용
- 마가복음은 누가, 언제, 누구를 위해, 왜 기록했는가?
- 마가복음의 전체적인 구조는 어떻게 이루어졌는가?
- 마가복음이 중요하게 생각하는 주제들에는 어떤 것들이 있는가?
- 웨슬리적 관점에서 마가복음은 어떻게 볼 수 있는가?
- 오늘날 우리에게 주는 마가복음의 메시지는 무엇인가?

키워드: 수난 이야기, 수난받는 인자, 메시아 비밀, 비밀 엄수, 열두 제자의 몰이해, 마가복음의 제자직, 내부인과 외부인, 소(小)묵시록, 빈 무덤

핵심 구절: 그리고 예수께서 제자들과 함께 무리를 불러 놓고 그들에게 말씀하셨다. "나를 따라오려고 하는 사람은, 자기를 부인하고, 자기 십자가를 지고, 나를 따라오너라. 누구든지 제 목숨을 구하고자 하는 사람은 잃을 것이요, 누구든지 나와 복음을 위하여 제 목숨을 잃는 사람은 구할 것이다. 사람이 온 세상을 얻고도 제 목숨을 잃으면, 무슨 이득이 있겠느냐?"(8:34-36)

I. 마가복음을 이해하기 위한 배경

1. 마가복음의 저자

초기 교회 전통에서는 마가복음의 작성자를 바울 및 바나바의 동역자로 언급된 '요한 마가'라고 여겼다. '마가'라는 이름은 신약성서에서 8번 언급되지

만(행 12:12, 25; 15:37, 39; 골 4:10; 딤후 4:11; 몬 24; 벧전 5:13), 이 가운데 마가라는 사람이 어떤 책을 기록했다는 보도는 없다. 예컨대 사도행전은 다음과 같이 이 인물에 대한 구체적인 보도를 한다.

> 그런데 바나바는 마가라는 요한도 데리고 가려고 하였다. 그러나 바울은, 밤빌리아에서 자기들을 버리고 함께 일하러 가지 않은 그 사람을 데리고 가는 것을 좋게 여기지 않았다. 그래서 그들은 심하게 다툰 끝에, 서로 갈라서고 말았다. 바나바는 마가를 데리고, 배를 타고 키프로스로 떠나갔다.(행 15:37-39)

또한 바울의 보도와 공동서신(일반서신)에서도 다음과 같이 마가라는 이름이 언급된다.

> 나의 동역자인 마가와, 아리스다고와 데마와 누가도 그대에게 문안합니다.(몬 24)
> 여러분과 함께 택하심을 받은 바빌론에 있는 자매 교회와 나의 아들 마가가 여러분에게 문안합니다.(벧전 5:13)

4세기의 교회역사가 유세비우스는 신약성서에 언급된 마가라는 인물을 베드로의 통역자였다고 말하며, 또한 그가 베드로가 알려준 예수의 말씀과 행적을 다소 순서에 어긋남에도 불구하고 그대로 기록했다고 보도한다(유세비우스, 『교회사』 3:39:15). 현대 학자들은 이런 유세비우스의 주장과 신약성서의 마가라는 인물을 연결하려는 시도에 대해 대체로 회의적이다.[1] 만약 요한 마가라는 인물이 마가복음을 기록했다고 해도 우리는 요한 마가가 어떤 인물인지 구체적으로 알지 못한다. 초기 신앙인들은 이 글의 저자가 누구인지 모르는 상태로 꽤 오랫동안 이 복음서를 읽었으며, 후대의 교회는 오랫동안 유포되어 왔던 이 글의 저자를 성서 속의 인물과 연결함으로써 이 문서의 권위를 강조하려 했다고 추정할 수 있다. 따라서 마가복음의 저자가 구체적으로 누구인지는 알 수 없지만, 예수의 공생애와 죽음과 부활의 의미를 확실하게 보도할 수 있다는 확신을 가졌을 정도로 당시까지 전해져 왔던 전승의 역사(전승사)를 상당히 잘 파악하고 있었던 어떤 모범적인 신앙인이 마가복음을 기록했다고 볼 수 있다.

2. 마가복음의 기록 시기와 공동체

마가복음은 현존하는 네 개의 정경 복음서 가운데 가장 먼저 생성된 복음서로서 기원후 70년경에 기록된 것으로 추정된다. 마가복음의 기록 시기를 추정하는 가장 중요한 근거는 마가복음 13장 본문이다. 여기에서 예수는 "너는 이 큰 건물들을 보고 있느냐? 여기에 돌 하나도 돌 위에 남지 않고 다 무너질 것이다."(13:2)라고 예언하며, 마가복음 13장 전체에 걸쳐서 머지않은 미래에 끔찍한 재난이 발생할 것과 더 나아가 종말이 임박했다는 점을 언급한다.

유대인들은 로마 총독 게시우스 플로루스(Gessius Florus)의 학정 때문에 그리고 가이사랴에서 유대인들과 이방인들 사이에서 발생한 심각한 분쟁 때문에 분노가 폭발하여 기원후 66년에 로마제국을 상대로 전쟁을 일으킨다. 갑작스럽게 발생한 이 유대-로마 전쟁을 승리로 이끈 로마제국의 지휘관은 베스파시아누스 황제의 아들 티투스 장군이었다(티투스 장군은 아버지 베스파시아누스의 뒤를 이어 기원후 79-81년 동안 로마 황제가 된다). 티투스 장군은 기원후 70년 봄에 예루살렘 포위 작전을 시작하여 같은 해 8월에 예루살렘 성전을 무너뜨리고 이 전쟁을 승리로 이끌었다.

구체적으로 예루살렘 성전 멸망을 예언한 마가복음 13장의 예수의 말씀은 말 그대로 미래에 일어날 역사적 사건을 예언한 것으로 볼 수도 있다. 하지만 대체로 학자들은 마가 기자가 마가복음을 기록할 시점에 이미 성전이 무너졌거나, 아니면 성전 멸망이 어느 정도 예측되는 상황에서 기록을 남겼을 것이라고 본다. 이런 가정에 따르면, 마가복음 13장의 예수 말씀은 '사후예언'(vaticinium ex eventu)으로 여겨지기도 한다. 물론 예수 자신이 약 40년 후에 발생할 일을 실제로 예언했을 가능성은 충분히 있다. 헤롯 대왕이 수십 년 동안 건설한 웅장한 예루살렘 성전이 무너질 것이라고 예견한 인물은 예수를 제외하면 거의 없다. 다시 말하면 예루살렘 성전 멸망을 예견한 독보적 존재는 예수였지만, 또한 예수만이 그 유일한 인물은 아니다. 예컨대 유대-로마 전쟁이 발발하기 직전에 아나니아의 아들 예수(나사렛 예수와 동명이인)라는 예언자적 인물도 성전이 멸망할 것이라고 선포했다(요세푸스, 『유대전쟁사』 6:300-309). 학자들은 이 아나니아의 아들 예수가 나사렛 예수의 성전 멸망 예언을 기억하여 영감을 받았을 것이라고 추정하기도 한다.

미래에 성전에 일어날 일을 구체적으로 언급하는 또 다른 구절들(14:58; 15:29)에서는 성전을 '허물다'(카탈뤼소, katalysō)라는 말이 반복적으로 사용되므로 마가 기자는 예루살렘 성전 함락 사실을 알았거나 곧 함락될 것을 충분히 짐작할 만한 시점에 마가복음을 기록했다고 여겨진다. 학자들 사이에서 마가복음의 기록 시기가 예루살렘 멸망 직전인지, 멸망 직후인지에 관해서는 현재에도 논쟁이 계속되고 있지만, 대체로 70년보다 훨씬 이전일 가능성보다는 70년과 아주 가까운 시기(70년 직전이나 직후)일 것이라고 보는 견해가 더 우세하다(따라서 마가복음을 토대로 기록된 것으로 여겨지는 마태복음과 누가복음의 기록 연대는 자연스럽게 70년 이후로 추정된다).

예수의 어록을 중심으로 기록된 Q자료(또는 Q복음서)가 마가복음보다 이른 시기에 기록되었을 수도 있고, 나그 함마디 문서에서 발견된 도마 복음서도 마가복음과 비슷한 시기에 기록되었을 가능성이 있지만, 지금까지 발견된 복음서 가운데 예수의 공생애 사역을 내러티브와 말씀 전승을 결합하여 보도한 최초의 복음서는 마가복음이라고 말할 수 있다.

마가 기자가 염두에 두었던 독자층이 어떤 사람들이었는지 그리고 기록 장소가 어디였는지에 관해서는 일치된 입장이 없다. 교회 전통에서는 기록 장소를 로마라고 여겼다. 이는 요한 마가가 저자라는 전제 아래 디모데후서와 베드로전서에서 이 마가가 언급되고 있으며 이를 통해 그가 로마에서 있었던 것으로 추정할 수 있다는 견해이다(딤후 4:11; 벧전 5:13). 또한 마가복음에서 종종 유대인의 관습 및 언어가 설명되거나 라틴어와 관련된 어휘가 여러 차례 언급된다는 점을 근거로 마가복음이 로마와 관계가 있다고 추정하기도 한다. 그러나 이는 마가복음의 기록 장소와 독자층의 정체를 파악하기에는 충분한 근거가 되기 힘들다. 따라서 현대 학자들은 이 주제에 대해 확실히 일치된 견해를 보이지 않고 있다. 각 복음서의 독자층을 막연하게 이방인 또는 유대인으로 추정하는 인종적 관점은 오류를 범할 수 있다. 오히려 마가복음이 어떻게 구성되어 있는지, 그 중요한 메시지가 무엇인지를 분석하여 마가복음의 저자 및 독자를 본문에 근거해 추론하는 것이 가장 합리적이다. 예컨대 마가복음의 저자와 독자는 수난의 신학으로 무장했고, 또한 박해 상황에 노출된 자들이었다는 정도로 파악해도 좋을 것이다.

공관복음서의 근간이 되는 마가복음은 짧은 분량으로 되어 있지만, 그 역사적 중요성과 문헌적 중요성이 높다고 말할 수 있다. 공관복음서가 예수의 공생애를 비슷하게 묘사한다고 볼 수도 있지만, 신학을 전공하는 신학도 및 목회자는 각각의 복음서가 같은 것을 말하면서도 자세한 부분에서는 서로 제법 다른 묘사 방식을 보여주고 있다는 점을 간파하여 각 복음서의 독특한 특징을 섬세하게 구별할 줄 알아야 한다. 그렇다면 가장 먼저 기록된 마가복음은 어떤 구조와 내용을 담고 있는지에 대해 간략하게 살펴보기로 한다.[2]

II. 마가복음 함께 읽기

1. 마가복음의 구조

마가복음의 구조를 파악하는 일은 마가복음 전체 내용을 정확하게 이해하기 위한 중요한 전제가 된다. 마가복음은 뚜렷한 구조를 갖고 있다. 전통적으로 마가복음의 구조는 예수의 사역이 갈릴리에서 시작하여 예루살렘으로 향하는 지리적 이동을 중심으로 파악할 수 있다. 이런 '지리적 관점'은 마가복음 전반부의 갈릴리 장면과 후반부의 예루살렘 장면이 대조적이라는 점에 주목한다. 마가복음의 전반부는 예수의 기적과 능력의 장면을 집중적으로 묘사하지만, 후반부 예루살렘에서의 사역은 수난받는 인자로서의 죽음에 초점을 둠으로써 마가복음 전체의 흐름은 마치 반전 드라마 같은 느낌을 준다.

1) 지리적 이동의 관점: 갈릴리에서 예루살렘으로

마태복음과 누가복음 역시 이런 마가의 지리적 관점을 따르고 있다. 물론 자세하게 들여다보면 세 개의 공관복음서 각각은 독특하게 구성되어 있고 복음서마다 특징적인 흐름을 갖고 있다. 예컨대 마태복음은 크게 다섯 부분으로 구성되어 흡사 모세오경을 연상하게 만드는 구조를 보여주며, 누가복음은 예수의 이야기를 초기 교회의 역사로 확장하는 사도행전을 포괄하는 방대하고 섬세한 구조를 갖추고 있다.[3] 그렇지만 마태복음과 누가복음은 공통되게 세 차례에 걸친 수난예고 단락을 중요한 분수령으로 설정하여 복음서를 구성했고, 이어서 본격적인 수난 이야기를 전개하는 방식으로 이야기를 기록함으로써 기본적으로 마가복음의 틀을 유지한다고 볼 수 있다. 따라서 세 개의 공관복음서를 각각 잘 이해하기 위해서는 마가복음의 구조와 내용을 기본적으로 잘 파악해야 한다.

많은 학자는 마가복음의 가장 큰 특징이 수난받는 인자(人子, Son of Man)로서의 예수상을 보여주는 데 있다고 본다. 예컨대 캘러(Martin Kähler)는 마가복음을 "장황한 서론이 첨가된 수난 이야기"(Passionsgeschichte mit ausführlicher Einführung)라고 규정한 바 있다.[4] 캘러는 마가복음은 원래 수난 이야기로 이루어져 있었고, 수난 이야기 이전에 묘사된 많은 내용은 부수적인 것이라고 주장함으로써 마가복음의 수난 주제를 강조했다. 캘러의 주장은 마가복음 1장에서부터 보도되는 많은 기적 이야기와 예수의 다양한 행적 보도들의 신학적 중요성을 간과하게 만들 수는 있으나, (특히 다른 복음서들과 비교할 때) 적어도 장중한 수난 주제가 전체 마가복음 이야기를 지배하고 있다는 사실을 잘 지적하고 있다.

마가복음의 전체 내용이 특별히 수난과 죽음에 집중되어 있다는 점은 다음과 같이 몇 가지 측면만을 살펴보아도 확인할 수 있다.[5] 첫째, 마가 기자는 마가복음 전체를 통해 복음 전파의 주역이 결국 수난을 당할 수밖에 없다는 점을 강하게 암시한다. 이는 중요한 대목에서 반복적으로 특정한 용어가 동원되는 사실을 통해 알 수 있다. 마가 기자는 '선포하다' 또는 '전파하다'로 번역될 수 있는 '케뤼소'(kēryssō) 동사와 '넘기다' 내지는 '체포하다'라는 뜻을 가진 '파라디도미'(paradidomi) 동사를 긴밀하게 연결하여 사용한다. 마가복음 도입부에서 예수의 선구자였던 세례 요한은 이 두 단어를 통해 "죄를 용서받게 하는 회개의 세례를 선포(kēryssō)"하고 (1:4) "체포된다."(paradidomi, 1:14)라고 암시한다. 또한 마가 기자는 예수의 공생애 시작을 "하나님의 복음을 전파"(kēryssō)하는 것으로 보도하면서 제2차 수난예고 단락에서는 "인자가 사람들의 손에 넘겨져(paradidomi) 죽임을" 당할 것이라고 말한다(9:31). 예수의 제자들도 복음이 만국에 전파되는(kēryssō) 일을 담당하겠지만(13:10), 결국 "사람들이 너희를 법정에 넘겨줄 것이며(paradidomi)", 또한 "사람들이 너희를 끌고 가서 넘겨줄(paradidomi)" 것이라는 예수의 예언을 듣게 된다(13:9, 11).[6] 더욱이 이 예언 말씀은 이른바 마가의 소(小)묵시록으로 불리는 마가복음 13장에서 반복적으로 나타난다.

둘째, 마가복음이 수난 이야기를 중심으로 정밀하게 구성되었다는 사실은 마가복음 2장 1절-3장 6절에 나타난 일련의 사건 보도를 통해서도 확인할 수 있다. 연속적인 여러 사건을 묶은 것으로 보이는 이 단락은 공생애 첫 장면부터 예수와 대적자들의 갈등을 강조하고 있다. 더욱이 이 단락들은 예수를 대적하는 자들의 태도가 미온적인 상태에서 시작하여 이 단락의 말미에는 그들이 예수를 죽이려는 음모를 꾸미는 상황으로 긴장이 고조됨을 보여준다. 이를 구체적으로 보면 마가복음 2장 첫 부분에서 예수는 한 중풍 병자를 고치면서 "네 죄가 용서받았다."라고 말씀하며, 서기관 중 일부는 예수의 이런 언행에 대해 마음속으로 비난하는 것으로 묘사된다(2:1-12). 이어서 예수가 알패오의 아들 레위의 집에서 식사할 때 바리새파의 서기관들이 그가 죄인 및 세리와 함께 먹는 것을 비난한다. 이로써 바로 앞 장면에서 언급된 마음속의 문제 제기 수준을 넘어서는 상황이 묘사된다(2:13-17). 곧 이어지는 다음 장면은 예수 일행이 왜 금식을 하지 않느냐는 비판에 대해 다루는데, 이는 곧 예수 일행의 행동에 대한 이론적인 문제 제기로 발전한 것이라고 볼 수 있다(2:18-22).

다음 장면에서는 구체적인 사건들이 발생한다. 예수 일행은 안식일에 밀 이삭을 잘랐고 그러자 바리새인들은 안식일법 위반이라며 항의한다(2:23-28). 이어서 예수가 안식일에 한쪽 손 마른 사람을 고치자, 사람들은 또 그 행동이 안식일법을 어긴 것이라면서 비난한다(3:1-6). 바로 이 전체 단락이 종결되는 본문에서 바리새인들과 헤롯당원들은 예수를 죽이려고 본격적으로 논의하게 된다. 이런 분석은 마가 기자가 처음부터 마가복음 전체의 주제를 신중하게 구상했음을 알 수 있게 해준다. 즉, 마가의 예수는 공생애 처음부터 대적자들에게 노출되고 그들과 대립했으며 그 갈등은 점차 증폭되어 필연적으로 수난과 죽음으로 귀결될 것임을 마가 기자는 확실하게 예고한 셈이다.

셋째, 마가복음의 전체 분위기는 이른바 빈 무덤 사건으로 마가복음 자체가 종결된다는 사실을 통해서도 가늠해 볼 수 있다. 오늘날 일반적으로 사용되는 신약성서 본문에는 마가복음이 16장 20절에서 끝나지만, 본문비평학적으로 볼 때 마가복음의 본래 범위는 16장 8절에서 종결된다. 나머지 16장 9-20절 부분은 후대에 첨가된 것이 거의 확실하며, 이를 '마가복음의 긴 끝', 즉 후대의 첨가 부분이라고 부른다. 이처럼 마가복음 원본에는 부활한 예수가 제자들과 직접 대면한 현현(顯現) 이야기가 아예 없고 세 명의 여성인 막달라 마리아, 야고보의 모친 마리아, 살로메만이 무덤이 비어 있음을 목격하고 흰옷 입은 청년이 전해준 예수의 부활 소식을 듣는 것으로 모든 이야기가 종결된다. 그 소식을 듣고 "그들은 뛰쳐 나와서, 무덤에서 도망하였다. 그들은 벌벌 떨며 넋을 잃었던 것이다. 그들은 무서워서, 아무에게도 아무 말도 못하였다"(막 16:8).[7]

마가 기자는 마지막까지 예수의 죽음에 집중하며 그 죽음을 뒤엎는 반전 이야기를 직접 보도하지 않는다. 그렇다고 해서 마가복음이 예수의 부활 사실을 부정하거나 최초의 부활의 증인이었던 이 여성들의 태도를 가볍게 취급한다고 볼 수는 없다. 왜냐하면 세 번에 걸친 모든 수난예고에서 이미 예수의 부활이 전제되어 있으며, 또한 빈 무덤에 있던 청년(천사)도 제자들이 부활한 예수를 갈릴리에서 다시 만날 것이라고 약속하기 때문이다. 즉, 마가 기자는 예수의 부활과 현현이라는 기독교 전승의 핵심을 부정하지는 않지만, 그래도 여전히 자신의 복음서 이야기를 예수의 죽음과 무덤 이후로 연장하지 않는다. 그럼으로써 마가 기자는 수난과 죽음의 주제를 일관되게 강조하고자 했던 것으로 추측된다.

이상의 내용을 요약하면서 전체 구조에 관한 핵심 논점을 정리하면 다음과 같다.

- 서문(1:1-13)
    A. 갈릴리 사역(1:14-8:26)
    B. 갈릴리에서 예루살렘으로 향하는 길(8:27-10:52)
    C. 예루살렘에서의 수난과 죽음(11:1-16:8)
- 긴 끝(후대의 첨가 부분, 16:9-20)

- 핵심 논점
    ① C의 수난 이야기(수난 설화, Passion Story)가 마가복음의 중심이다.
    ② A, B도 수난 이야기로 수렴한다.
    ③ 마가복음의 형성 순서도 C가 제일 먼저 존재했고, A, B가 나중에 첨가되었을 것으로 추정된다.
    ④ 따라서 마가복음의 전체 내용은 수난의 어두운 색조를 지니고 있다. 그러므로 A는 "수난 이야기의 복선", B는 "수난 이야기로 넘어

가는 과정", C는 "본격적 수난 이야기"라고 볼 수 있다.
⑤ 설명: 마가복음 11-16장(C)에 이르는 수난 이야기는 시간적으로 단기간에 발생한 사건임에도 불구하고 전체 분량의 약 1/3을 차지하고 있다. 또한 예루살렘으로 향하는 단락(B, 8:27-10:52) 역시 세 차례에 걸친 수난예고를 담고 있어서 전체 마가복음은 수난과 죽음의 장중한 분위기가 지배한다.
⑥ 그러나 마태복음, 누가복음, 요한복음의 경우 이 세 복음서가 모두 수난 이야기에만 초점이 맞추어져 있다고 보는 것은 무리이다. 또 마가복음 전체를 "수난 이야기"라고 지칭한다면 수난 이야기 이전의 예수 사역들이 갖는 중요한 의미를 축소해야 하는 위험이 따른다. 즉, 수난 이야기 이전에도 많은 기적 이야기들이 중요하게 언급되고 있으며, 수난 이야기 중에도 기적 이야기들이 나온다. 그러므로 수난 이야기 외의 것을 장황한 서론 내지는 부수적인 내용으로 보는 것은 무리한 견해이다. 그렇지만 마가복음에서 수난 이야기의 중요성은 여전히 인정된다.

2) 기독론적 관점: 하나님의 아들 선언을 중심으로

마가복음의 핵심 구조를 또 다른 측면에서 분석하는 전통적인 방식이 존재한다. 그것은 예수를 '하나님의 아들'(Son of God)이라고 선언하는 장면이 세 번 반복되고 있다는 점에 착안한 것으로, 앞에서 다룬 지리적 관점 및 메시아 비밀 이론에도 부합하는 분석이라고 볼 수 있다.[8] 마가복음에서 예수는 '하나님의 아들'이라는 칭호로 여러 차례 언급된다(1:1, 11; 3:11; 5:7; 9:7; 12:6; 15:39). 그런데 이 가운데 마가 기자 자신의 언급(1:1)이나 귀신들의 언급(3:11; 5:7)이나 비유적인 언급(12:6)을 제외하면 하늘로부터 인정되는 부분이 두 차례(1:11; 9:7), 마지막으로 의외의 인물로부터 인정되는 부분이 한 차례(15:39)가 있다는 점을 알 수 있다. 그리고 이 세 장면은 모두 신비롭고 중요한 장면으로 묘사된다.

예수께서 세례를 받은 직후 하늘로부터 "너는 내 사랑하는 아들"이라는 소리가 들렸고, 예수가 변형된 일화, 즉 이른바 변화산 사건 직후에도 구름 속에서 "이는 내 사랑하는 아들이니 너희는 그의 말을 들으라."라고 하는 소리가 들렸다. 마지막으로 예수의 십자가 죽음 직후 백부장은 "이 사람은 진실로 하나님의 아들이었도다."라고 말한다. 이렇게 세 차례의 신비한 선언을 통해 공생애 시작 직전에 예수는 하나님의 아들임을 개인적으로 알게 되었고("너는 내 사랑하는 아들"), 세 번의 수난예고 장면 중간에는 제자들이 그 사실을 알게 되었으며("이는 내 사랑하는 아들"), 마지막 장면에서 백부장의 고백은 온 세상이 예수를 하나님의 아들로 인정하게 되었다는 상징적 의미를 마가 기자가 암시했다는 것이다. 즉, 처음에는 하나님의 아들임을 예수 자신만 알았고, 중간 부분에는 소수의 제자만 알았으며, 그의 높으신 정체가 십자가 죽음 이후에야 세상에 알려진다는 구도로 마가복음의 흐름을 이해해야 한다는 것이다.

마가복음의 구도에 대한 이런 단순한 분석을 더 심화시키면 이 동일한 처음과 중간과 마지막 장면은 '인간의 고백과 하늘의 인정'이라는 틀로 확장된다고도 볼 수 있다. 즉, 세례 요한이 곧 예수가 "나보다 능력 많으신 이"로 오실 것이라는 고백이 있는 다음에(1:7-8) 하늘로부터 "내 사랑하는 아들"이라는 소리가 들렸으며, 변화산 장면 직전에 베드로가 예수를 "그리스도"라고 고백한 후에(8:29) 곧이어 변화산에서 "내 사랑하는 아들"이라는 소리가 들렸고, 백부장이 "하나님의 아들" 선언이 묘사된 후에 빈 무덤에서 흰옷 입은 청년이 여인들에게 예수의 부활 소식을 전했다는 것이다(16:6). 이렇게 여러 각도에서 조명해 볼 수 있을 정도로 마가복음은 짜임새 있는 구조로 이루어져 있다고 말할 수 있다. 이상의 내용을 요약하면 다음과 같다.

① 세 번 반복되는 하나님의 아들 선언 장면
- "너는 내 사랑하는 아들"(1:11): 예수의 세례 장면
- "이는 내 사랑하는 아들"(9:7): 변모산상 장면
- "이는 하나님의 아들"(15:39): 십자가 처형 장면

② 이중적 구조: 인간의 고백과 하늘의 인정

- 세례 요한: 하나님의 아들이 등장할 것을 선포(1:7-8) → 하늘의 소리: "내 사랑하는 아들"(1:11)
- 베드로: 그리스도 고백(8:29) → 하늘의 소리: "내 사랑하는 아들"(9:7)
- 백부장: 하나님의 아들 선포(15:39) → 천사 같은 존재: 예수의 부활 선언(16:6)

3) 마가복음의 섬세한 구조

여기에서는 마가복음의 내용을 쉽게 조망할 수 있는 개요만 언급하려고 한다. 이 개요가 시사하는 중요한 점만 간략하게 언급하면 다음과 같다. 첫째, 마가복음은 단순히 시간 순서대로만 일화들을 보도하지 않고 특정한 방식으로 이해될 수 있도록 섬세하게 편집되어 있다. 둘째, 마가복음에서 특히 강조되는 수난의 신학은 마가복음 앞부분에서부터 여러 차례 암시되고 있다. 따라서 예수의 활동에서 갈등 장면들이 크게 두드러진다. 셋째, 놀랍게도 열두 제자가 매우 부정적으로 묘사되며, 이야기의 흐름이 중요하게 변화되는 부분마다 예상 밖의 인물들에 관해서 인상적인 보도가 등장한다. 이는 아마도 열두 제자를 부정적 모델로 제시하는 반면에 이 인물들은 바람직한 제자상을 제시하기 위한 목적으로 묘사된 것으로 보인다.

A. 1부: 갈릴리 주변에서의 활동(1:1-8:26)
① 복음의 시작(1:1-13)
- 세례 요한의 활동+예수의 세례+시험+하나님 나라 운동 시작
- 도식: 선포(kēryssō) → 넘겨짐(paradidomi)
    - 요한: 전파 → 넘겨짐(1:4.14)
    - 예수: 전파 → 넘겨짐(1:14; 9:31)
    - 제자: 전파 → 넘겨짐(13:9-13)
② 사역의 시작(1:14-45)
- 하나님 나라 선포, 제자 소명, 귀신 축출+치유+말씀 전파
③ 갈등 장면들(2:1-3:6): '마음속 미움'에서 '공개적 모의'로 긴장감이 고조됨

- 중풍 병자 치유 → 율법학자들 마음속으로 예수 비난(2:1-12)
- 죄인 및 세리와 식사 → 바리새파의 율법학자들의 항의(2:13-17)
- 요한 제자들과 바리새인들의 금식 → 사람들과 금식에 관한 논쟁 (2:18-22)
- 안식일에 밀 이삭 자름 → 바리새인들의 항의(2:23-28)
- 안식일에 손 오그라든 자 치유 → '바리새인+헤롯당원' 예수 없앨 모의(3:1-6)
- (3:2-"사람들은 예수를 고발하려고": 수난의 복선이 이미 제시됨)

④ 예수: 제자들: 백성들(3:7-4:34)
- 군중의 운집(3:7-12)
- 열두 제자 선택(3:13-19)
- 예수와 바알세불(3:20-30)
- 예수의 어머니와 형제들(3:31-35)
- 씨 뿌리는 사람의 비유(4:1-9)
- 비유의 목적(4:10-12)
- 씨 뿌리는 사람의 비유 설명(4:13-20)
- 등불은 등경 위에 둠(4:21-25)
- 자라나는 씨의 비유(4:26-29)
- 겨자씨의 비유(4:30-32)
- 비유만으로 가르침(4:33-34)

⑤ 네 개의 기적 설화(4:35-5:43): 기적이 유형별로 편집되었을 수 있음
- 풍랑을 잠재움(4:35-41): 자연 기적
- 거라사의 군대 귀신 축출(5:1-20): 귀신 축출
- 혈루병 여인 치유(5:21-34): 치유 기적
- 회당장 야이로의 딸 소생(5:35-43): 소생 기적

⑥ 예수의 여행(6:1-8:26)
- 예수의 고향 방문과 배척(6:1-6)
- 열두 제자 파송 명령(6:7-13)
- 세례 요한의 죽음(6:14-29)
- 오천 명 급식 = 빵의 기적(6:30-42)
- 수면 보행 기적(6:43-52)
- 게네사렛 치유 여행(6:53-56)
- 정결 논쟁(7:1-23)

- 두로 여행: 수로보니게 여인 딸 귀신 축출(7:24-30)
- 시돈 치유 여행(7:31-37)
- 사천 명 급식(8:1-10)
- 바리새파의 표적 요구 거절(8:11-13)
- 바리새파와 헤롯에 대한 경계(8:14-21): 21절(너희가 아직도 깨닫지 못하느냐?)
- **벳새다의 시각장애인 치유(8:22-26)**: 2단계 치유(불완전 이해 → 완전 이해) → 열두 제자와 대조되는 바른 제자직의 첫 번째 모델

B. 2부: 수난을 향한 길(8:27-10:52)

① 베드로의 고백(8:27-30)
② 1차 수난예고(8:31-9:1): 열두 제자와의 논쟁이 강조됨
③ 예수 변모 사건(9:2-13)
④ 귀신 들린 아이 치유(9:14-29)
⑤ 2차 수난예고(9:30-32) → **제자들의 권한 논쟁**(9:33-37): 열두 제자의 몰이해가 강조됨
⑥ 제자들 가르침(9:38-50)
⑦ 이혼 비판(10:1-12)
⑧ 아이들 축복(10:13-16)
⑨ 부자 청년 일화(10:17-31)
⑩ 3차 수난예고(10:32-34) → **야고보와 요한의 영광 요구**(10:35-45): 열두 제자의 몰이해가 강조됨
⑪ **여리고의 시각장애인 바디매오 치유(10:46-52)**: "그는 예수가 가시는 길을 따라나섰다." → 열두 제자와 대조되는 바른 제자직의 두 번째 모델

C. 3부: 예루살렘의 예수(11:1-16:20)

① 예루살렘 입성: 성전 정화 사건(11:1-25)
② 예수와 유대 지도층의 대립(11:27-12:34)
- 예수의 권한(11:27-33): 대제사장+율법학자+장로들
- 포도원 소작농의 비유(12:1-12): 예수 체포 시도 실패
- 납세 문제(12:13-17): 예수의 말을 책잡으려 함(바리새파+헤롯당원)
- 부활 논쟁(12:18-27): 사두개파
- 으뜸 계명(12:28-34): 한 율법학자(긍정 평가)

- 율법학자 책망(12:35-37): 율법학자
- **결론: 과부의 헌금(12:41-44): 지도층과의 대조** → 외부인과 대조되는 바른 제자직의 세 번째 모델

③ 종말에 대한 말씀(13장): 마가의 소(小)묵시록
- 성전 멸망 예언: 도입
- 재난의 징조
- 재난의 절정
- 인자의 오심
- 깨어 있으라(때를 모름)

④ 수난 이야기(14-15장)
- 유대 지도층의 본격적인 음모(14:1-2)
- **향유를 부은 여인(14:3-9)**: 외부인 및 열두 제자와 대조되는 바른 제자직의 네 번째 모델
- 유다의 배반(14:10-11)
- 마지막 만찬(14:12-26)
- 베드로 부인 예고(14:27-31): 모든 제자들에 해당(마가만!)
- 겟세마네 동산 기도(14:32-42)
- 예수 체포(14:43-52): 모든 제자들의 도주(14:50)
- 의회 신문(14:53-65)
- 베드로의 부인(14:66-72)
- 빌라도의 신문과 사형 선고(15:1-15): "예수를 넘겨주었다."(15:15)
- 군인들의 예수 조롱(15:16-20)
- 십자가에 못 박힘: 예수의 죽음(15:21-41)
- 예수 주검 안장(14:42-47)

⑤ 빈 무덤 이야기(16:1-8): 마가복음의 마지막

⑥ 예수 부활 현현과 승천(16:9-20): 마가복음의 긴 끝(후대의 첨가)

2. 마가복음의 내용: 제자직 주제와 수난받는 인자로서의 메시아 이해와 관련하여

마가복음 안에는 다양한 신학적 의미가 있고, 또 많은 일화가 시사하는 심

오한 의미가 있지만, 이 부분에서는 마가복음의 주제 가운데 대표적으로 잘 알려진 제자직 주제에 관해서만 소개함으로써 학문적 방식으로 마가복음을 해석하는 하나의 사례를 제시하려고 한다. 마가복음의 구조를 예수의 수난을 중심으로 파악하는 방식은 수난에 대한 등장인물들의 이해 내지는 깨달음(앎)의 주제와 맞물려 있다. 즉, 마가의 예수는 홀로 외롭게 수난의 길을 가지만, 마가복음에 등장하는 다른 인물들이 예수의 수난의 길, 십자가의 길을 어느 정도 잘 깨닫고 있었는지에 관한 점도 마가복음의 흐름 속에서 다루어지고 있다고 볼 수 있다.

이 주제가 가장 잘 적용되는 등장인물은 열두 제자이다. 전통적으로 마가복음의 제자상은 부정적 관점에서 평가되어 왔다. 공생애 처음부터 예수의 사역에 함께했음에도 불구하고 그들은 시종일관 예수에 대한 바른 인식에 실패하는 자들로 묘사된다. 세 차례에 걸친 수난예고 장면을 중심으로 수난 주제가 다루어지기 시작하는 마가복음 8장 27절부터 마지막까지 제자들은 수난받는 인자로서의 예수의 정체를 깨닫는 데 실패한다. 예수가 처음으로 제자들에게 공개적으로 수난을 예고하자(8:31), 곧바로 베드로는 예수를 강력하게 비난한다. 곧이어 예수도 베드로를 사탄으로 꾸짖으며 "너는 하나님의 일을 생각하지 않고, 사람의 일만 생각하는구나!"라고 말한다.

마가복음 8장 33절에 따르면 "예수께서는 돌아서서, 제자들을 보시고" 베드로를 꾸짖는다. 따라서 이 장면은 베드로 혼자만이 아니라 열두 제자를 향한 예수의 꾸짖음을 묘사한다. 또 수난예고를 듣자마자, 베드로는 예수를 붙들고 "항의"했으며(8:32) 예수 또한 베드로를 포함한 제자들을 사탄으로 "꾸짖는다"(8:33). 여기에서 '항의하다'와 '꾸짖다'로 달리 번역된 말은 그리스어 본문에서는 같은 단어인 '에피티마오'(epitimaō)이다. 또한 앞의 8장 29-30절에서 베드로의 "선생님은 그리스도이십니다."라는 고백에 대해 예수께서 "엄중히 경고하시기를, 자기에 관하여 아무에게도 말하지 말라고 하셨다."라고 보도된 장면에서 '경고하다'로 번역된 그리스어 역시 '에피티마오'이다. 그러므로 8

장 30, 32, 33절에서 세 번에 걸쳐 '에피티마오' 동사가 사용되며, 그중 두 번은 예수께서 베드로 및 제자들에게, 한 번은 베드로가 예수께 취한 태도를 가리킨다. 이 동사는 복음서에서 주로 귀신 축출과 관련되어 사용되는 단어로서 대체로 '꾸짖다'로 번역된다. 따라서 이 단락은 예수와 베드로를 포함한 제자들이 극심한 갈등 관계에 있음을 강조한다고 볼 수 있다. 베드로가 예수를 꾸짖은 것을 『개역개정』 성경이 '항변하다'로 번역한 것처럼 『새번역』은 '항의하다'로, 『공동번역개정판』은 베드로가 "그래서는 안 된다고 펄쩍 뛰었다."라고 번역한다. 이런 번역은 하나님의 아들인 예수의 권위가 훼손되는 것으로 오해되지 않기 위한 노력의 하나로 보인다. 하지만 본 단락이 제자들의 몰이해 정도가 예수와 극심한 충돌을 빚을 정도로 심각했음을 강조한다는 점을 기억해야 한다.[9]

마가복음과 비교할 때 마태복음의 병행 단락은 좀 더 우호적인 제자상을 드러내는 것으로 편집되었다고 볼 수 있다. 마태복음의 병행 단락에는 이른바 베드로의 고백에 대해 예수가 긍정적인 평가와 약속을 주는 것으로 나오기 때문이다(마 16:17-19). 또한 마태 기자가 수난예고 직후 "주님, 안 됩니다. 절대로 이런 일이 주님께 일어나서는 안 됩니다."라는 베드로의 발언을 기록한 것도 마가복음과 다른 점이다(마 16:22). 그런데도 마태복음 역시 '에피티마오' 동사가 마가복음처럼 연달아 세 번 사용되는 기본 구도에 대한 큰 변경 없이 마가복음의 전승을 따르고 있다.

마가 기자는 1차 수난예고 단락을 이렇게 예수와 제자들이 강하게 충돌하는 장면으로 묘사한다(8:29-33). 2차 수난예고 장면에서도 "제자들은 그 말씀을 깨닫지 못하였고, 예수께 묻기조차 두려워하였다."(9:32)라고 평가된다. 3차 수난예고 단락(10:32-34) 직후 제자들 가운데 야고보와 요한은 자신들을 주의 영광 중에 주의 좌우편에 앉게 해달라고 요구함으로써 수난이 아닌 영광의 길을 주장하며, 이 두 제자의 요구에 대해 나머지 열 제자가 화를 내는 것으로 묘사된다. 수난에 대한 몰이해와 제자들 사이의 다툼 상황에 대해 예수께서는 섬김을 받는 것이 아닌 섬기려 하는 수난의 인자상을 역설하신다(10:35-45).

이렇게 세 차례에 걸친 수난예고 단락은 예수 자신의 수난을 강조할 뿐만 아니라 동시에 제자들의 몰이해를 집중적으로 보도한다. 제자들에 대한 부정적 묘사는 이후 마가복음 11-13장에서는 드러나지 않다가 마가복음 14장부터 나오는 본격적인 수난 이야기 장면에서 극적인 형태로 나타난다. 즉, 열두 제자 중 하나인 유다는 예수를 배신하며 베드로 역시 예수를 세 번이나 부인한다. 예수께서 체포당하실 때 모든 제자는 예수를 버리고 달아나며 이후 그들은 완전히 마가복음의 이야기 무대에서 사라진다. 다른 복음서에 나타난 것처럼 제자들이 부활하신 예수를 재회하는 장면도 명시적으로 나타나지 않는다(마가복음은 16장 8절에서 끝난다).

그렇다면 마가복음의 전반부는 어떠한가? 마가복음의 제자상은 복음서의 후반부만이 아니라 앞부분에서부터 부정적으로 그려진다고 볼 수 있다. 앞에서 살펴본 것처럼 복음서의 후반부에서 제자들이 수난의 인자라는 정체를 깨닫지 못한다면, 전반부에서 제자들은 하나님의 아들인 기적 행사자인 예수의 능력을 파악하지 못한다. 그들은 공생애 처음부터 자기들의 스승을 따라다니며 기적과 가르침의 많은 일을 경험했지만, 예수에 대한 진정한 깨달음을 얻는 데는 거듭 실패한다. 예컨대 제자들은 씨 뿌리는 자의 비유를 듣고도 그 뜻을 잘 이해하지 못하며 예수께서는 이런 제자들의 무지를 명시적으로 언급하신다(4:10, 13). 예수 일행이 배를 타고 가다가 큰 광풍을 만났을 때 예수께서는 제자들의 무서워하는 태도와 믿음이 없음을 나무라신다(4:40). 오병이어 기적 장면에서 제자들은 예수의 의도와 달리, 엉뚱한 생각을 하며(6:37), 이어지는 물 위를 걸으시는 이야기 단락에서는 제자들이 마음에 심히 놀란 이유를 "빵을 먹이신 기적을 깨닫지 못하고, 마음이 무뎌져 있었다."(6:52)라고 설명한다. 바리새인들 및 서기관들과의 정결 논쟁이 벌어진 직후 예수께서는 제자들에게 "너희도 아직 깨닫지 못하느냐?"라고 말씀하신다(7:18). 6장에서 오병이어 기적

이 실현되었음에도 4천 명을 먹이는 기적이 묘사된 8장에서 제자들은 "이 빈 들에서, 어느 누가, 무슨 수로, 이 모든 사람이 먹을 빵을 장만할 수 있겠습니까?"(8:4)라고 질문하는 무지한 자들로 묘사된다. 이어서 다소 해석하기 난해한 본문인 마가복음 8장 14-21절 단락 마지막 구절에서도 예수께서는 제자들에게 "아직도 깨닫지 못하느냐?"라고 말씀하신다. 이런 예에서 보듯이, 수난 이야기가 전개되기 이전에도 제자들은 중요한 장면마다 깨달음에 실패하는 자들로 두드러진다는 사실을 우리는 알 수 있다. 요컨대 마가복음에서 열두 제자의 몰이해 주제는 뚜렷하게 드러나며, 전반부는 예수의 능력에 대한 몰이해가, 후반부는 예수의 약함(수난)에 대한 몰이해가 강조됨으로써 마가 기자는 열두 제자가 깨달음에 실패한 자들임을 분명하게 보여준다.

이 장면 직후 등장하는 벳새다의 시각장애인 단락(8:22-26)은 의미심장하다. 이 본문은 다른 복음서에는 없고 오직 마가복음에만 소개된다. 보통의 치유 이야기에서 예수께서는 단번에 병자를 고치시지만, 벳새다 시각장애인 이야기는 두 단계의 치유 과정을 거치며 불완전한 인식에서 완전한 인식의 경지에 이르는 것으로 그려진다. 더욱이 이 본문은 마가복음의 세 부분 중 첫 번째 부분의 마지막 단락을 장식함으로써 깨달아 보지 못하는 열두 제자와 벳새다 시각장애인은 뚜렷이 대조된다. 즉, 본문에 명시되어 있지는 않지만, 마가 기자는 몰이해의 대표격인 열두 제자 대신에 이 익명의 시각장애인을 참다운 제자로 제시한다고 볼 수 있다.

마가복음의 두 번째 부분 마지막 장면에는 시각장애인 바디매오가 등장한다(10:46-52). 그는 자발적으로 예수께 나아왔으며, 예루살렘 입성 직전에 예수의 뒤를 따라나섰다고 묘사된다. 즉, 세 번의 수난예고 장면에서 매번 예수와 대립했던 열두 제자가 외견상으로는 수난의 길을 예수와 함께 가는 것처럼 보이지만, 실제로는 갑자기 등장한 불쌍한 시각장애인이 예수의 길을 진정으로 따른 사람이었다.

예루살렘에 입성하여 외부인들과 갈등을 빚는 일련의 장면들(11:1-12:37)

이 끝난 후 마지막 부분에서는 이름 모를 과부가 자기의 모든 소유를 바친 이야기가 나오며(12:41-44), 본격적인 수난 이야기가 시작되는 장면에서는 이야기의 도입부에 향유를 부은 여인의 이야기가 나온다(14:3-9). 익명의 이 여인에 관한 단락 직전에는 유대인 지도층이 예수를 잡으려고 음모를 꾸몄다는 보도가, 직후에는 제자 중 하나인 유다가 배신할 것이 예고된다. 달리 말하면 외부인도 내부인도 모두 예수를 위협하는 상황에서 이 여인만이 예수의 죽음을 예견하고 향유를 부은 것으로 묘사된다(이런 대조 묘사 방식을 샌드위치 기법이라고 말한다).

이상과 같이 마가복음은 한편으로는 열두 제자의 몰이해를 강조하면서 예수께서 외부인 및 내부인 모두로부터 소외되었음을 묘사하고, 다른 한편으로는 네 개의 중요한 지점에 신원이 불확실한 네 사람을 등장시킴으로써 이들을 진정한 제자의 모델로 그리고 있다고 볼 수 있다. 이런 묘사는 마가 공동체가 이름 없는 소외된 사람들로 구성된 집단이었을 것이라는 추정을 가능하게 해준다. 이상의 내용을 요약하면 다음과 같다.

① 수난예고 직전 단락에서의 대조법
  • 부정적 묘사: 내부인(제자들)의 몰이해(8:21)
  • 긍정적 묘사: 벳새다 시각장애인의 완전한 이해(8:22-26)
② 수난예고 직후 단락에서의 대조법
  • 부정적 묘사: 내부인(제자들)의 몰이해(8:27-10:45, 수난예고)
  • 긍정적 묘사: 시각장애인 바디매오의 추종(10:46-52)
③ 수난 이야기 이전 단락에서의 대조법
  • 부정적 묘사: 외부인과의 갈등 주제(11:1-12:37)
  • 긍정적 묘사: 과부의 헌신(12:41-44)
④ 수난 이야기 시작 단락에서의 대조법
  • 부정적 묘사: 외부인과의 갈등 주제(14:1-2)
  • 긍정적 묘사: 향유를 부은 여인의 헌신(14:3-11)

Ⅲ. 웨슬리와 함께 읽는 마가복음

1. 웨슬리와 마가복음

　웨슬리가 했던 설교 중에 마가복음을 본문으로 삼은 것은 『표준설교』에 2편 그리고 그 밖에는 4편 이상이 남아 있다. 『표준설교』로는 7번 "하나님 나라로 가는 길"(1:15)과 33번 "편협한 신앙에 대한 경고"(9:38-39)가 있고, 그 밖에 설교로 14번 "신자의 회개"(1:15), 65번 "하나님에 대한 사랑"(12:30), 93번 "지옥에 대하여"(9:48) 그리고 138번 "하나님의 일체성"(12:32)이 있다. 비록 그가 마가복음 구절을 본문 삼아서 설교했지만, 마가복음 해당 구절이 논하고자 하는 말씀을 깊게 분석하여 의미를 도출하는 강해식 설교가 아니라 그 구절을 바탕으로 일반적 메시지를 던지는 주제 설교 방식으로 설교했다. 그래도 여전히 이 설교들은 매우 중요한 메시지를 던지는 설교인 것을 부인할 수 없다.

　"하나님 나라로 가는 길"은 마가복음 1장 15절을 본문으로 하지만, 내용은 하나님 나라가 의와 평화와 기쁨에 있다는 로마서 14장 17절의 말씀을 중심으로 의와 기쁨과 평화에 관해서 설명하는 설교이다. "편협한 신앙에 대한 경고"는 마가복음 9장에 나오는 예수의 제자들이 자기들 모임에 속하지 않았는데도 예수의 이름으로 귀신을 쫓는 것을 보고 그것을 가로막자 예수께서 그들을 견책하신 일화를 설교 본문으로 삼는다. 설교 내용은 신앙의 핵심적 요소에서 뜻을 같이 나눈다면 예배 형식이나 제도나 교단법 등이 서로 다르다고 그들과 분리되지 말아야 한다는, 오늘날 신학적 용어를 빌려서 표현한다면 에큐메니즘에 대한 메시지를 전한다.

　"신자의 회개"는 매우 중요한 교리적 내용을 담고 있는 설교이다. 이 설교에서 웨슬리는 회개란 무엇이고 누구에게 필요한 것인지 다룬다. 특히 하나님의 자녀로 거듭난 사람의 회개에 관한 중요한 교리적 원리를 논하고 있다. 마가복음 1장 15절 본문에서는 "회개하라."라는 문구에 착안했고, 실제로 마가복음 본문 내용을 분석하지는 않는다. "하나님에 대한 사랑"에서는 하나님 사랑이 하나님께서 태초에 인간에게 주신 계명이었음을 말하면서 하나님을 사랑한다는 것이 무엇인지 설명한다. 이 설교에서는 하나님 사랑이 이웃 사랑으로, 특히 모든 피조물을 사랑하는 것으로 확대됨을 말하는데, 우리는 여기에서 웨슬리의 생태 신학을 살펴볼 수 있다.

"지옥에 대하여"는 지옥이란 무엇인지 구체적인 모습을 논한다. 웨슬리는 지옥을 '상실의 심판'과 '감각의 심판' 두 가지로 설명하는데, 전자에서는 이 세상과의 이별에서 오는 상실을 말하고 후자에서는 끝없는 고통이 주어지는 모습을 말한다. "하나님의 일체성"은 "하나님은 한 분이시다."라는 마가복음 구절에 착안하여 하나님의 속성이 무엇인지 설명하는 설교이다. 웨슬리는 여기에서 하나님의 유일성, 영원성, 편재성, 완전성, 전능하심, 거룩 등 여섯 가지 속성을 제시한다. 그리고 결론적으로 우리는 이런 하나님을 사랑해야 한다는 '하나님 사랑'의 주제로 마무리한다. 위와 같이 웨슬리는 마가복음을 본문으로 설교하면서 그 내용은 마가복음의 해당 구절을 깊이 분석하는 방식보다는 해당 성서 본문의 어구에 착안하여 본인의 메시지를 전달하는 주제 설교 형식으로 마가복음을 활용한다.

웨슬리는 자신의 『신약성서주석』에서 마가복음 내용을 정리하면서 크게 복음의 시작, 복음의 내용 그리고 복음으로 정리한다. 그리고 복음의 내용을 정리하면서 갈릴리-유대-예루살렘이라는 지리적 구도로 마가복음을 구성한다. 또한 각 지역의 내용을 시간별로 다시 정리한다.[10] 웨슬리는 마가복음이 시간과 공간의 구도를 중심으로 이야기가 구성되었다는 것을 알아차렸던 것 같다. 마가복음의 주요 주제인 수난당하시는 인자이신 예수, 섬김을 받기보다는 자신을 대속 제물로 내어주시는 예수라는 기독론적 이미지는 웨슬리가 칭의의 교리에서 중요하게 생각했던 "예수 그리스도를 통하여"라는 것과 연결된다. 웨슬리는 항상 예수 그리스도의 희생적 죽음을 구원의 과정에서 중요하게 보았고, 이런 점에서 마가복음의 신학적 핵심은 웨슬리의 구원론적 주제와 깊이 연결된다.

2. 마가복음과 현대 교회

첫째, 마가복음은 하나님의 아들이자 메시아인 예수께서 '수난받는 인자'이심을 그리고 신앙인들 또한 수난받는 존재임을 역설한다. 여기에서 우리는 두 가지를 생각하게 된다. 하나는 우리가 파악할 수 없는 하나님의 계획으로서의 수난이다. 마가복음은 우리가 하나님의 의도를 알 수는 없지만, 하나님이 우리 앞에 던져주시는 현실을 받아들여야 함을 암시한다. 또한 다음과 같은 질문도 해볼 수 있을 것이다. 순교의 시대가 아닌 시절을 살아가는 현대 교회는 마가복음이 말하는 절대적 희생과 헌신의 의미에 얼마나 가까이 다가설 수 있을까?

둘째, '인자' 개념은 말 그대로 사람의 아들을 가리킨다. 이 개념이 메시아적 존재를 가리킨다고 볼 수도 있지만, 마가복음에서 예수께서는 자신을 가리켜 '인자'라고 말씀하신다. 마가복음은 예수의 인간적인 모습을 가장 잘 보여주는 신약 문서이다. 교회는 사람으로서의 예수를 자주 소개하지 않는 편이다. 물론 그 배경에는 인식의 한계가 있기 때문일 것이다. 참 하나님이자 참 인간이라는 말 자체를 잘 파악하려면 많은 공부와 깊은 사유가 필요하기 때문이다. 우리는 역사적 실존 인물이었던 예수를 신앙적으로도 이성적으로도 잘 설명하고 믿을 수 있는 깊은 세계에 이르도록 노력해야 한다.

3. 더 생각해 볼 문제

1) 마가복음의 예수상을 설명하는 이론 가운데 '양자(養子) 기독론'(Adoption Christology)의 개념이 무엇인지 그리고 이 개념의 신앙적 의미가 무

엇인지 연구해 보라.

2) 마가복음의 신학을 설명하는 '메시아 비밀'(Messianic Secret) 개념을 연구해 보라.

3) 두 자료설에서 말하는 마가복음 우선설(Markan Priority)과 상반된 마태복음 우선설에 대해 조사해 보라.

---

1 예컨대 서중석, 『마가복음』, 연세신학백주년기념 성서주석(서울: 대한기독교서회, 2013), 22를 보라.
2 마가복음에 관한 아래의 내용은 박찬웅, "마가복음의 수난과 제자직 관점에서 본 향유를 부은 여자," 「신학과 현장」 31(2021), 228-235을 약간 수정한 것임을 밝혀둔다.
3 공관복음서의 이런 유사성은 마가복음 우선설(說)을 바탕으로 한 두 자료설(two-source-hypothesis)로 상당 부분 잘 설명될 수 있다. 반면에 요한복음은 공관복음서와는 다른 독자적인 질서를 갖고 있다. 공관복음서에서는 예수가 갈릴리를 떠나 예루살렘으로 단 한 차례 이동하여 죽임을 당한 것으로 보도하지만, 요한복음은 예수의 지리적 이동 패턴을 다르게 묘사한다. 요한복음의 예수는 최소한 4번 이상 예루살렘을 방문하며, 이 방문은 매번 유대인들의 절기 준수와 관련된다(요 2:13; 5:1; 7:10; 10:22; 11:55; 12:12 이하). 이렇게 요한복음은 갈릴리와 예루살렘을 여러 번 오가는 것으로 예수의 지리적 이동 경로를 보도한다는 점에서 공관복음서와 상이하다.

4   Martin Kähler, *Der sogenannte historische Jesus und der geschichtliche biblische Christus*, 2. ed. (Leipzig: A. Deichrt, 1896), 80을 보라.
5   마가복음의 수난 및 제자도 주제에 관한 중요한 배경을 쉽게 설명한 베르너 켈버의 책을 참조하면 좋을 것이다. 베르너 H. 켈버/서중석 옮김, 『마가의 예수 이야기』를 참조하라.
6   열두 제자에 관한 이 예언은 예수의 제자들 이후에 활동한 마가 공동체를 포함한 많은 신앙인까지도 염두에 둔 것이라고 볼 수 있다. 한편 제자들이 수난을 겪는 일에 대한 이런 예언과는 별개로 마가복음 전체의 제자상은 매우 부정적으로 나타난다. 이에 관해서는 아래의 논의를 보라.
7   이 여성들이 몹시 놀라 떨며 무서워했다는 표현은 그들의 불신앙을 드러내는 것이 아니라 오히려 신적 경외심을 나타내는 것이라고 볼 수 있다. 즉, 마가 기자는 하나님의 놀라운 행위, 곧 놀랍고 두려운 사건에 마주한 인간의 적절한 반응을 그런 표현으로 묘사했을 것이다. 막 16:8의 여성들이 전율의 경험을 했을 것이라고 보면서 이를 '누미노제' 개념으로 설명한 Rudolf Otto, *Aufsätze das Numinose betreffend* (Stuttgart/Gotha: Friedrich Andreas Perthes, 1923)를 참조하라.
8   이하의 내용은 Philipp Vielhauer, *Geschichte der urchristlichen Literatur*, 344-345를 참조했다.
9   이런 해석에 관해서는 앞에서 인용한 켈버/서중석 옮김, 『마가의 예수 이야기』를 보라.
10 웨슬리/양재훈, 『신약성서주석: 사복음서-마가복음』(서울: 동연, 2023), 31-36을 보라.

제6장

누가문서 – 누가복음, 사도행전

누가문서 – 누가복음, 사도행전

1. 웨슬리와 함께 읽는 누가복음

이 장에서 함께 공부할 주요 내용

- 누가복음이 가난한 자, 소외된 자들의 복음서라고 읽히는 이유는 무엇인가?
- 누가복음이 예수에 대한 다른 복음서들과 기술적(記述的) 측면에서의 차이는 무엇인가?
- 율법과 복음의 관계는 어떠한가?

키워드: 구속사적 관점, 누가복음의 세계, 율법과 복음, 문학적 특징과 형식, 신학적 메시지

핵심 구절: 율법과 예언자는 요한의 때까지다. 그 뒤로부터는 하나님 나라가 기쁜 소식으로 전파되고 있으며, 모두 거기에 억지로 밀고 들어간다.(16:16)

I. 누가복음을 이해하기 위한 배경

누가복음과 사도행전은 전통적으로 '누가(Lukas)' 한 사람의 저작이라고 알려져 왔다. 그 분량만 놓고 본다면 누가복음이 24장, 사도행전이 28장으로 신약성서 전체의 1/4에 해당하는 가장 많은 분량을 차지하고 있다. 복음서 구성 원리를 가장 잘 설명하고 있는 이론인 두 자료설, 즉 Q('근원/뿌리'라는 의미의

독일어 Quelle의 줄임말)자료와 마가복음을 기반으로 할 때 마태가 마가복음 대부분을 책 내용에 포함하지만, 누가는 마가복음 전체의 절반 정도(320절 내외)만을 사용한다. 이런 점에서 볼 때 누가 신학은 마태/마가 신학과 뚜렷한 차이가 있음을 알 수 있다.

1. 누가복음의 저자

누가복음의 저자는 전통적인 견해로는 사도 바울의 동역자였던 의사 누가로 알려져 왔다("사랑하는 의사 누가와 데마도 여러분에게 문안합니다.", 골 4:14; 몬 1:24 참조; 딤후 4:11). 이런 증거 자료들은 사도행전에서도 발견된다. 소위 '우리-구절'(We-section, 행 16:10-17; 20:5-15; 21:1-17)은 누가-행전의 저자가 바울의 동역자라는 사실을 보여준다. 그러나 근대에 들어와서 이런 견해로는 해결하기 어려운 문제들이 발견되었다. 예를 들어 ① 저자가 누가라고 한다면 바울의 교회에 대해 많은 정보를 알고 있어야 하는데, 부분적으로만 알고 있다. ② 저자가 의사 누가라고 한다면 치유 이야기를 쓸 때 의사로서 좀 더 전문적인 용어나 병명 등 진술에 있어 차이점이 있어야 하는데, 그렇지 못하다. 그리고 '우리-구절'도 보도의 진정성을 나타내려는 저자의 문체적 표현양식으로 추정한다.

그렇다면 '누가-행전'의 저자는 누구인가? 역사적인 자료가 빈약하므로 우리는 그가 남긴 자료들을 근거로 추정할 수밖에 없다. 누가-행전을 바탕으로 할 때 첫째, 그는 바울 이후에 살았던 사람으로 기독교 역사의 시작(예수의 생애)부터 이후 초기 기독교 공동체의 신앙과 선교의 역사를 신앙의 후배들에게 남겨주려던 기독교 3세대의 사람이었을 것이다: "처음부터 목격자이며 말씀의 일꾼 된 자"(1:2a, 1세대), 이들이 "전하여 준 그대로 내력을 저술하려고 붓을 든 사람"(1:2b, 2세대), "나도"(1:3, 3세대). 둘째, 그는 수준 높은 그리스어 실력과 무엇보다도 역사에 대한 많은 관심을 가졌던 사람으로 추정할 수 있다. 셋째, 그는 율법에 대한 특별한 신학적 관점을 갖고 있다. 비록 율법 논쟁을 축소하거나 생략하는 부분이 있지만(예를 들어 원(源)자료 중 하나인 마가복음의 율법 관련 본문(막 7:1-23; 10:1-12)을 생략하는 것), 이런 축소나 생략이 율법에 관해서 누가복음 저자가 관심이 없는 것을 말해주는 것으로 보기는 어렵다. 오히려 치유 사건(5:12 이하)이나 영생에 관한 질문(10:25 이하; 18:18 이하) 등을 통해 알 수 있는 것은 누가가 율법에 기능이 있음을 주목하고 그것을 인정한다는 점이다. 뿐만 아니라 누가는 예수께서도 율법에 충실했음을 보여준다(예를 들어 4:16). 이를 종합해 볼 때 누가복음의 저자는 유대 전통에 기반하며 유대 율법을 지키면서도 다른 한편으로는 그리스어를 잘하고 이방 문화와 구원에 관심을 가진 유대인이었을 것이다.

2. 누가복음의 수신자 및 기록 동기

누가복음의 저자는 익명이고 저자에 대한 구체적인 신상 정보가 나와 있지 않기 때문에 우리는 복음서가 전해주는 내용을 통해 저자의 환경과 공동체의 상황을 추측할 수밖에 없다. 먼저 알 수 있는 것은 수신자에 대한 정보인데, 수신자는 각하라 명명된 '데오빌로'(눅 1:3; 행 1:1)이다. 그가 실존 인물인지, 상징적인 인물인지에 따라 다양한 정보를 얻게 된다. 먼저 데오빌로가 문학적 가공 인물이라는 주장은 그의 이름이 '하나님/신'에 해당하는 그리스어 '데오스'와 '친구 또는 우정'을 의미하는 '필로스'의 결합으로 보고, 그가 '하나님의 친구'인 모든 그리스도인을 대표하는 문학적 인물이라고 보는 견해이다. 만약 이 견해가 맞는다고 한다면 누가복음 저자는 신앙의 초보적 단계에 있는 입문자에게 예수가 누구인지부터 시작하여 교회의 탄생과 선교 역사에 관해서 기록했다고 볼 수 있다.

그러나 데오빌로가 실존 인물이라고 주장하는 견해도 있는데, 이는 그 이름이 헬라 세계에서 매우 흔하게 접할 수 있는 이름이기 때문이다. 또한 그가 가공 인물이라면 '총독'이라는 직책까지 기술할 필요가 없다는 것이다. 이처럼 데오빌로가 실존했던 역사적 인물이라면 그는 로마의 고위직 관리였을 것이다. 실제로 누가는 이 명칭을 당시 유대 지역을 다스리던 로마 총독들에게도 사용하고 있다(벨릭스 총독-23:26; 24:3, 베스도 총독-26:25). 만약 그가 역사적 인물이라면 복음서 저자는 로마 고위직에 있는 수신자에게 그리스도교를 설명하려고 이 책을 썼을 것이다. 다른 복음서들과 달리, 오직 누가복음만이 로마 황제의 이름을 분명히 밝히는데(눅 2:1; 3:1; 행 11:28; 18:2), 이것도 수신자가 실제 역사적 인물일 가능성을 높인다. 교회 전승 중에는 데오빌로가 도미티아누스 황제의 사촌인 플라비우스 클레멘스였다는 설도 있다.

3. 저술 장소와 시기

저술 장소에 대해 정확하게 알려진 바가 없으며 학자마다 안디옥, 가이사랴, 소아시아와 로마 등 다양한 견해가 존재한다.[1] 이처럼 다양한 주장에도 일치하는 장소를 찾기는 매우 어렵다. 아마도 유대적 경향과 이방적 경향이 함께 공존하는 팔레스타인 외곽의 어느 곳일 가능성이 가장 크다. 저술 시기는 누가복음 19장 43-44절(눅 21:24; 행 21:13 참조)의 예루살렘 멸망에 대한 암시를 통해 기원후 70년 이후인 것은 확실해 보인다. 특히 사도행전 20장 28절에는 2세기 초까지 기독교에서는 사용하지 않은 용어(예를 들어 감독)들이 등장하는 것으로 보아 아마도 80-90년경일 것으로 추정할 수 있다.

II. 누가복음 함께 읽기

1. 누가복음의 구조

장·절	내용
A. 1:1-4	프롤로그: 수신자 및 저술 동기

B. 1:5-2:52
   1:57-1:80
   2:1-52
	원역사
	  세례 요한의 탄생
	  예수의 탄생

C. 3:1-4:13
   3:1-20
   3:21-22
   3:23-38
	예수의 공생애 준비
	  세례 요한의 사역
	  예수의 세례받으심
	  예수의 족보

D. 4:14-9:50
E. 9:51-19:27
F. 19:28-24:49
   22:1-23:56
   24:1-49
G. 24:50-53
	갈릴리에서의 예수의 사역
	소위 '여행 이야기'(Die Reisebericht)
	예루살렘에서의 예수의 사역
	  수난 이야기
	  부활 이야기
	승천 이야기

2. 누가복음의 내용

[1:1-4] 프롤로그: 수신자 및 저술 동기를 말한다. 마태는 '예수의 족보'로 그리고 마가는 '예수 그리스도의 복음'으로 각각 시작하지만, 누가는 고대 그리스-로마 시대의 문서양식에 따라 글의 목적과 방식을 서술하는 것으로 서론을 쓴다. 이 서론을 통해 알 수 있는 것은 첫째, '예수의 일생'에 대해 이미 '붓을 든 사람들이 많이 있었다는 것', 둘째, 저자는 매우 꼼꼼하게 자신이 기술하려는 '사실'에 대해 조사했다는 것, 셋째, 이 글의 목적, 즉 수신자인 데오빌로가 '알고 있는 바를 더 확실하게 하려'는(4절) 목적으로 이 글을 썼다는 점이다. 데오빌로가 실존 인물이었는지, 가공 인물이었는지는 여전히 논쟁 중이다.

[1:5-2:52] 원역사(原歷史): 세례 요한과 예수의 탄생을 소개한다. 누가의 저술 목적에서 가장 중요한 두 인물인 '예수'와 '세례 요한'의 탄생을 서로 비슷한 방식으로 서술한다. 즉, ① 천사 가브리엘을 통한 수태고지(1:8 이하; 1:26 이하) ② 하나님의 말씀이 이루어진다는 서술(1:20; 1:37, 45) ③ 출생과 예언(1:57, 67; 2:1, 28 이하). ④ 영광의 노래(Benedictus, 1:68-79; Magnificat, 1:46-55)이다. 그러나 이런 서술들 안에는 예수와 세례 요한에 대한 우열이 나타나는데, 먼저 부모들의 반응이다. 요한의 아버지인 스가랴는 천사 가브리엘의 '수태고지'를 들었어도 그 말을 믿지 못하는데(1:20), 예수의 어머니인 마리아는 그것을 믿는다(1:39, 45). 또한 앞으로의 두 인물의 역할에 대해 확실히 우열이 가려진다. 즉, 세례 요한은 그에 대한 사가랴의 예언에서 '그 길을 준비하는 자'(76절)로 기술되지만, 예수는 '구주', '그리스도', '주'(2:11), '이방을 비추는 빛, 이스라엘의 영광'(2:32)으로 묘사된다.

누가복음에만 있는 예수의 출생과 어린 시절 이야기(2장)는 예수와 그의 부모가 어떤 삶의 방식을 따랐는지 보여준다. 예수는 태어날 때부터 율법에 매우 충실했다. 예수의 부모는 모세의 법대로 정결 예식을 치르려고 예루살렘에 간다(2:22-23). 그들은 해마다 유월절을 지키려고 예루살렘에 갔고, 예수 또한 12살 때에도 절기에 관례를 따라 올라간다(2:41-42). 즉, 예수는 어린 시절부터 철저하게 율법에 따라 충실하게 살아온 것을 알 수 있다.

[3:1-4:13] 세례 요한의 사역과 예수의 공생애 준비: 누가복음 3-4장은 세례 요한과 예수의 공생애 시작을 다루며, 이들의 사역과 사명을 역사적 맥락 안에서 구체적으로 배치한다. 이 구간은 누가가 자신의 서술이 단순한 이야기가 아니라 실제 역사적 사건들이나 인물들에 근거한 것임을 강조하려는 의도를 반영한다. 특히 세례 요한의 사역은 회개를 중심으로 한 강력한 영향력을 지닌 것으로 묘사되며, 그의 메시지가 세리와 군인들을 포함한 다양한 계층에게 어떻게 다가갔는지를 보여준다.

세례 요한이 분봉왕 헤롯에 의해 감옥에 갇힌 상황에서 예수가 세례를 받는 장면은 누가복음의 중요한 전환점 중 하나이다. 이는 세례 요한의 사역에서 예수로의 이행을 나타내며, 누가가 세례 요한과 예수 간의 구속사적 구분을 의도적으로 명확히 하고자 한 서술 전략일 수 있음을 시사한다. 이런 접근은 예수와 세례 요한 사이의 연결 고리를 인정하면서도, 둘 사이의 차별점을 강조하는 방식으로 나타난다.

누가는 예수의 족보를 통해 예수의 신성과 인성 양쪽을 모두 강조한다. 마태복음과 달리, 누가복음에서의 족보는 예수로부터 하나님에 이르기까지 역순으로 진행되며, 이는 예수가 인간 역사 속의 인물인 동시에 하나님의 아들임을 보여준다. 또한 족보에서 나타나는 요셉의 아버지에 대한 다른 기록은 마태와 누가가 서로 다른 자료들을 사용했음을 시사한다.

4장의 예수의 시험은 예수의 사역이 시작되기 전, 그가 성령의 인도로 광야에서 마귀의 시험을 이겨내며 하나님의 뜻에 순종하는 모습을 보여준다. 이 장면은 예수가 그의 사명을 수행하기 위해 준비되었음을 나타내며, 세례 요한과 같이 광야에서의 시험과 준비가 중요한 역할을 하는 전통적인 유대-기독교적 모티프를 따른다.

이런 서술은 누가복음이 단순히 종교적 메시지를 전달하는 것을 넘어서 그 메시지를 역사적 실재와 깊이 연결시키려는 의도를 반영한다. 누가는 예수와 세례 요한의 사역을 구체적인 역사적 맥락 안에서 이해하고자 함으로써 독자들에게 이 사건들의 실재성과 중요성을 강조하려 한다.

[4:14-9:50] 갈릴리에서의 예수의 사역: 예수의 갈릴리 사역은 성령의 능력 안에서 시작되며, 이사야 인용을 통해 그의 사명의 배경이 제시된다. 이는 예수의 사역이 단순히 회개를 촉구하는 세례 요한의 메시지를 넘어서 하나님 나라의 복음을 전하는 것과 은혜의 해를 선포하는 것으로 확장됨을 보여준다. 예수의 중점은 가르침, 귀신 축출, 병자 치유 그리고 복음 전파 및 전도에 있으

며, 이를 위해 제자들을 부르시고, 그들이 모든 것을 버리고 자신을 따르도록 하신다. 예수의 사역 중 나병환자 치유 사건은 예수께서 율법을 존중하고 율법의 역할을 인정하셨다는 점과 그의 치유 사역이 율법에 부합했다는 것을 보여주시는 예이다.

또한 예수는 안식일에 대한 그의 이해를 통해 안식일의 참된 의미를 재해석한다. 안식일은 선을 행하고 생명을 구하는 날이다. 예수께서는 안식일에 밀이삭을 먹은 제자들의 행위와 손이 마른 사람을 치유하는 행위를 통해 안식일법을 범하지 않고, 오히려 안식일의 진정한 의미를 실천함으로써 보여주신다. 갈릴리에서의 예수 사역은 많은 이들에게 치유와 기적을 가져다주었다. 백부장의 종, 과부의 아들, 귀신 들린 사람, 야이로의 딸 등 다양한 사람들이 예수의 사역을 통해 병 고침을 받으며, 예수께서는 풍랑을 잔잔하게 하는 기적을 행하셔서 자신의 권능을 드러내신다. 예수의 사역은 단순한 치유와 기적의 수행을 넘어서 율법과 안식일에 대한 깊은 이해와 존중을 바탕으로 하나님 나라의 복음을 실천하고 전파하는 것을 목적으로 한다. 이를 통해 예수께서는 자신이 율법을 폐하거나 무시하는 것이 아니라 율법의 참된 의미를 실현하고, 인간의 온전한 구원을 위해 자기 역할을 하고 계신다는 것을 보여주신다.

[9:51-19:27] 여행 이야기: 누가복음에서 예루살렘으로의 여행은 사마리아를 경유하며 시작되는데, 이 구간은 사마리아인들에 대한 다양한 태도와 예수의 가르침을 보여주는 중요한 사건들을 포함한다. 누가는 다른 복음서와 비교하여 상대적으로 사마리아인들을 긍정적으로 묘사한다. 특히 선한 사마리아인의 비유와 10명의 악성 피부병 환자 중 감사를 표한 유일한 사마리아인의 이야기는 이런 긍정적 묘사의 예이다. 이런 묘사는 당시 유대인들 사이에 퍼져있던 사마리아인들에 대한 부정적인 인식에 도전하는 것으로 보인다.

누가복음은 70인의 제자 파송을 통해 '하나님 나라'의 선포를 강조한다. 이는 예수의 사역을 직접 연장하는 것으로서 그들의 중점 사역이 예수의 가르침과 일치함을 보여준다. 이어서 등장하는 '영생'에 대한 논의는 율법 교사의 질문과 선한 사마리아인 비유를 통해 전개된다. 예수는 진정한 이웃 사랑과 율법의 정신을 강조하며, 문자적 준수보다 실질적 행동의 중요성을 강조한다. 이는 예수가 기존의 율법과 이웃에 대한 이해를 근본적으로 전환하고 있음을 시사한다.

주기도문에 나타나는 명령법, 3인칭, 수동태의 사용은 기도를 단순한 소망의 표현이 아니라 행동의 다짐으로 해석한다. 이는 기도하는 이가 하나님 나라의 실현에 적극적인 역할을 자임한다는 의미를 담는다. 누가복음은 바리새인들에 대한 복잡한 태도를 보여주며, 식사 자리 초대와 같은 긍정적 상황도 묘사하지만, 예수는 그들의 가식적이고 위선적인 태도를 강하게 비판한다.

누가복음은 부자들에 대한 비판과 가난한 자들에 대한 위로도 제시한다. 예수는 가난한 자들에게 하나님 나라가 약속되어 있음을 선언하며, 이들이 자신의 생존을 염려할 필요가 없음을 강조한다. 이를 통해 예수의 가르침과 사역이 사회적, 경제적 계층에 대한 하나님의 관심과 사랑을 반영하고 있음을 보여준다.

누가복음은 안식일에 이루어진 치유 사건들을 통해 안식일의 진정한 의미를 재해석한다. 예수는 손 마른 사람을 치유한 후 18년 동안 귀신에 시달리며 허리를 펴지 못하는 여인을 치유하여 안식일이 사람을 살리는 날임을 선언한다. 이런 치유 사건들은 안식일에 병을 고치는 것이 합당함을 강조한다. 예수의 가르침은 잔치에 대한 비유를 통해 계속되어 겸손과 사회적 약자에 대한 선한 행동을 강조하며, 이는 부활 시에 보상받는다고 말한다. 하나님 나라에서는 가난하고 몸이 불편한 자들이 오히려 천국 잔치의 참여자가 된다. 제자가 되는 길은 가난한 마음으로 자신의 소유를 버리고 예수를 따르는 것이다.

잃어버린 양, 잃어버린 드라크마, 잃어버린 아들의 비유를 통해 누가는 선교의 필요성과 소중함을 강조한다. 이 비유들은 잃어버린 대상을 찾은 기쁨과 그 가치를 중심으로 한다. 불의한 청지기의 비유는 논란의 여지가 있는 비유로, 여기에서 중요한 메시지는 불의의 재물로 친구를 사귀라는 것이다. 청지기의 행동은 이 세대의 지혜를 사용하여 영원한 가치를 추구하는 방법으로 해석된다. 이 비유는 빛의 아들들과 이 세대의 아들들의 대비를 통해 이해될 수 있다.

16장 16절은 누가문서를 구속사적 관점에서 이해하는 데 중요한 역할을 한다. 여기에서는 '율법과 선지자'의 시대와 '복음의 시대' 그리고 '성령의 시대'를 구분하며, 이런 구분의 중심에 세례 요한과 예수의 부활이 각각 위치한다.

부자와 나사로의 이야기는 부자의 책임과 가난한 자에 대한 돌봄을 강조하며, 가난한 자는 하나님 나라가 그들의 것임을 재확인한다. 누가복음은 믿음에 대한 주제를 계속하여 탐구한다. 믿음이 겨자씨만큼 작다 할지라도 큰일을 이룰 수 있다는 가르침을 통해 제자들의 의무 수행은 보상을 기대하는 것이 아니라 믿음의 실천임을 강조한다. 누가복음은 또한 하나님 나라가 믿는 자들 안에 이미 존재함을 가르치며, 예수는 바리새인과 세리의 비유를 통해 진정한 의로움이 무엇인지 설명한다. 이는 겸손함과 자기 자신을 죄인으로 인식하는 자세이다. 영생에 대한 질문에 대해 예수는 율법을 통해 영생을 얻을 수 있음을 인정하면서도, 구원은 예수를 통해 얻어진다고 가르친다. 이는 율법과 예수, 영생과 구원의 관계를 설명하는 중요한 부분이다. 누가복음은 잃어버린 것을 되찾는 여러 이야기를 통해 구원의 메시지를 전한다. 삭개오 이야기와 은 열 므나의 비유는 구원과 하나님의 은혜에 대한 이해를 심화시킨다.

[19:28-24:49] 예루살렘에서의 예수의 사역: 이제 예수 일행은 예루살렘을 향한 여정의 막바지에 이르게 되어 벳바게와 베다니에 이르게 된다. 거기에서 예수께서는 제자 둘을 통해 아무도 타 보지 않은 나귀 새끼를 끌고 오게 해서 그것을 타고 예루살렘에 입성하신다. 마태복음은 "나귀와 나귀 새끼"(마 21:7)라고 언급한 반면, 누가는 마가복음을 따라 '나귀 새끼'라고 묘사한다. 이는 스가랴 9장 9절의 내용을 인용한 것인데, "나귀 곧 나귀 새끼"(슥 9:9)가 칠십인 역에서 옮기는 과정에 '나귀와 나귀 새끼'로 변형되어 온 것을 마태가 수용한 것으로 보인다. 이 밖에도 마태복음과 마가복음은 많은 인파가 소리치며 환영한다고 서술하지만, 누가복음은 제자들만 환영한다(19:37). 제자들이 환영하

며 부르는 노래는 예수께서 탄생하실 때 천사들이 부른 노래(2:14)와 형식은 유사하지만, 내용의 상이성으로 인해 같은 자료라고 생각되지는 않는다. 이 노래를 통해 알 수 있는 것은 예수의 왕 되심과 그로 인해 임하게 될 하늘의 평화와 영광이다. 이를 반대하는 자들이 종교 지도자들, 즉 바리새인들이다.

예루살렘 성 가까이 이르러 예수께서는 예루살렘의 파괴를 예언하며 우신다(19:41-44). 이는 기원후 70년, 역사적으로 발생한 로마에 의한 예루살렘 성의 파괴를 예언한 것이다. 19장 42절에 '너도'와 '평화에 관한 일'에서 '너'와 '평화'가 의미하는 것이 무엇인지, 즉 '너'가 예루살렘을 의미하는지와 '평화'가 19장 38절의 '평화'를 지칭하는지, 아니면 예루살렘(살렘의 히브리적 의미는 '평화'임)을 지칭하는지에 관한 연구는 필요해 보인다. 의미상으로 '너'가 예루살렘 성을 의미한다면, '평화에 관한 일'이란 예루살렘의 멸망과 관련하여 로마와의 평화를 의미하는 것으로 보인다. 20장 이후에 등장하는 여섯 개의 에피소드는 모두 마가복음(12:28 이하)에 등장하는 것들로서 논쟁 설화의 형태를 띤다. 21장의 '과부의 헌금'을 통해 예수는 헌금의 진정한 가치는 얼마나 많이 바쳤는가에 있지 않고, 얼마나 남겨 두었는가에 있다는 점을 가르친다. 이어서 누가는 예루살렘 성전의 멸망(21:5-9)과 환난(21:10-19) 그리고 종말의 때(21:20-33)를 자연스럽게 연결한다. 이는 이 시기에 그리스도인들이 해야 할 삶의 자세, 즉 "항상 기도하고 깨어 있어야 한다."(21:34-38)라는 사실을 가르친다.

누가복음 22장 1절-23장 56절은 수난 설화에 해당하는데, 그 시작은 유다의 배신이다. 흥미로운 점은 누가는 여기에서 수난 설화의 출발점에 '사탄'이 배후에 있다고 말하는 것이다. 사탄은 예수의 시험 장면에 등장하고 거기에서 그의 목적을 이루지 못한 채 "얼마 동안" 떠나 있게 된다(4:13). 이후 여기 수난 설화 부분에서 다시금 등장한다. 물론 저자인 누가가 사탄이 유다 속으로 들어가는 것을 보았다기보다는 이 모든 일 뒤에 인간적인 영역을 뛰어넘은 배후가 있다고 말하려는 것이다. 수난 설화의 시간적 배경은 마가복음은 "유월절이라고 하는 무교절"(22:1)이다. 이는 마가복음의 영향(유월절과 무교절, 막 14:1)일 것이다. 이 두 절기는 역사적으로 서로 구별되는 절기이지만, 시간으로 연결된 절기(무교절과 연계하여 7일 동안)이기 때문에 예수 당시에는 구별하지 않고 하나로 서술했다. 마지막 만찬(22:14-23)부터 수난의 한가운데에 있을 예수와 그런 스승의 수난에 함께하지 못하는 제자들 사이의 간격이 눈에 띈다. 마지막 만찬에서 스승을 팔 자가 암시되고(22:22 이하), 24절부터는 스승의 수난과는 상관없이 '누가 크냐', '누가 높은 자리에 앉을 것인가'에 대한 제자들의 다툼이 소개된다(22:24 이하). 이어서 수제자인 베드로의 부인이 암시된다(22:34). 22장 39절부터는 예수의 간절한 기도와는 대조적으로 제자들이 잠을 자는 모습이 묘사된다. 그리고 본격적인 수난사의 한가운데에 유다의 배신이 47절 이하에 등장하고, 다음으로 베드로가 예수를 세 번 부인한다(22:62). 이런 무지와 불신은 제자들뿐만 아니라 백성과 장로들, 권력자들인 대제사장들과 서기관들을 포함한 예수 주변의 모든 사람들에게 확대된다(22:63-71).

누가복음 23장부터는 빌라도 앞에서 예수가 심판받는 장면이 나온다. 빌라도가 재판에서 "당신이 유대인의 왕이오?"라고 묻자, 예수는 이에 "당신이 그렇게 말하고 있소."(23:3)라고 답한다. 『개역개정』에 "네 말이 옳도다."라고 번역한 것은 원문(sy legeis)에 대한 바른 번역인지 다시 생각하게 한다. 실제로 『새번역』은 이를 보완하고자 "당신이 그렇게 말하고 있소."라고 번역한다. 빌라도는 이런 예수로부터 아무런 죄를 발견하지 못하고 풀어주고자 하지만, 유대인들의 반발로 헤롯에게 보낸다(23:7). 그러나 헤롯도 예수로부터 원하는 답을 얻지 못하자, 다시 빌라도에게 송치한다(23:12). 예수와 그 사건을 넘겨받은 빌라도는 재판을 열어 그들에게 예수의 무죄함을 선언하려고 하지만, 모인 무리는 크게 반발하여 바라바를 풀어주고 예수는 십자가에 못 박으라고 외친다. 빌라도는 다시금 예수의 무죄함을 선포하고 풀어주고자 하지만, 무리는 더 크게 반발하여 결국 무리가 승리하게 된다. 그리하여 결국 빌라도의 뜻대로가 아니라 "그들이 요구하는 대로"(23:25) 예수는 십자가에 못 박히게 된다.

결국 무죄한 예수께서는 무도한 자들에 의해 죽임을 당하신다(23:46). 예수의 수난 이야기 속에 등장하는 많은 '악인' 속에서도 소수의 '의인'이 등장하게 되는데, 그들 중 대표적인 사람이 "당신의 나라에 임하실 때 나를 기억하소서."(23:42)라고 말한 행악자 중 한 사람과 예수를 '의인'으로 고백한 로마 백부장(23:47) 그리고 다른 제자들은 도망쳤지만, 고난의 자리까지 자리를 지키고 남아 있었던 '여인들'(23:49)과 예수의 시체를 달라고 한 '선하고 의로운' 요셉이다(23:50). 이들의 행동 하나하나는 독자들에게 배신한 제자들이나 유대 종교 지도자들과 대조되며 귀감이 된다.

누가복음 24장 1-49절은 부활절 기사로, 안식 후 첫날 새벽에 여자들이 예수의 몸에 향품을 바르러 무덤을 찾아오나, 시체는 찾지 못한다. 이 여인들은 막달라 마리아와 요안나 그리고 야고보의 어머니 마리아 외 다른 여인들이다(10절). 이들은 사도들에게 자신들이 본 것을 말하지만, 다른 이들은 믿지 않고 오직 베드로만 사실 확인을 위해 무덤으로 달려간다(12절). 예수 부활과 관련한 일관된 주제 중 하나는 (목격자인 여인들을 제외하면) 제자들의 '의심'이다(24:11). 엠마오 길에서 만난 제자들의 한결같은 반응도 의심이다(24:25, 38, 41). 부활하신 예수께서는 제자들의 의심을 깨우쳐 깨닫게 하시고(24:45) 이어 '사명'을 위탁하신다(24:48). 그리고 예수께서는 하늘로 승천하신다(24:50-53).

III. 웨슬리와 함께 읽는 누가복음

1. 웨슬리와 누가복음

존 웨슬리와 누가복음 사이의 관계는 깊고 다층적이다. 웨슬리는 성경의 가르침을 크게 중시하고 그것을 기독교 생활의 핵심 기반으로 여겼다. 누가복음은 병든 자에 대한 예수의 자비, 가난하고 소외된 이들에 대한 동정심, 종교

지도자들에 대한 비판과 제자로서 자기 부인을 강조한다. 누가복음 12장 20절은 부에 대한 비판을 통해 세상의 어리석음을 설교했으며,[2] 특히 9장 23절 본문의 설교를 통해 자기 부인이야말로 성도의 삶에 있어 가장 요구되는 삶의 태도로 강조했고, 십자가를 지고 가는 것이 하나님의 뜻에 자기 뜻을 복종시키는 과정이라고 했다.[3] 이는 웨슬리의 신학적 신념과 감리교 운동에 대한 그의 비전에 많은 영향을 주었다. 누가복음은 예수를 하나님의 은혜와 자비의 전달자로 제시한다. 이 메시지는 모든 인류에게 제공되는 하나님의 공로 없는 은혜에 대한 웨슬리의 이해에 반영된다.

웨슬리는 개인적인 회심과 살아 있는 믿음의 필요성을 강조했으며, 이는 누가복음에서 예수가 죄인들, 소외된 이들과 상호 작용하는 다양한 이야기를 통해 설명된다. 또한 누가복음은 그의 사회 정의와 가난한 이들을 위한 배려에도 많은 영향을 끼쳤다. 특히 16장 9절은 탐욕과 부에 대해 경계하고 기독교인의 경제관에 대해 설교하도록 했다.[4] 이처럼 웨슬리의 사회 정의에 대한 깊은 우려와 가난하고 소외된 이들에 대한 그의 헌신은 누가복음에 강한 성경적 기반을 둔다. 누가는 예수의 가난한 이들에 대한 동정심, 그의 치유 그리고 큰 자가 작은 자가 되고, 작은 자가 큰 자가 되는 사회 질서의 전환에 대한 가르침을 자세히 보도한다. 이런 영향은 16장 31절의 부자와 나사로에 대한 설교에서도 강하게 나타난다. 여기에서 웨슬리는 부자로서의 사회적 책임감이 어떠한지에 대해 설교하며, 부자의 후회와 요청을 통해 이 땅에 살아가는 사람들이 바로 행동해야 함을 강조한다.[5] 그리고 16장 2절 본문을 통해서도 거룩한 삶이란 무엇인가에 대해 설교하며, 재능과 물질에 대해 선한 청지기로 진실하게 베푸는 삶을 살아가도록 강조한다.[6]

누가복음의 이런 측면들은 웨슬리의 이웃에 대한 기독교적 봉사와 소외된 이들의 생활 조건을 개선하기 위한 그의 노력에 중대한 영향을 미쳤다. 그리하여 특별히 누가복음은 그의 성령에 대한 인식에도 많은 울림을 주었다. 누가복음은 예수의 생애와 초기 교회에서 성령의 역할에 특별한 강조를 둔다. 이 주제는 웨슬리에게도 매우 중요했다. 웨슬리는 성령을 통한 영적 성숙과 정화 과정인 성결의 중요성을 가르쳤으며, 이는 성도가 거룩한 삶을 살 수 있도록 한다. 이런 성령의 강조는 특히 누가복음에서 예수의 탄생과 사역에 있어서 강하게 나타난다. 이렇듯, 누가복음은 웨슬리가 광범위한 설교 여행을 하고 모든 사회 계층의 사람들에게 쉽게 다가가도록 영감을 주었으며, 더 나아가 이런 사회 구원과 참여에 관심을 두는 감리교 공동체를 설립하도록 하는 데 큰 감명을 주었다.

2. 누가복음과 현대 교회

한국 교회는 개신교 전통 위에서 소위 '율법과 예수'에 대한 이중적 시각을 갖고 있다. 누가복음에 나타난 율법에 대한 예수의 시각과 행동을 살펴보면 이중적인 것이 아니라 인간의 구원을 위해 예수께서 율법과 상호 협력하는 관계임을 알 수 있다. 예수의 이런 율법에 대한 행동을 통해 율법에 대한 부정적인 시각에서 벗어나 균형 잡힌 신앙을 갖기를 바란다.

3. 더 생각해 볼 문제

1) 누가복음에만 나오는 내용들을 간추려 보라. 그것들은 어떤 내용으로 구성되어 있는가? 누가는 그런 내용을 통해 무엇을 말해주려고 하는가?
2) 누가복음에는 소위 '구속사적'인 세계관이 등장한다. 한스 콘첼만의 '시간의 중심'을 중심으로 살펴보라.
3) 누가복음에 나타난 율법의 문제와 다른 공관복음서의 차이가 무엇인가 살펴보라.

2. 웨슬리와 함께 읽는 사도행전

이 장에서 함께 공부할 주요 내용

- 구속사적 관점에서 사도행전의 위치와 역할은 어떠한가?
- 누가복음의 신학적 내용이 사도행전에서 어떻게 변화 및 발전했는가?
- 누가복음의 주인공이 예수라고 한다면, 사도행전의 주인공은 바울이다. 누가는 바울의 삶과 신학에 대해 어떻게 묘사했는가?

키워드: 초대 공동체의 모습, 초대 공동체의 신앙과 교리, 복음 전파 과정과 선교, 보편적 구원, 신학적 메시지

핵심 구절: 그러나 성령이 너희에게 내리시면, 너희는 능력을 받고, 예루살렘과 온 유대와 사마리아에서, 그리고 마침내 땅 끝에까지 이르러 내 증인이 될 것이다.(1:8)

I. 사도행전을 이해하기 위한 배경

사도행전은 초대교회의 설립과 생활 그리고 선교와 교리의 발전 과정 등에 대해 보도하고 있는 자료의 보고이다. 누가는 1권인 그의 복음서에서 예수의 생애와 그를 통한 복음의 기원에 관해서 보도한 후 2권인 사도행전에서는 남겨진 예수의 제자들에 의한 교회의 설립과 복음 전파 등을 전한다. 19세기 말, 아돌프 폰하르낙이 사도행전을 바울서신과 함께 초기 기독교의 역사적 통찰을 위한 기둥으로 주장한 이후 사도행전의 역사적 가치에 대한 논쟁이 시작되었다.[7] 사도행전의 저술 목적에 관해서는 헬라적 기독교로 대표되는 바울파와 유대 기독교들 사이의 상호 적대적인 것에 대한 화해로 보는 견해(F. C. 바우르)도

있고, 보다 설득력 있는 것으로 사도 시대의 상황을 어떤 선입견 없이 이방 기독교 중심적인 시각으로 초대교회의 형성과 바울에 대해 설명하려는 것(F. 오버벡) 이라는 견해 등도 있다. 이 밖에도 여기에서는 사도행전에 등장하는 전승들의 기원에 대한 문제에서 첫째, 누가가 바울서신을 알고 있었는지, 둘째, 누가가 바울서신 이외의 전승만을 사용하고 있는지, 셋째, 가장 설득력 있는 가설로서 누가가 서신과 바울 전승 모두를 사용하고 있는지에 대한 연구도 다루게 될 것이다.

1. 사도행전의 저자

누가복음과 사도행전의 저자가 동일 인물일 가능성이 크지만, 누가복음에는 바울의 개인적인 삶에 대한 구체적인 내용이 없다는 점을 고려할 때 그가 바울의 여정에 직접 참여한 의사 누가라고 단정하기에는 어느 정도 한계가 있다. 만약 누가가 바울의 초기 경력에 관해서 많은 정보를 제공했더라면 그가 바울과 동반자 관계에 있었을 것이라고 좀 더 쉽게 확신할 수 있었을 것이다. 우리는 이 문서의 저자가 유대 전통과 바울의 서신에 익숙하며, 동시에 비유대 문화권에서의 구원에 관심을 보인 헬레니즘적 기독교도였다고 추측할 수 있다. 이는 그가 단순한 바울의 동역자 이상의 배경을 가진 인물일 수 있음을 시사한다.

2. 사도행전의 기록 시기와 공동체

사도행전은 누가복음과 마찬가지로 데오빌로에게 헌정된 문헌이다. 사도행전은 누가복음 24장 50-53절을 이어서 내용을 기록하고 있으며, 예수의 승천과 함께 시작한다. 그러므로 사도행전은 누가복음의 저자와 동일인에 의해 기록되었다. 기록된 시기는 당연히 누가복음과의 관계성에서 이해해야 하는데, 누가복음이 기록된 직후, 즉 대략 90년대부터 늦게는 100년경이라고 할 수 있다.

II. 사도행전 함께 읽기

1. 사도행전의 구조

사도행전 1장 8절을 기반으로 구조를 나누면 다음과 같다.

장·절	내용
A. 1:1-8:1 　　3:1-8:1	예루살렘에서의 활동 　예루살렘에서부터
B. 8:1-11:18 　　8:4-9:43	유대와 사마리아에서의 활동 　유대와 사마리아를 경유하여
C. 11:19-28:31 　　13:1-14:28 　　15:1-20:38 　　21:1-28:31	땅끝까지의 활동 　안디옥에서 소아시아까지 　그리고 에베소에서 　예루살렘을 거쳐 다시 로마로

이 밖에도 인물 중심으로 사도행전을 구분하면 다음과 같다.

A. 1-12장: 베드로의 교회
  · 1-7장 예루살렘의 공동체
  · 8-12장 팔레스타인과 시리아로 공동체 확산
B. 13-28장: 바울의 교회
  · 13-21장 바울의 선교
  · 22-28장 바울의 소송

첫 번째 부분(1-12장)은 베드로의 행동이 주도적으로 두드러지며, 여기에서 특별히 예루살렘 공동체와 사도 모임이 눈에 자주 띈다. 두 번째 부분(13-28장)은 바울의 행동이 우세하며, 안디옥 공동체와 그의 대표자인 바나바와 바울이 중심이 되어 이야기가 전개된다. 첫 번째 부분(7:58; 8:1, 3; 9:1-30; 11:25-30; 12:25)에서 이미 바울이 등장하는 데 반해서 사도들은 두 번째 부분에서 드물게 등장한다(베드로 15:7-11, 야고보 15:13-21; 21:18). 누가는 바울과 바나바를 통한 안디옥의 선교가 제자 그룹의 협약을 통해 이루어졌다고 전한다(11:19 이하). 바울의 동역자들도 예루살렘에서 파견된 자들이다(바나바 11:22, 마가 요한 12:25; 13:5, 13; 15:37, 실라 15:22, 32, 40). 사도행전 이야기의 중심(15장)에 최초의 에큐메니칼 교회 회의인 '사도 회의'에 대한 설명이 있으며, 이 회의 결과로 이방 선교가 공식적으로 인정되고 유대 기독교와 이방 기독교의 문화적 차이가 인정받게 된다.

2. 사도행전의 내용

[1:1-11] 사도행전의 서문: 저자는 예수 그리스도의 삶과 사역 그리고 승천에 관한 자신의 이전 저작을 언급하며, 승천 이후 발생한 사건들에 초점을 맞추겠다고 밝힌다. 예수께서는 승천하시기 전, 제자들에게 "하나님 나라"에 대해 40일간 가르치시고, 예루살렘을 떠나지 말고 성령의 세례를 기다리라고 지시하신다. 이 지시는 누가복음의 서술과 일치하며, 예수의 승천 이후 예루살렘에서 초대교회의 발전을 강조한다.

[1:12-26] 맛디아 보궐선거: 초대교회 구성원으로서 여성들의 존재를 언급하고, 유다의 배신과 그에 따른 공동체 내 교훈의 중요성을 다룬다. 사도라는 용어는 부활하신 예수를 목격한 이들을 지칭하며, 이는 예수를 지상에서뿐만 아니라 부활 후에도 목격한 자들임을 뜻한다.

[2:1-47] 초대교회의 모습: 성령강림을 약속의 성취로 경험하는 초대교회의 모습이 묘사된다. 성령강림은 외부의 사람들에게도 각자의 모국어로 방언이 들리게 함으로써 창세기 바벨탑 사건의 언어 혼돈을 제거하고 인류를 하나

로 연합시키는 상징적 사건으로 제시된다. 베드로의 설교는 예수 그리스도의 사역과 성령의 역할을 강조하며, 초대교회의 공동체성은 사도들의 가르침, 교제, 공동식사, 기도라는 특징이 있다. 이런 보도들을 통해 초대교회가 성령의 경험을 통해 어떻게 신앙 공동체를 형성했고 공동체에 어떤 영향을 미쳤는지 이해할 수 있다. 뿐만 아니라 이는 오늘날의 교회와 신자들에게도 영감과 교훈을 준다.

[3:1-4:37] 공동체의 물질공유: 사도행전의 초반 부분에서 누가는 사도들이 율법에 충실하며 유대교의 기도 시간을 지키는 사람들로 묘사한다. 여기에서 사도들의 기도는 하나님 나라에 대한 교훈과 성령의 세례를 기다리는 지시를 따르는 모습을 보여준다. 이는 사도행전이 예수의 승천 이후 초대교회의 발전을 강조하는 누가의 의도를 반영한다. 또한 이 부분은 기적 이야기를 포함하고 있으며, 환자의 치유가 믿음에 의해 이루어졌음을 강조한다. 누가는 치유의 효력이 예수의 이름에 대한 믿음에서 비롯되었다고 명시하여 예수 이름의 효력이 마술적인 것이 아니라 믿음에 기초하고 있음을 밝힌다.

누가는 성전의 '미문'을 언급하며, 환자가 믿음을 통해 치유받았다는 사실을 강조한다. 예수를 십자가에 못 박은 유대인들의 행동을 무지에서 비롯된 것으로 설명하면서 예수의 고난이 하나님의 구원 계획의 일부임을 밝힌다. 이는 죄의 용서가 회개와 돌이킴을 통해 이루어짐을 나타낸다.

사도행전 4장에서는 사두개인의 특징과 공동체의 회의가 소집된 장면을 다룬다. 베드로는 심문 과정을 선교의 기회로 활용하며, 나사렛 예수 그리스도의 이름을 통한 치유를 선포한다. 누가는 공동체의 하나 됨과 기도의 중요성을 강조하며, 초기 교회가 자산을 공유하고 서로의 필요를 채우는 모습을 보여준다. 이런 묘사는 초대교회의 공동체성과 신앙의 실천을 강조하며, 누가가 유대교 전통과 기독교 신앙 사이의 연속성을 중시하고 있음을 드러낸다.

[5:1-7:43] 처음 교회의 분열 위험과 극복: 사도행전 5장의 초반 부분에서는 아나니아와 삽비라의 사건을 통해 성령에 반대하여 부정한 행위를 한 결과

를 보여주며, 이는 초기 기독교 시대로부터 전해진 교훈적인 예로 제시된다. 누가는 이 사건을 통해 단순한 소유 포기가 아니라 거짓 없는 완전한 희생과 하나님을 속이지 않는 진실성의 중요성을 강조한다. 아나니아와 삽비라가 거짓된 행동으로 성령을 속인 것에 대한 벌을 받음으로써 하나님에 대한 믿음과 순종의 중요성을 드러낸다.

5장 19-21절 내용은 다른 구절들과 유사하나, 상대적으로 구체적이지 않으며, 사도들을 위한 하나님의 개입을 강조하는 누가의 의도를 보여준다. 6장에서는 선교가 예루살렘에 국한되지 않고 헬라인을 통해 주변 지역으로 확산되는 모습을 보여주며, 스데반과 같은 인물이 헬라 기독교인 중심에서 중요한 역할을 하게 된다. 이는 헬라파와 예루살렘 유대파 간의 화해를 묘사하면서도 그 사이의 분쟁을 완전히 해결할 수 없음을 시사한다.

스데반에 대한 두 가지 비난, 즉 율법과 성전에 대한 비난은 스데반이 단순한 봉사자가 아닌 성령이 충만한 설교자였음을 강조한다. 스데반의 설교는 이스라엘 역사 전반에 걸쳐서 하나님에 대한 불순종을 지적하며, 기독교가 구약에 기원을 두고 있음을 말하면서도 유대교와의 분리를 강조한다. 스데반의 설교에는 헬레니즘적 요소와 사마리아적 요소가 혼합되어 나타나는데, 이는 스데반의 정체성과 기독교 공동체의 다양성을 보여준다. 누가는 스데반 설교를 통해 당시의 종교적, 정치적, 사회적 위기와 갈등 속에서 누가 공동체의 신앙과 정체성을 강화하고, 박해 상황을 정당화하려고 했음을 드러낸다. 이런 교훈은 오늘날의 독자들에게도 신앙의 중요성과 하나님에 대한 진실한 헌신의 가치를 일깨워준다.

[8:1-9:43] 복음 전파 과정: 8장에서 누가는 예루살렘에서 있었던 큰 박해가 복음 전파에 미친 영향을 기술한다. 이 박해는 스데반의 죽음으로 인해 시작되었으며, 사도들을 제외한 많은 이들이 흩어져 복음을 전파하게 된다. 이 과정에서 빌립은 사마리아로 가서 많은 사람에게 복음을 전하고, 치유와 귀신

축출을 통해 그들에게 기쁨을 가져다준다. 사마리아에서의 복음 전파는 베드로와 요한이 사마리아인들에게 성령이 임하게 하는 사건으로 이어지며, 이는 나중에 에베소에서 바울에 의한 비슷한 사건과 이어진다.

사마리아에서 마술로 신망을 얻었던 시몬이 복음을 받아들이고 세례를 받지만, 그는 성령의 능력을 돈을 주고 사려고 했다가 베드로에게 야단맞는다. 이는 누가가 전하고자 하는 복음의 순수성과 성령의 능력이 개인의 욕심을 위해 사용될 수 없다는 것을 강조하는 것이다. 빌립은 주의 사자가 인도하는 대로 가사로 가며, 그 길에서 에디오피아 고위 관리와 만나 예수의 복음을 전한다. 이 고위 관리는 예루살렘에서 예배를 드리고 돌아가는 길에 빌립을 통해 예수에 대해 배우고 세례를 받지만, 그가 성령을 받았는지에 대한 기록은 없다. 이런 사건들은 복음이 어떻게 흩어진 사람들을 통해 더 넓은 지역으로 전파되었는지 그리고 초기 교회가 성령의 능력을 어떻게 경험하고 이해했는지를 보여준다. 또한 복음 전파와 성령의 역할에 대한 누가의 신학적 관심과 초대교회의 역동성을 강조한다.

9장은 사울의 급격한 변화와 그의 사명에 초점을 맞춘다. 이 장의 시작은 스데반의 순교와 기독교인을 향한 박해의 연장선에서 사울이 그리스도교를 따르는 자들을 결박하기 위해 다메섹으로 향하는 모습으로 그려진다. 사울의 다메섹으로의 여정은 예루살렘에서 큰 박해를 당한 많은 이들이 복음을 전파하게 된 배경과 맞닿아 있다. 사울의 회심 과정은 그가 예수를 만나고 시력을 잃은 후 아나니아에 의해 안수받고 눈을 뜨게 되는 순간까지 이어진다. 누가는 이 과정에서 사울이 이방인과 임금들, 이스라엘 자손들에게 복음을 전하기 위한 그릇임을 강조한다.

사울의 사명은 그가 앞으로 무엇을 할지 예수께서 나타나셔서 알려주신 것과 아나니아를 통해 전달된 내용을 중심으로 명확해진다. 따라서 사울에게 벌어진 사건은 단순한 회심이 아니라 예수가 하나님의 아들이심을 전파하는 사명을 사울이 받는 사건으로 보아야 한다. 사울의 초기 전파 활동은 다메섹에서의 태도 변화로 시작되며, 유대인들이 사울을 죽이려고 공모한 사건 때문에 그의 선교 여정은 예루살렘으로 향하게 된다. 이 과정에서 사울은 예루살렘에서도 환영받지 못하지만, 바나바의 도움으로 사도들에게 소개되고 다소로 보내진다. 베드로가 룻다와 욥바에서 했던 표적 행위는 베드로의 사역에 초점이 맞추어져 있으며, 이를 통해 많은 이들이 주님을 믿는다. 누가는 사울의 사명과 변화, 베드로의 표적 행위를 통해 초기 교회가 어떻게 성장하고 확장되었는지 그리고 복음이 어떻게 다양한 사람들에게 전파되었는지 보여준다. 이런 사건들은 초기 기독교 공동체의 역사와 신앙의 핵심적인 부분을 이루며, 복음의 힘과 성령의 역할을 강조한다.

[10:1-48] **베드로와 고넬료의 만남:** 10장은 사도행전 전체에 있어 유대 선교에서 이방 선교로 옮겨가는 과정의 반환점이다. 누가는 먼저 이방 선교의 시작이 베드로를 통해 이루어졌음을 보도한다. 이는 후에 있게 될 바울을 통한 이방 선교의 정당성을 확보하려는 차원과 이방 선교 역시 유대 기독교에서 시작했다는 것을 알려주려는 의도로 보인다. 10장 1-23절에서 이방인 고넬료라고 하는 이탈리아 군대의 백부장에 대한 소개는 매우 흥미롭다. 그에 대한 표현(10:2, 22절 참조)은 전통적인 유대인에 대한 표현과 차이가 없을 정도이다(13:16 참조). 3절부터는 욥바에 있는 베드로를 초청하라는 내용의 고넬료 환상 이야기가 나온다. 이 환상의 의미는 10장 34절 이하에 나오는데, 이는 이방인을 포함하는 선교에 관한 것이다. 이런 베드로의 활동 덕분에 고넬료를 비롯한 이방인이 성령과 세례를 받는다.

[11:1-30] **베드로의 선교 보고:** 11장 1-18절의 내용은 이방인에 대한 태도(10:28 이하)의 교훈을 다시금 강조하기 위한 것이다. 베드로는 생명을 얻는 회개에 이르는 기회가 이방인에게도 허락되었다는 것을 다시금 예루살렘교회의 형제들에게 전달한다. 이는 이방인 선교 문제에 관한 결정이 인간적인 필요에 의해서가 아니라 전적으로 하나님의 계획에 따라 이루어진 것, 즉 하나님은 이

방인 선교를 원하신다는 사실을 말하려는 것이다.

스데반 순교 사건 이후 '흩어진 자'(헬라파 기독교인)들은 베니게(페니키아)와 구브로, 안디옥에 있는 유대인들에게만 복음을 전파한다(19절). 그러나 그들 중에 구브로와 구레네 몇 사람은 안디옥에서 이방인(헬라인)들에게도 '주 예수'를 전파하기 시작한다(20절). 그리고 하나님의 능력이 그들과 함께해서 수많은 사람들이 믿음을 갖게 된다(21절). 모교회인 예루살렘교회는 이 사실을 확인하고자 바나바를 안디옥에 파견한다(22절). 바나바는 자기 밭과 소유를 팔아 사도들에게 준 충실한 인물로 소개된 적이 있는데(4:36), 그는 사울을 만나러 다소로 가서 그를 데리고 안디옥으로 돌아와 함께 1년간 일한다. 그리고 그곳에서 최초로 '그리스도인'이라는 명칭이 부여된다. 27절 이하의 내용은 초대교회 안에 미래의 일을 말하는 '예언자'가 있었음을 보여준다(13:1; 15:32). 이런 예언은 성령이 임한 자들에게 부여되는 은사이며 특수한 임무였다(2:17; 19:6 참조). 그중에 아가보라는 사람이 '성령으로' 예루살렘에 큰 흉년이 든다고 예언했고, 이는 실제로 글라우디오 때에 성취된다. 안디옥교회를 비롯하여 제자들은 바나바와 사울을 통해 예루살렘교회를 돕는다(27-30절).

[12:1-25] 헤롯 아그립바의 박해와 죽음: 헤롯 아그립바는 어릴 적 로마에 피난 가서 사는 동안 칼리굴라와 클라우디우스 등 로마 황족과 친분을 맺을 수 있었는데, 그는 정치적인 모략이 뛰어난 사람이었다. 이런 친분을 통해 그는 자신에게 위협적인 존재였던 삼촌 헤롯 안티파스를 몰아내고 유대의 왕이 될 수 있었다(41년경). 그는 정통파 유대인들의 비위를 맞추는 정책을 펼쳐 사도 야고보를 처형하고 베드로를 옥에 가두었다. 베드로가 옥에 갇히자, 교회는 그를 위해 간절히 기도했고, 주님의 사자를 통해 베드로는 기적적으로 탈옥하게 된다(10절). 이 모든 과정에 하나님의 개입이 있었다는 것을 깨달은 베드로는 마가의 집으로 향한다(12절). 교인들은 베드로를 위해 기도했음에도 정작 그들 앞에 살아 돌아온 베드로를 그의 '천사'로 취급한다(16절). 베드로는 자신에게 일어난 일에 대해 자초지종을 설명한 후 '다른 곳'(예루살렘 밖)으로 이동한다. 이

로써 예루살렘교회의 권력은 예수의 동생 야고보에게 옮겨진다. 헤롯 아그립바 왕은 베드로를 찾지 못하자, 파수꾼들을 심문하여 사형에 처한다(19절). 이후 헤롯은 유대를 떠나 가이사랴로 가서 머문다. 당시 가이사랴와 페니키아(두로와 시돈)는 모두 항구도시로서 서로 무역 분쟁이 있었으며, 헤롯은 두로와 시돈에 곡물 수출을 차단한다. 이에 왕의 시종인 블라스도는 뇌물을 받고 '중재자' 역할을 하며 왕에게 '화해'하라고 요청한다. 평화조약을 체결하는 날로 추정되는 때에 헤롯 아그립바1세는 단상에 앉아 연설하고, 군중들은 상업 전쟁의 종결에 대해 기뻐하며 이것은 "신의 소리요, 사람의 소리가 아니다."라고 아첨하면서 헤롯에게 환호한다(22절). 헤롯은 자신을 높이는 소리에 교만해지고 곧 급사하게 된다(23절). 반면에 이런 탄압자의 죽음과 대조적으로 교회는 더욱 흥성하고, 바나바와 사울은 부조를 마치고 마가 요한을 데리고 안디옥으로 돌아온다(24-25절).

[13:1-14:28] 바울의 1차 선교 여행과 사도 회의: 사도행전 13장에서 14장까지는 초기 기독교 선교 활동의 중요한 전환점을 다루며, 특히 바울과 바나바의 첫 선교 여행을 상세하게 기록한다. 이 부분에서 누가는 이방인 선교의 확장을 위한 하나님의 계획과 이를 수행하는 사도들의 역할에 신학적 의미를 부여한다. 안디옥교회에서 성령의 명백한 인도로 바울과 바나바가 선교사로 지명되는 것은 이들이 복음을 이방인에게까지 전파하는 새로운 단계로 나아가는 시작을 나타낸다. 이는 하나님의 구원 계획이 이스라엘 민족에 국한되지 않고 모든 민족으로 확장됨을 의미한다. 유대인들은 격렬하게 그들을 반대하고 박해했지만, 그들은 선교 여행에서 이방인들이 복음을 기쁘게 받아들이는 성과를 거두었다. 이 과정에서 많은 이방인이 신앙을 받아들이고 새로운 교회 공동체가 형성되는데, 이는 복음이 유대인뿐만 아니라 이방인에게도 구원의 소식임을 증명한다.

사도행전 15장은 예루살렘 공의회를 다루며, 초기 기독교 내에서 발생한 중대한 신학적 및 교회 정치적 논쟁을 기록한다. 이방인들이 기독교로 개종할 때 유대 전통의 율법을 준수해야 하는지에 대한 문제가 중심이다. 예루살렘에 모인 사도들과 장로들은 구원은 은혜로 말미암는 것이며 이방인 기독교인들에게 중요하지 않은 율법적 요구사항을 강요하지 않기로 결정한다. 이 공의회의 결정은 교회 내의 단합을 유지하고, 유대인 기독교인들과의 관계를 고려한 결정이었다. 공의회의 결정은 바나바와 바울을 통해 안디옥교회에 전달되며, 공의회의 문서는 이방인 기독교인들에게 우상 숭배와 관련된 행위를 피하라는 지침을 담고 있다.

이어서 나오는 바울과 바나바 사이에 발생한 의견 충돌 기사는 초기 교회 내에서도 의견 충돌이 있었음을 보여준다. 이는 각자 다른 동료를 데리고 선교 여행을 계속하는 계기가 된다. 이상의 단락들은 하나님의 구원 계획이 모든 민족에게 열려 있음을 강조하며, 초기 기독교가 유대 중심의 신앙에서 벗어나 보편적인 신앙으로 나아가는 중요한 전환점을 맞이했음을 보여준다. 선교 여행을 통해 복음이 이방인 세계로 확장되는 과정은 하나님의 사랑과 구원이 모든 인류를 향한 것임을 선포한다.

[16:1-18:17] 계속되는 선교 여정: 사도행전 15장의 사도 회의 결과에 따르면 혼혈인 디모데는 하지 않아도 되는 할례를 왜 했을까? 이에 대해 우리는 다음과 같이 유추해 볼 수 있다. 첫째, 유대 전통에 따르면 어머니가 유대인일 경우 혼혈이라도 유대인으로 인정한다. 둘째, 바울은 유대인들의 공격, 즉 유대인들에게 모세와 할례와 절기를 안 지켜도 좋다고 가르친다는 저들의 공격을 반박하기 위해 할례를 하도록 한다(21:21). 셋째, 공동체 안에 있는 유대인들에게 걸림돌이 되지 않고, 복음을 전하기 유용하도록 그렇게 했다. 참고로, 바울은 "각 사람은 부르심을 받은 그 부르심 그대로 지내라."(고전 7:20)라고 말한다. 마지막으로 아직 더베와 루스드라 공동체는 예루살렘 회의 결정사항을 몰라서 그렇게 했다(그래서 4절 이하에 예루살렘 회의 결정사항을 알려준다).

16장 6-7절에서는 성령이 아시아에서 말씀을 전하지 못하게 하심을 보도한다. 여기에서 예수의 영이 허락하지 아니하셨다는 것은 저자 누가의 해석으로 볼 수 있으며, 누가는 구원 사건이 하나님의 영에 의해 인도받는 것임을 제시하려 했다.

[19:1-41] 바울이 헬라인에게 생명의 위협을 당함: 에베소에 도착한 바울은 그들이 알고 있는 요한의 세례를 예수의 세례로 대체한다. 여기에서 요한의 세례와 예수의 세례의 차이점이 드러나는데, 그것은 성령을 받는 것이다(2, 6절). 그리고 에베소에서의 체류 기간이 3달(8절), 2년(10절), 3년(20:31)이 다른 이유는 아마도 시간과 장소가 각기 다른 전승으로부터 온 것이기 때문일 것이다. 서술 단계, 즉 회당에서 3달, 두란노 학원에서 2년 그리고 '얼마 동안'(22절)이 합해져서 3년이 되었다(20:31).

바울의 '도'를 비방한 '어떤 사람'(9절)은 누구이며 왜 그랬을까? 아마도 그들은 유대인이었을 것이며, 이들은 바울이 '율법으로부터의(이방인들의, 유대인들의?) 자유'를 전한 것에 반대했을 것이다. 분명한 것은 에베소의 유대인들이 바울에게 지독한 적개심을 가졌다는 것이다. 19절에 언급된 '그 책'은 양피지나 파피루스로 만든 '마술책'을 말하며, 그 책값을 당시 금화로 계산하면 약 2,700만원 남짓(은돈 오만 닢)이다.

[20:1-21:40] 바울이 유대인에게 생명의 위협을 당함: 유대인들이 바울을 위협한 이유는 무엇일까?(20:3, 20:19 참조) 이 유대인들은 '젤롯'(열심당원)이다. 당연히 율법에 반대하는 바울을 암살하려고 했다. 이들은 율법을 하나님의 뜻의 표현이라고 생각하고 그대로 지켰다. 그러나 바울은 '우리 백성'(유대인), '율법', '이곳'(21:28)을 비방하는 자이다. 20장 17-38절은 번역에 문제가 있다. 28절에서 '하나님이 자기 피로 사신 교회'(『개역개정』)인가, 아니면 '하나님이 자기 아들의 피로 사신 교회'(『새번역』)인가? 이 중에서 '하나님이 자기 피로 사신 교회'가 더 원문에 가깝다.

21장 1-40절에서 언급하고 있는 천부장이 말한 그 '애굽인'은 누구일까? 요세푸스의 기록에 따르면 그는 '시카리'당원 중 한 명이었으며 광야로 나갔다고 한다. '시카리'라는 말은 '시카', 즉 단도(短刀)라는 말에서 나왔다. 펠릭스 총독 재임 기간인 52년부터 과격 민족주의자들의 운동이 시작되었으며 이들은 군중들 속에서 자신의 적들을 단도로 찔러 죽였다.

[22:1-24:27] 바울의 변명: 우리는 앞의 본문으로부터 몇 가지 질문을 할 수 있다. 첫째, 바울은 아람어로 연설을 하는데(22:2), 과연 역사적 바울은 아람어를 읽을 수 있었을까? 만일 그랬다면 왜 그가 인용하는 구약성서는 모두 칠십인 역에서 왔는가?

둘째, 바울은 왜 여기에서 두 번째 '소명' 이야기를 다시 설명하는가? 이는 그저 서로 다른 자료를 단순히 나열한 것인가, 아니면 무슨 다른 동기가 있어서인가?

셋째, 바울은 왜 자신의 혐의, 즉 이방인과 함께 들어가서 성전을 더럽혔다는 것에 대해 아무 설명도 없이 소명 이야기를 하는가? 누가는 이 고발을 역사적으로 정확하게 재구성하는 데 큰 관심이 없었을 것이다. 누가는 유대교와 기독교의 대립, 성전모독과 같은 개별적인 갈등보다는 기독교의 이방 선교, 세례를 통해 이방인을 하나님의 백성으로 받아들이는 문제가 더 중요했을 것이다. 그리고 이런 서술을 위해 바울의 소명 이야기를 재구성할 필요가 있었을 것이다. 그의 소명 이야기를 통해 누가는 기독교가 이방인을 선교하는 것이 정당하다는 문제에 집중하는 것이다. 즉, 이방 선교는 인간적인 의지에 의한 것도 아니고, 율법에 충실한 경건한 유대인 바울이 스스로 생각해 낸 것도 아니다.

그렇다면 넷째, 바울의 변명(연설)을 통해 누가가 말하고자 하는 신학적 의도는 무엇일까? 우리는 여기에서 바울의 과거와 누가의 현재가 녹아 있음을 알 수 있다. 누가가 이 글을 쓸 때에는 이미 성전은 멸망한 이후이다. 누가는 이미 지나간 과거가 되어버린 일을 이야기하지 않고, 자신의 시대에 절실했던 문제에 관해서 이야기한다. 즉, 기독교는 유대교와 연속선상에 있으면서 유대교의 한 분파(하이레시스)로서 합법적인 종교로 인정받을 수 있을 것이다. 가장 위대한 기독교 이방 선교사가 경건하고 율법에 열심을 보인 유대인이었다면 이 두 종교는 연속선상에 있는 것이다. 다만, 그가 유대인들의 불신앙 때문에 이방

177

인에게 보내졌다는 것이다.

다섯째, 무리는 왜 바울의 연설을 듣고 화를 내며 그를 죽이려 했는가?(22:22, 24, 30, 23:29 참조; 24:5-6a; 21:21) 21장에서 군중들이 화를 낸 이유는 ① 바울이 드로비모와 함께 성전에 들어가서 성전을 더럽혔기 때문이며(21:29) ② 그가 "모세의 율법을 거스르고, 할례로부터 자유로우며, 성전을 거스르고, 관습을 지키지 않아도 된다."(21:21)라고 가르쳤기 때문이다. 그러나 여기에서는 이방 선교로의 명령이 군중들의 분노를 폭발시킨다.

여섯째, 바울은 이날까지 하나님 앞에서 오로지 바른 양심을 갖고 살아왔다고 말한다(23:1; 24:16). 여기에서 말하는 양심은 '함께 아는 것'으로, 도덕의식, 상식, 의식으로 번역할 수 있다.

일곱째, 23장 6절 이하에서 바울이 택한 전략은 무엇인가? 바울이 소송에 걸린 것은 성전과 율법에 거슬리는 일을 했기 때문이지만, 바울은 이를 '그가 골수 바리새파이고, 부활의 가르침과 메시아적인 희망을 주장했기 때문'이라고 방향을 바꾼다(6절). 이로 인해 바리새파와 사두개파는 격렬한 싸움을 벌이며 바리새파는 바울의 변호자가 된다. 즉, 이것이 바울의 문제가 아니라 유대교 내의 문제가 된 것이다.

유대인은 유대교가 참된 종교이고 기독교는 여기에서 분리된 종교라고 비판했는데, 이에 대해 누가는 '괴수'인 바울을 통해 이 기독교를 변호하려고 한다(14절 이하). 즉, 바울이라는 인물을 통해 유대교와 기독교의 연속성이 분명하게 드러난다. 누가는 기독교가 바리새파적 유대교와 공통되는 점이 있으며, 이들과 다른 점이 있다면 그것은 예수이다. 예수의 부활과 이를 통해 입증된 그의 메시아의 정체성은 유대교 신앙과 절대 모순되지 않는다.

결론적으로 누가는 바울을 통해 기독교가 유대교, 특히 바리새파와 다르지 않음을 주장한다. 바울은 유대인들의 모함, 즉 종교적인 것과 정치적인 것을 개별적으로 변호한다. 자신은 율법을 양심에 따라 행했고, 예루살렘에 머무는 12일 동안 혁명을 일으키는 것은 말도 안 된다는 것이 그의 변호 내용이다. 이런 바울의 주장은 벨릭스 총독에게 받아들여졌고, 그가 승리한 것처럼 보인다. 이에 바울은 석방되어야 했으나, 벨릭스 총독은 유대인들과의 정치적 관계를 유지하기 위해 2년이나 바울을 구금한다.

[25:1-28:31] 유대인의 모략과 바울의 담대함: 대제사장들과 고위직 유대인들이 바울을 고소하여 그를 예루살렘으로 호송해 달라고 요청했으나, 베스도는 이를 거절하고 재판을 열고, 이 과정에서 바울은 가이사에게 상소한다. 바울의 요청으로 베스도는 그를 가이사에게 보내고, 아그립바 왕을 만난 베스도는 바울 기소 건에 대해 그에게 설명한다. 아그립바 왕은 바울에게 직접 설명을 듣고자 하고, 이에 베스도는 높은 사람들(아그립바 왕과 버니게 그리고 천부장들) 앞에서 경과를 전달하고 모임의 취지를 설명한다. 베스도는 바울에게서 죄를 못 찾았다고 말하면서 죄목을 밝힐 자료를 요청한다.

26장에서는 바울의 변명이 나온다. 26장 13-18절에서 바울은 자신의 다메섹 경험을 설명하고, 이어서 자신의 행동(회개하고 예수 믿을 것을 전했음)은 구약 전통에 있는 것임을 설명한다. 그러자 26장 24-32절에서 베스도는 "네가 미쳤다."라고 반응한다. 그래도 모인 무리(왕, 총독, 버니게 등)는 여전히 바울로부터 죽일 죄를 찾지 못한다. 결국 바울은 다른 죄수들과 함께 로마로 압송되며, 항해 중 풍랑을 만난다. 이들은 멜리데 섬에 난파당하지만, 거기에서 바울은 이적을 일으킨다(28:1-10). 바울과 그의 일행이 로마에 도착하고, 바울은 고위 유대인들을 초청하여 모세의 율법과 선지자의 말을 갖고 예수를 증언하며 변증한다.

누가는 사도행전에서 제자들을 통해 성령에 의해 어떻게 교회가 시작되고 변화, 발전되었는지 설명하고자 한다. 그 중심 인물로 전반부에는 베드로, 후반부에는 바울이 등장한다. 누가는 베드로와 바울을 통해 그때까지 유대인들만의 독점적인 배타적 구원론을 넘어 보편구원론을 전파한다. 그러면서도 바울은 끝까지 자신이 '유대인의 율법이나 성전이나 로마법에도 저촉되는 일'을 하지 않았음을 증언한다. 이를 통해 누가는 유대인이라는 정체성을 잃지 않으면서도 이방으로 향하는 모습을 볼 수 있다. 이 밖에도 누가는 초대교회의 모습

속에 어떤 혼돈이 있었으며, 복음을 위해 어떤 순교와 희생이 뒤따랐는지를 말해준다. 그리고 선교 과정, 특히 초기 기독교의 모습과 선교를 통해 유대교뿐만 아니라 이방 지역에서도 복음이 어떻게 전파되었는지 말해준다.

III. 웨슬리와 함께 읽는 사도행전

1. 웨슬리와 사도행전

웨슬리와 사도행전 사이의 관계는 그의 신학과 감리교 운동의 실천적 방향성을 이해하는 데 있어 필수적이다. 예수 승천 후 초기 교회의 생성과 확산을 기술한 사도행전은 웨슬리에게 선교, 복음 전파, 교회 조직에 대한 모델을 제공했으며, 이는 그의 설교와 감리교 교회 조직에 있어서 모델이 되었다. 웨슬리는 사도행전에서 초기 기독교인들이 갖고 있었던 선교적 열정과 복음 전파 과정에 대한 강력한 예를 보았다. 특히 사도행전 4장의 설교에서는 초기 기독교 공동체의 생활과 그들의 믿음에 주목한다. 베드로와 요한의 체포와 그들의 변론을 통해 초기 기독교인들의 용기와 신앙의 정신을 강조한다. 특히 4장 32절의 "많은 신도가 다 한 마음과 한 뜻이 되어서"라는 구절에 초점을 맞추어 공동체의 일치와 서로에 대한 나눔의 중요성을 강조한다. 이런 공동체 의식은 웨슬리의 사역과 감리교회의 발전에 큰 영향을 준다. 그리고 이런 특성이 모든 그리스도인에게 필요하다고 강조하며, 신앙생활에서 담대함과 확신의 중요성을 설교한다.[8]

또한 세계 여러 곳에서 복음을 선포한 베드로, 바울 등 사도들의 이야기는 웨슬리에게 끊임없는 여행과 설교 활동에 대한 영감을 주었다. 그는 기독교인들이 복음을 적극적으로 전파해야 한다고 믿었으며, 사도들을 자신의 사역에 대한 모범으로 삼았다. 사도행전은 성령행전이라고 불릴 정도로 성령의 역할이 매우 비중 있게 다루어지는데, 이는 성령의 능력을 강조하는 웨슬리의 신학적 가르침과 맥락을 같이한다. 웨슬리는 자신의 회심 경험을 성령의 작용으로 보았으며, 이것이 신앙을 강화하고 성화로 이끈다고 여겼다. 그는 이런 성령이 사도행전의 시기뿐만 아니라 자신의 시대에도 교회에서 활동하고 있다는 증거를 보았다. 또한 웨슬리는 사도행전에서 온전한 그리스도인이 된다는 것의 의미를 사도행전 24장의 본문을 통해 설교했으며 여기에서 하나님 사랑과 이웃 사랑에 대한 구체적인 실천을 강조한다.[9] 특히 26장 24절의 본문을 통해 광신이라고 매도당하는 감리교 운동을 영국 성공회와의 관계성에서 자신의 사역을 변증하며, 잘못된 확신의 위험성을 경고한다.[10] 이처럼 사도행전은 웨슬리의 교회론과 사역에 기초를 제공했으며, 사회적 참여와 필요한 이들을 돌보는 원칙들을 제공해 주었다. 그리고 초기 기독교인들이 재산을 공유하고 가난한 이들을 돌본 행위는 그에게 감리교 운동의 실천적 이웃 사랑과 사회 정의 노력에 대한 영감을 주었다.

2. 사도행전과 현대 교회

우리는 사도행전에서 크게 두 가지를 생각해 볼 수 있다. 첫째는 초대교회의 공동체성이다. 다양한 사람들이 모여 다툼과 분열의 과정도 겪었지만, 곧 사도들을 중심으로 회복됐다는 점을 통해 한국 교회가 분열이 아니라 화해와 회복을 배워야 할 것이다. 둘째, 바울을 중심으로 한 선교 운동이다. 바울은 많은 어려움과 고통을 겪었지만, 그 모든 어려움에도 포기하지 않고 자신에게 맡겨진 사명을 끝까지 완수했다.

3. 더 생각해 볼 문제

1) 초대교회가 시작될 수 있었던 것은 성령의 임재이다. 21세기 한국 교회에서 성령의 능력은 어떻게 나타나고 있는가?
2) 사도행전 15장은 최초의 사도 회의에 대해 보도한다. 그 결과를 통해 한국 교회가 배울 점은 무엇인가?
3) 역사적으로 바울과 열두 제자 사이의 관계는 어떠했을지 생각해 보자.

---

1 저술 장소에 대한 더 자세한 연구와 자료는 우도 슈넬레,『신약정경개론』, 453-455를 참조하라.
2 존 웨슬리/조종남 외 공역,『웨슬리설교전집-7』(서울: 대한기독교서회, 2020), 321을 보라.
3 존 웨슬리/조종남 외 공역,『웨슬리설교전집-3』(서울: 대한기독교서회, 2020), 247을 보라.
4 존 웨슬리/조종남 외 공역,『웨슬리설교전집-3』(서울: 대한기독교서회, 2020), 281을 보라.
5 존 웨슬리/조종남 외 공역,『웨슬리설교전집-7』(서울: 대한기독교서회, 2020), 139를 보라.
6 존 웨슬리/조종남 외 공역,『웨슬리설교전집-3』(서울: 대한기독교서회, 2020), 301을 보라.
7 사도행전의 역사적 가치에 관한 연구는 G. 뤼데만/김충연 역,『사도행전』(서울: 솔로몬, 2012)을 참조하라.
8 존 웨슬리/마경일 역,『잠자는 자여 일어나라』(서울: 기독교대한감리회 홍보출판국, 1995), 59-81을 참조하라.
9 존 웨슬리/감리교신학대학교/한국웨슬리연구원 역,『존 웨슬리의 설교』(서울: 대한기독교서회, 2022), 201-205를 참조하라.
10 존 웨슬리/조종남 외 공역,『웨슬리설교전집-3』(서울: 대한기독교서회, 2020), 15-34를 보라.

제 7 장

요한복음, 요한1서, 요한2서, 요한3서(공동서신)

요한복음, 요한1서, 요한2서, 요한3서(공동서신)

1. 웨슬리와 함께 읽는 요한복음

> **이 장에서 함께 공부할 주요 내용**
>
> - 요한복음은 공관복음서와 비교하여 내용과 구조에 있어서 어떤 차이를 보이는가?
>
> **키워드**: 말씀, 거듭남, 생명의 양식, 세상의 빛, 선한 목자, 진리, 영광, 높임
>
> **핵심 구절**: 하나님께서 세상을 이처럼 사랑하셔서 외아들을 주셨으니, 이는 그를 믿는 사람마다 멸망하지 않고 영생을 얻게 하려는 것이다.(3:16)

요한복음을 시작하는 "태초에 말씀이 계셨다."라는 문장은 처음부터 독자들의 관심을 끌어당긴다. 이는 요한복음을 기록하고 있는 저자가 이것을 통해 나름대로 무엇인가를 전달하려고 하는 것이다. 요한복음의 이런 시작은 앞에 나오는 공관복음서와 달리, 새로운 내용과 관점을 가졌음을 보여준다.

I. 요한복음을 이해하기 위한 배경

1. 요한복음의 저자

요한복음의 사도 요한 저작설 전통은 교부 이레니우스가 『이단반박론』에서 '주님의 제자 요한'이 그가 알고 있던 모든 것을 장로들에게 복음서로 전해주었다고 기록한 것에서 시작한다. 이렇게 요한 사도 저작설 전통이 생겨났고, 이 사도 요한의 전승이 고대 교회 안에서 통용되어 왔다. 그리고 그 전승은 마지막 만찬에서 '주님의 가슴에 기대어 식사했던 사랑하는 제자'와 연결되어 전해졌다(요 13:28). 이렇게 사도적 전승을 토대로 교회 안에 널리 퍼져나갔던 요한복음은 마태복음, 마가복음, 누가복음으로 이어지는 공관복음서와 비슷한 내용을 담고 있으면서도 이들과 확연하게 구별되는 내용을 담고 있다. 고대의 교부들은 이런 사실에 착안하여 요한복음에 '독수리 복음' 또는 '영적인 복음서'라는 별명을 붙여주었다. 이는 요한복음의 내용이 공관복음서와는 차원이 다른 심오한 의미를 담고 있다는 점을 시사한다. 이런 내용의 차이에 주목하면서 요한복음의 저자를 밝히려는 연구는 아직 진행 중이며, 그 내용에 대한 심오한 의미는 요한복음을 세밀하게 읽고 탐구할 때 더 분명하게 드러난다.

2. 요한복음의 기록 시기와 공동체

앞에서 언급한 것처럼 요한복음은 사도 전승을 토대로 교회에서 널리 받아들여졌고, 그 중심 장소는 소아시아, 특히 지금의 튀르키예 서쪽(당시의 에베소가 중심이던 소아시아)이었다. 물론 요한복음이 기록된 장소로 시리아, 팔레스타인 등이 언급되기도 한다. 그러나 최근 연구는 요한복음이 기독교 초기 역사에서 널리 유포되었던 소아시아에 주목하고 있다. 그 이유는 기독교의 초기 역사에서 문제되었던 반가현설 대 가현설(예수께서 육체를 갖고 이 땅에서 활동하셨다는 사실을 부인하는 이단 사상) 논쟁의 중심지가 소아시아였고, 바울의 신학과 요한의 신학이 만나는 접촉점도 소아시아였기 때문이다. 또한 요한복음에 등장하는 유대교의 여러 관습에 대한 설명과 입장은 요한복음의 저술 장소가 소아시아라는 것을 뒷받침한다. 따라서 요한복음을 처음에 읽었던 독자들은 유대교와 이방인 문화가 활발하게 접촉하고 있었던 소아시아, 특히 에베소일 가능성이 크다.

요한복음의 저술 시기를 정하는 것도 여전히 논란이 된다. 그러나 신약성서 필사본 연구는 요한복음이 파피루스(P^{52})에 처음 기록된 것을 토대로 기원후 125년경 이전에 기록되었다고 본다. 그리고 요한복음이 보여주는 내용은 공관복음서와 전통을 같이하지만, 그 안에 나오는 유대교와의 논쟁 때문에 우리는 요한복음의 기록 연대가 공관복음보다 나중에 기록된 90-100년대로 추정한다.

우리가 요한복음을 이해할 때 눈여겨볼 것은 예수의 공생애가 공관복음보다 상대적으로 길다는 점이다. 공관복음 안에서 예수의 공생애는 그가 예루살렘으로 한 번 올라가서 고난을 겪고 십자가 죽임을 당하는 것으로 끝난다. 그러나 요한복음 안에서 예수의 공생애는 세 번의 유월절을 보내는 것으로 나온다(2:14; 6:4; 11:55). 그래서 요한복음의 예수의 공적인 활동은 2년 이상이다. 이런 시간 차이는 요한복음의 예수 공생애 연대기가 공관복음과 차이가 있다는 것을 보여준다. 공관복음에서는 마가복음 14장 1절(유월절과 무교절 이틀 전)을 바탕으로 예수의 공적 사역을 1년 이하로 본다. 그러나 요한복음 5장 1절에는 특정되지 않는 '다른 명절'이 나오는데, 그것이 어떤 명절인지는 특정하기 어렵다. 그래서 공관복음의 예수 활동은 1년 이하이지만, 요한복음에서는 2년 이상이 될 수 있다. 이런 차이로 공관복음에서 예수께서 예루살렘에 마지막으로 체류하시는 것은 마가복음 11-15장을 기준으로 볼 때 일주일 정도이지만, 요한복음에서는 예수께서 예루살렘과 유대 지방에서 장막절(7:2)과 수전절(10:22)을 보내시고 유월절(12:1)을 앞두고 죽음을 맞이하신다.

공관복음의 예수는 세례 요한이 헤롯 안티파스에게 잡혀 투옥된 후에 비로소 공생애를 시작한다(막 1:14). 그러나 요한복음의 예수와 세례 요한은 서로 활동이 일정 기간 겹친다(3:22-23; 4:1). 특히 공관복음과 달리, 요한복음에서는 예수의 예루살렘 성전 정화 이야기가 복음서의 앞부분에 나오는 것이 독특하다(요 2:13-22; 막 11:15-17; 마 21:12-13; 눅 19:45-46). 또한 공관복음은 예수의 죽음을 유월절(니산월 15일)로 말하지만(막 14:1, 12; 15:1, 6, 33), 요한복음 19장 14절은 예수께서 유월절 준비일(니산월 14일)에 돌아가셨다고 전한다.

II. 요한복음 함께 읽기

1. 요한복음의 구조

요한복음에 대한 구조와 내용은 다음과 같이 볼 수 있다.

A. 서론
1:1-18 로고스 서문
1:19-34 세례 요한의 증언
1:35-51 하나님의 어린양 예수, 예수의 처음 제자들

B. 요한복음의 전반부
[2-12장 세상 앞에서 자신의 영광을 보여주시는 예수]
- 2:1-11 가나의 **첫 번째 표적**(물이 변하여 포도주가 되다)
- 2:13-22 성전 정화
- 2:23-3:21 밤에 찾아온 니고데모와 거듭남
- 3:22-36 예수에 관한 세례 요한의 언급, 위에서 오신 분
- 4:1-4:45 예수와 사마리아 여인과 그 마을 사람들의 만남
- 4:46-54 **두 번째 표적**(왕의 신하의 아들을 고치다)
- 5:1-9a 베데스다 연못에서 38년 된 병자를 치유하다(세 번째 표적)
- 5:9-18 아버지께서 일하시니 나도 일한다(안식일 논쟁)

- 5:19-47 하나님의 아버지와 그 아들에 관한 설교
- 6:1-15 오천 명을 먹이심**(네 번째 표적)**
- 6:16-21 바다를 위를 건너가시는 예수**(다섯 번째 표적)**
- 6:22-59 하늘에서 내려온 생명의 빵
- 6:60-65 생명을 주는 것은 성령
- 6:66-71 예수를 떠나는 제자들
- 7:1-52 예루살렘에서 장막절을 지킨 예수
- 7:53-8:11 현장에서 간음하다 잡혀 온 여인(첨가된 본문)
- 8:12-30 세상의 빛 예수, 나는 이 세상에 속하지 않았다
- 8:30-47 진리가 너희를 자유롭게 하리라, 악마의 자녀들
- 8:48-59 아브라함보다 먼저 계신 예수
- 9:1-41 시각장애인으로 태어난 사람의 치유**(여섯 번째 표적)**와 그로 인한 논쟁
- 10:1-21 선한 목자이신 예수
- 10:22-42 예수를 배척하는 유대인들
- 11:1-44 나사로를 다시 살려내시는 예수**(일곱 번째 표적)**
- 11:45-57 예수를 믿는 유대인들과 그의 죽음을 예견하는 대제사장 가야바
- 12:1-8 베다니에서 예수의 발에 향유를 붓는 여인
- 12:9-11 나사로 때문에 예수를 믿은 유대인들
- 12:12-19 나귀를 타고 예루살렘에 입성하시는 예수
- 12:20-26 예수를 보러 온 헬라인들
- 12:27-36 인자가 높이 들려야 한다
- 12:37-43 예수를 믿지 않는 유대인들
- 12:44-50 나는 심판이 아니라 구원하러 왔다

C. 요한복음의 후반부
[13-17장 제자들 앞에서 영광(이별을 앞둔 계시 설교와 예수 수난사)]
- 13:1-20 마지막 만찬과 세족식
- 13:21-38 배반 예언, 부인 예언
- 14:1-16:33 고별설교
- 17:1-26 기도

[18:1-19:42 수난 이야기]
- 18:1-11 유다의 배반과 체포당한 예수
- 18:12-27 대제사장 안나스의 심문과 베드로의 부인

- 18:18:28-19:16b 빌라도 법정의 예수와 유대인 군중
- 19:17-36 십자가에 달려 높임을 받으신 예수
- 19:38-42 예수의 장례

[20:1-21:25 부활 이야기]
- 20:1-10 부활의 빈 무덤을 목격한 베드로와 사랑하는 제자
- 20:11-29 부활하신 예수의 제자들 앞에서의 현현
- 20:30-31 요한복음 표적의 기록 목적
- 21:1-14 부활하신 예수의 일곱 제자 앞에서의 현현
- 21:15-19 내 양을 먹이라
- 21:20-25 사랑하는 제자와 에필로그

2. 요한복음의 내용

[1장]: 1장 1-18절은 일반적으로 요한복음의 서문(prologue)이라고 부른다. 이어지는 1장 19-34, 35-51절의 두 개 본문은 예수 사역 이전의 이야기이다. 불트만 이후 학자들은 요한복음은 2장부터 20장을 두 부분으로 구분하고, 21장을 요한복음의 후기(epilogue)로 다룬다. 그래서 일반적으로 2-12장은 예수의 공적인 사역을 "세상 앞에서의 영광(doxa)의 계시"로 다루고, 13-20장은 예수의 고별설교들과 수난 이야기와 부활 이야기를 "공동체 앞에서의 영광(doxa)의 계시"로 다룬다. 그래서 13장 1절을 기준으로 전반부와 후반부가 명확하게 나누어진다.

요한복음의 서문(1:1-18)은 예수의 존재를 창세 이전부터 계신 말씀(로고스)으로 소개하고, 그 말씀이 성육신하신 것을 말한다(6-8, 15절은 1장 19절 이하의 세례 요한을 미리 지시한다). 이런 진술은 공관복음서가 말하는 예수에 대한 이해와 다른 것이다. 요한복음의 세례 요한 등장은 공관복음과 궤를 같이하지만, 예수는 세례 요한에게서 세례를 받지 않는다. 오히려 예수를 증거하는 세례 요한의 역할이 부각된다. 1장 35-51절은 예수의 처음 제자들이 요한의 제자 중에서 나온 것으로 이야기하는데, 이는 공관복음의 제자 이해와 다른 입장을 보인다

(막 1:16-20과 그 평행 본문들을 비교).

[2장]: 요한복음은 공관복음서 안에 소개되는 기적 이야기들을 '표적'(Semeion)으로 말하고 있는데, 가나의 혼인 잔치에서 물을 포도주로 변화시키는 이야기가 그 첫 사례이다. 또한 요한복음이 공관복음 안에 나오는 성전 정화 이야기를 예수 공생애 시작(앞부분)에 놓는 점이 특이하다(2:13-22). 이로 인해 예수께서 갈릴리로부터 예루살렘으로 여행하는 공관복음의 단선적인 여행구조가 요한복음 안에서는 사라지고, 오히려 요한복음에서 예수께서는 갈릴리와 예루살렘을 세 번 이상 번갈아 오가신다. 이렇게 요한복음이 공관복음서에 등장하는 '기적'을 '표적'(Semeion)이라고 부르는 것은 요한복음의 의도를 파악하기 위해 중요하다. 성전 정화 이야기가 공관복음서와 달리, 요한복음 앞에 배치된 것 역시 요한복음의 신학적인 의도, 즉 예수가 새로운 성전이라는 사실을 말하고자 하는 중요한 내용이다.

[3-4장]: 이어지는 이야기는 예루살렘 안에서 예수와 니고데모가 밤중에 나누는 대화로서 거듭남과 영(pneuma)이라는 주제를 다루고(2:23-3:21), 이어서 예수께서 제자들과 유대 땅으로 가서 세례를 베풀었다는 사실이 언급되고, 다시 한 번 세례 요한의 예수에 대한 증언을 소개한다(3:23-36). 그 후 예수께서 다시 유대에서 갈릴리로 가는 중에 사마리아를 반드시 지나가야만 했다는 사실을 소개하면서 요한의 사마리아 이야기가 시작된다(4:4). 그 이야기는 예수와 사마리아 여인과의 대화이며, 다음과 같은 주제들이 이어진다: 야곱의 우물과 생명의 물(4:10-15), 메시아와 대망과 참된 예배(4:16-26), 사마리아 여인의 전도와 많은 사마리아인의 믿음(4:39, 41-42). 예수께서는 그곳에서 이틀을 더 머물고 갈릴리로 갔다가 가나에 도착한다. 그는 그곳에서 가버나움에 있는 죽게 된 왕의 신하의 아들을 원격으로 치료해 준다(4:46-53, 두 번째 표적).

[5장]: 5장은 다시 예수께서 예루살렘에 올라가서 활동하는 이야기로 시작한다. 특히 그는 예루살렘에 있는 베데스다 연못에서 안식일에 거동이 어려

웠던 38년 된 환자를 치료해 준다. 이 안식일 사건은 예수와 바리새인들의 안식일 논쟁으로 이어진다(5:2-18). 그리고 그 논쟁은 다시 예수의 설교로 이어지며, 그 내용은 불신에 대한 심판과 예수께서 하나님의 아들이시라는 것을 증언한다(19-41절). 이와 같은 일련의 이야기들을 살펴보면 요한복음의 언어사용에 있어서 물, 거듭남, 바람과 성령, 예배와 같은 문제들이 요한 공동체의 신앙을 이해하는 데 중요한 요소라는 것을 알 수 있다.

[6장]: 1-15절은 예수께서 디베랴 호수 건너편 물가에서 일으키시는 오병이어의 표적을 소개하고, 16-21절은 바다 위를 걸어오시는 예수를 소개한다. 그리고 이어지는 22-59절은 '하늘에서 내려온 떡(빵)'에 관한 긴 설교로 구성되어 있다. 이 표적과 설교는 60-65절 안에서 제자들의 다양한 반응으로 나타나고, 그 결과 많은 제자가 떠나가지만, 베드로는 예수를 '하나님의 거룩한 사람'으로 고백한다(66-71절).

[7-8장]: 7장은 예수가 초막절에 설교를 하고, 그것에 대해 사람들은 여러 가지로 반응한다(7:25-36, 40-52). 이 이야기 다음에 이어지는 소위 "간음하는 현장에서 잡힌 여인"의 이야기(7:53-8:11)는 본문비평(Textual Criticism)에 따라 학자들은 이 이야기가 원래의 요한복음 본문이 아닌 것으로 본다. 이 이야기 다음에는 예수의 성전설교가 "나는 세상의 빛이다."라는 주제로 이어진다(8:12-29). 사람들은 이 설교에 대해서도 다양한 반응을 보이는데, 그 반응은 예수를 믿는 사람들과 그를 죽이려는 사람들로 나누어진다(8:30-47). 그리고 예수께서는 성전에서 벗어난다(8:45-59).

[9-10장]: 9장 1-41절에 소개되는 이야기는 예수가 안식일에 태어나면서 시각장애인이었던 사람을 고치는 것으로, 그 결과 바리새인과의 논쟁으로 발전한다. 그리고 이어지는 10장 1-18절 안에서 예수께서는 자신을 선한 목자라고 말하고, 이것 역시 사람들의 다양한 반응을 불러일으킨다(10:19-21). 이런 일련의 이야기를 바탕으로 사람들은 성전 안에서 예수를 그리스도로 인정할지의 문제를 두고 논쟁을 벌인다(10:22-30). 이 장면 다음에 예수께서는 요르단강

건너편에 머무른다(10:40-42).

[11-12장]: 11장 1-44절은 예수께서 죽은 나사로를 살리는 이야기로, 요한복음에 등장하는 일곱 번째 마지막 표적이며, 이를 토대로 예수께서 부활이며 생명이시라는 것이 선포된다. 이 사건으로 인해 유대교 최고 의회는 예수를 죽이려는 결의를 보이며(11:47-53), 그것을 위한 계획이 이어진다(11:54-57). 12장 1-8절은 예루살렘의 베다니에서 마리아가 예수의 발에 기름을 붓는 이야기를 소개하고, 이어서 예수께서는 예루살렘으로 입성한다(12:12-19). 그 과정에서 헬라인 몇 사람이 예수를 만나려고 하지만, 그 기대는 이루어지지 않는다(12:20-36). 12장 37-43절에서 유대인들은 다시 예수에 관해서 다양한 반응을 보이며, 이후에 예수께서는 마지막 공개설교를 한다(12:44-50).

이렇게 요한복음의 전반부는 사람들의 이목을 끄는 일곱 개의 표적 이야기들을 통해 예수의 신적인 권위를 말하는데, 이와 같은 예수의 권위에 대한 이해는 요한복음의 공동체가 요한복음에 등장하는 유대교와 갈등 관계가 있었다는 것을 암시해 준다. 이런 점에서 요한복음은 공관복음서와 다르게 예수를 이해한다. 요한복음은 예수께서 창조의 시작 이전부터 계신 말씀(로고스)이면서 창조의 능력을 갖춘 존재이며, 그 본질에 있어서 창조주 아버지와 연합하고 함께 일하시는 존재라고 선포한다.

[13-17장]: 요한복음의 후반부(13장 이하)는 예수와 제자들의 마지막 식사 이야기로 시작하지만, 예수께서 제자들의 발을 씻기시는 장면은 요한복음에만 나온다(13:1-20). 예수께서는 유다의 배신을 예고하고, 그가 지금 영광을 받는 것과 제자에게 서로 사랑할 것을 명령하고 베드로가 그를 배반할 것을 말한다(13:31-38). 14장 1절-16장 33절의 큰 부분은 예수의 고별설교로 구성되어 있으며, 약간의 대화 형식이 나오기도 한다(14:4-10; 16:17-24, 29-33). 14장 12-26절에는 사랑의 계명, 파라클레토스(보혜사)에 관한 약속이, 14장 27-31a절에는 평화의 약속이 이어진다. 14장 31b절에서 예수께서는 "일어나거라. 여기에서

떠나자!"라고 말하지만, 15장에서는 그의 설교가 계속된다. 그 내용은 예수께서 포도나무라는 것(15:1-8), 서로 사랑하라는 계명(15:9-17), 공동체에 대한 세상의 증오와 예수의 떠나심과 다시 보게 되는 것 그리고 예수의 이름으로 기도하는 것에 대한 권면으로 이어진다(15:18-16:33). 17장은 예수가 아버지께 마지막으로 드리는 기도로 되어 있다.

이렇게 요한복음의 후반부 13-17장은 요한복음을 함께 읽었던 것으로 보이는 공동체를 강화하고 격려하는 내용으로 되어 있다. 이미 요한복음 전반부가 예수의 생애에 바탕을 두면서 그것을 요한 공동체의 상황을 해석하는 것처럼 후반부도 예수의 남아 있는 제자들을 강화하는 내용이지만, 결국 어느 정도의 시간이 흐른 요한 공동체의 상황을 보여준다. 그 상황은 유대교와 분리노선을 겪는 동시에 그 결과로 요한 공동체가 고난을 겪는 상황을 보여준다. 그 고난은 예수의 가르침을 통해 극복되어야 하고, 이런 식으로 제자들에게 일어날 일을 예고하는 형태로 남겨준 말씀들은 요한 공동체가 자기 정체성을 확립하고 더 나아가 그 공동체가 주변 세계로 확장하도록 동력을 제공한다. 그 동력은 예수께서 사랑하셨던 제자와 파라클레토스(보혜사) 성령을 통해 예수의 현존을 이어가도록 해주는 동시에 공동체가 더 능동적으로 세상을 이기도록 돕는 힘의 원천이 된다.

[18-19장]: 18장 1절-19장 42절은 요한복음이 소개하는 예수의 수난 이야기이다. 여기에 나오는 이야기들은 큰 틀에서 공관복음서의 수난 이야기와 만난다. 그러나 예수가 가야바의 장인이었고 전직 대제사장이었던 안나스의 심문을 받는 장면을 소개하는 부분은 요한복음의 독특한 이야기이다(18:12-14, 19-24). 또한 빌라도가 예수를 심문하는 장면은 좀 더 심오한 의미로 확대되어 있다(18:18-19:16). 이어서 예수께서 십자가 처형을 당하시는 이야기가 소개되는데(19:17-42), 십자가에 달리신 예수께서 자기 어머니 마리아에게 사랑하는 제자를 아들로 소개하는 이야기(19:25-27) 그리고 예수의 죽음과 그것을 확인하려고 로마 병사가 창으로 예수의 옆구리를 찌르는 이야기가 나온다(19:28-37).

그렇게 예수의 죽음이 확인된 후에 그의 시체는 새 무덤에 안치된다(19:38-42).

[20장]: 20장 1-29절은 예수의 부활을 소개하는 다양한 부활 현현 이야기들이다. 먼저 빈 무덤을 향해 베드로와 사랑하는 제자가 달려가는 장면이 나오고(1-10절), 이어서 부활하신 예수께서 막달라 마리아 앞에 나타나시며(11-18절), 이후에 제자들 앞에 나타나신다(19-29절). 20장 30-31절은 요한복음의 마무리에 해당하는 후기(epilogue)로서 요한복음을 위한 많은 표적이 있었다고 말하며 책을 기록한 이유를 언급한다.

[21장]: 21장은 앞의 후기를 다시 확장하는 추가 본문으로, 예수의 부활 현현이 갈릴리 지방의 디베랴 바닷가에서 일어난 사건으로 소개된다(1-23절). 그 내용은 일곱 명의 제자 명단을 소개하면서 베드로의 기적적인 물고기잡이(1-14절), 베드로에게 목자로서의 직분을 위임하는 이야기 그리고 사랑하는 제자의 운명에 대한 언급이 이어진다(15-23절). 21장 24-25절은 요한복음의 이차적 후기로서 사랑하는 제자가 전하는 증거의 진실성과 기록자의 권위를 확인해 준다.

앞에서 서술한 요한복음의 수난 이야기와 부활 그리고 예수께서 디베랴 바다에 나타나신 이야기는 요한복음의 끝부분에 해당한다. 그중에서도 21장은 부활 이야기의 확장으로, 이 이야기가 문학적으로 첨가된 것이라는 의견이 제기되었다. 그러나 필사본 연구에서는 21장이 첨가된 것을 보여주는 증거를 확인할 수 없다. 한편 문학비평의 입장에서 21장은 20장 30-31절과 연결되지 않는 새로운 이야기로 본다. 이 새로운 이야기의 핵심은 사랑하는 제자와 베드로의 관계를 조명하는 동시에 그 제자의 권위와 요한복음 기록의 정당성을 강조하는 내용으로 끝맺는다.

3. 요한복음 요약

요한복음은 예수의 신적인 기원을 창조의 시작에서 찾고 있으며, 그 본질을 '로고스'라고 말한다. 로고스의 의미는 당시의 세계관에서 우주를 움직이는 '이성'이며 모든 사물의 원리나 법칙을 뜻했다. 그러나 이 로고스의 근본적인 의미는 '말'이나 '언어'로서 의사소통을 가능하게 하는 수단이 된다. 언어의 기본적인 기능은 사람을 연결하고 상대방의 의도를 이해하는 매개 역할을 한다. 사람과 사람, 사람과 하나님과의 대화도 모두 말을 통해 이루어진다. 말로써 의사소통을 원활하게 하려면 상대방이 하는 말의 의도를 경청해야 하고, 이를 위해서는 상대방의 처지에서 이야기를 들으려는 자세가 필요하다. 요한복음의 로고스는 하나님과 인간을 연결해 주는 말씀이신 예수, 자신의 높은 지위를 포기하는 성육신을 통해 인간의 세계에 오신 분이다. 지금까지의 설명을 토대로 요한복음을 핵심적이면서도 효과적으로 이해하기 위해서는 다음과 같은 점을 이해해야 한다.

첫째, 요한복음은 구조상 1-12장, 13-21장으로 구분된다. 특히 2-11장에 나오는 일곱 개의 표적 이야기로 인해 촉발되는 이슈들이 갖는 의도를 파악한다면 요한복음을 이해하는 데 많은 도움이 된다. 그리고 1장에 나오는 로고스와 세례 요한 이야기는 예수의 선재적-신적 본질, 성육신하신 예수께서 하신 공생애 사역의 의미를 알려준다.

둘째, 13-21장에는 예수의 공동체를 향한 설교와 기도(13-17장)가 나오고, 이어서 예수의 수난과 부활 이야기가 이어지는 것을 주목해 보아야 한다(18-20장). 21장은 20장 30-31절과 단절되기 때문에 나중에 첨가된 부록으로 보통 받아들여진다. 그러나 이로 인해 21장이 요한복음 본문과의 연결성이 파괴되지는 않는다. 도리어 21장에서는 사랑하는 제자가 등장하여 부활하신 예수와 연결되고 있으며, 이로써 요한복음의 저작권을 보증한다. 사랑하는 제자는 예수 역사의 증인이자 수난과 부활의 증인이며, 더 나아가 요한복음의 내용을 보증하는 인물이 된다. 따라서 21장은 요한복음의 신학적인 내용과 내적인 통일성을 연결하는 본문이다.

Ⅲ. 웨슬리와 함께 읽는 요한복음

요한복음과 관련된 존 웨슬리의 사상은 '신생'(The New Birth)과 '신생의 표적'(The Marks of the New Birth) 두 설교에서 확인할 수 있다. 웨슬리는 예수께서 니고데모에게 하셨던 말씀(3:7)을 토대로 '거듭남'의 의미를 설명한다. 그는 이 신생의 교리를 칭의와 더불어 근본적인 교리라고 말한다. 웨슬리는 "신생은 하나님이 우리의 타락된 본성을 갱신하시는 가운데 행하시는 위대한 사역과 관계되어 있다."라고 말하면서 왜 거듭나고, 어떻게 거듭나며, 무엇을 위해 거듭나야 하는지 설명한다. 인간은 창조 때에 보시기 좋았던, 사랑으로 충만했던 존재였으나, 하나님의 명령을 어기고 하나님에 대해 생명을 잃어버린 존재이다. 웨슬리는 이를 '소외'라는 인간실존으로 설명하고, 이 모든 것이 결국 우리 본성의 전적인 타락에 근거하며, 이런 이유로 인간은 죄 가운데 태어났다고 말한다. 이렇게 타락한 인간은 하나님의 형상을 잃어버렸고, 결국 이렇게 죄로 태어난 인간이 다시 태어나는 것을 신생 또는 거듭남이라고 말한다. 웨슬리는 이렇게 거듭나야 하는 이유와 어떻게 거듭나는지를 설명한 후 거듭남의 목적에 관해서 이야기한다. 그 목적은 첫째, 성결이다. 이 성결의 의미는 "함께 하나로 합해지는 하늘의 정서와 기질로 구성"되고, "우리가 거듭날 때 비로소 우리 영혼 안에서 시작"될 수 있는 것으로, "거듭남은 성결을 위해 절대적으로 필요"하다고 말한다. 계속하여 "신생(거듭남)은 영원한 구원을 위해 필요"하다. 그리고 웨슬리는 이 구원이 인간의 행복과 연결된다고 말한다. 더 나아가 웨슬리는 거룩하지 않은 사람은 행복할 수 없고, "신생은 오는 세상에서뿐만 아니라 이 세상에서의 행복을 위해 절대적으로 필요하다."라고 말한다.

2. 웨슬리와 함께 읽는 요한1서

이 장에서 함께 공부할 주요 내용

- 요한1서는 요한복음과 바울서신이나 일반서신과 비교하여 어떤 차이들을 보여 주는가?

키워드: 죄를 고백함, 보혜사 예수 그리스도, 적그리스도, 서로 사랑, 기름 부음, 거짓 가르침, 예수 그리스도가 육신으로 오심

핵심 구절: 사랑하는 여러분, 어느 영이든지 다 믿지 말고, 그 영들이 하나님에게서 났는가를 시험하여 보십시오. 거짓 예언자가 세상에 많이 나타났기 때문입니다. 여러분은 하나님의 영을 이것으로 알 수 있습니다. 곧 예수 그리스도께서 육신을 입고 오셨음을 시인하는 영은 다 하나님에게서 난 영입니다. 그러나 예수를 시인하지 않는 영은 다 하나님에게서 나지 않은 영입니다. 그것은 그리스도의 적대자의 영입니다. 여러분은 그 영이 올 것이라는 말을 들었습니다. 그런데 그 영이 세상에 벌써 와 있습니다.(4:1-3)

I. 요한1서를 이해하기 위한 배경

요한1서에는 예수 그리스도에 관한 올바른 신앙 고백의 문제가 나타난다. 요한복음과 다르게 요한1서에는 예수 그리스도에 관한 올바른 신앙 고백을 왜곡하는 '적그리스도들'이 등장하고 있고, 이로 인해 공동체는 분열의 위기를 경험하고 있다. 요한1서의 저자는 이런 상황 속에서 공동체는 예수께서 가르쳐 주셨던 '서로 사랑함'으로 적그리스도의 그릇된 가르침을 물리치고 참된 그리스도인의 삶을 살아가라고 권면한다.

1. 요한1서의 저자

일반적으로 요한1서는 요한복음처럼 작성자에 관한 정보를 알려주지 않는다. 그래서 우리는 저자에 대한 단서를 요한2서와 요한3서를 통해 알아보는 시도를 해볼 수 있다. 요한2서와 요한3서의 저자는 발신자 자신을 '장로'로 부르고 있다. 그러나 이 장로는 '칭호'(title)를 나타내는 것이지 고유 명사가 아니다. 물론 이 편지가 작성되었던 당시에는 이 칭호가 누구를 의미하는지 독자들은 알고 있었던 것으로 보인다. 요한1서가 요한2서나 요한3서와 연결하여 장로의 저작 전통이 받아들여지지만, 이것이 교회 안에서 받아들여지고 통용된 것은 요한복음이 사도 요한의 전통과 연결되기 때문이다. 유세비우스의 『교회사』에는 사도 요한, 장로 요한, 사랑하는 제자와 관련된 교회의 전승이 나오고, 이것들이 요한 문서의 저자에 관한 교회의 전통적 해석으로 여겨지게 되었다고 볼 수 있다.

2. 요한1서의 기록 시기와 공동체

요한의 이름으로 전해지는 요한1서, 요한2서, 요한3서에는 저자의 이름이 나오지 않는다. 그렇지만 이들 문서는 고대 교회에서 요한복음과 함께 받아들여졌고, 여기에 요한계시록도 요한의 문헌(Corpus Johanneum)으로 전해졌지만, 대체로 현대의 학자들은 요한계시록을 요한문서 4개와는 다른 신학적 전통으로 구별해서 다루어야 한다고 생각한다. 요한복음과 요한의 편지들에는 언어와 내용에 있어서 서로 관계가 있으면서도 달라진 상황에 따른 변화된 사상이 나타난다.

먼저 요한복음과 요한1서의 밀접한 관계는 요한복음의 로고스 서문(요 1:1-18)과 요한1서의 서문(요일 1:1-4)이 서로 연관되는 데서 찾아볼 수 있다. 요한1서 5장 13절에서 글을 마무리하는 듯한 문체는 요한복음 20장 31절의 결론부 기술 방식과 유사하다. 이런 이유로 대부분의 신약학자는 요한복음이 요한 편지들의 신학적인 토대가 된다는 점을 받아들인다. 물론 이런 입장과 달리, 요한2서, 요한3서, 요한1서 그리고 요한복음의 순서로 저술되었다는 주장도 있다. 그러나 일반적으로는 요한복음, 요한1서, 요한2서, 요한3서 순으로 기록되었다는 주장이 널리 받아들여진다.

요한1서와 관련된 논란 중 하나는 이 문서가 원래 편지였느냐는 것이다. 고대 세계에서 편지는 일정한 형식을 갖고 통용되었다. 신약성서에 있는 바울의 편지들은 당시의 편지 문학에 따른 형식으로 되어 있다. 그 형식에서는 기본적으로 편지의 머리말에 발신자와 수신자와 인사가 들어가고, 이어서 편지 본론의 시작을 알리는 도입부가 나온 후 편지의 본론 그리고 그다음에는 편지의 마무리와 인사가 나온다. 그러나 요한1서 안에는 편지 형식의 기본이 되는 머리말이 없다. 따라서 발신자와 수신자가 누군지 알 수도 없다. 다만, 요한1서는 이렇게 편지 형식에 해당하는 머리말 대신에 서문(prologue)이 있고(요일 1:1-4), 이는 요한복음의 서문(요 1:1-18)과 비교된다. 이런 논의에도 불구하고 요한1서가 편지라는 사실은 널리 받아들여진다. 왜냐하면 요한1서에는 "내가 여러분에게 편지를 쓴다."라는 표현이 13번 나오기 때문이다. 저자는 이 편지를 통해 수신자 공동체가 복음을 기억하고, 그에 합당한 윤리적인 삶을 살도록 권고한다. 이 편지는 올바른 믿음과 올바른 행실은 서로 균형을 이루어야 한다는 사실을 강조한다.

이처럼 요한1서는 거짓 교훈을 물리치는 데 집중한다. 이 거짓 교훈을 고집하는 거짓교사들은 적그리스도(Antichrist)라고 불리며, 우리는 이를 통해 그 공동체 안에 올바른 신앙과 거짓 신앙의 대립이 있었음을 확인할 수 있다. 여기에서 말하는 올바른 신앙이란 예수께서 그리스도이시며 하나님의 아들이심을 신앙 고백으로 분명하게 말하는 것인데, 그들은 이 신앙 고백을 바탕으로 올바른 교회를 세우고 지켜야 한다는 요구를 받았다. 즉, 요한1서 공동체 안에는 교회의 발전에 따른 이단 신앙과 정통 신앙의 대립이 있었다. 요한1서는 이런 대립을 통해 올바른 신앙은 올바른 행동으로 귀결되어야 하며, 하나님을 올바로 알고 있는 사람은 이웃을 사랑해야 한다는 사실을 강조한다. 이웃을 사랑하지 않는 사람은 하나님을 사랑하지 않는 사람이다. 요한1서의 저작 시기는 일반적으로 100년 이후로 본다. 요한1서의 기록 장소 역시 요한복음처럼 에베소로 보는 것이 가장 개연성이 있는 것으로 보인다.

II. 요한1서 함께 읽기

1. 요한1서의 구조

요한1서의 프롤로그(1:1-4)

1부 하나님과 사귐과 형제 사랑(1:5-2:17)
- 1:5-7 빛 되신 하나님과 사귐
- 1:8-2:2 죄를 고백하면 그 죄를 변호하시는 예수 그리스도
- 2:3-6 예수 그리스도의 계명(명령)을 지키는 삶
- 2:7-11 형제 사랑의 계명
- 2:12-17 세상을 사랑하지 말라

2부 마지막 때와 적그리스도의 출현(2:18-3:24)
- 2:18-27 예수가 그리스도임을 부인하는 사람들의 본질
- 2:28-3:24 죽음을 이긴 담대함

3부 믿음과 사랑(4:1-5:12)
- 4:1-6 성육신을 부인하는 적그리스도의 영
- 4:7-21 하나님은 사랑이시다
- 5:1-4 세상을 이기는 믿음
- 5:5-12 물과 피로 임하신 예수 그리스도와 성령

요한1서의 에필로그(5:13-21)

- 5:13-15 중보기도의 중요성
- 5:16-17 사망에 이르는 죄와 사망에 이르지 않는 죄
- 5:18-21 하나님으로부터 난 사람들을 지키시는 하나님의 아들

2. 요한1서의 내용

앞에서 제시한 요한1서의 구조는 그 안에 나타나고 있는 신학적인 문제들을 보여준다. 요한1서의 서문(1:1-4)은 요한복음 1장 1-18절의 서문과 비교된다. 그러나 요한1서의 서문은 공동체가 보고, 듣고, 만지고, 주목해 보았던 사건들의 시작에 관해서 말한다.

[1장]: 1장 5절에서 시작되는 편지의 본론은 하나님을 빛이라고 말하면서 그 빛이 되신 하나님과의 사귐을 통해 인간의 악한 상태가 분명히 드러나게 된다고 말한다(1:5-7). 그러므로 하나님과 사귐의 관계에 있는 사람은 죄를 고백할 수 있어야 하며, 예수 그리스도는 보혜사로서 죄인인 사람을 변호해 준다는 확신을 말한다(1:8-2:2). 이어서 요한1서는 옛 계명과 새 계명에 관해 말한다. 저자는 자신이 쓰는 것이 새 계명이 아니라 옛 계명이라고 말한 후 다시 새 계명을 쓴다고 말한다(2:7-8). 여기에서 말하는 옛 계명은 '서로 사랑'의 새 계명(요 13:34)을 말하는 것으로 보이며, 저자는 이것을 재해석한다. 요한1서에서 저자가 말하는 새 계명은 요한복음의 '서로 사랑'의 연장선에 있는 것이며, 형제를 미워하는 현상이 교회 안에서 나타나므로 사랑을 통해 공동체가 하나 될 것을 강조한다(7-11절). 그러나 공동체의 갈등 안에는 공동체를 박해하는 세상에 맞서는 세상과 구별된 그리스도인의 정체성이 흐려지는 현상이 나타난다(2:12-17).

[2-3장]: 요한1서의 공동체 상황에 관한 1부의 서술이 끝나면, 2부에서는 공동체의 분열이라는 심각한 상황이 감지된다. 저자는 공동체의 분열을 마지

막 때의 전조 현상으로 보면서 그 원인을 예수 그리스도에 관한 올바른 신앙을 왜곡하는 데서 찾는다(2:18-27). 이런 분열은 신자들의 윤리적인 삶에 중대한 영향을 미친다(2:28-29). 저자는 요한1서 공동체 분열의 원인을 하나님에게서 난 자와 마귀에게서 난 자의 차이로 설명해 나가며, 복음을 듣고 예수 그리스도를 따르는 사람들에게 필요한 것은 '서로 사랑'이라고 강조한다(3:11). 이런 이해를 바탕으로 저자는 올바른 신앙은 올바른 행동으로 귀결된다는 것을 말하며, 그것은 다시 '서로 사랑'으로 마무리된다(3:23-24).

[4:1-5:12]: 3부는 적그리스도의 문제가 예수 그리스도의 성육신을 부인하는 것에 있다는 사실을 분명히 지적하는 것으로 시작한다. 예수 그리스도가 육신을 입고 이 땅에 오셨다는 것을 부인하는 견해는 예수의 본질을 초월적이고 비물질적인 것으로 이해하려는 가현설(Docetism) 논쟁과 연결되며, 이로써 진리의 영과 거짓 영을 판단할 기준이 생겨난다(4:1-6). 기독론 논쟁은 공동체의 분열로 나타나고, 그 결과 새 계명이었던 '서로 사랑'에 대한 위기가 초래되었다. 이런 사실에 대해 저자는 그리스도의 희생적인 죽음을 하나님의 사랑과 연결하고, 이를 다시 형제 사랑으로 확대한다(4:7-21). 그리고 이런 신앙 고백의 문제와 사랑의 문제는 올바른 믿음이라는 결과로 이어져 세상을 이기는 믿음이 된다(5:1-4). 저자는 이 믿음을 물과 피와 성령의 연합을 통해 설명하면서 그 최종적 결론을 하나님의 아들이신 예수 그리스도로 마무리한다. 이 아들을 통해 나타난 하나님에 관한 증거를 믿는 자들 즉, 그 아들을 소유한 사람들에게는 영원한 생명이 주어진다(5:5-12).

[5:13-21]: 5장 13-21절은 요한1서의 후기(epilogue)에 해당한다. 저자는 요한1서를 쓰는 목적을 수신자들에게 '영생이 있게 하려는 것'임을 밝힌다. 그러면서 중보기도의 중요성과 형제들이 짓는 죄에 대해 사망에 이르는 죄와 그렇지 않은 죄가 있다고 말하며, 하나님으로부터 난 사람들은 죄를 이긴다고 말

한다(5:13-18). 마지막으로 저자는 참된 분(진실한 분) 예수를 아는 것에 집중하며 우상을 멀리하라는 권면으로 서신을 마무리한다(5:19-21).

3. 요한1서 요약

요한1서는 앞에서 언급한 것처럼 올바른 신앙과 올바른 실천의 관계를 언급하는 중요한 기록이다. 여기에서 말하는 올바른 신앙은 흔히 '정통'(orthodox)으로 설명된다. 이는 신앙의 기본이 무엇인지를 설명해 주는 것으로서 그리스도교 신앙의 가장 근본적인 핵심은 하나님의 아들이자, 천상에 말씀으로 계시던 존재가 인간의 육신을 입고 성육신하셨다는 것이다(요 1:18). 이런 성육신 사상에 대한 강조는 요한1서에서 강조되고 있고, 요한1서에서 예수 그리스도가 육신으로 오셨다는 것을 고백하는 것은 하나님의 영이 활동하셔서 된 것이라고 강조한다(4:2). 또한 이 사실에 대한 고백을 거부하거나 그렇게 가르치는 사람들은 적그리스도가 된다(2:18, 22; 4:3). 예수 그리스도의 성육신 사건은 그가 하나님의 아들로서 화목 제물이 되었다는 대속 사상으로 이어진다(2:2; 3:16; 4:10). 그리고 그 대속 사상은 하나님의 사랑에서 시작된 것이다(4:7-8). 그러므로 요한1서의 올바른 신앙은 예수 그리스도에 대한 초월적인 고백을 하는 것으로 끝나지 않는다. 그러나 요한1서에 등장하는 적대자들은 예수 그리스도의 성육신 사상과 대속 사상 그리고 하나님의 희생적인 사랑을 거부한다. 그들은 자신의 그리스도에 대한 이해가 가현설(Docetism)이라는 초월적인 차원에 머물고 있기 때문에 하나님의 아들이 우리와 같은 인간의 모습으로 세상에 오셨고 사랑으로 희생하셨다는 사실을 부인해 버린다.

이런 이유로 요한1서에는 요한 공동체의 정황에 대한 올바른 실천(orthopraxis)이 문제가 되고 있다. 우선 우리의 눈길을 끄는 것은 공동체 안에 죄에 대한 고백을 거부하는 경향이 나타나고 있다는 것이다(1:5-10). 이는 공동체의 구성원 중 일부가 가현설주의자처럼 자신들은 하나님에 관한 초월적인 이해가 있어서 결코 죄를 지을 수 없다는 완전주의(perfectionism)를 견지했다는 것을 보여준다. 그들이 이런 주장을 하는 것은 하나님이 어떻게 인간의 육체를 입고 이 땅에 와서 사랑과 희생을 통한 고난을 겪을 수 있는지 질문을 제기했기 때문이며, 그들은 이에 대한 대답으로 하나님은 인간의 모습으로 세상에 올 수 없고 희생과 사랑을 위해 고통을 당할 수 없다는 결론에 이르렀다. 그래서 요한1서에는 공동체의 분열에 대한 양상이 나타난다(2:19). 그리고 공동체로부터 이탈해 나간 사람들은 신앙에 근거한 올바른 삶의 실천을 거부한다. 그들은 예수 그리스도와 하나님의 관계를 부인하고, 그 결과 하나님을 부인하는 자들이 된다(2:22-23). 그들은 또한 공동체의 서로 사랑과 하나님이 아들을 내어 주는 하나님 사랑을 부인하고 형제들의 고통을 외면한다(3-4장). 이렇게 요한1서는 교회가 발전하면서 나타나는 올바른 신앙과 올바른 신앙 실천에 관한 문제를 보여준다.

III. 웨슬리와 함께 읽는 요한1서

요한1서의 신학에 관한 요한 웨슬리의 입장은 『표준설교』 15번 "하나님으로부터 난 자들의 위대한 위대한 특권"에서 확인된다. 그는 이 설교를 통해 "하나님에게서 난 사람은 누구나 죄를 짓지 않습니다."라는 요한1서 3장 9절의 의미를 설명한다. 그는 하나님에게서 태어나는 것(신생)은 칭의와 같다고 말하면서도 다른 한편으로 신생과 칭의가 구별된다고 말한다. 그는 칭의가 상대적인 변화, 즉 외적 변화와 관계가 있고 신생은 영혼의 가장 깊은 곳에서의 변화를 일컫는다고 말한다. 웨슬리는 하나님으로부터 태어난 자의 상태를 태어나려고 하는 태아의 상태를 예시로 설명한다. 아기가 태어나 숨을 쉬면서 비로소 외부 세계를 알아가는 것처럼 하나님으로부터 태어난 사람은 이제 하나님을 느끼기 시작한다. 그는 새로운 종류의 호흡인 영적 숨을 쉬며, 선과 악을 분별하고, "그는 하나님 안에, 하나님은 그의 안에 계시는"(4:16) 삶을 살아간다.

    웨슬리는 하나님으로부터 새로 태어난 사람이 '죄를 범하지 않는' 문제에 관해서 설명한다. 하나님으로부터 새롭게 태어난 사람은 "하나님의 끊임없는 역사를 믿음으로 인지하고 사랑하고 믿는 자", "영적인 반응으로서 끊임없는 사랑과 찬양과 기도 안에서 그가 받은 사랑을 되돌려 주는 사람"이다. 그러나 그는 이렇게 새롭게 태어난 사람도 죄를 짓는다고 말한다. 웨슬리는 이런 죄들의 공통점을 '태만의 죄'에서 찾는다. 이 태만의 죄는 믿음의 상실로 이어지고, 이런 믿음의 상실이 외적인 죄의 결과를 낳는 것으로 본다. 그러므로 하나님으로부터 새로 태어난 사람은 하나님의 영혼을 호흡하여 하나님과 지속적인 교감을 하는 것이 죄를 짓지 않는 길이라고 웨슬리는 말한다.

3. 웨슬리와 함께 읽는 요한2서

이 장에서 함께 공부할 주요 내용

- 요한2서는 앞에서 다룬 요한복음 그리고 요한1서와 어떻게 연결되며 동시에 차이가 있는가?
- 요한2서는 요한3서와 관련하여 어떤 일치점과 차이점을 보여주고 있는가?

키워드: 장로, 택함받은 귀부인, 진리 안에서, 적그리스도, 그리스도의 가르침을 벗어남

핵심 구절: 그들은 예수 그리스도께서 육신을 입고 오셨음을 고백하지 않습니다. 이런 자야말로 속이는 자요, 그리스도의 적대자입니다.(7절)

I. 요한2서를 이해하기 위한 배경

  요한2서는 오늘날 엽서 크기 정도의 분량에 해당하는 작은 편지이다. 신약성서가 기록될 당시 편지는 중요한 의사소통 수단으로, 그 안에는 보내는 사람의 입장이 담겨 있다. 요한2서 저자는 자신을 '장로'라고 밝힌다. 고대 세계에서 장로라는 호칭은 마을이나 공동체 안에서 과거의 경험과 지식과 전통을 전달해 주는 존경받는 노인을 가리키는 말이었다. 요한2서의 또 다른 특징은 수신자들이 "택하심을 받은 부녀와 그의 자녀들"로 나온다는 것이다. 학자들은 여기에서 말하는 부녀(kyria)가 어떤 특정 부유한 집의 여주인을 가리키는 것인지, 아니면 상징적으로 여성이나 어머니로 표현되는 교회를 뜻하는 것인지 논

의를 계속해 오고 있다. 그 논의에 관한 뚜렷한 대답은 아직도 내려지지 않았지만, 일반적으로 여주인을 나타내는 그리스어 퀴리아(kyria)를 교회로 보려는 입장이 더 많다. 이렇다면 그 자녀들은 결국 교회 공동체에 속한 신자 구성원이라고 볼 수 있다.

요한2서를 읽을 때 눈길을 끄는 단어는 '진리'이다. 이 단어의 의미는 예수 그리스도로 치환할 수 있는데, 요한복음의 '내가 진리이다.'라는 예수의 '에고 에이미'(ego eimi) 문장과 잘 연결된다. 그러므로 이 짧은 편지 안에 기독론에 관한 주제가 중요하게 다루어지고 있음을 알 수 있다. 그 주제는 이미 요한1서에 나왔던 예수 그리스도의 성육신을 부인하는 적그리스도와 관련하여 나온다(7절). 또한 이 편지 안에는 요한복음에서도 다루었던 서로 사랑 주제가 나온다(5절). 이들이 새 계명을 쓰지 않는 이유는 이들이 처음부터 서로 사랑했던 사람이기 때문이라고 말한다. 이런 연결점은 요한1서와 요한2서가 서로 밀접한 관계에 있다는 것을 시사한다.

이런 설명은 요한1서와 요한2서가 거의 같은 문제를 다루면서도, 전자는 그 문제들에 관한 신학적인 논쟁을 심화시키고 있는 반면에 후자는 문제가 되는 기독론과 그것을 위협하는 적대자들의 등장에 대한 긴급함을 보여준다. 저자는 믿음의 구성원들이 함께 생활하고 있는 귀부인과 같은 공동체를 향해 앞에서 언급한 그릇된 신앙 고백을 유포하는 사람들을 경계하고자 한다. 그는 예수 그리스도가 육체로 오신 분임을 부인하는 사람들을 적그리스도로 규정하는 동시에 그리스도의 교훈에서 벗어난 사람을 '지나치게 앞서 나간 사람'이라고 말한다. 이들은 요한1서에서 말한 것처럼 예수 그리스도에 관한 올바른 신앙 고백을 하지 않기 때문에 결국 하나님을 모시지 못한 사람이 되고 만다. 그래서 그는 그리스도에 관해서 잘못된 교훈을 전하면서 돌아다니는 사람들에게는 인사도 하지 말고 집으로 맞아들이지도 말라는 당부를 한다. 그렇다면 요한2서의 상황도 에베소의 상황과 관련이 있어 보인다. '장로'라는 호칭은 교회가 제도적인 면에서 발전한 상태임을 보여주며, 교회의 지도 체제에 대한 윤곽을 보여준다. 이런 정황을 종합해 보면 요한2서의 저술 시기 역시 100년경 정도로 말할 수 있다.

II. 요한2서 함께 읽기

1. 요한2서의 구조

1-3절   편지의 머리말: 발신자 장로, 수신자 택하심을 받은 부인과 그의 자녀들, 인사
4절   편지의 도입부: 편지의 시작을 위한 도입부
5-11절   편지의 본론
- 5-6절   서로 사랑의 새 계명
- 7-9절   거짓 교훈을 가르치는 자의 등장
- 10-11절   그들의 교훈을 받아들이지 말라는 당부

12절   편지의 마무리
13절   인사

2. 요한2서의 내용

요한2서에 대한 정보는 편지의 서두에서 찾아볼 수 있다(1-3절). 우선 '그 장로'로 규정되는 발신자가 자신을 그렇게 부르고 있다는 것이 눈길을 끌며, 수신자들은 택하심을 받은 귀부인(kyria)과 그녀의 자녀들이라는 언급도 눈여겨볼 만하다(1절). 이 자녀들에 대한 강조는 4절에서 반복된다. 주석가들은 이런 상관관계를 고려하여 이 귀부인을 교회로 보고, 그 자녀들은 그 교회의 구성원으로 본다. 그는 수신자와 발신자들 사이에 진리가 영원히 거한다는 사실을 강조하는데, 이 진리라는 단어는 2절과 4절 사이에서 계속되는 단어이다. 이 진

리라는 단어는 요한의 문헌에서 예수 그리스도 자신으로 이해할 수 있다. 발신자 장로는 4절의 본론을 시작하기에 앞서 수신자의 자녀들이 계명을 지키고 진리를 행하는 사실을 기쁘게 여긴다고 말한다. 그러면서 그 계명을 다시 '서로 사랑'이라는 것으로 규정한다. 이는 요한의 문헌들이 공동체의 연대성을 강조하고 있다는 것을 보여준다(5-6절).

7-9절에는 적대자들의 신학적인 입장이 나타난다. 그들은 요한1서에 등장했던 적그리스도이며, 교회의 구성원들을 미혹하는 거짓교사들이다. 이들은 예수 그리스도께서 육체로 오셨다는 사실을 부인한다. 이들의 신앙 고백은 장로가 가르쳤던 올바른 신앙 고백과 다른 이단 사상이다. 저자인 장로는 9절에서 이렇게 올바른 신앙 고백을 하지 않는 사람을 '지나친 자'(앞서 나가는 자)라고 규정한다. 장로는 수신자들에게 이렇게 잘못된 신앙 고백을 하는 사람들과 접촉하지 말라고 당부한다(10절). 그리고 그들에게 인사하는 것도 금하는데, 그 이유는 그들에게 인사하는 것으로도 그들의 불신앙에 참여하는 자가 되기 때문이라고 말한다(11절). 이런 환대 금지 지시는 장로의 가르침에 따르지 않는 적대자들이 교회의 상황에 매우 큰 위협이 되고 있다는 것을 시사한다.

12절의 마무리는 지금 수신자들이 겪고 있는 상황을 편지로 해결할 수 없다는 암시를 준다. 그래서 장로는 직접 수신자의 교회를 방문하기를 원한다. 그는 그곳에 가서 잘못된 것을 바로잡고 참된 기쁨이 넘치는 공동체가 되도록 격려하고자 한다. 편지의 마지막 인사에는 택하심을 받은 네 자매 그리고 이들과 수신자의 관계가 나온다(13절). 택하심을 받은 네 자매는 지금 장로의 지도를 받는 네 개의 공동체이며, 이 공동체와 수신자 공동체는 서로 형제 관계였다고 생각할 수 있다.

3. 요한2서 요약

이 편지를 쓰는 발신자는 자신을 '장로'라는 보통 명사에 정관사를 붙인

'그 장로'라고 부른다. 이는 수신자들이 발신자를 잘 안다는 것을 보여준다. 그는 수신자 공동체와 그 공동체의 구성원들을 기뻐한다고 말한다. 이미 설명한 것처럼 발신자와 수신자를 연결하는 연결점은 '진리'이다. 진리는 요한 문헌에서 중요한 단어인데, 이 단어를 '예수 그리스도'로 바꾸어 읽어도 문맥이 잘 통한다. 따라서 발신자가 진리를 강조하는 것 이면에는 이미 예수 그리스도에 관해서 발신자와 수신자가 같은 이해를 하는 것이 매우 중요하다는 것이 깔려 있다. 발신자가 어떤 경위로 예수 그리스도에 관한 이해가 왜곡되고 있는지 설명하지는 않지만, 문제의 핵심은 예수 그리스도에 관한 고백이 문제가 있다는 것이 이 편지에 암시되어 있다.

이 문제에 대한 본격적인 서술은 '서로 사랑'에 대한 문제와 결부된다. 요한1서에 등장하는 적대자들이 공동체의 연대성을 부인하고 있는 것처럼 요한2서에서도 대적자들은 공동체의 일치 문제를 훼손한다. 발신자는 이들을 일컬어 잘못된 길로 이끄는 거짓교사라고 말한다. 미혹하는 자라는 표현은 공동체의 구성원들을 그릇된 길로 꾀어내어 공동체에서 벗어나게 한다는 의미이다. 이들은 예수 그리스도가 육신을 입고 오셨다는 사실을 고백하지 않는다. 이 가현설 사상의 위험성은 예수 그리스도의 초월성만 강조하고 그리스도가 인간의 몸을 입고 이 세상에 와서 십자가를 지고 죽임을 당했다는 사실을 부인하는 데 있다. 이 주장의 문제는 예수 그리스도의 십자가 수난에 담긴 희생과 대속을 부인하여 기독교가 강조하는 세상을 향한 하나님의 사랑을 부인하기에 이른다는 것이다. 이 문제는 그리스도교 신앙을 근본적으로 부인하는 것으로, 요한2서의 저자는 이를 심각하게 여겼던 것으로 보인다. 그래서 그는 우선 급하게 편지라는 수단을 통해 공동체가 경각심을 갖도록 하고, 이후에 그 공동체를 방문하여 문제를 직접 해결하려고 한다.

Ⅲ. 웨슬리와 함께 읽는 요한2서

웨슬리는 1765년에 출판된 "성경적 구원의 길"(The Scriptural Way of Salvation)[1] 설교에서 그리스도인들이 믿음으로 의롭다고 인정을 받은 후에도 회개는 계속되어야 한다고 주장한다. 그리고 이렇게 믿음을 통해 하나님에 의해 의롭다고 인정을 받은 그리스도인들은 회개와 더불어 선한 일의 실천, 즉 '경건의 행위'와 '자비의 행위'가 '성화'를 위해 필요하다고 말한다.[2] 특히 그는 자비의 행위(Works of Mercy)와 관련하여 회개에 따르는 삶과 성화를 연결하면서 굶주린 사람들, 헐벗은 사람들, 나그네들, 감옥에 갇힌 사람들, 병든 사람들, 여러 가지 어려움에 빠진 사람들을 돌보는 것이 회개에 합당한 열매이며 온전한 성화를 위해 필요하다고 말한다(마 25:35-36 참조). 그러나 요한2서에는 그리스도인이 곤혹스러워할 만한 내용이 나온다. 요한2서는 환대를 금지하고 인사를 금지해야 할 정도로 심각한 다른 교훈이 출현하고 있다는 것을 보여준다(10-11절). 요한2서는 이렇게 심각한 다른 교훈에 대한 대응책으로 이들과의 접촉을 차단하고자 한다. 그리고 이들이 "예수 그리스도께서 육체로 오심을 부인하는 자"이며, 동시에 "속이는 자, 적그리스도"라고 규정한다. 따라서 우리는 존 웨슬리가 말하는 칭의와 성화로 이어지는 올바른 구원이 우리의 올바른 신앙의 기초 위에 세워져야 한다는 사실을 분명하게 인식해야 한다.

4. 웨슬리와 함께 읽는 요한3서

이 장에서 함께 공부할 주요 내용

- 요한3서는 요한복음, 요한1서 그리고 요한2서와 어떻게 연결되는가?
- 이들의 연관성과 차이점은 무엇인가?

키워드: 장로, 진리, 나그네 된 형제들, 주의 이름을 위해 나간 사람들, 영접함, 으뜸이 되기를 좋아하는 디오드레베

핵심 구절: 사랑하는 이여, 악한 것을 본받지 말고, 선한 것을 본받으십시오. 선한 일을 하는 사람은 하나님에게서 난 사람이고, 악한 일을 하는 사람은 하나님을 뵙지 못한 사람입니다.(11절)

I. 요한3서를 이해하기 위한 배경

요한3서는 요한의 교회들 안에서 일어나는 상황을 반영한다. 발신자는 '그 장로'로 나온다. 수신자는 가이오이며, 장로가 사랑하는 사람이다. 이 편지의 서두는 '진리'를 언급한다. 이 단어 역시 '예수 그리스도'와 치환되며, 요한복음에서 예수께서 말씀하신 "나는 진리이다."라는 서술과 연결된다. 편지 안에 나오는 사람들을 이해하면 이 편지를 이해할 수 있는 길이 열린다. 우선 편지의 수신자 가이오는 장로에게 칭찬을 받는 사람이다. 그는 나그네 된 사람들을 잘 영접했고, 그의 친절은 나그네 된 사람들을 통해 교회 안에서 인정받는다. 여기에서 말하는 나그네란 복음 전파를 위해 활동하는 당시 방랑 선교사

(설교가)였던 것 같다. 장로는 가이오에게 이런 사람들을 잘 영접하고 환대하라고 부탁한다. 아마도 방랑 선교사들이 발신자였던 장로의 가르침이나 신앙과 잘 연결되어 있었던 것으로 보인다.

반면에 이렇게 나그네를 환대하는 가이오와 달리, 디오드레베는 장로의 가르침에 반대한다. 장로는 디오드레베를 가리켜 "으뜸이 되기를 좋아하는 자"라고 말한다. 여기에서 으뜸이 되기를 좋아한다는 말은 '첫째가 되기를 좋아한다.'라는 의미인데, 이로 미루어볼 때 디오드레베는 장로에 맞서 자기가 어떤 공동체의 지도자가 되려고 시도했던 것으로 보인다. 가이오는 방랑 선교사를 환대했지만, 이와 대조적으로 디오드레베는 그들을 거부하며 교회에서 내쫓았고, 이에 장로는 이런 그의 잘못을 지적한다. 장로의 입장에서 보면 디오드레베가 하는 행동은 장로의 가르침을 거부하면서 그의 권위에 도전하는 것이다. 디오드레베의 이런 행동은 악행이며 하나님을 알지 못하는 행동이다.

II. 요한3서 함께 읽기

1. 요한3서의 구조

1절   편지의 서두
2-4절   편지의 도입부
5-12절   편지의 본론
  • 5-8절   주님의 일을 하는 나그네를 영접한 가이오에 대한 칭찬
  • 9-11절 디오드레베의 악행에 관한 경고
  • 12절   모든 사람의 인정을 받는 데메드리오
13-15절 마무리 인사

2. 요한3서의 내용

'그 장로'가 발신자로 되어 있는 요한3서는 수신자 공동체가 직면한 문제를 해결하려고 쓴 편지이다.

[1-4절]: 1절은 편지의 서두 형식을 띠며 발신자는 '그 장로', 수신자는 '가이오'이다. 2-4절은 편지의 본론을 시작하는 도입부로, 가이오를 향한 장로의 축복과 칭찬을 담고 있다. 가이오가 칭찬받는 이유는 그가 진리를 증언하고 진리 가운데 행하기 때문이다. 진리를 증언한다는 말은 예수 그리스도를 증언하는 것으로, 진리 안에서 행한다는 것은 예수 그리스도 안에서 행하는 것(거니는 것)으로 해석할 수 있다.

[5-12절]: 편지의 본론에 해당하는 5-12절은 대략 세 부분으로 구분된다. 5-8절에서 가이오에 대한 칭찬은 교회 안의 칭찬으로 확대된다. 그가 교회 안에서 칭찬을 받고 인정을 받는다는 것은, 그가 믿을 수 있는 사람이며 사랑을 실천하는 사람이라는 뜻이다. 그는 나그네 된 사람들을 영접했는데, 그들은 하나님을 위해 나선 사람들이고, 이방인들을 대할 때는 아무 대가를 받지 않는 사람들이다. 장로는 이렇게 하나님을 위해 일하는 사람들을 영접하여 환대하고 돌보는 행동을 가리켜 믿을 만하고 사랑을 증언하는 것이라고 말한다. 편지의 정황으로 미루어 짐작해 볼 때 이 나그네들은 장로와 연대하고 있는 사람들로 보이며, 편지의 수신자 가이오는 이런 상황을 잘 이해하고 파악하여 이들을 선하게 대하는 인물이다.

반면에 디오드레베라는 인물은 그 장로의 입장과 반대의 길을 가고 있다 (9-11절). 그는 장로의 가르침이나 신앙 노선을 전파하는 나그네들(형제들)을 맞아들이지도 않고, 심지어 내쫓기까지 했다. 무엇보다 디오드레베는 '첫째가 되기를 좋아하는 자'로서 장로의 지도력에 맞서 반기를 들고 있다. 이는 요한의 교회 안에 있던 분열의 현상과 연결된다. 요한1서와 요한2서는 교회 안에 나타나는 분열의 현상은 특히 예수 그리스도의 성육신을 부인하던 가현설주의자들의 등장을 떠올리게 한다. 아마도 장로와 디오드레베의 대립은 이런 차이에서 기인하는 것으로 보이며, 요한2서의 '지나치게 앞서가는 자'와 요한3서의 '첫째가 되기를 좋아하는 자' 디오드레베는 이와 어떤 연관성이 있어 보인다. 그러나 요한3서는 이런 신앙 고백의 문제를 다루지 않고 초대교회의 공동체들이 서로 연대하던 협력 관계가 분열에 이르고 있다는 것을 알려준다. 11절에서 장로는 디오드레베의 이런 행위를 악행으로 규정하며, 그런 행동은 하나님을 보지 못하는 결과에 이른다고 말한다.

[12-15절]: 12절에서 말하는 데메드리오는 요한3서를 전달한 인물로 여겨진다. 그가 장로의 편지를 전달하는 것은 이미 앞에서 언급한 예수 그리스도에 관한 믿음에서 출발한 것이며 그런 행위들 자체가 그리스도를 증언하는 행위이다. 그렇게 장로의 가르침을 따라 올바른 신앙을 지켜내는 것이 바로 참된 증언에 참여하는 과정이다. 편지의 마무리는 요한2서처럼 장로가 많은 것을 쓸 수 있지만, 결국은 수신자 공동체에게 가서 문제를 해결하겠다는 의지를 보여준다(13-14절). 이것으로 이 편지도 수신자 공동체 안에 일어난 문제에 대해 장로가 편지라는 수단을 통해 대응하고 있다는 것을 보여준다.

3. 요한3서 요약

요한3서는 교회가 세워지고 정착해 가는 과정에서 일어나는 문제를 보여준다. 앞에서 요한2서는 당시의 방랑 선교사들(교사들) 중에 신학적으로, 신앙적으로 교회의 올바른 가르침에서 벗어나 이단적 사상을 가르치며 전하는 사람들이 생겨났다는 것을 보여준다. 또한 요한3서는 이런 신앙과 신학의 차이에서 오는 문제들을 중심으로 교회의 지도력에 관한 갈등, 즉 '그 장로'와 '디오드레베' 사이의 권력 갈등을 보여준다. 당시 그리스도교 전파는 일차적으로 순회(방랑) 선교사를 통해 이루어졌던 것으로 보인다. 요한3서에서 그 장로와 가이오와 데메드리오는 서로 연결되어 있었다. 이 장로와 입장을 같이하는 방랑 선교사들은 요한의 교회가 한편으로는 그리스도교의 초기 형태인 이동식 선교를 유지하면서도 다른 한편으로는 가이오처럼 어느 지역에 정착하여 순회 선교사들이 거쳐 가는 교회로 성장하고 있었다는 것을 보여준다.

우리는 장로의 입장이나 그와 연결된 순회 선교사의 입장을 거부하는 디오드레베 같은 세력이 있었다는 것을 유추해 볼 수 있다. 물론 편지는 장로의 입장을 주로 보여주지만, 그가 디오드레베를 가리켜 '첫째가 되기를 좋아하는 자'라고 말하는 것을 보면 어쩌면 디오드레베도 어느 공동체의 지도자였다고 볼 수 있다. 그가 그 공동체를 스스로 세웠는지, 아니면 장로의 영향을 받았는지 단정하여 말할 수는 없다. 그러나 요한3서의 상황을 보면 그 장로가 디오드레베를 처음부터 알고 있었지만, 시간이 지나면서 점차 둘 사이가 멀어진 것으로 보인다. 여기에서 우리는 디오드레베가 왜 장로와 다른 견해를 밝히면서 다른 길을 가는지 뚜렷한 단서를 찾을 수 없다. 그러나 중요한 것은 디오드레베가 방랑 선교사들을 거부하는 것은 장로의 가르침을 거부한다는 말이며, 이에 장로는 디오드레베가 하나님을 보지 못한다고 규정한다. 이로써 디오드레베는 장로의 신학이나 신앙 노선과 멀어졌고, 그래서 장로가 보낸 방랑 선교사들을 거부함으로써 그와 단절을 선언했던 것으로 보인다. 이런 상황은 그리스도교가 복음을 전파해 나가는 과정에서 나타났던 현상으로서 교회의 질서(법)와 신앙이 서로 균형을 이루어야 하는 단계에 접어든 것으로 이해된다. 요한3서는 이런 상황 속에서 그리스도 중심의 신앙이 진리라는 사실을 증언했던 문서이며, 교회의 지도자였던 그 장로가 편지라는 수단을 통해 그 진리와 공동체를 지키고자 긴급하게 대응하는 노력을 보여준다.

Ⅲ. 웨슬리와 함께 읽는 요한3서

요한3서에 등장하는 장로, 가이오, 디오드레베의 관계는 편지 안에서 일어나는 일을 유추하는 데 도움이 된다. 장로는 요한 공동체의 지도력을 보여주는 '원로'의 자격을 가진 사람이고, 가이오는 장로가 신뢰하는 인물로 나그네들을 잘 환대하고 대접한다고 칭찬을 받는다. 이런 가이오와 대조적으로 디오드레베는 '그들 가운데서 으뜸이 되기를 좋아하는' 사람이며, 장로의 지도력을 거부하는 사람이다(9절). 이런 복잡한 인간관계 속에서 장로는 가이오에게 "사랑하는 이여, 나는 그대의 영혼이 평안함과 같이 그대에게 모든 일이 잘 되고, 그대가 건강하기를 빕니다."라는 축복의 인사를 건넨다. 이것으로 장로는 그리스도인의 건강을 단순하게 육체적인 것만으로 보지 않고, 영혼과 물리적인 조화가 잘 이루어진 것을 건강한 모습으로 묘사한다.

웨슬리의 관점에서 볼 때 장로가 말하는 이런 건강에 대한 이해는 하나님의 은혜를 통해 모든 창조물의 회복과 모든 창조의 구원으로 이어진다. 존 웨슬리는 몸과 영혼의 형식이 "자연적인 연합"(Natural Union)으로 균형을 이루는 것을 강조한다(『표준설교』 36번 "방황하는 생각", 3.5). "건강한 신체에 건강한 영혼이 깃든다."라는 사실도 중요하지만, 그 반대로 "건강한 영혼이 건강한 신체를 유지하게 한다."라는 사실도 기억해야 한다. 요한3서에 등장하는 디오드레베는 칭찬을 받는 가이오와 달리, 교회 안에서 자신의 권력을 차지하고자 노력하는 사람이다. 이런 모습은 영혼과 신체의 균형을 바탕으로 한 전인적인 구원과는 거리가 먼 모습이고, 구원을 경험한 그리스도인의 모습과도 거리가 멀다. 우리의 몸과 영혼은 동전의 양면처럼 하나이며, 따라서 몸을 위해서만 좋은 양식이 필요한 것이 아니라 영혼을 위해서도 좋은 양식이 필요하다.

1 존 웨슬리 지음/감리교신학대학교, 한국웨슬리연구원 옮김, 『존 웨슬리의 설교, 웨슬리 선집 I』(서울: 대한기독교서회, 2022), 427-445를 보라.
2 존 웨슬리 지음, 『존 웨슬리의 설교, 웨슬리 선집 I』, 438을 보라.

제 8 장

역사 속의 예수와 바울

역사 속의 예수와 바울

이 장에서 함께 공부할 주요 내용
- '역사적 예수'와 '선포된 그리스도'는 어떤 차이가 있는가?
- '역사적 예수 연구'는 무엇에 관심을 두는가?
- 바울은 어떤 인물이었는가?
- 바울 신학의 최근 동향은 무엇인가?

키워드: 역사적 예수, 신앙의 그리스도, 바울의 삶, 바울 신학에 대한 새 관점

I. 역사 속의 예수(역사적 예수)

1. 서론: 예수는 누구인가?

예수가 살았던 시대나 지금이나 '예수가 누구인가?'라는 질문은 끊임없이 제기된다. 이 질문은 예수께서 이 세상에서 사역하고 계셨을 때도 있었으며, 예나 지금이나 예수의 정체와 사역에 대해 많은 오해가 있었다(예를 들어 막 1:27; 2:12; 3:21; 4:41; 8:29; 요 18:4; 19:9).

- 당신은 어디에서 왔소?(요 19:9)

- 예수의 가족들이, 예수가 미쳤다는 소문을 듣고서, 그를 붙잡으러 나섰다.(막 3:21)
- 도대체 이분이 누구이기에, 바람과 바다까지도 그에게 복종하는가?(막 4:41)
- 그러면, 너희는 나를 누구라 하느냐?(막 8:29)
- 사람들이 다 놀라 서로 물어 이르되 이는 어찜이냐? 권위 있는 새 교훈이로다. 더러운 귀신들에게 명한즉 순종하는도다 하더라.(막 1:27)

우리는 이 질문에 대한 대답을 역사적 예수와 신앙의 그리스도라는 두 가지 관점에서 찾아보고자 한다.

2. 역사적 예수에 대한 개괄적 설명

예수가 이 땅에 태어났던 시대적 상황에 대해 우리는 역사적 자료와 고고학적인 자료들을 통해 많은 것들을 얻을 수 있다. 그 당시 이스라엘은 로마제국의 지배를 받고 있었으며, 기원후 135년 이후 이스라엘 지역은 팔레스타인으로 명명되었다. 그러나 신약성서 밖에서는[1] 역사적 예수에 대해 많은 정보를 얻을 수 없으므로 복음서를 근간으로 다음과 같이 개괄적으로 예수의 생애와 사역에 대해 말할 수 있다.[2]

로마제국은 유대 지도자들을 통해 세금을 거두어들였을 뿐만 아니라 유대 사회를 폭력적으로 지배했다(예를 들어 로마-유대 전쟁). 이 때문에 로마제국은 유대인들로부터 미움을 받았으며 유대인들의 유일신 신앙은 로마 황제의 강압적 통치 현실과 필연적으로 갈등을 빚을 수밖에 없었다. 이런 정치-종교적 상황 속에서 유대인들은 성경에 약속된 다윗의 후손 중에 메시아가 나타나서 로마제국을 몰아내고 새로운 번영의 시대를 열어줄 것을 간절히 기다리고 있었다. 이렇게 정치적으로 채색된 희망은 다양한 사회 개혁 운동으로 이어졌다. 예를 들어 젤롯당(Zeloten)에 속한 사람들은 반란을 통해 새로운 번영의 시대를 열어가기 위해 무력을 사용하는 것을 주저하지 않았지만, 바리새파 사람들은 이와 반대로 엄격한 율법주의를 추구하는 방식으로 하나님이 열어주실 새로운 세상의 도래를 준비했다. 또한 여러 사회적, 종교적 개혁 운동이 발생하여 다양한 유형의 갱신 운동이 일어났지만, 번번이 실패하곤 했다(예를 들어 행 5:36-37에 언급된 드다와 갈릴리의 유다).

　예수(히브리어로 예슈아[Jeschua], 하나님은 구원자라는 의미)는 헤롯 대왕(기원전 37-4년)의 통치 말기에 로마제국의 황제 아우구스투스(기원전 27년-기원후 14년 재위)가 통치했던 시기에 베들레헴이 아니라 갈릴리의 한 작은 산골 마을 나사렛에서 태어났다. 육신의 아버지는 직업이 목수인 요셉이었고 어머니는 마리아(히브리어로는 미리암)였으며 동생들도 있었다(막 3:32). 예수는 아버지 요셉처럼 목수로서 일했고 율법에 대해 기초적인 교육을 받았을 것으로 추측되며, 모국어로 아람어를 사용했다. 예수의 공생애 이전 시절에 대해서는 알려진 것이 거의 없다.

　예수는 세례 요한으로부터 요단강에서 세례를 받음으로써 요한의 회개 운동에 참여했으나(막 1:9-11; 마 3:13-17; 눅 3:21-22), 임박한 심판을 강조하는 세례 요한과 달리, 하나님의 은혜를 강조하는 하나님 나라의 복음을 전파하는 방랑 설교자로서 독립적으로 공생애를 살았다. 그리고 예수의 사역에는 12명의 제자가 동행했고 많은 여인이 수종을 들었다. 예수는 자신을 따르는 사람들을 향해 곧 다가올 하나님 나라를 위해 가족과 재산과 고향과 인간적인 안전대책으로부터 자유로워지라고 명령했다(예를 들어 막 6:7-13). 또한 예수는 다양한 비유를 통해 우리를 불쌍히 여기시는 아버지 하나님의 사랑을 설명했고, 귀신을 축출하고 다양한 질병들을 치유하심으로써 모든 종류의 악한 세력이 끝나고 하나님의 나라가 도래하고 있다는 사실을 분명하게 선포했다. 그리고 예수는 세리나 죄인들과 함께 식탁 공동체를 갖고 그들의 죄를 용서했기 때문에 유대인들과 충돌했을 뿐만 아니라 "마구 먹어대는 자요, 포도주를 마시는 자요, 세리와 죄인의 친구"(마 11:19)라고 공격을 받았다. 특히 예수는 선생으로서 율법을 본래 의미로 해석함으로써 바리새인들과 자주 충돌했다(예를 들어 정결 규정과 관련하여 막 7:1-23).

　예루살렘에서 성전에 대한 비판 때문에 예수는 제사장 그룹과 충돌했으며, 로마제국은 예수 때문에 발생할 폭동을 우려하여 예수를 십자가형에 처했다. 예수가 십자가에서 처형당한 시기는 유대력으로 니산월(오늘날 4월) 어느 금요일이었으며, 본디오 빌라도가 유대의 총독으로 있던 10년의 기간 중 27-33년 사이로 추정된다. 예수가 십자가형을 당한 후에 제자 중 다수는 유대 당국과 로마제국의 처벌을 두려워하여 달아났다. 예수는 막달라 마리아와 몇몇 여인들에게 부활하신 분으로 자신의 모습을 나타냈고(막 16:1-8), 부활하신 분의 현현은 예수를 따랐던 사람들에게 예수의 죽음과 사역을 새로운 시각에서 이해하게끔 했다. 그들은 하나님께서 예수를 통해 구원의 새로운 전환점을 역사 안에서 시작하셨다는 믿음을 갖게 되었고, 자신이 믿는 믿음의 내용(복음)을 유대인과 이방인에게 전파하기 시작했다. 1세기 중반 이후 예수를 따르는 자들은 유대교로부터 점차 분리되었고 기독교가 새로운 종교로 부상하게 되었다.

3. 신앙의 그리스도에 대한 개괄적 설명

　예수의 부활은 기독교의 생명력이 넘치는 출발점이 되었다. 예수의 부활 순간을 본 목격자는 없지만, 부활한 예수를 만난 제자들은 자신의 목숨을 내걸고 예수의 부활을 증언했다. 제자들은 부활하신 예수를 만남으로써 '선포하는 자'였던 예수를 '선포되는 자'로 완전히 새롭게 인식하게 되었고, 예수의 삶과 사역을 완전히 새로운 시각으로 해석했다. 역사적 예수가 하늘에 계신 사랑이 많으신 아버지 하나님을 선포했다면, 예수의 제자들은 예수를 하나님이 보내신 자와 구약성서에 약속된 메시아 또는 그리스도로 선포했다. 그리고 예수의 제자들은 '하나님의 아들이 왜 십자가에서 죽으셔야 했는가?'라는 질문에 대한 답을 구약성서에서 찾았다. 그리고 예수가 그리스도라는 사실을 믿은 사람들은 예수의 임박한 재림과 이 땅에 하나님의 통치가 멀지 않은 시기에 온전히 실현될 것을 기다렸다. 그러나 예수의 재림이 곧바로 이루어지지 않았기 때문에 그리스도인은 다음 세대에 적용될 수 있는 지연된 종말론을 제시했다. 첫 번째 세대 그리스도인들(예를 들어 사도들)이 순교와 죽음을 맞게 되면서 교회는 예수의 사역에 대해 설교할 뿐만 아니라 첫 번째 세대 그리스도인들이 선포한 복음을 기록으로 남기게 되었다(눅 1:1-4). 복음서는 예수의 삶과 사역을 역사를 기술하는 방식으로 기록한 것이 아니라 예수를 하나님의 아들과 그리스도/메시아라는 시각에서 재조명한 것이다(막 1:1). 즉, 복음서 저자들은 부활 이전 예수의 삶과 사역을 부활이라는 안경을 쓰고 새롭게 해석했다.

4. 역사적 예수 연구의 중요한 자료인 신약 문서들의 특징

예수와 그의 제자들이 읽은 경전은 구약성서였고, 예수 부활 이후 신약의 교회들은 구약성서의 해석을 통해 예수가 그리스도 또는 메시아라는 사실을 설명했다. 신약의 교회들은 많은 부분에서 유대적 성경 해석에서 벗어나 새로운 해석을 했다. 모세의 율법 안에 하나님의 뜻이 담겨 있어서 예수는 율법을 지켰지만(마 5:17), 그는 하나님 사랑과 이웃 사랑을 으뜸가는 계명이라고 강조했다(마 22:37-40). 또한 예수는 바리새인들과 서기관들에 의해 잘못 해석된 정결 규정(막 7:1-23)을 본래의 의미로 재해석했다. 율법에 대한 예수의 이런 입장은 자기 시대에 메시아를 기다렸던 사람들의 기대를 충족시켜 주지 못했다. 예수의 사역과 설교는 정치적 메시아를 기다리는 대중들의 기대에 어긋난 것이었고, 그래서 그들은 쉽게 예수를 그리스도로 받아들이지 못했다. 결국 예수는 다양한 계층의 사람들로부터 반대와 저항을 받았다. 이런 상황 속에서 부활하신 예수를 만난 제자들은 구약성서를 기독론적인 입장에서 해석했고, 예수가 구약성서에서 예언된 메시아라는 사실을 구약성서를 통해 입증했다. 이와 관련하여 누가는 "예수께서 모세와 모든 예언자에서부터 시작하여 성경 전체에서 자기에 관하여 써 놓은 일을 그들에게 설명하여 주셨다."(눅 24:27)라고 말한다. 이 성경 구절은 초대교회가 부활하신 예수를 그리스도 또는 메시아라고 모세오경과 예언서를 통해 증명했다는 사실을 분명하게 말하고 있다. 또한 바울은 예수의 십자가의 죽음과 부활이 구약성서의 성취라는 사실을 다음과 같이 말한다.

> 나도 전해받은 중요한 것을 여러분에게 전해 드렸습니다. 그것은 곧, 그리스도께서 성경대로 우리 죄를 위하여 죽으셨다는 것과, 무덤에 묻히셨다는 것과, 성경대로 사흘날에 살아나셨다는 것과, 게바에게 나타나시고...(고전 15:3-5)

여기에서 "성경대로 죽으셨고… 성경대로 살아나셨다."라는 말은 구약성서에 약속된 대로 대속적 죽음을 맞으셨고, 구약성서에 약속된 대로 부활하셨다는 뜻이다. 초대교회는 예수의 십자가 죽음을 정치범으로 몰려 억울하게 죽은 것이 아니라 대속적 죽음으로 해석했다. 바울은 구약성서를 기독론적으로 해석하는 원시 기독교와 유대교가 그리스도에 관한 문제에 있어서 서로 생각을 달리한다는 사실을 다음과 같이 말한다.

> 그런데 이스라엘 백성의 생각은 완고해졌습니다. 그리하여 오늘날에 이르기까지도 그들은, 옛 언약의 책을 읽을 때, 바로 그 너울을 벗지 못하고 있습니다. 그 너울은 그리스도 안에서 제거되기 때문입니다. 오늘날까지도 그들은, 모세의 글을 읽을 때, 그 마음에 너울이 덮여 있습니다.(고후 3:14-15)

이 성경 구절은 예수가 그리스도라는 사실을 전제하지 않고 구약성서를 읽으면(마음에 너울이 덮여 있으면) 구약성서의 본래 의미를 깨닫지 못한다는 사실을 강조한다(갈 3:24).

1) 부활 이전의 증언: 예수의 부활은 종말의 시작이라는 믿음

다음과 같은 사실은 일반적으로 신약 성서학자들 사이에서 공감을 이룬다.

- 예수 자신은 경전이 될 수 있는 어떤 문서도 남기지 않았으며, 예수에 관한 보도는 사도들과 제2, 3세대 그리스도인들에 의해 전승된 구전 및 기록 전승을 바탕으로 만들어졌다.
- 예수에 대한 보도는 성령강림절 이후 전파되었기 때문에 예수의 사역과 예수에 대한 문서 기록 사이에 20-30년 정도 시간 차이가 있다. 즉, 예수에 대한 보도를 문서로 기록한 것은 예수의 사역을 직접 경험한 세대가 아니라 그 다음 세대였다.
- 예수에 대한 보도는 그의 사역과 설교에서 뽑아낸 것이지만, 예수의 영유아 시절부터 공생애를 시작하기 전까지의 시기에 대한 보도는 거의 알려진 것이 없다. 즉, 복음서 저자들은 공생애 이전의 예수에 대해 큰 관심을 보이지 않았을 뿐만 아니라 위인전의 기록 방식처럼 위대한 인물의 일대기를 연대기적으로 기록하는 방식을 선택하지 않았다. 처음부터 복음서 저자들이 예수에 대한 보도를 역사적 기술 방식을 선택하지 않았다.

여기에서 한 가지 분명한 것은, 복음서의 보도가 예수의 사역을 직접 경험했던 증인들의 구전 전승으로부터 시작되었다는 점이다. 사도들은 부활하신 예수를 만나자마자, 복음을 전파하기 시작한 것이 아니라 성령강림절까지 로마제국과 유대 당국에 대한 두려움 때문에 침묵했다. 오순절에 제자들에게 성령이 충만하게 임재하심으로써 비로소 제자들이 부활하신 예수가 그리스도라는 사실을 전파하기 시작했다(마 28:19). 초대교회 전도자들은 오직 구전으로 전해들은 예수에 관한 이야기를 전파했기 때문에 아직 문서로 된 복음서가 존재하지 않았다. 예수의 첫 번째 세대 제자들 또는 사도들이 죽게 되면서 초대교회는 문서로 기록된 복음서가 필요했다.

성령강림절 이후 사도들은 예수의 설교와 사역을 새로운 시각에서 깨닫게 되었다. 사도들은 예수의 사역과 설교를 부활의 관점에서 이해하게 되었고, 예수가 행한 치유와 기적은 하나님의 통치를 우리들의 현실 속에서 구체적으로 실현하는 종말적 사건으로 해석했다. 유대교의 전통에 따르면 죽은 자의 부활은 종말에 발생하는 사건이기 때문에 예수의 부활은 초대교회에게는 종말의 시작을 의미했다. 그래서 성령강림절에 베드로는 다음과 같이 설교했다. "마지막 날에 나는 내 영을 모든 사람에게 부어 주겠다. 너희의 아들들과 너희의 딸들은 예언을 하고, 너희의 젊은이들은 환상을 보고, 너희의 늙은이들은 꿈을 꿀 것이다."(행 2:17) 초대교회는 부활이라는 관점으로부터 예수의 사역과 선포를 종말론적인 차원으로 승화하여 복음서를 기록했으며, 탄생 이야기, 수난 이야기, 하나님 나라에 대한 다양한 비유, 치유와 기적의 이야기, 십자가의 죽음과 부활에 대한 대속의 다양한 신앙 고백 등을 복음서로 설계함으로써 초대교회의 생명력 있는 신앙적 삶을 유지하도록 했다. 다시 말해, 복음서나 바울의 편지가 기록되기 전부터 초대교회는 예수의 부활을 종말론적인 입장에서 이해하면서 하나님 나라의 도래를 열망했다.

2) 바울의 편지들: 역사적 예수가 아니라 부활하신 그리스도가 복음의 중심

사도 바울이 쓴 편지들은 50-60년 초반에 기록되었기 때문에 복음서의 기록보다 오래되었다. 바울이 직접 기록한 7개의 편지(로마서, 고린도전·후서, 갈라디아서, 빌립보서, 데살로니가전서, 빌레몬서)는 바울이 세운 교회(단, 로마교회는 바울이 세운 교회가 아님) 안에 발생한 여러 가지 문제들을 해결하기 위해 기록된 일종의 목회서신이라고 말할 수 있다. 이 편지 안에서 우리는 예수 그리스도의 복음에 대한 바울의 통찰력을 발견할 수 있다. 바울의 편지들은 십자가에 달려 죽었다가 부활하신 예수 그리스도의 복음을 교회 현장과 관련하여 영적인 깊이를 갖고 해석하는 바울의 모습을 보여준다. 특히 로마서는 바울의 편지 중에서 예수 그리스도의 복음을 '하나님의 의'라는 개념을 사용하여 체계적으로 잘 설명한다. 로마서 4장 17-24절에서 바울은 "죽은 사람들을 살리시며 없는 것들을 불러내어 있는 것이 되게 하시는 하나님"이 예수의 부활을 통해 창조적인 구원의 능력을 나타내심으로써 그리스도인 삶의 존재양식을 의롭게 만드시는 새로운 창조를 이루신다는 사실을 선포하는데, 이것이 바울이 전하는 복음의 핵심적인 내용이라고 말할 수 있다. 따라서 사도 바울에게 복음은 예수의 십자가와 부활을 통해 나타난 '하나님의 의'(죽음의 권세 아래 있던 우리의 삶을 은혜의 권세 아래로 옮겨놓으시는 하나님의 구원 능력)이며, 예수의 부활을 통해 보여주신 새로운 창조를 의미한다.

또한 바울은 자신의 편지에서 역사적 예수를 중심으로 복음을 설명하기보다는 부활하신 그리스도를 중심으로 복음을 설명함으로써(고후 5:16) 구약성서를 근간으로 삼아 십자가와 부활 사건을 해석하고 변증하며, 올바른 복음을 교회 안에 세우기 위해 헌신했다. 바울은 역사적 예수의 사역과 설교를 자신의 편지에 직접 인용하지는 않았다. 그러나 자신은 예수를 따랐던 예루살렘교회의 제자들과 다른 방식으로, 즉 다메섹에서 부활하신 예수 그리스도를 만나서 복음을 직접 계시받았다고 강조하면서 십자가와 부활의 복음을 선포했다(갈 1:11-24). 역사적 예수보다는 부활하신 그리스도의 구원론적인 차원을 강조하는 바울의 입장은 그의 제자들이 기록한 편지들에서 변화 없이 받아들여졌을 뿐만 아니라 일반서신(공동서신)도 같은 입장을 수용하고 있다.

3) 복음서: 서로 다른 예수상을 제시하지만, 역사적인 기록으로 평가될 수 있음

복음서는 예수가 하나님의 아들이고 그리스도 또는 메시아라는 사실을 세상에 알리기 위해 기록된 것인데, 왜 복음서마다 내용과 사건 배열 순서가 유사하면서도 서로 차이가 나는지 그 이유를 우리는 요한복음의 저술 목적에 관한 기록에서 확인할 수 있다.

> 예수께서는 제자들 앞에서 이 책에 기록하지 않은 다른 표징도 많이 행하셨다. 그런데 여기에 이것이나마 기록한 목적은, 여러분으로 하여금 예수가 그리스도요 하나님의 아들이심을 믿게 하고, 또 그렇게 믿어서 그의 이름으로 생명을 얻게 하려는 것이다.(요 20:30-31)

복음서를 기록한 사람들의 주된 관심은 역사적 예수가 아니라 구원자이신 하나님의 아들 그리스도를 전하는 데 있었다. 이런 목적을 이루기 위해 초대교회는 자기들이 처한 상황 속에서 예수가 행한 많은 사역과 설교 중에서 필요한 것을 선택하여 복음서를 기록했는데, 이것이 위의 요한복음 20장 30-31절에서 엿볼 수 있는 것이다. 복음서 저자들은 각자의 필요에 따라 서로 다른 예수의 사역과 설교를 사용했을 뿐만 아니라 그 순서도 서로 다르게 배열했다. 이처럼 복음서는 역사적 예수의 사역과 설교를 전제하여 '예수가 그리스도 또는 메시아라는 사실을 세상에 선포'하려 했기 때문에 역사적 예수를 설명하려는 관심이 중심이 되지 못한다.

서로 다른 역사적 상황 속에서 예수를 그리스도로 선포하는 복음서의 구성과 내용은 다음과 같이 함축적으로 설명될 수 있다.[3]

- Q자료/문서: 40-50년에 형성되었고, 흔히 예수의 어록집이라고 한다. 수난 설화에 큰 비중을 두고 복음을 설명하려는 복음서와 달리, 여기에는 수난 설화가 포함되어 있지 않다. 이 어록집은 하나님 나라가 임박했기 때문에 예수를 따르라는 가르침이 주된 내용이다. 여기에서 예수는 하나님의 아들이고, 권능으로 하나님의 뜻을 실현하는 분이며, 종말론적 심판자의 모습으로 그려진다.[4] 예수의 어록은 초대교회의 방랑 설교자들에 의해 전파되었을 가능성이 크다(눅 10:1-20). 학자들은 예수의 어록이 부활 이후 세대들의 영향을 받았을 가능성을 주장하기 때문에 어록집에 나오는 이야기를 모두 '정말로 예수의 입에서 나온 말씀들'(ipsissima verba Jesu)로 간주할 수 없다고 평가한다.
- 마가복음: 사복음서 중에 가장 빠른 70년 전후에 기록되었고, 두 자료설에 따르면 마태복음과 누가복음의 토대가 된 자료라고 평가될 수 있다. 고대 교회 전승에 따르면 베드로의 통역자였던 마가 요한이 베드로가 직접 설교한 것을 근간으로 로마에서 기록했다고 하는데, 오늘날 고대 교회의 이런 주장은 설득력을 잃었다. 마가복음은 예수의 어록을 수집한 Q자료와 달리, 예수의 수난 설화에 기적 이야기와 묵시적인 내용(13장)과 논쟁과 가르침의 말씀을 덧붙여서 서사적 구조(한 편의 예수의 일대기) 형식을 취한 책으로 평가될 수 있다. 오늘날 학자들은 마가복음에 나오는 연대기적이고 지정학적은 틀은 저자에 의해 신학적으로 계획된 것으로 설명한다.[5] 마가복음이 전하는 예수는 사람들이 이해할 수 없

는(심지어 예수를 따랐던 제자들조차 이해할 수 없는) 비밀에 가려 있는 인물로 소개되고 있으며(예를 들어 1:34; 8:30; 9:9), 마가복음의 내용이 전개되면서 그 비밀이 하나씩 벗겨지다가 십자가형을 집행하는 로마의 백부장에 의해 올바르게 고백된다(15:39).⁶

- 마태복음: 70-100년에 기록된 마태복음의 예수는 유대교의 권위에 대해 논쟁하고 있으므로 마태 공동체가 유대교와의 갈등 상황 속에 있었다는 사실이 마태복음을 해석하는 데 중요한 역할을 한다. 예수께서 교회에 명하여 가르쳐 지키게 하라는 내용(28:18-20)은 마태복음에 나오는 다섯 편의 설교를 가리킨다: 산상설교(5-7장), 파송설교(10장), 천국설교(13장), 교회 질서 설교(18장) 그리고 종말설교(24-25장). 이 다섯 편의 설교를 통해 마태복음은 예수를 교회의 스승으로 묘사한다. 특히 산상설교에서 예수는 모세가 시내산에 올라가서 십계명을 받고 내려와 이스라엘을 가르쳤던 모습과 유사하게 모세 율법의 의미를 새롭게 해석함으로써 새로운 모세상을 가진 예수를 제시한다. 또한 마태복음은 예수를 구약의 예언을 성취한 분으로 설명한다(예를 들어 1:22-23; 2:5-6, 15, 17-18.23; 4:14-16; 8:17; 12:17-21; 13:35; 21:4-5; 27:9-10).

- 누가복음: 80-90년대에 기록된 누가의 2부작인 누가복음과 사도행전은 처음부터 분리되어 전승되었으며, 누가복음에는 마가복음과 Q자료에 나오지 않는 많은 특수 자료가 사용되었다(예를 들어 1:1-2:52; 3:23-38; 7:11-17.36-50; 8:1-3; 9:51-56; 10:17-20. 25-42; 11:27-28; 12:13-21; 13:1-17; 14:1-14; 15:1-32; 16:1-31; 17:11-19; 18:1-14; 19:1-27; 21:34-38; 22:35-38; 23:8-12; 24:1-35, 50-53). 누가복음 9장 51절-19장 27절의 내용은 예수와 제자들이 갈릴리로부터 예루살렘으로 여행할 때 벌어지는 사역들을 보도하는데, 이는 다른 복음서에서 찾아볼 수 없는 내용이다. 교회 전통에 따르면 누가의 2부작은 사도 바울의 전도 여행의 동반자였던 의사 누가가 기록했다고 하는데, 바울 신학의 중요한 내용이 누가복음과 사도행전에 거의 드러나지 않기 때문에 누가의 2부작의 저자는 바울의 동반자가 아니었다고 주장할 수 있다. 누가복음 4장 16-21절에 따르면 누가복음에 나타난 예수의 모습은 하나님의 영으로 기름 부음 받은 분이며, 약하고 가난한 사람들을 위해 일하시는 분으로 묘사된다. 특히 누가복음에 사용된 특수 자료는 가난한 자와 세리와 죄인들과 여인들과 사마리아인들에 대해 큰 관심을 보여주시는 예수의 모습을 제시한다.

- 요한복음: 90-100년에 에베소 또는 소아시아 지역에서 기록된 것으로 추측되며, 9장 22절, 12장 42절, 16장 1-2절에 나오는 회당 출교가 요한 공동체가 처한 역사적인 상황을 반영한다. 마태복음에 나타난 유대교 회당과의 갈등이 요한복음에는 한층 더 격렬하게 보도되었고, 긴 설교들을 통해 기독교의 정체성을 기독론 중심으로 설명한다. 요한복음은 공관복음서와 달리, 여러 차례 예수가 예루살렘을 방문했다고 보도할 뿐만 아니라 1장 1-18절의 서론을 통해 기독론적인 시각에서 요한복음을 읽고 이해해야 한다는 사실을 강조한다. 또한 요한복음의 예수는 긴 설교 속에서 가장 신학적으로 채색된 모습으로 소개되고 있으며, 공관복음에 나오지 않는 치유와 기적을 행한다. 요한복음은 흔히 세메이아(표적, Semeia) 자료나 공관복음 저자들과 다른 자료들을 사용하여 예수의 모습을 보여준다.

지금까지 우리는 Q자료와 사복음서 안에 등장하는 예수의 모습이 다양하게 제시되었다는 것을 확인함으로써 초대교회가 예수 지상의 사역과 부활 승천 사건을 자신이 처한 상황에 따라 해석하며 서로 다른 예수상을 제시하고 있다는 사실을 엿볼 수 있었다.

역사를 객관적으로 기록한다는 것은 불가능하다. 역사적 기술을 할 때 본질적인 것은 과거의 사실을 단순히 연대기적으로 나열하는 것이 중요한 것이 아니라 그것을 자신의 현실과 연결하여 해석하고 설명하고 평가하는 것이 본질적이고 중요한 것이다. 따라서 예수의 사역을 시간 순으로 기록하는 것은 예수의 역사를 객관적으로 기술한 것이 아니라 예수의 사역을 시간대별로 나열한 것에 불과하다. 예수의 사역을 역사적으로 기록한다는 것은 예수 사역의 구원론적 의미를 초대교회의 상황에 맞게 해석하고 적용하는 것이다. 예수 사역에 대한 서로 다른 구원론적 의미 부여를 전제로, 네 복음서가 서로 다른 예수상을 제시하는 것은 역사적인 보도라고 평가할 수 있다.

5. 역사적 예수에 대한 연구사

'역사적 방식으로 기록되지 않은 복음서' 안에서 예수의 역사에 대해, 특히 역사적 예수가 선포한 내용의 재구성과 관련하여 확실하게 알 수 있는 것은 무엇일까?'라는 질문에 대해 역사비평적 주석 방법은 다양한 방식으로 답을 찾으려고 노력했다. 역사적 예수에 대한 연구사에서 대표할 만한 학자들의 입장은 다음과 같다.

1) 헤르만 사무엘 라이마루스(Hermann Samuel Reimarus: 1694-1768)

라이마루스는 역사적 예수 연구를 체계적으로 다루었던 최초의 학자라고 말할 수 있다. 1761년부터 독일 괴팅겐대학 교수로 활동했던 그는 1720-22년에 영국의 옥스퍼드대학에 유학하면서 그 당시 영국의 철학계를 지배하고 있었던 이신론(理神論, Deism)을 공부하고 자신의 신학에 적용함으로써 역사적 예수 연구에 대한 아주 비판적인 결과를 주장했다. 이신론에 따르면 하나님은 이 세상을 창조한 이후에 더는 세상에 관여하지 않기 때문에 성경에 나오는 계시나 기적을 인정하지 않는다. 이신론적인 입장에서는 기적과 성육신, 즉 예수라는 한 인간 안에서 하나님이 자기 자신을 사람들에게 나타냈다는 것은 불가능한 일이기 때문에 기적과 성육신에 대한 복음서의 진술은 교회의 편집으로 간주했다.

이신론적인 입장에서 성경과 역사적 예수를 연구한 라이마루스는 복음서가 설명하는 예수의 모습과 역사적 예수의 모습이 다르다는 전제 아래 역사적 예수와 신앙의 그리스도를 구분했다. 그는 예수의 십자가 사건을 보도하는 사복음서의 마지막 장들에 서로 일치하지 않는 내용이 많이 나오기 때문에 예수의 수난사를 역사적으로 재구성할 수 없다고 주장했다. 따라서 그는 복음서 저자들이 예수의 수난사를 순수하게 역사적 방식으로 기록하려는 것이 아니라 예수가 하나님의 아들이고 그리스도라는 사실을 설명하기 위해 기록했다는 사실을 외면하고 복음서를 순수하게 역사적 방식으로 재구성하려 함으로써 수난사에 관한 부정적인 연구 결과를 주장하게 되었다.

복음서의 기록이 역사적 예수의 선포와 다르다는 입장에서 라이마루스는 자신의 제자인 레싱(Gotthold Ephraim Lessing)이 1784년에 출판한 『예수와 그의 제자들의 목적에 관해서』에서 다음과 같이 주장했다.

> 예수는 자신을 로마제국의 억압으로부터 이스라엘 백성들을 해방하는 메시아(해방자)로 인식하고 있었고, 하나님 나라 선포를 통해 유대인들이 행복하고 자유롭게 사는 강한 국가 건설을 계획했다. 그리하여 마태복음 10장의 내용처럼 민중봉기를 목적으로 제자들을 파송했으나, 봉기는 일어나지 않았다. 갈릴리에서 민중봉기가 일어나지 않았을 때 예수는 예루살렘으로 올라가서 성전에서 난동을 부렸지만, 백성들이 여전히 그를 따르지 않았고, "나의 하나님, 나의 하나님 어찌하여 나를 버리십니까?"라는 십자가의 외침은 자신이 계획한 민중봉기가 실패했다는 사실을 입증하는 단서가 되었다. 그래서 제자들은 예수의 시체를 훔쳐서 숨겼으며, 50일째 되던 날에 예수가 다시 살아났고, 예수가 다시 올 것이라고 선포했을 뿐만 아니라 예수가 하늘의 영광을 덧입고 나타날 것을 강조하는 복음서를 기록했다. 파루시아에 대한 기다림이 길어질수록 예수에게 초월적 속성과 호칭을 덧입혀서 실패한 유대교 혁명가의 모습은 희석하고 재림하여 심판할 심판자의 모습을 부각하여 예수의 삶을 왜곡했다.[8]

라이마루스는 예수가 자기 자신을 정치적 메시아로 인식했으나, 제자들은 예수가 십자가의 죽음과 부활을 통해 인류를 구원하려 했다고 주장했으며, 정치적 메시아로서의 예수의 자기 인식과 인류의 구원자로서 예수를 이해한 제자들의 인식 차이를 "기만 이론"[9]으로 설명했다. 예를 들어 라이마루스는 대제사장들과 장로들이 병사들을 사주하여 '제자들이 예수의 시신을 훔친 것'으로 말을 맞추는 모의(마 28:12-13) 장면에 착안하여 이 '의도적 기만' 개념을 제시했다. 다시 말해, 역사적 예수는 자기 자신을 정치적 혁명가로 간주했는데, 십자가 사건 이후 제자들이 민중봉기에 실패한 예수를 인류의 죄를 대속한 구원자로 선포하기 위해 복음서를 기록했다고 주장했다.

그러나 오늘날 역사비평적인 성서 주석의 시각에서 볼 때 라이마루스의 연구 방법은 너무 단순했을 뿐만 아니라 복음서에 등장하는 사건들에 대한 역사적인 지식 없이 너무 단순하게 비판했으며, 그리스도 신앙을 "의도적 기만"에서 비롯한 것으로 설명한 그의 관점은 오늘날 더는 받아들여지지 않는다.

2) 하인리히 율리우스 홀츠만(Heinrich Julius Holtzmann: 1832-1910)과 아돌프 폰 하르낙(Adolf von Harnack: 1851-1930)

빌헬름 황제(1859-1941년) 치하의 독일은 자유주의 신학과 역사적 예수 연구의 전성기였다. 이 시대의 신학자들은 복음서를 통해 예수의 인성을 역사비평적으로 재구성하여 기독교 신앙을 갱신하며 기독교의 교리를 뛰어넘으려 했는데, 그 대표적 인물이 홀츠만과 하르낙이다. 홀츠만은 『공관복음서. 그 기원과 역사적인 성격』(1863), 『역사비판적 신약성서개론』(1885), 『신약성서신학 I/II』(1896/97) 등 세 권의 중요한 책을 출판했다. 그는 여기에서 두 자료설을 바탕으로 마가복음과 Q자료에 의해 재구성된 역사적 예수상이 가장 신뢰할 만한 것이라고 주장했다. 그리고 그는 예수의 삶의 역사적인 전환점을 보도하는 마가복음 8장에서 예수는 갈릴리에서 메시아로서 자의식을 갖추기 시작했고, 가이사랴 빌립보에서 제자들에게 자신이 메시아라는 사실을 밝혔다고 주장했다. 또한 Q자료에 의해 재구성된 진정한 예수의 말씀을 마가복음이 전기적 틀 안에 편집하여 역사적 예수의 온전한 상을 재생했다고 주장했다. 그러나 양식비평적 주석 방법을 사용하여 성서 주석을 하는 학자들은 홀츠만의 이런 주장을 받아들이지 않는다.

자유주의 신학이 번성했던 시기에 역사적 예수 연구에 중요한 업적을 남긴 또 한 사람은 베를린대학에서 교회사를 가르쳤던 하르낙이다. 그는 '기독교의 본질'이라는 강의를 책으로 출판했는데, 이 책에서 그는 역사적 예수에 대해 이성적이고 역사적으로 수용할 수 있는 범위 안에서 연구해야 한다는 태도를 견지했다. 그래서 그는 예수의 부활과 승천은 역사적인 연구를 할 때 불편한 문제이기 때문에 역사적 예수의 연구 범위를 예수의 십자가 사건까지로 한계를 설정했다. 그는 예수의 생애를 재구성하는 데 필요한 정보, 즉 예수는 어떤 인물이고 무엇을 원했으며 그것이 우리에게 무엇을 의미하는지를 비록 불충분하지만 복음서 안에서 두 자료설을 근거로 재구성한 예수의 선포 내용을 통해 파악할 수 있다고 주장했다. 그리고 예수가 자신의 선포와 가르침을 통해 도덕과 종교를 결합했다는 사실을 강조함으로써 복음의 본질을 윤리적 차원으로 고착시켰을 뿐만 아니라 역사적 예수의 모습 속에 윤리 교사의 특징을 부각했다. 또한 그는 예수가 제자들에게 복음이 복음과 금욕의 문제, 복음과 빈곤의 문제 또는 사회적인 문제, 복음과 질서의 문제, 복음과 문화적인 문제 등 윤리적인 문제와 어떻게 연결되는지 가르치는 사역에 집중했다고 주장했다.[10]

3) 알베르트 슈바이처(Albert Schweitzer: 1875-1965)

신학자로서, 오르간 연주자로서 그리고 아프리카 선교사로서 활동하며 노벨평화상까지 수상했던 알베르트 슈바이처는 역사적 예수 연구사에서 중요한 인물이다. 그는 『라이마루스부터 브레데까지: 예수의 삶에 관한 연구의 역사』라는 책을 통해 이전까지 예수 연구 학자들이 주장한 내용을 두루 살펴보았다. 이 책에서 슈바이처는 그들이 제각기 다른 모습의 예수를 제시한 것을 보면서 그런 예수의 이미지는 그 신학자들이 만들어 놓은 예수상이며, 객관적인 역사적 예수상을 제시하는 것은 어렵다는 회의적 결론에 이르렀다. 다만, 그가 생각하기에 한 가지 확실한 것은 예수가 철저한 종말론자였다는 것이다. 그래서 슈바이처는 예수를 '철저한 종말론자'로 제시했다.[11]

4) 루돌프 불트만(Rudolf Bultmann: 1884-1976)

신약 성서학 연구에 불후의 업적을 남긴 위대한 성서학자 불트만은 1904년에 베를린대학에서 하르낙(Adolf von Harnack)과 궁켈(Hermann Gunkel)에게 교회사와 구약학, 1905년에 마르부르크대학에서 율리허(Adolf Jülicher), 바이스(Johannes Weiß), 헤르만(Wilhelm Hermann)의 지도로 신약학과 조직 신학을 공부했다. 그는 마르부르크대학 교수 시절에 실존주의 철학자 하이데거(Martin Heidegger)와 학문적으로 교류하면서 자신의 실존론적 성서 해석학을 완성했다. 그는 자유주의 신학의 지배적인 신학적 분위기를 단절하고 변증법적 신학의 시대를 출발시켰으며, 양식비평을 근간으로 복음서의 전승사적인 연구를 위한 기본서인 『공관복음 전승사』(1921)를 출판했다. 역사적 예수 연구와 관련하여 그는 『예수』(1926)를 출판했는데, 그 핵심 내용은 다음과 같다.[12]

① 역사를 자연과학적인 방법으로 연구하여 역사의 흐름 속에서 보편적인 법칙을 찾으려는 역사 실증주의의 입장[13]과 달리, 객관적인 자연과학적 관찰과 같은 객관적인 역사적 관찰이 존재할 수 없다.
② 객관적인 역사적 관찰을 방법론적으로 따른다고 할지라도 관찰자는 어쩔 수 없이 특정한 시대와 특정한 학파에 소속되었기 때문에 역사적 관찰에 있어서 객관성을 온전히 보장받을 수 없으며, 따라서 역사의 기술은 주관적일 수밖에 없다.
③ 역사적 사건을 바르게 이해하려면 역사에 관한 관심을 불러일으킬 수 있도록 만드는 초역사적인 것 또는 역사적인 사건의 본질적인 의미를 반드시 질문해야 하며, 이 질문의 답을 찾지 못하는 역사적인 관찰은 사건의 나열에 불과할 뿐 올바른 역사 기술이 아니다. 즉, 모든 역사 기술은 기술하는 사람의 실존적 상황에서 관찰하는 해석된 역사가 될 수밖에 없다.

역사 실증주의적인 예수 연구에 대한 비판적인 입장을 견지하고 있는 불트만은 역사적인 관찰 방식을 통해 인간이 하나님을 알 수 있는 것이 아니라 은혜를 통해 나타나는 계시를 통해서만 하나님을 알 수 있음을 강조했다. 그는 예수가 무엇을 말하고 무엇을 행했느냐가 중요한 것이 아니라 하나님이 예수의 십자가와 부활을 통해 무엇을 말했고 무엇을 행했느냐가 중요하다는 사실을 강조했다. 그렇게 함으로써 역사적 예수가 중요한 것이 아니라 케뤼그마의 그리스도가 중요하다는 사실을 부각했다. 그는 자신의 이런 주장을 고린도후서 5장 16절을 근거로 입증했다. 그는 복음서의 예수 이야기를 십자가와 부활의 빛에서 부활 이전의 기억을 개조한 부활 이후의 신앙을 전개한 것으로 평가했다.[14] 이런 불트만의 신학적 입장은 기독교 신앙의 근거가 역사적이고 객관적인 사실을 통해 만들어지는 것이 아니라 케뤼그마에 의해 만들어졌다는 '위험한 오해'를 하게 만들었다. 그래서 학자들은 불트만 때문에 역사적 예수에 관한 관심이 현격하게 후퇴했다고 평가한다. 그러나 불트만은 자신의 『신약성서 신학』의 첫 페이지에서 "예수의 선포는 신약성서 신학의 전제에 속하며 신약성서 신학의 일부분이 아니다."라고 선언한다.[15] 즉, 복음서의 보도 안에는 역사적 예수가 선포한 내용이 녹아 들어가 있다. 따라서 예수의 부활 이후 제자들에 의해 만들어진 그리스도론에는 부활 이전의 역사적 예수가 선포한 결단으로의 부름이 암시적으로 포함된다. 이런 그의 신학적 견해는 제자들의 이해로부터 구성된 역사적 예수에 대해 다시 질문하게 만드는 계기가 되었다.[16]

5) 에른스트 캐제만(Ernst Käsemann: 1906-98)

불트만의 뛰어난 제자 중 한 사람인 캐제만은 역사적 예수에 대한 새로운 질문을 제기함으로써 역사적 예수 연구에 새로운 불을 붙였다. 불트만의 역사적 예수 연구가 교회의 선포(케뤼그마의 그리스도)와 역사적 예수를 대치시켰지만, 캐제만이 제기한 새로운 질문은 케뤼그마의 그리스도가 부활 이전에 역사적 예수의 선포 속에서 어떤 "발판"을 갖고 있었는지를 질문함으로써 역사적 예수의 선포와 케뤼그마(kerygma)의 예수 사이에 연속성을 찾는 데 학문적 관심을 집중했다. 그는 원시 기독교 문서들이 역사적 예수와 케뤼그마의 그리스도 사이에서 연속성을 보도하고 있으며, 예수는 부활 사건 이전부터 이미 자신에게 부여한 그리스도론적 호칭(인자, 메시아, 하나님의 아들) 여부와 관계없이 자신의 행위를 통해 메시아의 모습을 나타냈다. 캐제만은 역사적 예수가 보여준 그리스도적인 행위를 율법 비판을 통한 인간의 자유 선언에서 찾았다.

　1953년 10월 20일, 마르부르크대학에서 개최된 불트만 제자들의 모임에서 발표한 그의 논문 "역사적 예수의 문제"의 파장은 불트만 학파를 뛰어넘어 미국의 신학계에까지 영향을 미쳤다. 이 논문에서 그는 공관복음이 반대자들이 주장하는 것, 즉 복음서 안에서 역사적 예수가 선포한 내용을 재구성하는 것이 불가능하다는 주장보다 훨씬 더 많은 신뢰할 만한 전승을 담고 있다는 사실을 입증하려 노력했다. 캐제만은 선포가 역사적인 사실을 전달하는 매체라는 사실을 입증함으로써 복음서 안에 보도된 수난과 부활에 관한 오래된 전승의 역사적 신뢰성을 보증했다. 또한 그는 모든 역사적인 사건들은 오로지 전승을 통해서만 이해할 수 있으며, 해석을 통해서만 설명될 수 있다고 주장함으로써 복음서의 예수 이야기가 역사적 기술이라고 규정했다. 그에 따르면 초대 교회는 '역사적 사건'을 자기들의 '해석된 역사'로부터 분리하지 않았으며, 예수의 역사는 초대교회의 부활절 신앙으로부터 해석되었기 때문에 복음서에서 예수의 삶과 선포를 끌어낼 수 있다고 했다. 특히 그는 앞에서 말한 것처럼 율법의 비판을 통해 율법의 본래 의미를 선언하는 예수의 선포 속에서 역사적 예수의 모습을 찾을 수 있다고 주장했다. 이를 위해 캐제만은 종교사적 그리고 전승사적 비교 연구인 "불연속성의 기준"(Criterion of Dissimilarity)[17]을 제시했다. 차이의 기준이란 복음서 안에 나오는 예수의 가르침 중에 유대교와 초대교회 안에서 유래한 것으로 볼 수 없는 것을 의미하며 이것이 바로 역사적 예수가 선포한 내용이다. 그 예로 산상수훈의 반대 명제, 안식일 논쟁(막 2:27; 마 12:8; 눅 6:5), 정결 규정(막 7:15) 같은 것이 있다.[18]

6) 역사적 예수에 대한 "제3의 탐구"(the Third Quest)
　예수를 유대교의 전통적인 틀 안에서 율법의 의미를 새롭게 찾으려는 윤리 교사와 예언자 또는 세속적인 왕국을 이스라엘 땅에 이루려는 혁명가로 간주하려는 입장에 반대하여 20세기 들어 영어권을 중심으로 다음과 같은 세 가지 특징을 가진 새로운 역사적 예수 연구의 흐름이 등장한다. 이런 새로운 흐름을 일컬어 역사적 예수에 대한 "제3의 탐구"(the Third Quest)라고 하는데, 제3의 탐구는 다음과 같은 세 가지 특징이 있다.

① 예수의 출현과 운명을 1세기 유대 사회의 긴장 관계를 배경으로 사회학적인 시각에서 이해한다. 역사적 예수는 "때가 찼고 하나님의 나라가 가까이 왔으니 회개하고 복음을 믿으라."(막 1:15)라고 선포함으로써 천년왕국 갱신 운동을 시작했고, 초대교회도 이와 같은 예수의 복음을 선포함으로써 종교-사회적 갱신 운동을 계승했다. 부활절 이후의 방랑 설교자들(눅 10:1-16)은 역사적 예수처럼 하나님 나라 복음을 선포하면서 종교-사회적 갱신 운동을 계승했다.
② 캐제만의 입장과 달리, 예수는 유대교 내부의 갱신 운동가였다. 예수는 회복의 종말론을 선포함으로써 유대 민족의 재건을 지향하고 있었을 뿐만 아니라 율법의 본래적 의미를 강화하려 했다.
③ 예수 연구를 위해서는 정경 자료 외에 비정경 자료들도 중요하다. 특히 역사적 예수의 선포를 재구성하기 위해 도마 복음서는 중요하다. 외경을 중시하는 이유는 기존의 예수상을 깨뜨리고 새로운 예수상을 얻으려는 것이다.[19]

그러나 제3의 탐구는 이런 세 가지 특징에서 벗어나서 더 다양한 입장으로 분화되었는데, 그중에 대표적인 학자로 마커스 보그(Marcus J. Borg)를 꼽을 수 있다. 1991년에 출판된 책 『예수, 새로운 비전: 영, 문화 그리고 제자 됨』에서 그는 비종말론적인 예수상을 주장하면서 자유주의 신학의 예수상으로 회귀했다.

주목해야 할 또 하나의 역사적 예수 연구의 최근 동향은 로버트 펑크

(Robert W. Funk)가 주도하고 있으며, 미국의 신학자들을 중심으로 미국 웨스타 연구소에 1985년에 창설된 "예수 세미나"를 통해 이루어진다. 이 세미나는 역사적 예수 연구에 대한 보수주의적인 태도를 보이는 신약학자들과 독일의 역사적 예수 연구에 대한 반항으로 등장했다. 그러나 예수 세미나에서 행해지는 연구 방법은 객관성이 없다고 비판받는다. 예수 세미나에서는 역사적 예수의 말씀을 재구성하기 위해 신학자들이 모여 토론한 후 투표를 통해 예수 전승의 진정성 정도를 결정한다. 그들은 도마 복음서를 포함하여 복음서 가운데 실제 역사적 예수의 말씀이라고 생각되는 부분을 빨간색으로 표시하고, 예수의 말씀이 아니라 신앙 공동체의 산물로 보이는 것은 검은색으로 표시하여 실제 예수의 말씀이 아님을 나타낸다. 또한 그 중간에 불확실한 정도에 따라 보라색("예수가 말한 것처럼 들린다.")과 회색("아마도 그럴 수도 있다.")으로 나타낸 복음서를 편찬했다.[20]

예수 세미나의 두 번째 작업은 실제 예수의 삶과 활동에 관한 진술을 밝혀내는 일이었다. 이 작업의 산물이 1998년에 출판된 『예수의 행위』이다. 이 역시 같은 방식으로 진정성의 정도에 따라 앞에서 언급한 네 가지 색으로 구분되어 있다. 그들은 복음서에 나오는 예수 사건 가운데 대략 16퍼센트만 진정성이 있는 것으로 보았다. 이런 작업을 통해 예수 세미나는 이른바 첨가물이 없는 자기들만의 방식으로 예수상을 구축했다. 이들이 구축해 낸 예수는 한마디로 모든 종말론적인 메시지를 거부하는 가운데 떠돌아다니면서 버림받은 사람들과 친교를 나눈 현자이며, 고착된 사회적, 종교적 인습에 도전한 사회 비평가였다.

7) 연구사에 대한 평가

지금까지 살펴본 역사적 예수 연구사를 통해 우리는 다음과 같은 작은 결론을 맺을 수 있다. 첫 번째, 현대인이 갖고 있는 역사 인식에 비추어 볼 때 복음서에 나타난 예수의 역사를 문자 그대로 받아들이기는 어렵다. 또한 예수를 순전히 역사적인 범주로 설명하고자 했던 전 세대의 잘못을 뒤따라가서는 안 된다. 이런 두 가지 난관 속에서도 우리가 역사적 예수의 삶과 선포를 끊임없이 질문하지 않는다면 예수는 비역사적인 신화적 인물로 전락하게 될 것이기 때문에 우리는 계속하여 역사적 예수의 삶과 선포에 대해 질문해야 한다. 다시 말해, 예수의 역사에 대해 질문하지 않으면 기독교는 신화를 근간으로 하는 비역사적인 종교로 전락하기 때문에 다양한 주석 방법과 1세기의 역사적 지식을 배경으로 끊임없이 역사적 예수에 대한 논의를 계속해야 한다.

두 번째, 우리는 역사적 예수를 연구하는 목적에 대한 분명한 입장을 견지해야 한다. 신앙 고백의 대상인 그리스도는 교리와 신학으로 채색된 분으로서 우리에게 천국 가는 길을 신학적으로 제시해 주지만, 역사적 예수 연구는 실제로 예수가 이 땅에 어떻게 살았는지를 우리에게 가르쳐 준다. 예수를 믿지만, 예수처럼 살지는 않는 우리에게 역사적 예수의 삶을 질문하며 찾아 나서는 노력은 우리의 삶을 예수처럼 살아내도록 명령하기 때문에 교회 개혁을 위한 중요한 수단이 된다. 예수의 역사를 연구하는 궁극적 목적은 예수처럼 살기에 있다.

II. 사도 바울의 역사(역사적 바울)

사도 바울의 편지나 사도행전에서 바울이 언제 출생했고, 언제 죽었는지 그리고 언제, 어디에서 편지를 기록했는지에 대한 기록이 등장하지 않기 때문에 사도 바울의 사역에 대한 역사적 기술은 쉽지 않다. 이 때문에 바울의 연대기에 대해 다양한 입장이 존재한다. 그렇지만 바울서신과 사도행전에 보도된 사건 중에 역사적으로 정확한 시기를 확인할 수 있는 사건(예를 들어 행 18:2의 클라우디우스 황제의 칙령과 행 18:12의 갈리오가 아가야의 총독이 되었을 때)을 토대로 다

음과 같이 바울의 사역을 시간 순으로 배열할 수 있다.[21]

① 길리기아 다소에서 출생했고(행 9:11; 21:39; 22:3), 로마 시민권을 소유했으며(행 16:37-38; 22:25, 29; 23:27), 엄격한 유대교 집안에서 자라났고(롬 11:1; 빌 3:5-6; 행 23:6; 26:4-5), 바리새인으로 예루살렘에서 교육받았음(빌 3:5-6; 행 23:4-6)
② 30년: 예수의 십자가 죽음-교회의 핍박자로 활동함(고전 15:9; 갈 1:13, 23; 빌 3:6; 행 8:3; 9:1)
③ 33년경: 다메섹에서 회심(갈 1:11-17; 고전 9:1; 15:8-10; 행 9장)
④ 33-36년: 아라비아 광야에서 머묾(갈 1:17)
⑤ 36년: 예루살렘에 있는 베드로를 방문함(갈 1:18-20; 행 9:26-30)
⑥ 36-39년: 시리아와 길리기아에서 선교(갈 1:21; 행 9:30)
⑦ 40-41년: 바나바와 함께 일 년 동안 안디옥에 체류함(행 11:25-26)
⑧ 제자들이 그리스도인이라 일컬음을 받기 시작함
⑨ 41-48년: 시리아, 페니키아, 길리기아에서 바나바와 팀 선교
   -46-47년: 1차 선교 여행(구브로 길리기아, 남부 갈라디아)
⑩ 48년: 예루살렘 사도 회의(갈 2:1-10; 행 15:1-35)
   -48-50년 사이에 바울이 베드로를 안디옥에서 책망함
⑪ 49년: 모든 유대인은 로마를 떠나라는 클라우디우스 황제의 칙령(아굴라와 브리스길라 부부가 고린도로 이사함, 행 18:2)
⑫ 49-51년: 2차 선교 여행(소아시아와 그리스, 실라와 디모데 동행, 바나바와 헤어짐, 행 15:36-18:22)
⑬ 50년 가을-51년: 고린도 체류(행 18:1-17)-데살로니가전서 기록
⑭ 53-55년: 3차 선교 여행, 에베소 체류(행 18:23-19:20 또는 21:14)-갈라디아서(?), 고린도전서, 빌레몬서, 빌립보서 기록
⑮ 55년: 고린도 방문(두 번째 방문: 잠시 방문함) 후 에베소로 돌아감-고린도후서 기록(?)
⑯ 56년: 마케도니아 여행, 세 번째 고린도 방문(고후 12:14; 13:1; 행 20:2-3)-고린도후서 기록(?), 갈라디아서 기록(?), 로마서 기록
⑰ 57년: 예루살렘에서 체포되어 수감됨(행 21-26장)
⑱ 59년: 로마로 이송됨(행 27-28장)-빌립보서 기록(?)
⑲ 62년: 스페인 여행(?)(롬 15:24, 28; 『클레멘스1서』 5:7)
⑳ 62년 또는 64년: 네로의 박해 때에 순교함(행 20:24-25, 37-38; 『클레멘스

1서』 5:5-7)

바울의 삶을 연대기적으로 설명하는 것보다 더 중요한 것은 바울의 신앙 세계에 영향을 미치는 중요한 요소를 발견하는 것이다. 사도 바울은 위대한 선교사이며, 구약성서를 기독론적으로 설명한 신학자이고, 교회를 개척하고 교회의 문제를 해결하는 데 자신의 사역을 집중한 목회자이기도 하다. 그리고 사도 바울은 성령의 강력한 은사를 힘입고 교회 안에서 성령 운동을 일으킨 부흥사로 평가될 수도 있다. 우리는 다양한 시각으로 조명될 수 있는 바울의 신앙 세계에 큰 영향을 미친 것을 사도행전 22장 3-4절, 23장 6절, 26장 4-5절, 빌립보서 3장 5-6절에서 찾아볼 수 있다.

바울은 길리기아 다소라는 헬레니즘 문화가 크게 발전한 이방 도시 출신이면서 동시에 예루살렘에서 바리새적인 율법 교육을 엄격하게 받았다. 즉, 사도 바울의 신앙 세계 안에는 바리새적 유대교와 헬레니즘이라는 두 개의 세상이 공존한다. 헬레니즘 문화권에서 사는 바리새적인 유대교에 충실한 바울에게 율법이 무슨 의미와 기능을 하고 있는지에 대해 1970년대 후반부터 소위 '바울에 대한 새 관점'(New Perspective on Paul)이 등장하는 계기가 되었다. 예를 들어 새 관점의 대표적인 학자 제임스 던(James D. G. Dunn)은 율법의 기능을 유대인과 이방인을 구분하는 '정체성 표시'(Identity Markers) 또는 '경계선 표시'(Boundary Markers)로 해석했는데, 이런 입장은 율법에 대한 개신교의 기존 생각을 부정하는 것이기 때문에 지금까지 논쟁이 이어진다.

---

1 예수에 대한 비그리스도교 자료들에 대해서는 게르트 타이센, 아네테 메르츠/손성현 역, 『역사적 예수』, 110-148을 참조하라.
2 예수의 삶에 대한 역사적 기술에 대해 상세한 내용은 한스 콘첼만, 안드레아스 린데만/박두환 옮김, 『신약성서 어떻게 읽을 것인가』(서울: 한국신학연구소, 2000), 629-724를 참조하라.

3   사복음서에 나오는 예수의 모습에 대해 더 상세한 내용은 게르트 타이센, 아네테 메르츠/손성현 역, 『역사적 예수』, 59-76을 참조하라.
4   그러나 B. Mack/김덕순 역, 『잃어버린 복음서』(서울: 한국기독교연구소, 1999)는 역사적 예수의 모습을 갈릴리 지역에서 활동한 견유학자로 묘사했다.
5   이에 관해서는 양식비평이라는 주석 방법을 참조하라.
6   이에 관해서는 흔히 메시아 비밀이라고 한다. 윌리암 브레데(William Wrede)가 주장하는 '메시아 비밀'에 따르면 메시아로서 예수의 직분은 예수의 지상 생애 동안에는 완전히 하나의 비밀이었지만, 부활과 더불어 그 비밀이 밝혀지기 시작하는데, 이것이 실제로 마가복음이 전하려는 예수상이라고 한다.
7   복음서의 사료(史料)적 가치에 대한 논의에 대해서는 게르트 타이센, 아네테 메르츠/손성현 역, 『역사적 예수』, 149-196을 참조하라.
8   G. E. Lessing(Herausgeber), *Vom Zwecke Jesu und seiner Jünger* (Göttingen: De Gruyter, 1784)의 내용을 정리한 것이다.
9   게르트 타이센, 아네테 메르츠/손성현 역, 『역사적 예수』, 32를 참조하라.
10 이에 관해 보다 상세한 내용은 A. v. Harnack/오흥명 역, 『기독교의 본질』(서울: 한들출판사, 2007), 44-82를 참조하라.
11 A. Schweitzer, *Geschichte der Leben-Jesu-Forschung*, 9. Auflage (Tübingen: Paul Siebeck, 1984), 29-42(Vorrede Zur Sechsten Auglage)와 620-630(Schlußbetrachtung)을 참조하라.
12 여기에 나온 내용은 R. Bultmann, *Jesus* (Tübingen: Paul Siebeck, 1926), 7-15(Einleitung: Die Art der Betrachtung)를 요약한 것이다.
13 역사 실증주의는 사료(史料)의 사실성과 객관성을 중시함으로써 기적과 치료를 보도하는 전승 자료를 받아들이지 않기 때문에 복음서의 기적 이야기는 역사적 사실로 받아들이지 않는다.
14 게르트 타이센, 아네테 메르츠/손성현 역, 『역사적 예수』, 37에서 불트만은 종교사학파적인 연구를 통해 예수가 신학적으로 유대교에 속했고, 기독교는 예수의 부활 사건 이후에 시작되었다고 설명했으며, 기독교 신학에서 역사적 예수의 가르침은 별로 중요하지 않다고 주장했다.
15 R. Bultmann/허혁 역, 『신약성서신학』(서울: 성광문화사, 1976), 1을 참조하라.
16 게르트 타이센, 아네테 메르츠/손성현 역, 『역사적 예수』, 37을 참조하라.
17 게르트 타이센, 아네테 메르츠/손성현 역, 『역사적 예수』, 38을 참조하라.
18 이 단락의 내용은 E. Käsemann, *Das Problem des historische Jesu, Exegetische Versuche und Besinnungen*(Erster Band) (Göttingen: Vandenhoecke & Ruprecht, 1960), 187-214에서 부분적으로 발췌하여 정리했음을 밝혀둔다.
19 '제3의 탐구'의 특징에 대한 보다 상세한 내용은 게르트 타이센, 아네테 메르츠/손성현 역, 『역사적 예수』, 42-43을 참조하라.
20 R. W. Funk, R. W. Hoover & the Jesus Seminar, *The Five Gospels-The Search for the Authentic Words of Jesus* (New York: Macmillan, 1993)를 보라.
21 Petr Pokorny·Ulrich Heckel, *Einleitung in das Neue Testament* (Tübingen: Mohr Siebeck, 2007), 189를 참조하라.

제9장

바울서신 1 - 로마서, 갈라디아서

바울서신 1 - 로마서, 갈라디아서

1. 웨슬리와 함께 읽는 로마서

이 장에서 함께 공부할 주요 내용

- 바울은 로마서에서 복음(의 능력)을 어떻게 설명하고 있는가?
- 바울은 인간을 어떻게 이해하고 있는가?
- 바울은 이스라엘의 구원 문제를 어떻게 바라보는가?
- 바울은 자신의 신학적 인간론에서 어떻게 신자의 윤리적 삶을 도출하고 있는가?

키워드: 복음, 하나님의 의/인간의 불의, 심판, 죄, 믿음, 율법, 의/의롭게 됨, 이스라엘

핵심 구절: 나는 복음을 부끄러워하지 않습니다. 이 복음은 유대 사람을 비롯하여 그리스 사람에게 이르기까지, 모든 믿는 사람을 구원하는 하나님의 능력입니다. 하나님의 의가 복음 속에 나타납니다. 이 일은 오로지 믿음에 근거하여 일어납니다. 이것은 성경에 기록한 바 "의인은 믿음으로 살 것이다" 한 것과 같습니다.(1:16-17)

I. 로마서를 이해하기 위한 배경

1. 로마와 로마교회

기원후 120년경에 로마의 전기 작가인 수에토니우스는 클라우디우스 황제(41-54년)가 수도 로마에서 '크레스투스'(Chrestus)라는 사람의 활동으로 소요

가 일어나서 그 추종자들을 추방한 사실을 기록하고 있다. 그 당시에 예수를 메시아 또는 그리스도로 증언했던 유대 그리스도인들이 유대인의 회당에 들어가서 소동이 일어났던 것으로 보인다. 이에 황제는 기원후 49년에 칙령을 반포했고, 유대 그리스도인 부부 아굴라와 브리스가도 로마를 떠나야만 했다. 그들은 고린도로 피신하여 바울을 만났고(행 18:1-2), 계속하여 바울을 따라 에베소로 갔다가(행 18:18-19) 클라우디우스 황제가 죽은 후인 54년에 다시 로마로 돌아갔다(16:3-4).

로마에 그리스도인들이 있었다는 사실을 알려주는 최초의 자료는 로마서이다. 로마서 1장 13절과 15장 22-23절에 따르면 그곳에는 이미 여러 해 전부터, 즉 늦어도 기원후 40년대부터 기독교 공동체가 존재했다. 로마서 16장에는 최소한 5개의 가정교회가 언급된다(16:3-5, 10-11, 14-15). 유대 그리스도인들의 숫자가 클라우디우스 황제의 추방령으로 인해 많이 줄었기 때문에 로마서를 기록할 당시 로마 교인들의 대다수는 이방인 출신이었을 것이다. 이방인들을 분명하게 수신자로 생각하는 서신의 성격(1:5, 13-14; 15:7-13, 16-21)이나 이방 그리스도인들의 교만을 경고하는 감람나무 비유(11:13, 17-24)가 이 점을 잘 보여준다.

2. 로마서의 기록 시기 및 장소와 동기

바울이 고린도에 마지막으로 머물던 시기에 로마서가 기록되었을 것(16:1)이라는 보편적인 견해를 따르면 기록 시기는 기원후 56년이다. 16장을 로마서에 본래부터 속한 부분으로 본다면 아굴라와 브리스가는 클라우디우스 황제가 죽은 후(54년) 로마로 돌아간 상태일 것이다. 바울이 로마서를 집필한 동기는 다음과 같이 생각해 볼 수 있다.

1) 스페인 선교 여행 계획(15:23-24, 28)
바울은 스페인 선교를 위해 로마에 선교기지가 필요했고, 그래서 먼저 제국의 중심지에 있는 기독교 공동체 앞에서 자신의 계획을 설명하려고 했다.

2) 세계의 중심에 있는 기독교 공동체와의 교류
바울이 선교 과정에서 로마제국 행정구역의 주요 도시들에 교회들을 세운 일을 생각하면 제국의 수도는 그에게 특별한 관심의 대상이었을 것이라는 점을 충분히 짐작할 수 있다.

3) 예루살렘 모금 전달을 위한 중보기도 요청
바울은 스페인 선교 계획과 함께 예루살렘교회를 위해 모은 헌금을 전달하는 일이 잘 마무리되도록 중보기도를 요청한다(15:30-31). 바울은 이 일과 관련하여 마지막까지 확신이 없었던 것 같다.

4) 바울 자신의 신학에 대한 이해 문제
자신의 선교 활동과 신학이 종종 오해와 반대를 불러일으키고 이것이 로마에도 알려질 수 있었으므로 바울은 자신의 신학을 로마교회에 제대로 소개할 필요가 있었을 것이다. 가령, 서신이 보여주듯이, 수신자 중 일부가 유대 기독교적인 영향을 받았기 때문에 그는 왜 자신의 복음이 더는 율법의 의무와 연결되지 않는지 설명해야만 했다.

5) 로마의 유대인들에게서 오는 압박 및 로마 당국과의 갈등 문제
클라우디우스 황제의 사망과 네로 황제의 즉위로 로마의 상황이 바뀌었다. 유대인 및 로마 당국과의 관계는 이런 상황에서 단순한 문제가 아니었을 것이다. 12장 9-21절과 13장 1-7절의 권면은 이런 상황을 반영한다.

3. 로마서의 통일성 문제

로마서가 15장 33절에서 평화의 기원으로 끝나므로 16장이 이 서신에 본래부터 속하는지의 문제가 논쟁거리가 되곤 한다. 이와 관련된 입장과 근거는 다음과 같다.

1) 16장이 본래 서신에 속하지 않는다는 견해
① 바울이 그렇게 많은 로마 거주민을 알았을 리 없다.
② 에배네도(16:5)는 로마의 행정구역인 아시아의 에베소에서 그리스도인

이 되었을 것이다.
③ 아굴라와 브리스가는 바울을 따라 에베소로 갔었다(행 18:18-19).
④ 분열을 일으키려는 사람들에 대한 경고(16:17-20)는 바울 자신을 소개하는 서신의 문체에 맞지 않는다.

위와 같은 이유로 많은 학자가 16장을 본래 에베소로 보내졌던 글의 일부(16:3-16) 또는 소실된 에베소 서신에 속한다고 생각한다.

2) 16장이 본래 서신에 속한다는 견해
① 집필을 마치기까지 어느 정도의 시간이 걸렸던 서신에 바울은 발송 전에 인사와 알릴 사항을 추가할 수 있었다.
② 사적인 목적을 위한 우편이 없었으므로 때로는 누군가가 해당 지역으로 여행할 때까지 오랜 시간을 기다려야 했다.
③ 에베소에 있던 사람들이 로마로 이주했을 수 있다. 또한 16장 3-15절의 인사 목록에 나오는 이름들은 바울에게 다양한 접촉의 가능성이 있었음을 암시하는 것으로 볼 수 있다.
④ 거짓 교훈에 대한 경고는 바울 자신의 경험에 대한 일반화로 이해될 수 있다.

II. 로마서 함께 읽기

1. 로마서의 구조

머리말(1:1-17)
1:1-7 인사말(발신자, 수신자, 기원)
1:8-15 서언(감사와 로마 방문계획)
1:16-17 명제: 하나님의 의에 관한 복음

몸말(1:18-15:13)
1:18-8:39 첫 번째 논증: 구원의 근거로서의 칭의

- 1:18-3:20 부정적 명제-누구도 하나님 앞에서 행위를 통해 의롭다고 인정받을 수 없음
    - 1:18-2:16 하나님의 심판 아래 있는 인류
    - 2:17-3:8 유대인과 율법
    - 3:9-20 모든 사람의 죄성
- 3:21-8:39 긍정적 명제-그리스도 안에서 하나님의 의가 계시됨
    - 3:21-31 그리스도의 죽음을 통한 하나님의 의의 계시
    - 4:1-25 성경의 증거: 믿음을 통한 아브라함의 칭의
    - 5:1-11 미래의 영광에 대한 소망과 그리스도의 죽음을 통한 화해
    - 5:12-21 아담과 그리스도('아담-그리스도-유형론')
    - 6:1-23 세례를 통한 죄로부터의 해방
    - 7:1-25 죄와 율법으로부터의 해방
    - 8:1-17 영을 따라 행하는 그리스도인의 삶
    - 8:18-30 피조물의 해방에 대한 소망
    - 8:31-39 하나님의 사랑으로부터 분리될 수 없다는 확신

9:1-11:36 두 번째 논증: 하나님의 계획 안에 있는 이스라엘
  - 9:1-5 이스라엘에 대한 바울의 슬픔
  - 9:6-29 하나님의 자유로운 은혜의 선택과 참 이스라엘
  - 9:30-10:21 이스라엘의 불순종
  - 11:1-36 이스라엘을 향한 하나님의 구원 계획

12:1-15:13 윤리적 권면
  - 12:1-13:14 일반적인 교훈
      - 12:1-2 들어가는 말: 삶에서 나타나는 영적 예배
      - 12:3-13 많은 은사와 그리스도 안에서의 한 몸
      - 12:14-21 선을 통한 악의 극복
      - 13:1-7 국가 권력에 대한 태도
      - 13:8-10 율법의 완성으로서의 이웃 사랑
      - 13:11-14 임박한 종말에 직면한 삶의 설계
  - 14:1-15:13 특별한 교훈-강한 자들과 연약한 자들
      - 14:1-12 연약한 자들에 대한 배려
      - 14:13-23 서로 덕을 세우라는 권면
      - 15:1-6 연약한 자들에 대한 강한 자들의 배려

       15:7-13 유대인과 이방인으로 구성된 새로운 하나님 백성의 연합

맺음말(15:14-16:27)
15:14-33 바울의 여행 계획과 평화의 기원
- 15:14-21 바울의 자기소개와 사역 회상
- 15:22-29 바울의 여행 계획
- 15:30-33 마지막 교훈과 평화의 기원

16:1-24 추천, 문안 인사, 거룩한 입맞춤, 거짓 교훈에 대한 경고, 축복, 후기
16:25-27 찬미

2. 로마서의 내용

[1:1-17] 머리말: 바울은 다른 서신에서처럼 자신을 사도로 소개하며 시작하지만(1:1), 수신자를 언급하기 전에 복음의 내용을 간략하게 설명하면서 자신에게 그 복음을 선포하는 사도의 직분이 주어졌음을 말한다(1:2-5). 그래서 인사말이 다른 서신보다 길다. 이어서 그는 로마 교인들의 믿음을 감사하며 자신의 방문 계획을 밝힌 후(1:8-15) 서신 전체의 핵심 주제를 명제의 형태로 제시한다(1:16-17). 즉, 예수 그리스도 안에, 그의 십자가 죽음과 부활 안에 믿음을 깨우고 오직 믿음으로만 받아들일 수 있는 하나님의 의가 계시되었다는 것이다. 이 의는 복음을 통해 알려졌고, 그 내용은 죄로부터의 해방이다.

[1:18-15:13] 몸말
[1:18-8:39] 첫 번째 논증: 구원의 근거로서의 칭의
바울이 펼치는 첫 번째 논증은 구원의 근거로서 칭의를 다루며, 크게 두 부분으로 나뉜다.

[1:18-3:20] 부정적 명제-누구도 하나님 앞에서 행위를 통해 의롭다고 인정받을 수 없음: 첫 번째 큰 단락은 부정적 명제의 형태로, 아무도 하나님 앞에서 행위를 통해 의롭다고 인정받을 수 없음을 선언한다. 죄인으로서 인간은

단순히 하나님이 주신 계명들을 어기는 데 그치지 않고 전 실존에 있어서 죄에 빠져 있다. 그것은 삶을 살아가는데 단지 도덕적인 결함일 뿐만 아니라 피할 수 없는 힘의 특성을 갖고 있다. 이로 인해 인간은 이방인이든 유대인이든 예외 없이 하나님의 진노와 심판 아래 놓여 있다.

[3:21-8:39] 긍정적 명제-그리스도 안에서 하나님의 의가 계시됨: 하지만 그리스도 예수 안에 나타난 하나님의 은혜를 통해 죄의 권세가 끝났다(3:24; 5:15-21). 바울은 이 점을 이번에는 긍정적 명제의 형태로 설명한다(3:21-8:39). 하나님의 의가 예수 그리스도 안에 계시된 것은 하나님의 진노에서 구원받기 위한 새롭고 결정적인 길이다. 믿음을 통해 열리는 하나님의 구원은 모든 인간에게 해당되며 그를 변화시킨다(3:21-26).

이에 대한 성경적 근거로서 바울은 아브라함을 언급한다(4:1-25). 아브라함은 유대 그리스도인과 이방 그리스도인 모두에게 정체성과 통합을 위한 모범적 인물이다. 할례 여부와 상관없이 오직 믿음을 통해서만 하나님 앞에서 의롭다고 인정받았기 때문이다. 바울은 믿음을 통한 칭의의 시간적 우선권(창 15:6)으로부터 질적 우월성도 끌어낸다. 율법이 요구하는 할례 같은 행위 없이 오직 은혜로만 의롭다고 인정받는 것이 이미 아브라함에게서 나타났다는 것이다. 그리스도를 통해 신자는 하나님과 화해하고 평화를 누리게 되었다(5:1-11).

바울은 아담과 그리스도를 대비시키는, 소위 '아담-그리스도-유형론'을 예로 들어서 아담을 통해 죄와 죽음에 굴복한 인간적 실존을, 예수 그리스도를 통해 하나님이 모든 인간에게 주려고 하시는 생명을 묘사한다(5:12-21). 그리스도로 인해 죄와 죽음의 권세 아래 있는 아담적 실존이 끝났다.

이런 내용은 6-8장에서 계속된다. 바울은 먼저 6장에서 그리스도인의 실존을 위한 결론을 도출한다. 그리스도와 합하여 세례를 받음으로써 '옛사람'이 죽었다. 이제 그리스도 안에서 부활의 소망으로 채워지고(6:3-11) 윤리적 태도에서도 의로우신 하나님의 행위에 상응하는 삶의 현실이 시작된다(6:12-23). 그다음으로 바울은 다시 한 번 율법과 죄 아래 있는 아담적 인간의 상황(7장)과 세례를 통해 죄와 죽음의 영향력에서 벗어난 그리스도인의 실존(8장)을 대비시킨다.

자유롭지 못한 아담적 인간의 내적 모순에 대한 바울의 설명(7:7-25a)에 따르면 죄의 권세 아래 노예가 된 인간은 자신이 긍정하려고 하는 선을 하나님의 율법이 지시하는 대로 행하지 않고 자신이 본래 싫어하는 악을 행한다. 바울은 여기에서 의도와 행위 사이의 갈등(7:14-23)과 관련하여 선한 의도와 악한 행위 사이의 싸움에 관한 일종의 심리학적 통찰이 아니라 죄의 권세 아래 있는 인간의 상황에 대한 신학적 분석을 준다. 인간이 하나님의 법에 순종하고 그분의 마음에 들 수 있는 능력이 없는 이유는 바로 이런 육신의 연약함 때문이다(8:3, 7-8).

자유롭지 못한 아담적 인간의 이런 상황에 바울은 그리스도 예수 안에 있는 존재를 대비시킨다(8:1-17). 그리스도 안에서 죄는 극복되지만, 아직 제거되지는 않아서 여전히 육신을 따르는 삶으로 이끌려 한다. 그러나 신자는 아직 육신 속에 있을지라도 더는 육신을 따라 살지 않고 이미 영을 따라 사는 존재이기에 바울은 신자들에게 하나님의 영이 주시는 힘을 통해 육신 속에 있는 죄의 권세를 이기도록 용기를 준다. 바울이 보여주는 이런 인간론의 지평은 모든 피조물로 확대된다(8:18-30).

바울은 첫 번째 논증을 그 무엇도 그리스도 안에 계시된 하나님의 사랑에서 자신을 분리시킬 수 없다는 확신으로 마무리한다(8:31-39). 이제 그리스도인은 그리스도와의 연합을 목표로 몸의 부활에 대한 소망과 함께 하나님의 의에 방향을 맞추는 윤리적 삶을 살아갈 수 있다. 이런 실존적 전환은 이 세대를 본받지 말고 하나님의 뜻을 분별하라는 호소(12:2)를 통해 윤리적 권면의 형태로 이어진다.

[9:1-11:36] 두 번째 논증: 하나님의 계획 안에 있는 이스라엘

지금까지의 신학적 논증을 바탕으로 한 윤리적 권면으로 이행하기 전에 바울은 오랫동안 마음속에 담아둔 것으로 생각되는 이스라엘 문제를 다룬다. 그는 그리스도를 믿는 동족 유대인들에 대한 자신의 슬픔을 표현하며, 이스라엘의 구원을 위해서라면 자신의 개인적인 구원을 포기할 수 있다고 말한다(9:1-5). 하나님께서 한 번 하신 약속은 변함없이 유효하지만, 모든 '아브라함의 씨'에 해당되지는 않는다. 선택과 약속은 전적으로 그분의 자유로운 은혜이기 때문이다(9:6-29). 이어서 바울은 반복하여 율법의 행위를 통해 하나님의 의에 이르고자 하는 이스라엘의 불순종을 지적하면서 오직 믿음을 통해서만 의롭다고 여겨질 수 있음을 강조한다(9:30-10:21).

그렇다고 해서 하나님이 이스라엘을 완전히 버리신 것은 아니다. 일부에 불과하지만, 그리스도를 믿는 유대인들이 있다는 사실이 대표적인 증거이며, 현재 믿지 않는 유대인들은 하나님의 구원이 이방인에게로 넘어가게 하는 역할을 하는 것이다. 이로 인해 구원받은 이방인들이 생긴다면 그들은 이스라엘이 시기하도록 할 것이다(11:1-12). 하지만 이것이 이방인이 유대인을 얕잡아 보면서 교만해지도록 허용하지는 않는다. 바울은 감람나무 비유를 들어 이 점을 분명히 밝힌다(11:13-24). 접붙여진 가지를 하나님께서 언제든지 잘라내실 수 있다면 그분은 언제든지 이스라엘을 믿음의 순종으로 인도하실 수 있기 때문이다. 분명한 것은 마지막에 이스라엘의 구원이 어떻게 이루어지는지 알 수 없지만 하나님께서 이들을 구원하실 것이라는 사실이다(11:25-36).

[12:1-15:13] 윤리적 권면

[12:1-13:14] 일반적인 교훈: 칭의에 관한 바울의 긴 논증의 목표는 하나님의 의에 방향을 맞추는 삶이다. 그리고 이와 같은 삶은 하나님과의 관계 및 자신에 대한 이해를 포함한 전 인간의 변화를 통해서만 도달할 수 있다. 즉, 칭의론은 인간이 다른 피조물과 달리, 심판자이신 하나님 앞에서 자신의 행위를 책임질 수 있는 존재라는 점에서 출발하며, 그렇기에 이미 현재 삶에서 책임 있는 행위의 동기를 부여한다. 바울은 그리스도인의 삶에서 가장 중요한 원리를

'영적 예배'로 표현하며 권면을 시작한다(12:1-2).

가장 먼저 그의 시야에 들어온 것은 교회이다. 한 몸에 속한 지체들이 서로 협력할 때 그 몸이 유기적으로 움직이고 유지될 수 있듯이, 교회의 성도들도 자신이 받은 은사를 따라 사랑의 마음으로 함께 연결되어야 한다(12:3-13). 이어서 바울은 교회 바깥에 있는 사람들에게 그리스도인이 어떤 태도를 보여야 하는지를 가르치는데, 이 가르침은 "아무에게도 악을 악으로 갚지 말고, 모든 사람이 선하다고 생각하는 일을 하려고 애쓰십시오."(12:17) 또는 "악에게 지지 말고, 선으로 악을 이기십시오."(12:21)라는 말로 요약할 수 있다(12:14-21).

바울은 국가 권력을 향한 교회와 신자의 태도에 대한 언급도 빠뜨리지 않는다(13:1-7). 그는 국가가 하나님으로부터 부여받은 본래의 기능에 충실하다면 교회는 이를 받아들이고 순종해야 한다고 말한다. 하나님의 의를 실천하는 신자의 삶을 위한 다소 일반적인 권면들을 정리하면서 바울은 윤리의 핵심인 이웃 사랑의 계명을 언급한다(13:8-10). 이 계명을 실천해야 하는 근거는 구원이 처음 믿을 때보다 가까웠고, 따라서 때를 분별해야 한다는 사실이다(13:11-14).

[14:1-15:13] 특별한 교훈-강한 자들과 연약한 자들: 일반적인 교훈에 이어 바울은 특별한 교훈으로 믿음이 강한 자와 연약한 자의 관계 문제를 다룬다. 믿음이 강한 자들의 태도가 연약한 자들의 양심을 침해하는 일이 발생한다면 그들의 구원을 고려하는 것이 강한 자들의 개인적인 종교적 체험이나 인식보다 앞서야 한다. 왜냐하면 그리스도는 이 연약한 형제자매들을 위해서도 십자가에 달리셨기 때문이다(14:15). 즉, 그리스도인의 자유는 자발적인 자기 제한 속에서도 나타날 수 있다는 것이다(고전 8장 참조).

[15:14-16:27] 맺음말: 바울은 하나님의 복음을 맡은 제사장의 직분이 자신에게 주어졌음을 말하면서(15:14-16) 현재까지 진행된 자신의 선교사역을 되돌아본다(15:17-21). 그리고 로마 방문 계획을 다시 한 번 언급하며, 수도 로마를 기점으로 로마제국의 서쪽 끝인 스페인까지 가려는 자신의 선교 계획을 함께

밝힌다(15:22-29). 더 나아가 바울은 자신이 활동했던 교회들에서 해왔던 예루살렘교회를 위한 모금 운동을 마치고 예루살렘교회로 가서 이를 전달하는 문제에 대해 중보기도를 요청한다(15:30-33).

서신의 통일성 문제의 대상으로 거론되는 16장은 겐그레아교회의 일꾼인 뵈뵈의 추천과 함께 긴 문안 인사 목록을 제시한다(16:1-16). 최소한 26명의 이름이 언급되는 것으로 보아 바울과 친분이 있는 로마교회 교인들이 적지 않았음을 짐작할 수 있다. 서신은 문안 인사 뒤에 나오기에는 다소 낯설어 보이는 거짓 교훈에 대한 경고(16:17-20)와 함께 발신자 편에서의 인사(16:21-24)와 마지막 찬미로 끝맺고 있다(16:25-27).

III. 웨슬리와 함께 읽는 로마서

1. 웨슬리와 로마서

고린도의 항구 겐그레아에 있는 교회의 일꾼 뵈뵈(16:1-2)와 고린도교회에 속한 가이오와 에라스도(16:23)를 언급한다는 점에서 웨슬리는 로마서가 고린도에서 기원후 52년경에 기록되었다고 설명한다. 수신자인 로마교회의 교인들은 유대인과 비유대인 출신으로서 사업을 위해 다른 지역에서 로마로 이주한 사람들이었다. 웨슬리에 따르면 바울이 로마서를 작성한 목적은 크게 두 가지를 강조하기 위해서이다.

첫째, 양심의 법이든 모세 율법을 통해서든 아무도 하나님 앞에서 의롭다고 여겨질 수 없다. 출신과 상관없이 모든 사람은 믿음으로 하나님의 자비와 용서를 구해야 한다.

둘째, 하나님께서는 자신을 받아들이는 사람에게 자비를 베푸시고, 그렇지 않은 사람에게는 심판을 주실 권세가 있다. 이방인일지라도 그리스도를 믿는다면 구원의 복을 얻게 되지만, 유대인이라고 할지라도 믿지 않는다면 그 축복에서 제외될 수밖에 없다. 이로써 바울은 구원을 주시는 하나님의 능력인 복음이 가진 탁월함과 그 깊이를 분명히 드러내고자 한다.

바울의 서신을 본문으로 하는 웨슬리의 설교에는 로마서가 가장 많이 사용되었다. 모두 17편의 설교가 있으며, 그중 9편이 『표준설교』로 분류된다(2:29; 3:31(2편); 4:5; 7:12; 8:1, 15, 16; 10:5-8). 이처럼 로마서는 웨슬리의 신학을 이해하는 데 매우 중요하기에 그의 설교를 직접 읽어보는 것이 큰 도움이 된다.

2. 로마서와 현대 교회

1) 은혜의 선물

칭의론의 기초는 다메섹 도상에서 만난 예수 그리스도와 그의 십자가 사건이며, 바울에게서 그 첫 단계는 자신의 삶을 송두리째 바꾸어놓은 그리스도와의 인격적인 만남이었다. 그 이후부터 오직 예수 그리스도의 복음만이 자신의 삶을 좌우했기 때문에 율법의 구원론적 기능에 대한 의문은 뒤따를 수밖에 없는 결과였다. 또한 하나님의 교회를 박해했던 신성모독자로서 가장 무거운 죄를 짊어지게 되었음을 인식하는 계기였기에 이런 삶의 전환은 죄에 대한 깨달음의 경험이기도 했다. 인간에 대한 바울의 깊은 성찰은 이로부터 기인한다. 모든 죄를 용서하는 그리스도의 십자가가 죄에서 해방되는 새로운 시작을 가능하게 하며, 이는 자신의 결단이나 행위에 근거를 두기보다는 전적으로 선물이다. 바울에게 은혜라는 선물이 하나의 이론이 아니라 전적으로 실존적 경험이라는 사실은 신자가 자신의 신앙을 성찰하는 데 중요한 교훈이자 도전이 된다.

2) 그리스도인이라는 새로운 실존의 삶

인간은 죄의 압박 속에서 살아간다. 바울에게 죄의 본질은 '경건하지 않음'(1:18), '불의'(1:18, 29; 6:13) 또는 '하나님과 원수 (됨)'(8:7)으로 표현할 수 있으며, 하나님의 법에 복종함으로써 그분을 기쁘시게 할 수 없는 무능력이다. 하지만 그리스도 예수 안에 나타난 하나님의 은혜로 죄의 권세가 끝났다. 로마서에서 바울은 율법과 죄 아래 있는 아담적 인간과 그리스도를 통해 죄와 죽음의 영향력에서 벗어난 그리스도인의 실존을 대비시킴으로써 신학적인 인간론의 기본적인 특징을 전개한다. 이런 신학적 입장을 바탕으로 다른 사람을 향한 삶의 태도도 설명된다. 그리스도인의 거룩한 삶은 단순히 착하게 살려는 인간적인 노력이 아니라 신학적 토대 위에서 전개되고, 또 그래야 한다.

3. 더 생각해 볼 문제

1) 갈라디아서와 비교하여 바울의 율법 이해가 로마서에서 어떻게 나타나는가?
2) 로마서에 나타나는 바울의 인간론을 정리해 보라.
3) 로마서에 나타나는 바울의 구원론을 정리해 보라.
4) 이스라엘 문제(9-11장)를 데살로니가전서 2장 14-16절의 진술과 비교해 보라.
5) 12장부터 제시되는 윤리적 권면은 1-8장과 어떻게 연결되는가?
6) 로마서를 통해 알 수 있는 로마교회의 상황은 무엇인가?

2. 웨슬리와 함께 읽는 갈라디아서

이 장에서 함께 공부할 주요 내용

- 갈라디아교회에 발생한 문제는 무엇인가?
- 갈라디아교회에 등장한 대적자들은 누구인가?
- 바울은 갈라디아교회의 문제에 어떻게 대처하는가?

키워드: 복음, 사도, 믿음, 할례, 율법(의 행위), 의/의롭게 됨, (그리스도인의) 자유

핵심 구절: 그러나 사람이, 율법을 행하는 행위로 의롭게 되는 것이 아니라, 예수 그리스도를 믿는 믿음으로 의롭게 되는 것임을 알고, 우리도 그리스도 예수를 믿은 것입니다. 그것은, 우리가 율법을 행하는 행위로가 아니라, 그리스도를 믿는 믿음으로 의롭다고 하심을 받고자 했던 것입니다. 율법을 행하는 행위로는, 아무도 의롭게 될 수 없기 때문입니다.(2:16)

I. 갈라디아서를 이해하기 위한 배경

1. 바울과 갈라디아서

갈라디아서는 바울의 가장 논쟁적이고 감정적인 어조를 들을 수 있는 편지이다. 갈라디아 공동체들에 몇몇 유대 그리스도인들이 나타나서 이방 그리스도인들도 할례와 같은 율법의 계명들을 지켜야 한다고 강력하게 주장했다. 이 요구는 교회 안에서 이방 그리스도인들의 동등한 위치뿐만 아니라 유대 그리스도인들과 이방 그리스도인들이 함께 연합하는 공동체 생활까지 위협했다. 그러자 바울은 구원이 할례 요구의 충족이 아니라 오직 그리스도에 대한 믿음

을 통해 이루어진다고 반박했다. 바울이 처음으로 칭의론을 중요한 논제로서 본격적으로 전개한다는 점에서 이 서신은 그의 신학을 이해하는 데 매우 중요하다. 복음의 기원, 하나님 앞에 선 인간의 칭의, 율법의 제한적인 기능, 성경에 나오는 하나님의 약속과 그리스도 안에서 일어난 그 약속의 성취 사이의 관계에 관한 질문들이 이곳에서 처음으로 다루어진다.

2. 갈라디아서의 기록 시기와 장소

1) 갈라디아 방문과 교회 설립

갈라디아서 4장 13절은 바울이 이미 갈라디아를 방문한 적이 있다는 사실을 함축한다. 또한 사도행전을 통해 그가 첫 번째 선교 여행(행 13:13-14:25)과 두 번째 선교 여행(행 16:1-5) 중에 소아시아 남쪽의 행정구역 갈라디아를 거쳐 갔다는 사실을, 그리고 두 번째 선교 여행(행 16:6)과 세 번째 선교 여행(행 18:23) 중에는 소아시아 북쪽의 갈라디아 지역을 방문했었다는 사실도 전해듣는다. 갈라디아교회의 설립은 그의 첫 번째 또는 두 번째 선교 여행 중에 일어났던 일이라 생각해 볼 수 있는데, 이는 수신자를 어떻게 규정하느냐에 달려 있다.

2) 서신의 기록 시기와 장소

기록 시기와 관련해서는 대개 바울의 세 번째 선교 여행과의 연관성을 생각하지만, 구체적인 사항에서는 의견이 다음과 같이 나뉜다.

① 세 번째 선교 여행 중에 꽤 오랜 시간 동안 머물렀던 에베소를 기록 장소로 생각할 수 있다. 이 시기에 바울은 고린도전서도 기록했기 때문에 고린도전서 16장 1절에서 갈라디아 교인들에게 예루살렘교회를 위한 모금을 호소했다는 사실은 갈라디아에서의 갈등이 고린도전서를 기록할 당시 이미 해결되었음을 짐작하게 해준다. 그렇다면 서신은 54/55

년경에 쓰였다.

② 고린도전서와 고린도후서를 쓴 후 대략 55년 가을(또는 55/56년경) 마케도니아(행 20:1-2)에서 기록된 것으로 생각하기도 한다. 이처럼 시기를 후대로 잡으면 칭의론 및 율법 문제와 관련하여 유사점을 보이는 로마서의 집필 시기와 가까워진다. 갈라디아교회를 직접 방문하고 싶지만, 형편상 그럴 수 없다는 암시적 언급(4:20)도 에베소보다는 마케도니아에 체류하고 있는 상황을 생각할 때 더 자연스러울 수 있다.

3. 갈라디아서의 수신자 '갈라디아교회'

갈라디아인들은 본래 켈트족으로서 기원전 3세기에 소아시아 북부 브루기아 고원지대(오늘날 튀르키예의 수도 앙카라 주변)에 정착했다. 기원전 25년에 마지막 왕인 아뮌타스(Amyntas)의 사망으로 이 지역은 남쪽으로 확장되어 비시디아와 루가오니아를 포함하는 로마의 행정구역 갈라디아가 된다. 갈라디아교회를 말할 때 쟁점이 되는 것은, 갈라디아 교인들이 지리적으로 북쪽에 있는 갈라디아 지역의 거주민들인가('북갈라디아설' 또는 '지역 가설'), 아니면 로마의 행정구역 갈라디아에 거주하는 사람들인가('남갈라디아설' 또는 '행정구역/지방 가설') 하는 것이다.

1) 북갈라디아설(지역 가설)

이 경우 바울이 두 번째 선교 여행 중에 방문했던 '갈라디아 땅'("성령이 아시아에서 말씀을 전하지 못하게 하시거늘 그들이 브루기아와 갈라디아 땅으로 다녀가"[행 16:6])은 페시누스(Pessinus, 브루기아 지방에 위치)라는 도시의 주변을 가리킬 수 있다는 것이다. 이 가설의 근거와 문제점은 다음과 같다.

A. 근거
① "어리석은 갈라디아 사람들이여"(3:1)에서 갈라디아 사람들은 소아시아 북부에 사는 이들일 수밖에 없다. 남쪽의 행정구역 갈라디아에 사는 민족들은 문화적, 언어적으로 각각 고유한 특징을 간직하고 있어서 바울이 루가오니아 사람들이나 비시디아 사람들을 가리켜서 '갈라디아 사람들'이라고 부르지는 않았을 것이기 때문이다.
② 세 번째 선교 여행의 시작을 알리는 사도행전 18장 23절은 이 지역에 교회가 존재했음을 암시한다.
③ 갈라디아서의 수신자들은 이방 기독교인들이다(갈 4:8-9; 5:2-3; 6:12-13). 기원후 1세기까지 북갈라디아에 유대인 공동체가 발견되지 않지만, 사도행전은 행정구역 갈라디아와 관련해서는 유대 기독교적 공동체 또는 혼합 공동체를 전제한다(행 13:13-14:25; 16:1-5). 바나바와 바울은 그 지방의 회당들에서 설교했다(행 13:2, 14; 14:1).
④ 바울은 항상 특정 지역 교회에 서신을 보낸다.

B. 약점
① '갈라디아 땅'이 언급되는 사도행전 16장 6절과 18장 23절의 진술들은 갈라디아를 너무 짧게 언급하고 있고, 그곳에서 바울이 교회를 세웠다는 소식을 전하지 않는다.
② 예루살렘교회에 모금을 전달하러 가는 사절단 명단(행 20:4)에 갈라디아 지역의 대표자들이 언급되지 않는다.

2) 남갈라디아설(행정구역/지방 가설)

누가의 사도행전에 따르면 바울은 첫 번째 선교 여행(행 13:13-14:27) 중 루가오니아와 그 인근 지역을 방문했는데, 이곳도 기원전 25년 이후부터 로마의 행정구역 갈라디아에 속해 있었다. 따라서 갈라디아서는 바울이 첫 번째 선교 여행 중에 세웠던 행정구역 갈라디아(남갈라디아)의 교회들에 보낸 서신이라는 것이다.

A. 근거
① 북갈라디아 지역에서 콘스탄티누스 이전 시대의 그리스도인들에 대한 고대 교회의 기록이 없다.

② 기독교가 전파되기 이전에 갈라디아 지역에 유대인들이 있었다는 기록은 없는 반면에 행정구역 갈라디아의 남쪽 지역에는 유대인의 회당들(행 13:14; 14:1; 16:3)과 디모데(고전 4:17; 행 16:1)나 가이오(행 20:4) 같은 그리스도인들이 있었다는 점에서 유대 그리스도인들이 그들의 영향력을 갈라디아교회 안에서 확장했다는 상황이 설명될 수 있다.
③ 바울은 여러 번에 걸쳐 행정구역의 이름을 사용한다(예를 들어 살전 1:7-8; 4:10; 고전 16:1, 5, 15, 19; 고후 1:8; 8:1; 9:2; 롬 15:26; 16:5).
④ 예루살렘교회를 위한 모금에 갈라디아가 참여했는데(고전 16:1), 이와 관련하여 갈라디아교회를 대표해 더베의 가이오를 모금 전달자의 일원으로 볼 수 있다(행 20:4).

B. 약점
사도행전의 기록에만 의존하고 있으며, 바울은 어디에서도 첫 번째 선교여행(행 13-14장)을 언급하지 않는다.

II. 갈라디아서 함께 읽기

1. 갈라디아서의 구조

머리말(1:1-10)
1:1-5 인사말
1:6-10 갈라디아교회가 다른 복음으로 돌아선 것에 대한 바울의 반응

몸말(1:11-6:10)
1:11-2:21 과거 회상을 통한 논제 묘사
 · 1:11-24 사도로 부름받은 바울
 · 2:1-10 예루살렘 회의
 · 2:11-21 안디옥 사건과 복음의 변호
3:1-5:12 논제에 대한 신학적 근거

- 3:1-5 논제: 믿음이냐 행위냐, 영이냐 육이냐?
- 3:6-4:7 첫 번째 성서적 근거-아브라함
- 4:8-20 종살이로 돌아가는 것을 경고
- 4:21-31 두 번째 성서적 근거-'하갈-사라 유형론'
- 5:1-12 자유에로의 호소

5:13-6:10 윤리적 권면

맺음말(6:11-18) 요점의 반복과 평화의 기원이 담긴 결말(인사 생략)

2. 갈라디아서의 내용

[1:1-10] 머리말: 자신이 사도라는 점을 언급하며 서신을 시작하는 바울은 자신의 사도직과 복음이 사람들에게서 받은 것이 아니라 예수 그리스도와 하나님의 직접적인 계시에 의한 것임을 강조한다(1:1-5). 눈에 띄는 점은 다른 서신에서 인사말 뒤에 자연스럽게 따라오는 감사기도를 생략한 채 격한 책망의 어조로 서신을 기록하게 된 동기를 밝힌다는 사실이다(1:6-10). 갈라디아 교인들이 바울의 복음을 전해들은 지 얼마 지나지 않아 그의 복음에서 돌아서서 다른 외부인들이 전하는 '다른 복음'을 받아들인 것이다. 이에 바울은 복음을 훼손하고 왜곡하는 이들을 저주하며 갈라디아교회가 다시 참된 복음의 진리로 돌아올 것을 강하게 촉구한다.

[1:11-6:10] 몸말

[1:11-2:21] 과거 회상을 통한 논제 묘사

[1:11-24] 사도로 부름받은 바울: 바울은 자신의 과거를 회상함으로써 복음의 진리를 변증해 간다. 그 복음이 사람에게서 받은 것이라는 비판을 의식한 듯, 그는 다시 한 번 자신의 복음이 사람에게서 온 것이 아니라 예수 그리스도의 계시를 통해 받은 것임을 강조하며(1:11-12), 이후부터 그 구체적인 근거를 전

개한다(1:13-2:21).

이를 위해 바울은 가장 먼저 자신이 부름받기 이전의 과거와 회심을 설명할 수밖에 없었다(1:13-14). 왜냐하면 하나님의 교회를 심하게 박해했던 자신이 참된 복음의 증인으로 변화된 사건 자체가 그리스도의 계시에 의한 사건이었기 때문이다. 이 사건이 그의 사도적 독립성을 보증해 준다. 3년에 걸친 아라비아 선교 활동과 다메섹에서의 짧은 체류 이후 바울은 게바를 방문하기 위해 예루살렘으로 올라가서 15일 동안 그와 함께 지낸다(1:15-20). 그리고 수리아와 길리기아 선교 활동이 이어진다(1:21-24).

[2:1-10] 예루살렘 회의: 바울이 자신의 복음이 그리스도의 계시에 의한 것임을 주장할 수 있었던 두 번째 근거는 예루살렘 회의에서 '기둥'이라 불리는 예루살렘교회 지도자들과 율법의 의무로부터 자유로운 독자적 이방인 선교에 대해 합의를 이루었다는 사실이다(행 15장 참조). 이때 바울은 자신이 예루살렘 사도들과 전적으로 동등한 위치에 있었음을 부각한다.

[2:11-21] 안디옥 사건과 복음의 변호: 세 번째 근거가 되는 과거 사건은 예루살렘 회의가 개최된 지 그리 길지 않은 시간이 지나서 발생한 소위 '안디옥 사건'이다(2:11-14). 예루살렘의 '세 기둥'(베드로, 요한, 야고보) 중 한 명인 야고보에게서 온 사절단이 안디옥에 도착하자, 그곳의 이방 그리스도인들과 함께 식탁 공동체를 이루었던 베드로가 급하게 그 자리를 떠난 것을 바울이 공개적으로 크게 책망했고, 그럼으로써 바울은 다시 한 번 자신의 독자적인 사도적 권위를 강조한다. 이런 과거의 여러 사건으로부터 그는 복음과 율법에 대한 자신의 신학적 입장을 분명히 밝힌다(2:15-21). 사람이 의롭게 되는 것은 율법의 행위가 아니라 오직 예수 그리스도에 대한 믿음을 통해서이다(2:16).

[3:1-5:12] 논제에 대한 신학적 근거

[3:1-5] 논제-믿음이냐 행위냐, 영이냐 육이냐?: 앞에서 바울이 자신의 과거 경험을 바탕으로 그리스도의 계시에 의한 복음과 이를 전하는 사도직의 권위를 변호했다면, 이제는 구약의 아브라함 이야기를 바탕으로 이에 대한 신학

적 근거를 제시한다. 먼저 바울은 수사적 질문의 형태로 갈라디아 교인들이 처음 믿음을 갖게 되었던 당시를 떠올리게 하는 논제를 반복하며 그들을 책망한다(3:1-5).

[3:6-4:7] 첫 번째 성서적 근거-아브라함: 이어서 행위가 아니라 믿음으로 의롭게 여김을 받는다는 사실이 아브라함의 예를 통해 설명된다. 아브라함은 분명 유대인들에게 믿음의 조상이지만, 칭의는 할례와 같은 율법의 행위가 아니라 하나님의 약속에 대한 믿음을 통해 이루어졌다. 그런 점에서 아브라함은 유대인뿐만 아니라 모든 신자에게 믿음의 조상이 된다. 3장 6-9절이 아브라함 이야기에 근거하여 믿음-복받음의 관계를 진술한다면, 3장 10-14절은 신명기와 하박국의 말씀에 근거하여 율법-저주받음의 관계를 설명하고, 이어서 이를 그리스도의 십자가 사건이 사람을 율법의 저주에서 속량했다고 해석한다. 즉, 그리스도 안에서 아브라함에게 약속된 복이 이제 이방 민족에게 미치고 그들도 성령을 받게 된다. 율법의 역할은 하나님의 구원 역사에서 그리스도가 오실 때까지 사람의 범법 행위를 감시하는 것으로 명백하게 제한되어 있다(3:15-22). 그리스도인은 믿음을 통해 하나님의 자녀가 되었고, 이 점에서는 아무도 차별받을 수 없으며(3:23-29), 그리스도를 통해 자유를 얻은 하나님의 자녀이자 약속의 상속자이다(4:1-7).

[4:8-20] 종살이로 돌아가는 것을 경고: 그런 상황에서 갈라디아 교인들이 바울이 전한 이 복음을 떠나 '다른 복음'을 따른다는 것은 다시 예전의 종살이로 돌아가는 것이나 다름없다. 바울은 이런 현실을 탄식하면서 그들이 예전에 했던 종교적 경험과 처음 가졌던 사랑에 호소한다(4:8-20).

[4:21-31] 두 번째 성서적 근거-'하갈-사라 유형론': 이렇게 바울이 이미 내린 결론에 덧붙여진 논증에 이어 그는 다시 아브라함 이야기로 돌아가서 그의 두 아들의 출생과 관련된 소위 '하갈-사라-유형론'에 근거하여 두 번째 성서적 근거를 제시한다(4:21-31). 아브라함의 여종 하갈에게서 태어난 아들이 종살이의 상징이라면, 자유인 어머니 사라에게서 난 아들은 약속의 상징이다.

[5:1-12] 자유에로의 호소: 두 번에 걸친 성서적 근거를 바탕으로 바울은 그리스도인이 율법에서 해방된 자유인이라고 결론을 내린다. 따라서 할례를 받음으로써 율법의 멍에를 매는 것은 다시 과거의 종의 신분으로 돌아가는 것이다.

[5:13-6:10] 윤리적 권면: 바울은 그리스도인의 정체성을 율법에서 해방된 자유인으로 설명하지만, 그렇다고 해서 아무런 의무가 부과되지 않는 것은 아니다. 그리스도인의 자유야말로 서로를 섬기고 사랑하는 자유로 설명되며, 이는 성령의 인도를 받음으로써 가능하다. 육체의 일과 명백히 비교되는 성령의 아홉 가지 열매를 제시하는 이유가 여기에 있다(5:13-26).

마지막으로 다소 느슨하게 연결된 것처럼 보이는 몇 가지 권면이 뒤따르는데, 대인관계와 개인의 처신에 관한 가르침이 교차하는 것으로 보기도 한다(6:1-10). 어떤 행위이든 각 사람은 마지막 심판 때 그에 합당한 보응을 받게 될 것이다.

[6:11-18] 맺음말: 갈라디아교회의 핵심 쟁점과 함께 적대자들이 퍼뜨린 내용과 그들의 잘못된 동기를 직접 폭로하면서 바울은 자신의 개인적인 신앙고백을 제시하고 앞에서 언급한 내용을 전체적으로 간략하게 요약한다(6:11-16). 그리고 마지막 호소(6:17)에 이어 서신을 마무리한다(6:18). 문안 인사가 생략된 것은 갈라디아교회의 심각한 상황을 다시 한 번 엿보게 해준다.

Ⅲ. 웨슬리와 함께 읽는 갈라디아서

1. 웨슬리와 갈라디아서

웨슬리에 따르면 특정 도시의 그리스도인들에게 써서 보낸 기존의 편지들과 달리, 갈라디아서는 소아시아 북부 앙카라를 중심으로 주변의 모든 지역에 있는 신자들에게 보낸 서신이다. 그는 그 서신을 기원후 49년, 브루기아에서 발송한 것으로 추정된다. 서신이 보여주는 교회의 상황은 바울이 다녀간 이후 외부인들이 들어와서 바울이 가르친 것과 다른 내용을 전파하고 바울의 사도적 권위를 폄훼함으로써 위기에 직면한 모습으로 설명된다. 그래서 바울은 자신이 그리스도에 의해 사도로 부름을 받았으며 다른 사도들과 동일한 메시지를 전하고 자신의 실천 역시 가르침에 근거하고 있다는 사실을 입증하기 위해 애쓴다.

웨슬리의 구원론이 담긴 설교들이 바울의 친필 서신 중 많은 경우 로마서를 바탕으로 해서 작성된 탓인지 갈라디아서를 중심 본문으로 하는 설교는 "열심에 대하여(On Zeal)"(4:18) 한 편뿐이다. 이 설교를 통해 웨슬리는 그리스도인의 참된 열심은 사랑으로 나타나야 한다는 사실을 강조한다. 그러나 흥미롭게도 웨슬리가 매우 중시했던 "사랑으로 역사하는 믿음"(5:6)이라는 표제는 갈라디아서에서 인용한 것이다.

2. 갈라디아서와 현대 교회

1) 복음의 진리를 대하는 태도
구원의 길은 예외 없이 모든 사람에게 십자가에 달렸다가 부활하신 예수 그리스도와 그에 대한 믿음을 통해 주어진다. 그 길은 보편적이며, 더는 율법과 연결되지 않는다. 바울은 그리스도 안에 근거를 둔 '오직 믿음'의 가르침으로 신자들을 그리스도가 주신 자유로 이끌려고 한다. 그는 이에 대한 일체의 왜곡과 변질을 용납하지 않는다. 바울의 이런 태도는 교회와 현장에서 선포되는 신학 자체를 지속하여 비판적인 기능을 수행하는 도구가 되게 한다는 점에서 오늘날에도 변함없는 효력을 가진다.

2) 십자가의 의미와 교회의 연합

갈라디아교회에 나타난 적대자들은 바울이 교회를 떠난 틈을 타서 침입했던 것으로 보인다. 이들이 이방인 출신인 갈라디아 교인들에게 믿음 외에 할례를 강요했다는 점(5:3; 6:12-13)으로 보아 그들은 분명 유대 그리스도인들이었다('유대주의자'). 그 밖에도 그들은 유대교의 절기 달력(4:3, 9-10)이나 정결 및 음식 규정(2:11-14)도 강요했던 것 같다. 그들이 보기에 이방인은 율법을 동시에 지킬 때에만 하나님의 백성이 되고 자신들과 식탁 공동체를 이룰 수 있다. 비유대인 출신의 그리스도인들이 할례 없이 오로지 세례를 통해 공동체의 새로운 구성원으로 인정받는다는 사실이 그들에게는 결코 받아들일 수 없는 완전히 새로운 생각이었다.

바울은 이들이 단지 몇 가지 외적인 행위를 내세우고 강조한다기보다는 율법을 포괄적으로 인정하고 심지어 구원의 방편으로 끌어들이려는 의도를 간파하고, 성서적 근거를 바탕으로 이에 적극적으로 대응하며, 교인들이 잘못된 복음을 떠나 자신이 전한 참된 복음의 진리로 돌아오기를 촉구한다(3:1-5; 4:12-20). 복음에 대한 이런 변증은 곧 자신의 사도직에 대한 강력한 변증이기도 하다. 갈라디아서에서 이신칭의의 형태로 제시되는 바울의 복음은 무엇보다도 교회론적이다. 그가 보기에 예수 그리스도 이외에 추가적인 구원론적 요소를 강요하는 일은 예수의 십자가 죽음이 가진 구원론적 의미를 부정할 뿐만 아니라 이를 동일하게 믿음으로 받아들인 유대 그리스도인들과 이방 그리스도인들의 연합을 깨뜨린다.

3. 더 생각해 볼 문제

1) 갈라디아서 2장 1-10절과 사도행전 15장 1-35절이 보도하는 예루살렘 회의를 비교해 보라.
2) 갈라디아서에 나타나는 바울의 율법 이해를 정리해 보라.
3) 바울에 관한 새 관점에 대해 찾아보고 연구해 보라.

제**10**장

바울서신 2 - 고린도전·후서

바울서신 2 - 고린도전·후서

1. 웨슬리와 함께 읽는 고린도전서

> **이 장에서 함께 공부할 주요 내용**
>
> - 고린도전서에 따르면 고린도교회는 어떤 교회인가?
> - 바울은 고린도교회의 여러 문제에 어떻게 답변하고 있는가?
>
> **키워드:** 분쟁, 십자가의 도, 사도, 교회(가 쓴 문제), 예배, 은사, 죽은 자의 부활
>
> **핵심 구절**: 십자가의 말씀이 멸망할 자들에게는 어리석은 것이지만, 구원을 받는 사람인 우리에게는 하나님의 능력입니다.(1:18)

I. 고린도전서를 이해하기 위한 배경

1. 고린도전서의 기록 동기

고린도는 기원전 27년 이래로 행정구역 아가야의 수도였다. 두 개의 바다를 향해 열려 있는 항구도시로서 상업과 종교의 중심지답게 다양한 제의와 성소들이 공존하고 있었다. 제의적 성매매와 연결되어 있던 아프로디테 제의도 그중 하나이다. 유대교 회당의 존재(행 18:4)는 고고학적으로 증명되었다. 이런 중심지에서 자주 발생하는 것처럼 상업뿐만 아니라 종교, 철학, 예술 등이 풍성해지면서 타락의 정도도 점차 심해졌다.[1]

바울은 두 번째 선교 여행 당시 고린도에 직접 교회를 세웠다(행 18:1-22). 교회의 규모는 대략 50-100명으로 추정되는데, 바울의 편지들에서 언급되는 고린도 거주 교인들과 그들의 배우자, 그리스보(행 18:8)와 스데바나(고전 1:16; 16:15-16)의 집에 속한 사람들을 고려하고, 여기에 가이오의 집에 온 교회가 예배를 위해 모였다는 진술(롬 16:23; 고전 14:23)을 더하여 산정한 규모이다. 공동체에 속한 사람들은 주로 노예, 자유민, 부두노동자, 수공업자와 같은 하층계급 출신이었다. 비교적 높은 지위를 가진 사람으로는 회당장 그리스보(행 18:8; 고전 1:14), 스데바나(1:16; 16:15-16)처럼 집을 갖고 있던 사람(11:22, 34)이나 바울의 동역자인 아굴라와 브리스가 부부(1:16; 16:15, 19) 정도이다.

이 서신 이전에 써서 보냈던 편지를 고려하면(5:9), 고린도전서는 바울이 고린도교회에 보낸 두 번째 서신에 해당한다. 기록 동기는 크게 두 가지로 요약된다. 첫째, 고린도교회의 교인들이 편지로 바울에게 물어온 질문들에 응답하기 위해서이다(7:1, 25; 8:1; 12:1; 16:1). 둘째, 글로에의 집 사람들이 바울에게 전해준 여러 소식에 대응하기 위해서이다(1:11; 5:1; 11:18).

2. 고린도전서의 기록 시기와 장소

고린도전서는 에베소에서 집필되었다(16:8). 4장 17-19절에서 바울은 자신이 조만간에 고린도를 방문할 것이며 먼저 디모데를 보낸다고 말하는데, 이 편지는 그의 방문을 준비하기 위해서라는 것이다. 에베소 체류 기간의 후반부인 55년 초에 기록되었을 것이다.

II. 고린도전서 함께 읽기

1. 고린도전서의 구조

머리말(1:1-9)
1:1-3 인사말(발신자, 수신자, 기원)
1:4-9 서언(감사)

몸말(1:10-15:58)
1:10-4:21 교회 내의 분파 문제
5:1-6:20 교회 내의 윤리적 문제
  · 5:1-13 음행한 교인의 추방
  · 6:1-11 교인 간의 법정 송사
  · 6:12-20 그리스도인의 자유와 책임
7:1-11:1 이교적 환경 속에서의 그리스도인의 삶
  · 7:1-40 결혼, 이혼, 독신
  · 8:1-11:1 우상 앞에 놓았던 제물
11:2-14:40 예배 문제
  · 11:2-16 예배에서 여자의 바른 행동
  · 11:17-34 '주의 만찬'의 본래 의미와 바른 실천
  · 12:1-14:40 영적 은사의 바른 사용
15:1-58 부활 문제

맺음말(16:1-24)
16:1-18 헌금 요청, 여행 계획, 권면
16:19-24 결미(인사, 거룩한 입맞춤, 기원, 축복)

2. 고린도전서의 내용

[1:1-9] 머리말: 이 서신은 바울이 사용하는 전형적인 형식을 따라 인사말로 시작한다(1:1-3). 바울은 자신을 그리스도 예수의 사도로 소개한다. 공동저자

로 소스데네도 언급되는데, 그는 사도행전 18장 17절에 나오는 회당장과 동일 인물일 수 있다. 수신자는 일차적으로 고린도교회이지만, 더 넓은 독자들을 염두에 두고 있다는 점도 드러난다(1:2). 이어서 그는 고린도교회 교인들을 칭찬하며 하나님께 감사드린다(1:4-9).

[1:10-15:58] 몸말

[1:10-4:21] 교회 내의 분파 문제: 고린도교회 안에 여러 개의 분파가 생겼다. 바울이 "여러분이 바울의 이름으로 세례를 받았습니까?"(1:13)라고 묻는 것으로 보아 교인들은 세례 자체를 그것을 베푸는 선교사를 통해 성령을 받는 일종의 마술적 사건으로 생각하면서 구원과 관련하여 세례를 베푸는 사람과의 관계를 절대화한 것처럼 보인다. 바울이 고린도전서에서 종종 세례의 의미를 설명하는 이유가 여기에 있었던 것 같다(1:13-14, 30; 6:11; 10:1-2; 12:13; 15:29). 여기에 교인들이 자신의 지혜와 능력을 자랑하는 성향도 한몫했을 것이다.

교회 내의 분열에 대해 바울이 제시하는 해결책은 하나님의 아들이 자기 생명을 포기하고 사람을 구원하기 위해 죽은 '십자가의 도'이다. 십자가에서 나타난 하나님의 지혜를 깨달을 수 있는 것은 오직 성령을 통해서인데(1:18-2:16), 교회 내에 파벌과 분쟁이 있다는 것은 교인들이 아직도 성령 안에서 하나님의 지혜를 깨닫지 못한 증거이다(3:1-23). 이에 바울은 자신이 하나님의 부름을 받은 사도임에도 불구하고 온갖 고난을 통해 낮아졌음을 상기시키며, 그런 고난을 겪으면서 고린도교회를 세웠다고 말한다. 따라서 교회 안에서 서로 다투고 분열하는 것은 그들이 여전히 육신에 속해 있음을 보여주는 교만함의 표현일 뿐이다(4:1-21).

[5:1-6:20] 교회 내의 윤리적 문제

바울은 5-6장에서 구두로 전해들은 고린도교회의 세 가지 윤리적인 문제를 다룬다.

[5:1-13] 음행한 교인의 추방: 근친상간의 죄악이 교회에서 일어났다. 유

대인들과 마찬가지로 초기 기독교 역시 음행을 교회의 거룩성을 파괴하는 악행으로 여겼다. 음행의 문제가 바울서신의 악행 목록(6:9, 갈 5:19 참조)에서 첫 번째 자리를 차지하는 것도 그런 이유이다. 바울은 이 죄악을 들면서 고린도교회의 상황이 얼마나 심각한지를 누룩의 비유로 설명한다. 이런 행위는 성령을 통해 주어진 새로운 삶을 파괴하는 행위이고, 특히 공동체 전체의 거룩성을 더럽히는 일이다. 그렇기에 교회는 당사자를 공동체에서 아예 추방해야 한다.

[6:1-11] 교인 간의 법정 송사: 교인들 간에 경제적인 이해관계가 엇갈리어 세상 법정에 소송을 제기하는 일이 발생했다. 복음을 통해 세워진 교회는 세상에 침투하여 영향을 끼치고 복음으로 세상을 변화시켜야 하는데, 고린도교회에서는 반대로 세상의 가치 판단 기준이 교회 안에 스며들어서 오히려 그들의 가치관을 흔들어놓으며 삶 자체를 세속적으로 만들고 있었다. 그래서 바울은 질문의 형식으로 그들을 책망하며 세상을 심판할 자리에 있을 그리스도인이 도리어 세상에 의해 판단받고 있다는 사실에 분노한다. 공동체 안에서 발생하는 분쟁은 법에 호소하기보다는 교회 스스로 해결할 수 있어야 하며, 소송 포기를 통해 나타나는 손해는 오히려 감수해야 한다. 이를 위해 바울은 그리스도인으로서 그들의 정체성을 상기시킨다.

[6:12-20] 그리스도인의 자유와 책임: 그리스도인의 자유를 오해한 결과로 방종과 음행도 나타났다. 일부 교인들이 신앙의 자유를 영적 열광주의의 관점에서 해석했던 것으로 생각된다. 즉, 예수를 믿고 성령을 선물로 받는다는 것을 무제한의 자유를 누리는 것과 같다고 잘못 이해했다는 뜻이다. 그 결과, 성관계에 대한 이해가 극단적인 길로 나아갔던 것으로 보인다. 바울은 그것이 얼마나 잘못된 음행인지를 경고한다. 하나님께 영광을 돌리는 것이 참된 자유이다.

[7:1-11:1] 이교적 환경 속에서의 그리스도인의 삶

바울이 고린도교회를 떠난 후 교회 안에서 여러 문제가 발생했다. 이에 교회는 바울에게 이 문제들에 대해 질문 형식의 편지를 보냈다(16:17). 그 문제들은 일상적인 것에서부터 교회 내의 예배와 신앙 고백에 이르기까지 매우 다양했다. 그에 대한 답변이 7장부터 시작된다.

[7:1-40] 결혼, 이혼, 독신: 고린도교회 안에는 음행의 문제를 신앙과 별개의 것으로 생각하여 방종한 삶을 사는 사람도 있었지만, 결혼을 포함한 모든 성적 관계를 잘못된 것으로 여기며 거절하는 사람도 있었다(1절). 그래서 교인들은 바울에게 그리스도인의 성관계가 과연 신앙적인 일인지 아닌지를 물었다. 바울에게 결혼은 기본적으로 하나님께서 하신 창조의 뜻과 일치하는 거룩한 제도이다. 또한 결혼을 통해 사람은 음행을 방지할 수 있다. 그러나 다른 한편으로 바울은 사람이 결혼하지 않고 독신으로 있는 것이 결혼보다 더 귀하다고 말한다. 결혼과 독신의 차이는 무엇보다 사람이 자신의 성적인 욕망을 어떻게 절제할 수 있는가에 달려 있다. 바울은 여기에서 결혼한 사람, 결혼하기를 원하는 사람, 한 번 결혼했으나 지금은 혼자 있는 사람, 아예 결혼하지 않고 혼자 있기를 원하는 사람, 믿지 않는 사람과 결혼한 사람에게 모두 구체적으로 지침을 준다.

[8:1-11:1] 우상 앞에 놓았던 제물: 바울은 고린도 교인들의 우상 제물 문제에 대해 세 가지 관점에서 자기 입장을 설명한다.

첫 번째, 지식이 아닌 사랑의 관점이다(8:1-13). 유대인들에게는 이방 신전에 바쳐진 우상 제물들을 접촉하거나 먹는 것이 금지되었고, 이방인의 집에 초대를 받아 식사하는 것도 금지되었다. 그러나 그리스-로마 세계에 증거된 복음으로 말미암아 믿음을 갖게 된 이방 그리스도인들에게는 이교도인 친척과 친구들이 있었고, 또 그들에게 초대받아 제사에 바쳐졌던 고기를 식탁에서 함께 먹어야 하는 때도 있었기 때문에 이로 인한 복잡한 가정적, 사회적, 종교적 문제가 생기게 되었다. 이에 바울은 기독론에 근거한 사랑을 행동의 기준으로 제시한다(8:11-13).

두 번째, 사도로서 자신의 권리와 그 의미에 따른 관점이다(9:1-27). 형제를 위해서라면 자신의 지식도 제한할 수 있고, 다른 형제와 자매를 위해서라면 사도의 권리까지도 포기할 용의가 있다는 바울의 선언이 일부 고린도 교인들에게는 진정한 자유인의 모습으로 비치지 않았던 것 같다. 더 나아가 이를 바탕으로 그들은 바울의 사도적 권위나 진정성을 의심하고 그를 비난했던 것으로 보인다. 이에 대해 바울은 자신이 누구보다도 정당한 사도권을 갖고 있으나, 복음을 더 효과적으로 선포하기 위해 사도의 권리조차 유보했다고 말한다.

세 번째, 출애굽 역사를 통한 경고의 관점이다(10:1-13). 바울은 우상 제물을 먹는 일이 우상을 숭배하는 일이 될 수 있다는 위험성을 염두에 두면서 이 문제를 광야에서 방황하며 하나님께 반항했던 이스라엘 백성의 모습과 비교하여 설명한다. 그리스도인이 된 고린도 교인들도 지금 다시 옛 습관인 우상 숭배를 함으로써 하나님을 섬기는 일에 실패하고 있다(10:1-13). 이어서 바울은 주의 만찬과 비교하여 우상 숭배의 가증스러움을 경고한다. 주의 만찬에서는 하나님이 주인이시고 믿는 자들이 그분의 초대를 받은 손님이지만, 이방 신전의 식탁에서는 귀신 자체가 지배하는 식사가 된다. 따라서 그곳에 참여한 사람들은 그 귀신의 손님일 뿐만 아니라 그의 노예가 되고 만다(10:14-22). 마지막으로 바울은 그리스도인의 자유에 한계가 있음을 분명히 한다. 자유가 방종이 되지 않으려면 그 자유는 교회론적으로 공동체의 덕을 세우고, 신학적으로는 하나님의 영광을 위하는 것이어야 한다(10:23-11:1).

[11:2-14:40] 예배 문제

바울은 고린도교회에서 예배가 무질서하게 진행되는 상황에 직면하여 어떻게 하나님께 예배를 드리는 것이 옳은가를 제시한다. 모든 것이 하나님의 영광을 위하고 교회의 덕을 세우기 위함이라는 점에서 이 문제에 대한 바울의 기본적인 신학적 입장은 앞 단락과 일관되게 연결된다.

[11:2-16] 예배에서 여자의 바른 행동: 예배 때 여자가 어떻게 행동해야 하는가? 당시 유대인들의 경우 여자가 공개 석상에 설 때 머리에 너울을 쓰는 것이 관습이었다. 그리스에도 특별한 경우에 그런 관습이 남아 있었다. 이런 상황에서 고린도교회의 일부 여성들이 예배에 참석할 때 영적인 경험으로 인해

열광주의적 태도를 보이면서 오해와 분란이 발생하게 된 것 같다. 아마도 그들이 예배 때 머리에 너울을 쓰지 않고 기도하거나 때로 하나님의 말씀을 선포하는 일이 생겼던 것으로 보인다. 그런 태도를 성령 안에서 자유를 누리는 모습이라고 생각했기 때문이었을 것이다. 이런 상황이 가정에서 남편과 아내의 관계마저 혼란스럽게 만들면서 이에 따른 불평이 제기되었던 것으로 추정된다. 이에 대해 바울은 자신이 기본적으로 여자와 남자가 그리스도 안에서 차별이 없다고 생각하지만(갈 3:28), 신앙이 당시의 사회 종교적 관습과 조화를 이룰 줄 알아야 한다는 사실도 잊지 않았다. 그래서 예배 때 여자가 머리에 너울을 쓰고 참석하는 것이 당시의 일반적인 관습이라면 그렇게 하는 것이 교회 안의 질서를 유지하고 동시에 교회의 덕을 세우는 것이라고 말한다.

[11:17-34] '주의 만찬'의 본래 의미와 바른 실천: 교인 중 일부가 다른 사람들이 참석하기도 전에 주의 만찬을 먼저 무절제하게 먹음으로써 다툼과 갈등이 일어났다는 점에서 주의 만찬의 본질이 훼손당하는 이 문제는 한마디로, 교회 내의 부유한 자들과 가난한 자들의 식탁과 관련하여 생긴 갈등이다. 이에 대해 바울은 예수께서 제정하신 만찬이 무엇이고, 그 의미가 무엇인지를 가르치면서 그것의 바른 시행을 촉구한다.

[12:1-14:40] 영적 은사의 바른 사용: 바울은 성도들이 받은 영적 은사를 어떻게 이해하고 활용해야 하는지를 알려준다. 12-14장의 맥락으로 볼 때 고린도교회가 제기한 질문들은 주로 예배 중에 나타나는 성령의 다양한 현상에 관한 것이었다. 고린도교회는 성령의 은사인 방언과 예언을 특별히 높게 생각했던 것으로 보인다. 그중에서도 방언을 가장 높이 평가했던 것 같다. 하지만 바울에게는 다양한 은사들을 어떻게 이해하여 사용하느냐가 정작 중요하다. 영적인 은사들을 분별하는 기준이 무엇이고, 진정한 성령의 사람이 누구인지에 대해 바울은 예수 그리스도에 대한 고백을 가장 중요한 판단 기준으로 삼는다(12:3). 이 기준 아래에서 성령의 하나 됨 안에 있는 은사의 다양성(12:4-11)과 몸의 하나 됨 안에 있는 지체의 다양성(12:12-31)이 언급된다. 이때 사랑이 이 모

든 것의 기초가 된다(13:1-13). 모든 은사는 질서 있게 그리고 교회의 덕을 세우기 위해 활용되어야 한다(14:1-40).

[15:1-58] 부활 문제: 바울은 마지막으로 몸의 부활이라는 주제를 다룬다. 고린도에 만연되던 영적 열광주의가 기독교의 핵심인 몸의 부활을 거부하는 자리에까지 이르게 되었다는 소식을 전해들었기 때문이었을 것이다(15:17). 바울은 이와 관련하여 그리스도인들이 영적 경험의 풍성함에도 불구하고 늘 미래에 주어질 부활을 기다려야 함을 역설한다. 그에게 성령 체험은 아직 최종적인 완성의 표징이 아니다. 첫 열매로서 예수 그리스도의 부활은 모든 신자도 부활한다는 근거가 되며, 그분의 재림만이 모두에게 죽음에서 부활을 경험하는 온전한 자리가 된다.

[16:1-24] 맺음말: 16장은 7장 1절 이하에서 제기된 다양한 문제들에 대해 바울이 마지막으로 답하는 단락이다. 교인들은 예루살렘교회를 위한 모금 운동에 대해 질문했던 것으로 보인다. 그 운동은 고린도교회가 예루살렘에 있는 모(母)교회와 정신적이고 영적인 유대를 잘 맺도록 하기 위한 일이었다(롬 15:27; 고후 9:13). 또 그것은 이미 예루살렘 회의에서 가난한 자들을 돌보아 달라는 부탁에 대한 구체적인 실천 내용이기도 했다(갈 2:10). 16장에는 이처럼 바울의 주변 상황이 어떠한지에 대한 다양한 정보들이 제공되고 있으며, 그의 여행 계획도 그중 하나이다.

III. 웨슬리와 함께 읽는 고린도전서

1. 웨슬리와 고린도전서

고린도전서와 관련하여 언급되는 개론적인 내용은 이미 웨슬리도 똑같이 생각한다. 즉, 바울은 이방 그리스도인들이 다수를 이루는 교회를 아가야의 고린도에 개척했고, 고린도 교인들이 저지른 여러 부도덕한 일을 바로잡고 또 그들이 제기하거나 문의한 주제들에 대해 답하기 위해 기원후 52년경에 에베소에서 이 서신을 썼다는 것이다. 웨슬리가 고린도전서의 본문을 바탕으로 작성한 8편의 설교 중 『표준설교』에 포함된 것은 없다. 그러나 눈에 띄는 점은 그중 6편이 바울이 은사 문제를 다루는 12-14장에 초점을 맞추고 있다는 사실이다 (12:25, 31; 13:1-3, 9; 14:20).[2]

2. 고린도전서와 현대 교회

1) 그리스도인의 정체성

고린도전서는 바울의 편지 중에서 초기 기독교 공동체의 예배와 삶에 대해 가장 많은 정보와 깊은 안목을 얻을 수 있는 서신이다. 바울이 교회의 구체적인 문제들에 답을 주고 동시에 다양한 신앙적, 신학적 폐해들을 지적, 비판, 교정하기 때문이다. 이때 바울이 늘 예수 그리스도를 논의의 출발점이자 토대로 삼고 당면한 문제에 접근하고 있다는 사실은 주목할 만하다. 고린도교회 교인들은 바울에게 새롭게 변화시키는 그리스도의 복음을 전해들으면서도 이를 자신들의 삶에 체득하지 못했기에 여러 가지 문제에 봉착했다. 특히 음행과 관련하여 그들은 옛 습관에 따라 육체적 욕망을 그대로 추구해도 신앙의 유효성을 계속 주장할 수 있다고 생각하는 소위 '영적 열광주의'의 경향을 보였다. 이에 대해 바울은 과거의 더러운 모습이 이제 주 예수 그리스도의 이름과 하나님의 성령 안에서 깨끗이 씻음과 거룩함과 의롭다하심을 받았다고 선언한다 (6:11). 따라서 이제는 변화된 존재로서 자신에게 주어진 새로운 삶을 살아야 한다.

2) 신앙의 토대로서 그리스도의 십자가

고린도교회의 다양한 문제로 인해 바울은 고린도전서에서 칭의론을 전개할 필요가 없었지만, 부활을 부정하는 사람들에 대한 논증 과정에서 율법으로부터 힘을 얻는 죄 및 그 죄와 관련된 사망이 극복되었다는 그의 주장(15:55-56)은 갈라디아서나 로마서에서 전개되는 주제를 간략하게나마 요약하고 있다. 바울의 이런 주장은 신학적으로 이미 1장 18절-2장 5절과 연결되는데, 거기에서 예수의 십자가가 바울 선포의 유일한 토대를 형성한다. 십자가에 달린 그리스도가 인간을 율법의 저주로부터 해방하고 칭의와 영생의 복을 주기 위해 대속의 죽음을 받아들였기 때문이다. 이처럼 예수의 십자가는 바울에게 복음 선포의 본래적인 내용이었기에 그는 십자가에 달린 그리스도밖에는 전할 것이 없다. 그의 사도적 선포가 가진 영향력이 인간의 지혜와 능력에 있지 않고 오직 하나님의 영과 힘에 달려 있는 이유이기도 하다. 이와 같이 자신의 사도적 실존에 실제로 어떤 의미가 있는지를 바울은 자기를 향한 비판을 접한 후 고린도후서에서 폭넓게 전개한다.

3. 더 생각해 볼 문제

1) 구원을 가져오는 십자가 죽음의 의미는 바울에게 고린도교회의 문제들에 대해 반응하는 답변들의 결정적인 출발점이 된다. 서신 전체에 걸쳐 언급되는 고린도교회의 다양한 문제에서 이 점이 어떻게 적용되어 나타나는가?

2) 바울이 고린도전서에서 다루는 다양한 주제들(분열, 윤리 문제, 가정, 우상 숭배, 예배, 은사, 부활)이 보여주는 고린도교회는 어떤 교회인가?

3) 이 주제들은 해결책으로서 충분한가? 어떤 점에서 그런가 또는 그렇지 않은가?

2. 웨슬리와 함께 읽는 고린도후서

이 장에서 함께 공부할 주요 내용
- 바울과 고린도교회 사이에는 어떤 일이 일어났는가?
- 바울은 자신의 사도직을 어떻게 변호하고 있는가?
- 고린도교회에 나타난 대적자들은 누구인가?

키워드: (참/거짓) 사도, 고난, 화해, 연보

핵심 구절: 누구든지 그리스도 안에 있으면, 그는 새로운 피조물입니다. 옛 것은 지나갔습니다. 보십시오, 새 것이 되었습니다. 이 모든 것은 하나님에게서 났습니다. 하나님께서는 그리스도를 내세우셔서, 우리를 자기와 화해하게 하시고, 또 우리에게 화해의 직분을 맡겨 주셨습니다.(5:17-18)

I. 고린도후서를 이해하기 위한 배경

1. 고린도후서의 통일성 문제

18세기 이후로 고린도후서는 여러 개의 편지 또는 단편으로 이루어진 문학적 수집물이라는 견해가 대두되었고, 오늘날까지도 적지 않은 사람들에 의해 대변되고 있다. 서신에서 몇 개의 틈새가 보인다는 점이 지적되곤 했기 때문이다. 그 이유는 다음과 같다.

① 1-7장과 10-13장의 관계이다. 앞에서 바울은 고린도 교인들을 자신의

자녀로 비유하며, 두 번에 걸쳐 서로 마음을 연 일을 언급하고(6:11-13), 그들을 신뢰하게 된 것을 기뻐한다고 말한다(7:16). 반면에 10장 이하에서는 이전보다 훨씬 강한 어조로 자신의 사도직을 변호해야 하는 상황이 전개된다.
② 9장과 10장 사이의 긴장 관계이다. 예루살렘교회를 위한 연보를 호소하고 고린도 교인들의 순종을 감사한 후 곧바로 10-13장에서 교인들이 너무도 쉽게 양보해 버린 것에 대한 바울의 거친 논쟁이 이어진다.
③ 8장과 9장이 예루살렘교회를 위한 연보라는 동일한 주제를 반복하여 다룬다는 점이 지적되기도 한다.
④ 6장 14절-7장 1절에서 사용된 어휘나 극단적인 이원론(신자와 불신자, 그리스도와 벨리알)은 바울의 문체 및 신학과 큰 차이를 보인다는 주장이 있다. 단락을 둘러싸고 있는 6장 13절과 7장 2절의 연결이 매끄럽다는 사실도 이 단락을 후대의 첨가로 추정하게 만들었다.

이런 이유로 인해 학자마다 고린도후서를 2-5개의 편지가 모아진 것으로 보려고 했다. 그러나 서신의 통일성을 지지하는 목소리도 꾸준히 존재한다. 이 서신은 아마도 비교적 짧은 시간적 간격을 두고 기록된 두 개의 편지들(1-9장과 10-13장)을 합쳐서 함께 보냈거나 따로 발송된 것을 나중에 하나로 모은 것으로 생각된다.

2. 고린도후서의 기록 시기 및 장소와 동기

바울은 고린도후서를 55년 가을 마케도니아(행 20:1-2)에서 쓴 것으로 보인다. 전서와 후서가 전혀 다른 분위기를 전해주는 상황을 이해하기 위해서는 두 서신 사이에 일어났던 일련의 사건들을 파악해야 한다. 이 기간은 대략 6개월 정도로 생각되는데, 이 기간에 바울과 고린도교회 사이에 심상치 않은 일들이 발생했던 것이 분명하다. 다음과 같이 재구성해 볼 수 있다.[3]

① 바울은 50년대 초반에 고린도에 교회를 세운다(행 18:1-17 참조).

② 고린도를 떠난 지 얼마 되지 않아서 바울은 에베소에서 고린도교회에 편지를 쓰는데, 이것이 바울이 고린도교회에 보낸 첫 번째 편지(고전 5:9)로서 현재 남아 있지 않다.

③ 후에 바울은 에베소에서 동역자인 디모데를 고린도로 보냈다(고전 16:8, 10). 이때 바울은 고린도 교인들의 질문들과 그에게 전달된 새로운 소식들에 답하는 편지를 디모데의 손에 쥐어 주는데, 이것이 고린도교회에 보낸 두 번째 편지로서 우리가 현재 갖고 있는 고린도전서이다.

④ 디모데가 나쁜 소식을 갖고 돌아오자, 바울은 고린도교회를 훈계하기 위해 직접 고린도를 방문하는데(소위 '중간 방문'=두 번째 방문), 교회 내의 한 성도와의 마찰이 그를 매우 슬프게 한다(2:1, 5).

⑤ 바울은 에베소로 돌아와서 고린도교회에 세 번째 편지인 '눈물의 편지'를 보낸다(2:4; 7:8, 12). 디도가 이 편지를 전달했을 것이다(7:5-9). 이 편지도 첫 번째 편지와 마찬가지로 소실된 것으로 보인다. 10-13장을 이 편지의 일부로 보는 견해도 있다.

⑥ 에베소에서 감옥생활을 한 후(6:5; 11:23) 바울은 다시 마케도니아로 건너간다. 거기에서 그는 고린도에 다녀온 디도(2:12-13; 7:6)를 만나서 교인들이 두 번째 방문 때 그를 모욕한 것을 후회하고 있다는 좋은 소식을 듣게 된다(7:6, 13). 이에 바울은 마케도니아(7:5)에서 고린도후서 1-9장과 동일한 내용의 '화해의 편지'를 쓰는데, 이것이 고린도교회에 보낸 네 번째 편지이다.

⑦ 그 사이에 바울은 자신의 사도권을 비판하며 문제 삼는 일이 일어났다는 소식을 접하게 된다. 그래서 고린도를 세 번째로 방문하기 전에 (12:14; 13:10) 고린도교회에 보내는 다섯 번째 편지인 '투쟁 서신'을 보내는데(10-13장의 내용 포함), 그 편지에서 바울은 자신의 사도직을 변호한다.[4]

⑧ 얼마 후 바울은 고린도를 방문하여 그곳의 교인들과 화해하게 된다. 고린도('겐그레아'는 고린도의 동쪽 항구[롬 16:1])에서 작성한 로마서에서 바울은 자신이 고린도후서 9장에서 요청했던 예루살렘교회를 위한 모금을 칭찬한다(롬 15:26).

II. 고린도후서 함께 읽기

1. 고린도후서의 구조

머리말(1:1-11)
1:1-2 인사말(발신자, 수신자, 기원)
1:3-11 서언(감사와 찬미, 고난 회상)

몸말(1:12-13:10)
1:12-7:16 고린도 교인들과의 화해
- 1:12-2:13 이루어지지 않은 방문 계획에 대한 변호와 용서하라는 권면
- 2:14-6:10 사도적 직무에 대한 변증
- 6:11-7:16 공동체의 신뢰를 구하려는 노력

8:1-9:15 예루살렘교회를 위한 모금
10:1-13:10 '지극히 크다는 사도들'에 대한 사도직 변호
- 10:1-6 호소와 책망
- 10:7-12:13 적대자들과의 변증적 비교
  10:7-11 바울에 대한 비난
  10:12-18 사도의 기준
  11:1-15 바울의 열심과 거짓 사도들
  11:16-12:13 바울의 자기 자랑('바보 설교')
- 12:14-13:10 방문 계획과 권면

맺음말(13:11-13) 교훈과 결미(인사, 거룩한 입맞춤, 삼위일체적 축도)

2. 고린도후서의 내용

[1:1-11] 머리말: 바울은 고린도전서처럼 그리스도 예수의 사도로서 서신을 시작한다(1:1-2). 공동 발신자는 디모데이다. 자신이 당한 고난을 회상하며 바울은 감사를 표현한다(1:3-11).

[1:12-13:10] 몸말

[1:12-7:16] 고린도 교인들과의 화해: 고린도교회와의 서먹한 관계를 염두에 둔 듯, 바울은 가장 먼저 자신이 교회 방문을 연기할 수밖에 없었던 이유를 설명하고(1:12-2:4), 중간 방문 당시 자신을 근심하게 한 교인을 용서해 줄 것을 권면한다(2:5-13).

이어서 후서의 핵심 주제인 자신의 사도직 변증을 전개한다(2:14-6:10). 사도직은 그리스도의 향기이며, 고린도 교인들이 이를 증명해 주는 추천서와 같다(2:14-3:6). 바울에게 무엇보다 중요한 것은 복음의 영광과 더불어 모세가 언약 체결 후 증거판을 갖고 시내산에서 내려올 때 얼굴에 나타났던 빛보다 모든 면에서 우월한 사도의 직무와 합법성이다(3:7-18). 이 광채는 너무도 찬란하여 오로지 첫 번째 창조 날에 일어난 빛의 창조와 비교될 수 있다(4:1-6).

성령은 예수의 죽음을 몸에 짊어지는 사람들에게 자신을 나타내신다. 이로써 성령은 바울처럼 다른 사람의 구원을 위해 일하는 사람들의 편에 서신다. 바울은 죽음의 위협이 큰 시험임을 잘 알고 있었다(1:8-10). 그래서 삶의 위기로부터 구해주고 살아나게 하는 하나님의 능력에 대한 믿음은 성령을 통해 날마다 갱신되어야 한다(4:7-18). 동시에 바울은 죽음에 대한 두려움을 실존적으로 극복하는 차원에서 영생의 불멸성이라는 옷을 덧입게 되는 소망을 제시한다(5:1-10).

이어서 바울은 고린도 교인들에게 자신의 사도적 임무를 '화해'의 직무라고 설명한다(5:18-19). '화해'라는 단어는 인간관계 영역에서 적대적인 세력 사이의 화해를 통해 일어나는 평화의 상태를 의미한다. 그는 신학적인 의미에서 이 단어를 하나님이 그리스도 안에서 일으키시는 구원의 표시로서 칭의와 구함의 표현들과 병행하여 사용한다. 이 화해는 그리스도의 사랑 때문에 그리고 모든 사람을 위해 죽은 죽음을 통해 일어났다(고후 5:14-15; 갈 2:20). 바울은 이를 새 창조로 이해하는데, 이 새 창조를 통해 사람은 '그리스도 안에' 있는 자신의 실존을 새로운 피조물로 이해한다(5:17). 이런 '화해의 말'을 선포하는 것이 바울에게 화해의 '직무' 또는 '임무'로서 위임되었다(5:18-19).

그리스도가 다른 사람들을 위해 십자가에서 고통당하셨기 때문에 고린도 교인들도 고난받는 사도를 하나님의 일꾼으로 받아들임으로써 하나님의 은혜를 헛되이 받지 말아야 한다(6:1). 이 십자가 신학은 바울의 개인적 실존에 적용된다. 사도직 변증을 마무리하면서 바울은 고린도 교인들과 화해 및 신뢰 회복을 기뻐한다(6:11-7:16).

[8:1-9:15] 예루살렘교회를 위한 모금: 다른 서신들(갈 2:10; 고전 16:1-4; 롬 15:25-27)에서도 언급되고 있는 예루살렘교회의 가난한 성도들을 위한 모금이 8-9장의 주제이다. 이 모금 운동은 바울의 선교 활동 전 기간에 걸쳐서 이루어졌으며, 그가 세운 모든 교회에서 진행된 일회적인 사건이었다. 바울은 특히 오해의 소지가 없도록 심혈을 기울여 이 모든 일을 시행했다.

[10:1-13:10] '지극히 크다는 사도들'에 대한 사도직 변호: 고린도후서의 마지막 부분은 강한 어조로 전개되는 적대자들과의 변증적 비교를 다룬다(10:7-12:13). 중심부인 사도의 자기 자랑과 '바보 설교'(11:1-12:13)는 경쟁자들을 잘못된 사도들로 드러나게 하려고 한다. 이를 위해 바울은 역설적인 방식으로 자신의 약점들을 자랑함으로써 경쟁자인 '특출한 사도들'의 자기 자랑을 모방한다. 바울의 관점에서 볼 때 그들은 자신들을 자랑할 근거가 전혀 없고, 그런 이유에서 그들의 자기 자랑은 말도 안 되는 것이다. 논쟁은 윤리적인 권면으로 둘러싸여 있다(10:1-6; 12:14-13:10). 12장의 계시 묘사도 자기만족이나 용기라는 미덕에 대한 호소가 아니라 하나님의 능력이 충분하다는 사실을 강조한다. 이 능력으로 바울은 모든 위기를 인내와 연단 속에서 견딜 수 있다(롬 5:2-5; 빌 4:11-13).

그 밖에도 바울은 자신의 개인적 등장이 약했을지라도 고린도 교인들에게서 나타난 선교적 성과와 공동체 설립, 믿음의 성장이 자신의 인간적 능력에 그 근거를 둘 수 없고 주의 능력 안에 그 기원을 둘 수밖에 없음을 강조한다. 바울의 약함은 자신이 그리스도께 속해 있다는 사실이나 자신의 권한(10:7b-10)과 전혀 모순적이지 않고, 오히려 그리스도의 약함에 상응함으로써 정당화된다 (13:4). 여기에 고린도 교인들에게 자신들의 믿음을 증명해야 한다는 강한 권면의 말이 뒤따르는데, 이는 공동체를 세우기 위해서이다(13:5-10).

[13:11-13] 맺음말: 짧은 교훈, 거룩한 입맞춤의 요청과 문안 인사가 나온 후 오늘날 예배 축도의 모형이 된 삼위일체적 축도가 서신을 마무리한다.

III. 웨슬리와 함께 읽는 고린도후서

1. 웨슬리와 고린도후서

고린도후서는 전서를 써서 보낸 지 1년이 채 안 된 시점에 마케도니아에서 보낸 두 번째 서신이다. 웨슬리는 이 서신에서 바울이 고린도 교인들을 향한 자신의 애정을 한껏 보여주고 있다고 설명한다. 바울은 고린도전서에서 써 보낸 몇 가지 훈계 내용을 고린도후서에서 반복하면서도 대부분 자신의 개인적인 문제를 다룬다. 그렇지만 그가 언급하는 모든 내용은 실제로 교회와 신자들의 영적 유익을 위한 것이다.

고린도후서에 대한 이런 생각 때문인지 고린도후서 본문을 갖고 작성된 웨슬리의 설교문은 고린도전서보다 많다. 전체적으로는 설교 본문들이 주로 1-7장에 한정되어 있으며, 1장 12절에 관한 설교는 2편이나 된다. 총 10편의 설교 중 3편이『표준설교』에 포함되었다.

『표준설교』 11번 "우리 자신의 영의 증거"에서 웨슬리는 은혜 체험의 주관적인 측면을 제시하며, 하나님께서 주신 솔직함과 진실함으로 살아가는 것이 그리스도인이 누리는 즐거움의 기초라는 점을 강조한다.『표준설교』 37번

"사탄의 계략"에서 웨슬리는 믿음을 과도하게 내세워 선한 행위를 가치 없는 것으로 치부하거나 선한 행위를 지나치게 강조함으로써 은총에 따른 구원을 무력화하는 양극단의 태도를 모두 경계하면서 칭의와 성화의 균형을 부각한다. 『표준설교』 36번 "방황하는 생각"에서 웨슬리는 방황하는 생각들이 왜 발생하고 어떤 것들이 여기에 속하는지를 밝히면서 죄라고 부를 수 없는 것과 있는 것을 구분한다.

2. 고린도후서와 현대 교회

1) 오직 그리스도를 통한 하나님과의 화해

'화해'라는 개념은 하나님과의 적대적인 상황을 함축한다. 이 적대감을 종식하는 화해는 하나님의 주도로 그리고 모든 사람을 위해 죽은 그리스도의 죽음을 통해 이루어진다(5:14-15). 이 구원 행위로 인해 하나님은 의를 가져오시고, 그 안에서 허물을 더는 계산하지 않으신다(5:19, 21). 그래서 바울은 그리스도를 대신하여 사신으로서 고린도 교인들에게 부탁한다. "여러분은 하나님과 화해하십시오."(5:20) 하나님이 예수의 대리적 죽음을 통해 세상 및 인류를 자신과 화해하게 하신 일을 믿음으로 받아들이라는 뜻이다. 고린도전서에서처럼 여기에서도 논증은 전적으로 그리스도의 십자가가 가진 구원론적 의미에서 출발한다.

2) 화해의 직무

사도직은 화해의 직무이다. '화해'라는 단어가 적대적인 세력 사이의 관계 회복을 통해 일어나는 평화의 상태를 의미하고, 바울이 이를 하나님께서 그리스도의 십자가 죽음을 통해 일으키신 구원 행위로 묘사한다는 것은 결국 사도의 직분을 감당하는 모든 사람에게 같은 역할이 부여되었음을 뜻한다. 이 직무에 대한 비판이 가해졌을 때 바울은 모든 것을 걸고 반박하며, 그 직무에 담긴 의미를 다시금 부각한다. 오늘날 화해의 직무가 갖고 있는 중요한 의미를 되새길 필요가 있다.

3) 헌금의 의미

바울이 자신이 세운 교회들에서 추진한 모금 운동은 단순히 예루살렘교회에서 경제적으로 어려운 성도들을 돕기 위한 구제 행위가 아니었다. 거기에는 더 깊은 신학적 의미가 담겨 있다. 그래서 바울은 이를 섬김 또는 봉사를 가리키는 '디아코니아'로 표현하며, 은혜를 나누는 행위이자 흩어져 있는 교회들을 하나 되게 하는 운동임을 강조한다. 헌금의 의미에 대한 재고와 성찰이 필요한 이유이다.

3. 더 생각해 볼 문제

1) 고린도전서와 후서를 함께 고려하여 바울과 고린도교회의 관계를 재구성해 보라. 이때 고린도후서에 관한 분할 가설과 통일성 문제를 어떻게 연관시킬 수 있는지, 그것이 역사적 상황과 본문을 이해하는 데 어떤 역할을 하는지 생각해 보라.
2) 바울이 강하게 변증하는 사도직을 오늘날 목회자의 소명 및 자격이라는 주제와 어떻게 연결해 볼 수 있는가?
3) 연보에 대한 바울의 설명이 현대 교회의 헌금 문제를 해결해 줄 수 있는가?

---

1 일찍이 기원전 5-4세기 사람이었던 아리스토파네스(Aristophanes)가 만든 동사 '코린티아조마이'(korinthiazomai, '고린도인처럼 성적 행동을 하다'→'간음하다')에서 볼 수 있듯이, 고린도는 성적 타락을 상징하는 불명예를 안고 있었다. 특히 아크로폴리스에 있는 아프로디테 신전에 성을 파는 수천 명의 신전 매춘부가 있었다는 기원전 1세기 고대 그리스의 지리학자였던 스트라보(Strabo)의

주장이 이를 뒷받침하는 근거로 제시되곤 한다. 하지만 이를 문자 그대로 받아들일 수 있는지는 의문이다. 성적 타락이야 성행했겠지만, 마치 도시 전체가 그런 영향 아래 있었다고 말할 정도로 그 도시의 부정적인 모습을 과장할 필요는 없을 것이다.

2   "죽은 자의 부활"(고전 15:35)이라는 제목의 설교는 본래 벤저민 칼라미 목사가 작성한 것으로, 웨슬리가 1732년에 요약하여 개정한 설교문이다. 존 웨슬리/감리교신학대학교.한국웨슬리연구원 옮김, 『웨슬리 선집 I』(서울: 대한기독교서회, 2022), 519-538을 참조하라.

3   Petr Pokorny and Ulrich Heckel, *Einleitung in das Neue Testament: Seine Literatur und Theologie im Überblick*, UTB 2798 (Tübingen: Mohr Siebeck, 2007), 261을 참조하라.

4   이 서신이 '화해의 편지'와 처음부터 함께 보내졌는지, 개별적으로 발송되었다가 추후에 함께 묶이게 되었는지는 학자마다 견해가 다르다.

제 11 장

바울서신 3 - 에베소서, 빌립보서, 골로새서, 데살로니가전·후서, 디모데전·후서, 디도서, 빌레몬서

바울서신 3 - 에베소서, 빌립보서, 골로새서, 데살로니가전·후서, 디모데전·후서, 디도서, 빌레몬서

1. 웨슬리와 함께 읽는 에베소서

이 장에서 함께 공부할 주요 내용

- 에베소서는 교회가 어떤 모습을 가져야 한다고 말하는가?
- 에베소서는 교회가 어떤 권위에 세워져서 세상과 우주의 중심이 된다고 말하는가?

키워드: 비밀, 은혜의 경륜, 그리스도, 교회의 머리, 충만, 화평, 그리스도의 사랑, 만유, 그리스도의 몸

핵심 구절: 그분이 어떤 사람은 사도로, 어떤 사람은 예언자로, 어떤 사람은 복음 전도자로, 또 어떤 사람은 목사와 교사로 삼으셨습니다. 그것은 성도들을 준비시켜서, 봉사의 일을 하게 하고, 그리스도의 몸을 세우게 하려고 하는 것입니다.(4:11-12)

I. 에베소서를 이해하기 위한 배경

에베소서는 바울서신 연구에서 골로새서의 쌍둥이 서신으로 평가받는다. 그것은 골로새서와 에베소서가 서로 중첩되는 부분이 많기 때문이며, 특히 에베소서가 골로새서로부터 많은 영향을 받은 것으로 평가된다. 일반적으로 골로새서 1-2장은 에베소서 1-3장에 영향을 주고 있으며, 골로새서 3-4장은 에

베소서 4-6장에 영향을 준 것으로 보는 것이 두 서신을 연구하는 과정에서 인정받고 있다. 골로새서가 에베소서에 영향을 주었다는 사실은 바울서신 연구에서 만들어지는 대조표를 통해 확인할 수 있다.

에베소서는 바울의 다른 편지들처럼 편지의 형식으로 되어 있다. 그러나 바울의 다른 서신에서 확인되는 바울과 수신자들의 직접적인 관계에 대한 언급은 나오지 않는다. 이 편지는 편지의 본론을 시작할 때 감사보다는 골로새서처럼 '찬송'에 관한 내용을 소개한다(1:3-14). 이 찬송을 하는 주체는 바울 개인이 아니라 '우리'로 나오는데, 이들은 일반 그리스도인들로 보인다. 이어서 1장 15-23절은 다른 바울의 서신에서 보이는 것처럼 '감사'의 내용으로 되어 있다. 이런 점에서 이 편지는 바울의 다른 서신에 나타나는 편지쓰기 방식과 차이가 난다. 또한 에베소서 중간에 있는 권고에 대한 부분은 바울이 쓴 다른 서신에 나오는 것처럼 구체적인 문제들을 다루지 않는다. 바울의 서신들은 수신자 공동체들이 당면했던 문제에 관한 바울의 응답이라고 할 수 있다. 그러나 에베소서에는 그런 정황을 확인하기 어렵다. 오히려 에베소서는 삶의 실천과 교회의 일치를 강조하는 데 관심을 기울인다.

우리는 사도행전을 통해 에베소가 바울의 선교사역 과정에서 중요한 도시였다는 것을 알 수 있다. 바울의 이름으로 기록된 고린도 서신과 로마서 그리고 빌립보서와 빌레몬서는 에베소와 일련의 연관이 있다고 보아야 한다. 이런 사실로만 볼 때 에베소서가 바울의 이름으로 기록되었다는 것은 쉽게 받아들여진다. 그런데도 앞에서 언급한 내용 때문에 이 편지가 정말로 바울이 썼는지 의구심을 품을 수밖에 없다. 우선 가장 오래된 사본의 증거(파피루스 46번과 시나이 사본 및 바티칸 사본)에는 '에베소'라는 명칭이 나오지 않는다. 그래서 이 편지는 에베소에 보낸 것이 아니라 에베소에 나오는 문제와 관련된 교회들이 읽을 수 있도록 기록되었다는 주장이 나왔다. 즉, 이 편지는 골로새서에 나오는 회람서신과 같은 성격의 편지이며, 에베소라는 이름은 후대에 추가되었다는 것이다. 그러나 에베소서는 이렇게 편지의 형식을 갖고 있음에도 오히려 교회의 본질과 그 안에서 이루어지는 삶의 실천 문제를 다루는 논문 형식을 갖고 있다.

에베소서의 기록 장소는 골로새서와의 연관성 때문에 소아시아로 넓게 추정된다. 교회 전통에서는 이 서신의 수신자가 에베소교회라는 점이 인정되어서 저작 장소를 에베소로 보기도 하지만, 이미 앞에서 언급한 것처럼 사본의 증거로 볼 때 그럴 가능성은 희박하다. 기록 장소에 대한 불확실성처럼 기록 시기를 정하는 것도 어렵다. 다만, 에베소서는 골로새서의 영향을 받은 문서이므로 골로새서 이후에 기록되었다고 보아야 한다. 에베소서에는 보편적 교회에 관한 생각이 담겨 있고, 교회 안에서 사도와 예언자 같은 용어를 사용하고 있다는 점은 교회의 제도화에 대한 현상을 반영하는 것으로 볼 수 있는 부분이다. 이런 이유로 에베소서의 기록 시기를 대략 90년경으로 추측해 볼 수 있다.

II. 에베소서 함께 읽기

1. 에베소서의 구조

1:1-2 편지의 서두
1:3-14 찬송가
1:15-23 감사

2:1-3:21 에베소서의 주제(전반부)
・ 2:1-22 '과거'와 '현재'의 대립
・ 3:1-13 사도를 통한 하나님의 비밀이 계시됨
・ 3:14-19 수신자들을 위한 바울의 중보기도
・ 3:20-21 송영

4:1-6:20 후반부
・ 4:1-16 하나 됨을 위한 권고

- 4:17-24 옛사람과 새사람의 대립
- 4:25-5:20 수신자들을 위한 권면
- 5:21-6:9는 '서로 복종하라'(가정 규례[House Code])
- 6:10-20 그리스도인의 영적인 무장

6:21-24 편지의 마무리

2. 에베소서의 내용

[1장]: 에베소서는 바울서신 연구에서 골로새서의 쌍둥이 서신으로 평가받는다. 그것은 골로새서와 에베소서가 서로 중첩되는 부분이 많기 때문이다. 일반적으로 골로새서 1-2장은 에베소서 1-3장에, 골로새서 3-4장은 에베소서 4-6장에 영향을 준 것으로 본다. 편지의 서두 1장 1-2절을 골로새서의 서두와 비교하면 이 둘이 서로 닮았다는 것을 확인할 수 있다. 이어지는 1장 3-14절은 편지의 도입부로서 하나님에 관한 '찬송'(eulogy)이 소개된다. 그 내용은 하나님이 아들을 통해 자기 뜻과 비밀(신비)을 알려주셨다는 것이다. 이어서 나오는 1장 15-23절에는 감사를 노래하는 동시에 그리스도를 통해 나타내신 하나님의 권세와 강하심을 강조하면서 에베소교회를 향한 바울의 중보기도가 적혀 있다.

[2:1-3:21]: 이 부분은 골로새서 전반부의 주제를 받아들이는 동시에 에베소서의 주제를 전개해 나간다. 저자가 강조하는 것은 '하나의 교회' 안에 존재하는 완전한 구원의 현재성이다. 2장 1-10절은 '과거'와 '현재'의 대립을 말한다. 너희가 과거에는 죄 가운데 죽었지만(2:1-5a), 지금은 그리스도 안에서 살아났다는 것(부활한 것)을 말한다(2:5b-10). 이런 생각은 2장 11-22절에서도 이어진다. 과거에 하나님에게서 멀어져 있던 것이 지금은 그리스도 안에서 하나님과 가까이 있다. 여기에는 골로새서에 나오는 것처럼 찬송가의 특징이 나온다(2:14-18). 3장 1-13절은 사도를 통해 세상에 하나님의 비밀이 계시된다는 내용

을 말한다. 그 사도는 수신 공동체를 위해 중보기도를 하고 있다(3:14-19). 이어지는 3장 20-21절은 주제를 마무리하는 송영(doxology)이다.

[4:1-6:20]: 골로새서의 후반부처럼 이 부분도 권고의 내용으로 되어 있다. 저자는 독자들에게 일치(하나 됨)를 지켜내라고 말하며(4:1-16), 그리스도의 은혜로 주신 교회의 질서를 언급한다. 4장 17-24절은 옛사람과 새사람의 대립을 서술해 나가면서 궁극적으로 새사람이 되라고 권고한다. 4장 25절-5장 20절은 수신자들이 행해야 하는 여러 가지 요구 사항을 말한다. 그들은 하나님을 본받아야 하고(4:25-5:2), 빛의 자녀로 살아가야 하며(5:15-20), 지혜롭게 살아야 한다(5:15-20). 5장 21절-6장 9절은 '서로 복종하라'라는 대전제를 갖고 말하는 '가정 규례'(House Code)이다. 6장 10-20절은 윤리적 권고로서 하나님의 전신갑주를 입고 어둠의 권세에 맞서 싸우라고 독려한다.

[6:21-24]: 이 부분은 편지의 마무리로, 저자가 수신자들에게 자신의 사정을 알리고(6:21-22), 평화와 축복을 기원하는 것으로 끝난다(6:23-24).

3. 에베소서 요약

에베소서는 편지의 형식을 갖고 있지만, 그 안에는 편지가 보여주는 상황적인 설명은 없다. 그러므로 학자들은 에베소서를 편지의 형식을 가진 논문으로 이해한다. 논문의 저자는 구원 사건을 교회와 관련하여 서술한다(1:22-23; 2:19-22; 3:5, 9-10; 4:4-6; 5:25-26). 바울이 쓴 편지에 나오는 '교회'(ekklesia)라는 단어는 편지를 받는 개체교회를 가리키지만, 에베소서 안에서는 '보편적인 교회'를 가리킨다. 저자는 교회의 기초로 사도들과 예언자들을 제시하는데, 그 안에는 어느 정도의 권위 체계가 존재한다(2:20). 사도와 예언자들은 하나님의 계시를 받은 사람들이며(3:5), 교회는 하나님과 세상 사이에서 하나님의 지혜를 중계한다. 따라서 교회는 세상의 우주적인 권세들과 대립하거나 그 위에 존재한다(3:10). 그리고 그 교회를 다스리시는 그리스도는 그런 우주의 세력들을 능가하는 존재로서 하늘의 사람들을 자기 것으로 모으고 그들을 자기 몸 안으로 이끄신다(2:4-15; 4:7-13). 그러므로 에베소서에서 십자가에 대한 강조나 미래 종말론은 큰 역할을 하지 않는다. 뿐만 아니라 바울의 칭의론에 대한 이해도 약화되어 나타난다.

에베소서는 하늘과 땅이라는 독자적인 두 영역의 세계관을 보여준다. 땅의 가장 아래에는 악마와 그 추종자들이 다스리고 있고, 인간은 이 영역에 속해 있다. 그래서 인간들은 악마의 세력으로부터 영향을 받는다. 그러나 하늘에는 하나님과 머리가 되시는 그리스도가 계시는 곳으로 교회는 이 하늘까지 연결된다. 여기에 속한 그리스도인들은 그리스도 안에 있으므로 악마의 세력에서 벗어나 있다(1:21-13). 이들은 하늘에 속한 사람들이며, 어떤 세력들도 그들에게 미치지 못한다(2:3-7). 학자들은 이렇게 이원론적인 구조로 된 세계관을 영지주의적 관점에서 해결해 보려고 한다. 영지주의는 이원론적으로 빛의 세계와 어둠의 세계를 구분하는데, 에베소서는 이런 이분법적인 장벽 또는 유대교나 그리스도교의 장벽 또는 타 종교와의 장벽을 뛰어넘은 새로운 공동체를 강조한다. 에베소서는 그리스도의 몸인 교회가 하늘에 계시고 교회의 머리가 되시는 그리스도로부터 지상까지 확장된 것으로 이해한다. 그 몸 안에 있는 그리스도인들은 그 세력에서 벗어나 있고, 계속되는 싸움에서도 승리를 확신한다.

에베소서는 인간에 대한 이해에 있어서 당시 사상계에 존재하던 영지주의 현상과 관련이 있어 보인다. 그리스도인들은 그리스도 안에 있으므로 여러 세력의 영향에서 벗어나 있다. 그래서 그리스도인은 세상과 투쟁하는 상태에 있으며, 그들은 하나님의 무기로 무장하여 승리를 거두게 된다. 이렇게 선한 세력과 악한 세력의 이원론적 대립은 구원의 영역과 악의 영역이라는 이분법적 구도로 나타나고, 그런 대립 속에서 그리스도인들은 그리스도를 통해 하나님 편에 서서 승리하는 사람들이다(6:10-20).

III. 웨슬리와 함께 읽는 에베소서

존 웨슬리는 에베소서 4장을 주석하면서 사도, 선지자, 전도자, 목사, 교사들의 역할에 관해서 설명한다. 그는 사도들을 "주된 사역자들이자 특별한 증인들"로 언급한다.[1] 이들이 특별한 이유는 그들이 부활하신 그리스도를 만나서 그분으로부터 사역을 위임받았기 때문이다. 그리고 선지자(대언자)는 "다가올 일들을 증언하는 역할"을 하며, 전도자는 "어떤 사도들이 복음을 전하기 전이거나 후에 복음을 전함으로써 지난 이들에 대해 증언한다."라고 말한다.[2] 계속하여 목사의 역할은 양 떼를 돌보는 것이며, 교사들은 목사들과 더불어 필요에 따라 사람들(그들)을 돕는 역할을 하는 것으로 구분된다.[3] 이렇게 각자가 받은 은사에 기초를 둔 교회 안에서의 모든 사역자는 한 가지 목표를 향해 달려간다. 그것은 바로 "성도들을 준비시켜서, 봉사의 일을 하게 하고, 그리스도의 몸을 세우게 하려고 하는 것"(4:12)이다. 이를 통해 우리는 교회의 성장이 단순하게 양적인 성장만을 목표로 하지 않고 그리스도인들의 완전에까지 이르는 것이며, 그런 성장을 바탕으로 서로서로 섬김으로써 궁극적으로 그리스도의 몸을 세운다는 공통의 목표를 가진다. 이렇게 그리스도의 몸 된 교회를 섬기는 일이 곧 하나님과 하나님의 교회를 섬기는 일로 이어진다.

2. 웨슬리와 함께 읽는 빌립보서

이 장에서 함께 공부할 주요 내용

- 빌립보서에서 바울은 자신의 상황을 어떻게 설명하고 있는가?
- 빌립보교회는 어떤 교회인가?
- 빌립보서에 나타나는 대적자들은 누구인가?

키워드: 기쁨/기뻐하라, (사도의) 매임, 한마음, 달려감

핵심 구절: 여러분 안에 이 마음을 품으십시오. 그것은 곧 그리스도 예수의 마음이기도 합니다.(2:5) 주님 안에서 항상 기뻐하십시오. 다시 말합니다. 기뻐하십시오.(4:4)

I. 빌립보서를 이해하기 위한 배경

1. 빌립보서의 기록 동기

기원전 356/355년경 마케도니아의 필리포스 2세에 의해 건립된 빌립보는 기원전 42년부터 로마인들의 이주가 시작되어 로마의 군사 식민지로 발전했다. 교회의 설립에 대해서는 사도행전 16장 11-40절이 그 이야기를 전해주고 있는데, 기원후 49/50년으로 추정된다. 이곳에서의 교회 설립은 로마제국 내에서 지리적, 행정적으로 중요한 지역에 공동체를 세운다는 바울의 선교 전략에 따른 것이다. 빌립보는 로마와 소아시아 사이에 놓여 있었기 때문이다. 서신은 전

체적으로 아주 부담 없는 사도와 교회의 관계를 증언해 준다. 바울이 빌립보교회에 서신을 보낸 이유는 다음 세 가지로 요약해 볼 수 있다.

① 빌립보교회를 혼란스럽게 하는 이들이 들어왔다. 바울에 따르면 그들은 순수하지 못한 의도로 복음을 전한다(1:15-17). 하지만 교인들은 대적하는 자들을 두려워해서는 안 된다(1:27-30). 예수의 일을 구하지 않고 자기 일을 구하기에 바울은 속히 디모데를 보내려고 한다(2:19-24). 3장에서는 상당히 강한 어조로 대적자들에게 대응하기도 한다(3:2-4:1). 이들을 모두 같은 사람들로 볼지, 여러 종류의 대적자로 생각해야 할지는 논란이 되기도 한다.
② 교회는 내부적으로도 일부 성도 간에 갈등과 마찰이 일어났던 것 같다(2:1-4). 그리스도의 겸손을 찬가의 형태로 소개하면서까지 한마음을 품으라고 권면하는 이유도 여기에 있다. 유오디아와 순두게를 둘러싼 문제도 교회 내 갈등과 연관이 있을 것이다(4:2-3).
③ 바울은 교회가 에바브로디도 편에 보내준 헌금에 대해 기쁨으로 감사를 표시하고자 했다.

2. 빌립보서의 기록 시기와 장소

옥중서신인 빌립보서의 기록 시기와 장소는 서신 집필 당시 바울이 구금되어 있던 장소를 어디로 설정하느냐에 따라 결정된다. 그 근거와 문제점은 다음과 같다.

1) 가설 1: 로마에서 60년경
바울이 로마에 갇혀 있을 때(행 28:16, 30-31) 이 서신을 썼다는 것이다.
A. 근거
① '친위대'(1:13)와 '황제의 집안에 속한 사람들'(4:22)은 로마를 가리킬 수 있다.
② 예루살렘교회를 위한 모금 운동이 언급되지 않는다는 점은 서신 기록 당시 그 사역이 이미 완료되었음을 암시한다.

③ 서신은 오랜 투옥을 전제하는 것으로 보이는데, 사도행전은 바울이 최소한 2년간 로마에 투옥되어 있었다고 밝힌다(행 28:30). 반면에 에베소의 감옥 생활은 언급하지 않는다. 후자에 대해서는 고린도 서신이나 갈라디아서도 언급이 없다.

④ 본받음의 모범이자 옥중에 갇혀 있는 사도의 이미지(1:7, 12-26), '구원자'라는 호칭(3:20), '감독들' 및 '집사들'과 같은 모티프(1:1)는 바울의 제자 세대(제2 바울서신)로 이행하는 교량 역할을 한다.

B. 반박

① '친위대'는 로마의 행정구역에서 재판이 진행되었던 고위 관리와 장교들의 다른 건물도 가리킬 수 있다(예를 들어 막 15:16의 '브라이도리온'; 행 23:35의 '(헤롯) 궁').

② '황제의 집안에 속한 사람들'도 황제의 행정을 담당하던 행정구역의 관리들을 지칭할 수 있다.

③ 바울은 빌립보로 돌아오기보다는 로마에서 스페인으로 여행할 뜻을 품고 있었다(롬 15:24, 28). 따라서 그가 만일 로마에 있었다면 빌립보를 다시 방문하겠다는 말(빌 1:26; 2:24)을 하지 않았을 것이다. 빌립보와 바울이 갇혀 있는 감옥 사이의 비교적 간단해 보이는 왕래 상황은 오히려 로마를 기록 장소로 보기 어렵게 한다.

2) 가설 2: 에베소에서 55년경

이 경우 바울은 빌립보서를 에베소 감옥 생활 후반부에 쓴 것으로 추정된다. 자신이 조만간에 석방되리라 생각했기 때문이다(2:24).

A. 근거

① 바울은 자신이 감옥에 갇혀 있었다는 사실을 여러 번 언급하고 있으므로(고후 6:4-5; 11:23) 사도행전이 말해주는 가이사랴와 로마 외에도 체류 기간이 길었던 세 번째 선교 여행 당시의 에베소도 고려해 볼 수 있다.

② 수도 로마와 빌립보, 그리고 에베소와 빌립보 사이의 거리를 비교해 볼 때, 구금 중인 바울과 빌립보인들 사이에서 진행된 서신 왕래의 가능성과 개연성은 여행의 횟수 및 상황 자체로 보면 후자와 잘 맞아떨어진다.

③ 3장에서 바울의 논쟁 상대가 되는 적대자들에 대한 그의 대처 상황이 더 잘 뒷받침된다. 적대자들과 뜨겁게 논쟁했던 고린도후서와 갈라디

아서의 기록 시기와 맞물린다는 점에서 그렇다.

B. 반박
에베소의 감옥 생활에 대해 사도행전이나 바울의 서신들이 명확하게 전하고 있지 않다. 고린도전서 4장 9절, 15장 32절, 16장 9절, 고린도후서 1장 8-9절, 로마서 16장 4, 7절 모두 논쟁의 여지가 있다.

3. 빌립보서의 통일성 문제

빌립보서가 한 개의 편지인지 또는 여러 개로 구성된 편지의 모음인지 다음과 같은 논란이 있다.

1) 빌립보서가 두 개 이상의 편지로 구성되어 있다는 견해('분할 가설')
편지의 구조에서 눈에 띄는 틈새들(예를 들어 3:1과 3:2)은 고린도후서처럼 빌립보서가 여러 개의 편지로 이루어졌을 가능성을 암시한다는 견해이다. 실제로 서머나의 폴리카르포스(약 110-115년)는 빌립보 교인들에게 바울이 보낸 '편지들'(복수!)을 주의 깊게 읽으라고 말함으로써 바울이 빌립보교회에 보낸 여러 편지의 존재를 증언한다(폴리카르포스의 『빌립보서』 3:2). 폴리카르포스의 증언은 여러 학자들로 하여금 편지를 재구성하려는 시도를 낳았고, 그중에서 빌립보서가 본래 세 개의 편지로 이루어졌다는 견해가 가장 널리 수용되었다.

이 견해에 따르면 빌립보서는 에바브로디도가 도착한 후에 기록된 빌립보교회의 후원에 대한 감사 편지(4:10-20), 에바브로디도를 통해 전달된 사도의 상황에 대해 보도하는 옥중서신(1:1-3:1+4:21-23) 그리고 나중에 바울의 가르침에 반대하는 적대자들을 겨냥하여 작성된 거짓교사와의 논쟁을 담은 투쟁서신(3:2-4:9)[4]으로 구성되어 있다. 세 개의 편지는 예배 시에 더 쉽게 사용하기 위한 예전적(liturgical)이고 문학적인 이유로 하나의 편지로 수집 및 편집되었다.

2) 빌립보서가 한 개의 편지라는 견해

분할 가설에 반대하여 서신의 문학적인 통일성을 주장하는 목소리도 꾸준히 나온다.

① 3장 1절과 3장 2절의 분위기 전환은 실제로 갑작스럽지 않다. (한 가지 문제는 1장과 3장의 적대자들을 동일 인물들로 볼 때만 이 주장이 설득력을 얻는다는 점이다.)

② 감사 편지가 처음부터 독립된 것이라면 구체적인 기부금에 대한 감사의 말이 서신 뒤에 위치하는 것은 상당히 어색하다.

③ 옥중 상황에 대한 분위기나 통일성에 대한 문제 제기는 문맥과 주제의 연결 없이 이루어지곤 한다. 또한 단락들을 서로 연결해 주는 모티프들을 제대로 다루지 않을 때 발견되는 문제들은 오히려 분할 가설의 관점으로 볼 때 처음으로 발생한다.

II. 빌립보서 함께 읽기

1. 빌립보서의 구조

머리말(1:1-11)
1:1-2 인사말(발신자, 수신자, 기원)
1:3-11 서언(감사와 중보기도)

몸말(1:12-4:20)
1:12-3:1 바울의 상황과 의견 일치의 권면
- 1:12-26 옥중에 있는 사도의 상황
- 1:27-2:18 윤리적 교훈-일치하라는 권면
- 2:19-30 디모데와 에바브로디도의 추천
- 3:1 기뻐하라는 호소

3:2-4:1 거짓교사들을 조심하라는 논쟁적인 경고
     4:2-20 윤리적 교훈(4:2-9)과 모금에 대한 감사(4:10-20)

  맺음말(4:21-23) 인사와 축복

  ## 2. 빌립보서의 내용

  [1:1-11] 머리말: 바울은 디모데와 함께 자신을 그리스도 예수의 종으로 소개하며 서신을 시작한다. 다른 곳에서 본 적이 없는 감독들과 집사들이 수신자로 함께 언급되는 것이 눈에 띈다(1:1-2). 인사말에 이어서 바울은 먼저 복음에 함께 참여하게 된 것을 감사하고 빌립보교회의 믿음이 성장하도록 기도한다(1:3-11). 교인들은 처음 복음을 듣고 믿음에 이르게 된 때부터 지금까지 복음을 위한 일에 참여하고 있으며, 이는 마땅히 칭찬받을 만하다. 사도가 현재 감옥에 갇혀 있는 상황에서 그들을 함께 은혜에 참여한 자들로 부르는 것은 그들이 사도의 고난에 기꺼이 동참하는 모습을 보였기 때문이다.

  [1:12-4:20] 몸말
  [1:12-3:1] 바울의 상황과 의견 일치의 권면
  [1:12-26] 옥중에 있는 사도의 상황: 바울은 옥중에 있는 자신의 현재 상황을 묘사한다(1:12-26). 이런 상황에 대해 사람들의 생각은 다양했던 것으로 보이는데, 이로 인해 그 믿음이 더 담대해진 이들도 있고, 이 틈을 노려 순수하지 못한 의도로 복음을 전하는 이들도 있었다. 하지만 바울은 어떤 경우든 복음이 전파되는 것을 기뻐한다. 삶의 의지가 소진되어서 또는 사형 판결이 날 수도 있기에 차라리 죽어서 그리스도와 함께 있게 되는 것이 그에게 유익이겠지만, 그는 빌립보교회와 교인들을 위해 계속 살아가며 곧 감옥에서 풀려나기를 소망한다.

  [1:27-2:18] 윤리적 교훈-일치하라는 권면: 그리스도의 복음에 합당하게

생활하라는 권면(1:27-30)과 함께 비교적 긴 윤리적 교훈이 이어진다(2:1-3:1). 바울은 교인들에게 상호 관계에서의 신실함, 일치와 사랑을 촉구한다. 성도들은 겸손하게 한마음을 품어야 한다(2:1-5). 바울은 이를 위해 그리스도 찬가(2:6-11)를 근거로 들어서 설명한다. 두 개의 절(6-8절과 9-11절)로 구성된 이 노래는 먼저 그리스도의 성육신과 십자가 죽음을 통해 하나님과 동등하신 분이 철저하게 낮아지셨음을 노래한 후에 이어서 가장 밑바닥까지 내려가신 분이 부활 승천하여 가장 높은 자리로 올라가셨음을 선언한다. 이 초대교회의 찬송가를 통해 바울은 최고의 겸손을 보여주신 그리스도의 마음을 품을 것을 권면하며 교회 내 갈등을 해결하고자 한다.

여기에 두렵고 떨리는 마음으로 구원을 이루라는 말씀이 뒤따른다(2:12-18). 은혜로 주어진 구원은 삶 속에서 실천할 때 완성되며, 이것이 하나님의 흠 없는 자녀로 세상에서 빛으로 사는 것이다. 바울은 이런 삶을 소망하며 모든 성도가 자신과 함께 기뻐할 것을 촉구한다.

[2:19-30] 디모데와 에바브로디도의 추천: 바울은 디모데와 에바브로디도를 추천한다. 예수의 일을 구하기보다 자기 일을 구하는 이들과 달리, 디모데는 바울 자신과 함께 고난을 겪은 신실한 동역자로서 바울은 빌립보교회의 상황을 고려하여 그를 속히 보내고자 한다(2:19-24).

반면에 에바브로디도는 빌립보교회가 바울을 위해 준비한 헌금을 전달한 사람으로서 바울과 함께 있을 때 심한 병으로 거의 죽게 되었다가 막 회복된 상태였다. 이제 바울은 그를 곧 빌립보로 돌려보낼 것이다(2:25-30). 임무를 마치고 속히 빌립보로 돌아가고자 했지만, 병으로 인해 복귀가 지체된 에바브로디도의 마음을 강조하는 것으로 보아 바울은 빌립보교회에서 에바브로디도를 두고 발생할 수 있는 오해나 나쁜 소문을 사전에 불식시키려는 것인지도 모른다.

[3:1] 기뻐하라는 호소: 몸말의 첫 번째 단락은 다시 한 번 기뻐하라는 호소로 끝난다(3:1).

[3:2-4:1] 거짓교사들을 조심하라는 논쟁적인 경고: 기뻐하라는 호소(3:1)와 "개들과 악한 일꾼들"을 조심하라는 경고(3:2) 사이의 문맥의 흐름을 보면 틈새가 있는 것처럼 보인다. 더구나 내용 면에서 3장 1절은 4장 2절 이하와 연결되는 것이 더 매끄러워 보이기도 한다. 이 점이 분할 가설을 주장하는 주된 이유이기도 하다. 3장 2절 이하의 단락에서 바울은 상당히 격한 어조로 거짓교사들을 비난하며 논증을 시작한다.

'살을 잘라내는 할례'라는 표현으로 볼 때 그들은 교인들에게 할례를 강요한 유대주의자들이었던 것으로 생각된다(3:3-4). 이들이 할례와 같은 외적인 특징을 내세우는 것에 대해 바울은 자신이 회심하기 이전의 화려한 이력을 열거하며 맞선다(3:5-6). 물론 바울에게 이 모든 것은 '주 예수 그리스도를 아는 지식'으로 인해 '오물'과 다름없다(3:7-8). 바울은 율법에서 난 의와 믿음으로 난 의를 대비시키면서 부활에 대한 자신의 소망을 강조한다(3:9-11).

하지만 이 소망이 성취되는 것은 현재가 아니라 미래이다. 바울은 자신이 여전히 푯대를 향해 달려가고 있다는 사실을 강조하는데(3:12-21), 적대자들이 할례 외에도 이미 완성에 이르렀다는 점을 가르쳤기 때문이다. 여기에서 파생되는 질문은 3장의 적대자들이 한 그룹의 사람들인가, 아니면 두 부류의 사람들인가 하는 것이다.

[4:2-20] 윤리적 교훈(4:2-9)과 모금에 대한 감사(4:10-20): 바울은 다시 한마음으로 일치하라는 권면으로 돌아온다. 그는 실명을 거론하며 화합할 것을 촉구하는데, 유오디아와 순두게는 교회에서 중요한 지도자 역할을 했던 것으로 추정된다. 이들이 서로 갈등하고 있는지, 아니면 함께 불화를 일으키고 있는지는 명확하지 않다(4:2-3). 여기에 다시금 기뻐하라는 권면이 뒤따른다(4:4-9).

그러나 바울은 교회가 에바브로디도 편에 보내준 헌금에 대한 감사도 잊지 않는다(4:10-20). 이는 단순한 재정적 후원이 아니라 사도의 고난에 함께 참여하는 일(4:14)이며, 하나님이 기뻐하시는 향기로운 제물(4:18)이다. 교인들이 제공해 준 헌금에 대한 바울의 감사는 송영으로 마무리된다(4:20).

[4:21-23] 맺음말: 바울은 문안 인사와 축복으로 서신 전체를 종결한다.

III. 웨슬리와 함께 읽는 빌립보서

1. 웨슬리와 빌립보서

빌립보서와 관련하여 바울이 마케도니아의 빌립보에서 치욕스러운 취급을 받았다고 말할 때 웨슬리는 사도행전 16장의 사건을 염두에 두는 듯하다. 그런 상처에도 불구하고 바울은 그곳에 머무르는 짧은 시간 동안 많은 사람에게 복음을 선포할 수 있었다. 빌립보교회는 이후부터 다른 어느 교회보다도 바울을 재정적으로 도운 교회가 되었다. 이 서신은 바울이 에바브로디도를 통해 빌립보교회에 써 보낸 것이다.

빌립보서를 본문으로 하는 웨슬리의 설교는 현재 2편이 남아 있다. "우리 자신의 구원을 성취함에 대하여"(빌 2:12-13)는 하나님의 선행은총과 인간의 응답이라는 신비를 가장 잘 설명해 준다는 점에서 웨슬리의 신학을 명확하게 보여준다고 평가된다. 『표준설교』 35번 "그리스도인의 완전"(3:12)은 그리스도인의 완전에 관한 웨슬리의 생각이 '자기 의로 쌓인 완전주의'라는 오해를 받은데 대한 응답으로 작성된 설교로서 『표준설교』에 포함되어 있다. 여기에서 웨슬리는 칭의 이후에도 그리스도인이 지속하여 성화의 과정을 거치며 완전을 추구해야 한다는 점을 강조한다.

2. 빌립보서와 현대 교회

1) 구원의 확신을 가질 수 있는 이유

빌립보서는 구원이 현재의 소유가 아니라 장래의 마지막 날에 있게 될 것이라고 전제하면서 그날에 이 구원을 경험할 사람은 이를 위해 지금 두렵고 떨리는 마음으로 애쓰는 사람이라고 말한다(2:12). 그렇다고 해서 구원이 인간의 행함을 통해 주어진다는 의미는 아니다. 서신이 보여주는 역설적인 특징은 하나님이 신자들에게 순종의 구체적인 노력을 기대하시면서도 마지막 날에는 순종이 아니라 "믿음에 근거하여, 하나님에게서 오는 의"(3:9)에 따라 구원이 완성되리라는 사실이다. 즉, 하나님이 구원을 시작하셨고 우리를 통해 행하시며 이루실 것이다(1:6; 2:13). 이런 확신을 바탕으로 바울은 옥중에 갇힌 상태에서 빌립보교회에 자신이 처한 상황을 설명하고 교회에 필요한 메시지를 전달하는데, 이는 '기뻐하라!'라는 말로 요약될 수 있다.

2) 그리스도인들의 연합과 화합

빌립보서는 그리스도인들의 연합을 다룬다(1:27-30; 2:12-18). 연합은 복음을 대적하는 사람들의 공격을 막아내기 위해(1:27-28; 2:16), 믿지 않는 세대에 놀라운 증거를 보이기 위해(2:15), 마지막 날에 흠 없고 순전한 모습으로 발견되기 위해(2:12-13, 16) 필수적이다. 그러나 이런 연합은 복음의 본질을 바꿈으로써 얻을 수 없다. 바울이 그리스도를 따른다고 하면서 하나님이 그리스도를 통해 주시는 의가 구원에 충분하지 않다고 생각하는 사람들을 강하게 비판하고(3:1-11), 이미 영적인 완전함을 이루었다고 착각하는 이들을 강하게 책망하는 이유(3:18-19)도 여기에 있다. 한마디로, 그리스도인의 연합은 전적으로 사도가 전한 복음과 그리스도에 기초를 두어야 한다.

3) 고난 속에서 기뻐함

빌립보서는 선하시고 전능하신 하나님이 왜 고난이 많은 세상을 창조하셨는지에 대해 답을 주지는 않지만, 고난의 경험에 관한 그리스도인의 관점이 어떠해야 하는지를 묘사한다. 바울은 빌립보서를 기록할 당시에 감옥에 갇혀 있는 상태였고(1:13-14, 17, 20), 빌립보 교인들은 주변 사회의 불신자들에 의해 고난 받고 있었다(1:28). 그런데도 바울에게는 기쁨이 가득했고, 빌립보 교인들도 기뻐할 것을 그는 기대했다(1:4, 18, 25; 2:2, 17-18, 28-29; 3:1; 4:1, 4, 10). 고난을 좋은 것으로 여겼기 때문이 아니라 하나님이 그런 고난의 상황에도 불구하고 그리스도의 죽음과 부활을 통해 세상을 자신과 화해시키시는 선한 목적을 이루고 계신다고 확신했기 때문이다. 그래서 그는 자신의 구금이 오히려 복음 전파의 계기가 되고(1:12), 빌립보 교인들이 겪는 어려움이 '어그러지고 거스르는 세대'에 빛으로 나타날 기회를 제공하리라고 생각했던 것이다(2:15).

3. 더 생각해 볼 문제

1) 빌립보서의 통일성 문제를 정리해 보라.
2) 빌립보교회에 나타난 적대자들은 누구인가? 특히 3장에서 바울이 반박하고 있는 이들은 어떤 사람들인가? 그들은 두 부류의 사람들인가, 아니면 같은 그룹에 속한 사람들인가?
3) 빌립보서에 나타나는 바울의 종말론적 기대를 설명해 보라(1:23; 3:20-21 참조). 또한 데살로니가전서 및 고린도전서와 비교해 보라.

3. 웨슬리와 함께 읽는 골로새서

이 장에서 함께 공부할 주요 내용

- 골로새서는 예수 그리스도를 어떻게 이해하는가?

키워드: 하나님의 형상, 교회의 머리, 만물의 으뜸, 그리스도의 남은 고난, 철학, 초등학문, 천사 숭배, 위의 것과 땅의 것, 그리스도의 비밀

핵심 구절: 그 아들은 보이지 않는 하나님의 형상이시요, 모든 피조물보다 먼저 나신 분이십니다. 만물이 그분 안에서 창조되었습니다. 하늘에 있는 것들과 땅에 있는 것들, 보이는 것들과 보이지 않는 것들, 왕권이나 주권이나 권력이나 권세나 할 것 없이, 모든 것이 그분으로 말미암아 창조되었고, 그분을 위하여 창조되었습니다. 그분은 만물보다 먼저 계시고, 만물은 그분 안에서 존속합니다.(1:15-17)

I. 골로새서를 이해하기 위한 배경

1. 제2 바울서신

신약학 연구에서 바울의 13개의 편지 중에서 데살로니가후서, 골로새서, 에베소서, 디모데전·후서, 디도서를 '제2 바울서신'이라고 부른다. 그중에서 디모데전·후서와 디도서는 '목회서신'(Pastoral Epistles)으로 분류된다. 사람들이 이렇게 제2 바울서신이라고 부르는 이유는 다음과 같다. 첫째, 편지의 발신자가 바울을 중심으로 나오지만, 실제로 이 편지들 안에 등장하는 바울은 7개의 순수한 바울서신들(로마서, 고린도전서, 고린도후서, 갈라디아서, 데살로니가전서, 빌립

보서, 빌레몬서)과 내용이 달라졌거나 바울이 쓴 서신에서 등장하지 않는 새로운 문제들(예를 들어 교회에 대한 이해의 변화, 교회 구조와 제도의 변화 등)이 나타난다. 둘째, 바울이 직접 편지를 쓸 당시와 시차가 많이 난다. 골로새서에서도 이런 문제가 나타나며, 따라서 이 서신도 제2 바울서신으로 평가된다.

제2 바울서신과 관련된 이런 문제는 바울이 죽고 난 이후 바울이 여러 교회 안에서 영향력 있는 인물로 인정받았고, 그의 이런 영향력은 그가 죽은 이후에도 영적인 권위로 이어졌음을 보여준다. 즉, 바울 전통이나 바울의 가르침을 받았던 제자 중 일부는 교회 안에 생겨난 문제들이 '바울 사도가 살아 있다면 어떻게 처리했을까?' 하는 생각에서 제2 바울서신으로 분류된 서신들을 기록했다. 이렇게 존경받고 권위 있는 스승의 이름으로 글을 써서 그 스승의 전통을 이어가는 공동체에 전달하는 일은 신약성서가 기록될 당시에 매우 빈번한 것이었다. 그러므로 우리는 제2 바울서신이 바울의 전통에 서서 그 정신을 이어가는 그의 유산에 근거하여 기록된 문서라는 점을 이해해야 하며, 그런 전통이 바울 사도의 정신을 어떻게 계승하고 발전시켰는지를 살펴보아야 한다.

2. 골로새서의 저자 및 기록 시기와 장소

골로새서는 바울의 이름을 빌려서 기록된 서신이다. 신약학 연구는 이렇게 생겨난 문서를 위조된 문서라는 의미에서 '위서'라고 부르기도 하고, 다른 한편에서는 바울의 이름을 빌려서 글을 썼다고 하여 '차명 서신'이라고도 부른다. 그렇다면 실제 바울의 입장은 무엇이었는가? 바울의 제자나 바울의 전통에 서 있는 사람들은 바울의 생각을 어떻게 수용하여 발전시켰는가? 우리는 이런 질문을 고민해 볼 필요가 있다.

골로새서의 문체를 비교해 보면 우리는 이 편지가 바울의 편지와 차이가 난다는 것을 쉽게 알 수 있다. 1장 15-20절의 그리스도 찬송가나 1장 9-12절의 문장의 결합, 1장 3-4절과 2장 12-13절의 예배문제 같은 것은 바울의 편지에 드물게 나오는 것이다. 그러나 더 중요한 것은 내용과 신학의 차이이다. 예를 들어 골로새서는 바울의 다른 편지에 나오는 것처럼 교회를 '그리스도의 몸'으로 표현한다(고전 12:12-27; 롬 12:4-5; 골 1:18; 2:18). 그러나 고린도전서와 로마서에서 말하는 그리스도의 몸은 교회이지만, 골로새서에서는 그리스도가 '교회의 머리'로 언급된다. 이는 고린도전서 12장 21절에 나오는 바울의 교회에 대한 이해와 차이를 보여준다.

또한 골로새서에서는 공동체의 구원을 강조하며 죄 용서(1:14)와 그리스도의 화해 사상(골 1:22; 고후 5:11-21)이 강조되어 나타난다. 우리의 눈길을 끄는 것은 골로새서가 바울의 종말론에서 변화를 보여준다는 점이다. 바울의 전문용어 중 하나인 '소망'(희망)은 골로새서에서 시간적인 개념이 아닌 위를 바라보는 공간적 개념으로 나타난다. 즉, 희망은 이미 하늘 위에 있다고 말한다(1:5, 27; 3:1). 부활에 관한 입장도 미래에 일어나는 것이 아니라 "너희가 이미 부활했다."(2:11-12)라고 말한다(롬 6:8 참조). 이처럼 바울의 서신과 골로새서는 차이점이 있다. 골로새서는 바울이 감옥에 있다고 알려주며(4:18), 이런 상황은 빌립보서와 빌레몬서의 바울과도 비교된다. 그렇지만 신학적인 내용의 접촉점은 나타나지 않는다.

골로새서의 기록 장소는 확실하게 특정할 수 없으나, 수신자가 있던 골로새 지역, 특히 편지를 교환하여 읽으라고 하는 라오디게아를 생각해 볼 수 있다. 이런 추정은 요한계시록 3장 14절에서 언급되는 라오디게아와 연결하여 고려해 볼 수 있다. 골로새서의 기록 시기를 정하는 것 역시 골로새서 연구에서 합의에 도달하지 못했다. 그러나 골로새서가 갖고 있는 특징은 바울이 죽은 이후의 상황을 고려해야만 한다는 점을 생각해 볼 때 이 편지의 기록 시기를 70년 이후로 잡아볼 수 있다. 이는 앞에서 언급한 것처럼 바울의 옥중 상황을 언급하는 빌립보서와 빌레몬서를 고려한 것으로서 골로새서가 바울이 죽은 이후 어느 정도의 시간이 지나서 기록되었다고 보는 것이다.

II. 골로새서 함께 읽기

1. 골로새서의 구조

골로새서는 크게 전반부(1-2장)와 후반부(3-4장)로 나뉜다.

편지의 서두(1:1-8)
1:1-2 발신자와 수신자
1:3 은혜

전반부(1:9-2:23)
1:12-14 감사
1:15-20 골로새서 찬송가
1:21-23 과거와 현재의 대립
1:26-27 하나님의 비밀이 계시됨
2:1-5 바울의 수고
2:6-23 잘못된 철학

후반부(3:1-4:18)
3:1-4 위에 있는 것을 찾으라
3:5-11 옛사람과 새사람
3:12-17 새로운 삶
3:18-4:1 가정 규례(House Code)
4:2-6 권고의 마무리
4:7-18 편지의 마무리

2. 골로새서의 내용

골로새서는 바울의 편지 형식을 따른다. 골로새서는 크게 전반부(1-2장)와 후반부(3-4장)로 나눌 수 있는데, 전반부는 '교훈'(교리), 후반부는 '권고'로 구성된다.

[1:1-8]: 1장 1-2절은 바울의 편지 형식에서 볼 수 있는 편지의 서두양식을 따른다. 발신자는 바울과 디모데이고, 수신자는 골로새('골로새교회'가 아니라!)의 성도들과 믿음이 있는 형제들이다. 여기에는 바울의 편지 서두에 일반적으로 언급되는 '교회'라는 단어가 없다. 이어지는 3절은 은혜를 기원하는 인사이다. 1장 3-8절은 편지의 본론을 시작하는 감사 부분이다. 감사는 골로새 지역 교회의 사랑과 희망 그리고 그들에게 복음의 성장이 일어난 것에 관한 것이다.

[1:9-2:23]: 이 부분은 그리스도의 실체가 현존하는 것에 관한 내용으로 되어 있다. 바울과 디모데는 수신자들을 위한 중보기도를 하고, 이어서 그리스도 안에 있는 하나님의 구원 행위에 감사드린다(1:12-14). 그 구원은 흑암의 권세에서 사랑하는 아들의 나라로 옮겨진 속량을 가리킨다. 1장 15-20절은 골로새서의 그 유명한 찬송가이다. 이 찬송가의 내용은 예수 그리스도가 하나님의 형상이라는 것과 그가 이룬 구원을 찬양하는 것이다. 1장 21-23절은 과거와 현재라는 대립 도식을 통해 수신자들의 이전 상태와 지금의 상태를 대조적으로 제시한다. 이어서 바울과 디모데는 바울이 현재 고난의 상태에 있다고 말한다. 특히 1장 26-27절은 하나님의 비밀이 계시되는 것에 관해서 설명한다. 2장에서는 바울이 골로새와 라오디게아에서 그리스도인들을 위해 수고하고 있다는 사실을 말한다(2:1-5). 2장 6-23절에는 골로새서의 수신자 공동체 안에 잘못된 교훈이 유포되고 있다는 사실이 언급되는데, 잘못된 가르침이란 당시에 유행했던 종교적인 힘이 있던 '철학'을 가리키며, 이것이 공동체 안에서 그리스도교 신앙을 위협하고 있었던 것으로 보인다. 하지만 바울과 디모데는 그리스도께서 이미 그런 세력들을 이기셨고(2:8-15), 따라서 수신자들은 확신을 가져야 한다고 말한다(2:16-23).

[3:1-4:18]: 이 부분은 편지의 후반부로서 공동체에 주는 권고로 이루어져 있다. 3장 1-4절은 그리스도와 함께 부활한 사람에게 하늘 위에 있는 것을

찾으라고 권한다. 3장 5-11절은 옛사람과 새사람을 대조적으로 서술하며(5절의 악행 목록 참조), 결과적으로 새로운 삶이 이루어진 현실을 말한다(3:12-17, 12절의 덕행 목록 참조). 3장 18절-4장 1절에는 가정 규례(House Code)가 나오는데, 이것들은 신약성서에서 확인되는 가장 오래된 가정 규례이다. 4장 2-6절은 기도에 대한 강조와 지혜 안에서 행하라는 가르침을 주면서 권고 부분을 마무리한다. 4장 7-18절은 편지의 마무리로서 먼저 개인적인 것을 알리고 이어서 문안 인사를 하며(4:10-14), 라오디게아의 그리스도인들에게 인사하는 동시에 그곳에 보낸 편지들을 서로 바꾸어서 읽으라고 말한다(4:15-17). 바울과 디모데는 18절에서 편지를 자기 손으로 기록했다는 사실을 알리면서 간단한 은혜를 비는 것으로 편지를 끝맺는다.

3. 골로새서 요약

골로새서는 바울이 직접 쓴 서신들 안에서 발견되는 바울이 만났던 문제들과는 다른 양상을 보여준다. 골로새서는 그리스도와 세상의 관계를 핵심적인 주제로 내세운다(1:15-20의 그리스도 찬가). 골로새서가 말하는 구원은 그리스도를 믿는 사람들이 '아들의 나라'로 옮겨졌고 죄를 용서받았다는 것이다. 이런 것들은 바울의 사상에서 잘 드러나지 않는다. 골로새서에서 그리스도는 보이지 않는 하나님의 형상이다. 이는 고린도후서 4장 4절에서 확인되는 것으로서 그리스도를 통해 하나님이 자신의 존재를 나타내신다는 의미, 즉 그리스도는 신성의 본질을 가진 존재라는 의미를 담고 있다.

그리스도 찬가(1:15-20)는 그리스도를 통해 세상과 화해를 이루신 하나님 구원의 업적을 찬송한다. 그리스도는 하나님을 계시하시는 분인 동시에 구원자이시며 창조의 중계자이시다. 여기에서 교회는 그리스도의 몸이고 그리스도는 교회의 머리가 되신다. 이 교회는 우주의 중심이며, 그 중심은 머리가 되시는 예수 그리스도를 통해 통치되고 다스려진다. 그 안에서 살아가는 그리스도인들은 죄 용서를 통해 세상에 얽매여 있는 것들을 벗어버렸다. 그리스도인들은 부활하신 그리스도와 더불어 살아간다.

골로새서는 바울 사상 중에서 교회론 부분에서의 발전을 보여준다. 그리스도 찬가에서 교회는 몸(sōma)으로 언급되며, 그 머리는 그리스도이다. 이는 그리스도가 그의 몸인 교회의 머리인 동시에 교회를 통해 우주의 지배자가 된다는 것을 의미한다. 이런 상황은 골로새 지역 교회에서 문제를 일으켰던 '철학' 사조와 연결된다. 이들은 종교적인 특징을 갖고 있던 세상의 지혜를 내세우면서 그리스도 중심의 사고에 문제를 제기했다(2:8, 16-23). 이들은 아마도 그리스도를 당시 세계관에 존재하던 여러 영적 존재 중 하나에 지나지 않는 것으로 인식했던 것 같다. 그러나 골로새서는 그리스도께서 우주의 중심이시고, 교회는 우주의 중심이 되시는 그리스도를 통해 세상의 그 어떤 조직보다 뛰어나다는 것을 말한다. 골로새서에 나오는 가정 규례들(3:18-4:1)은 당시의 정치 질서에 대한 환경을 보여준다. 그러나 바울과 디모데는 하나님 안에서 그리스도와 함께 감추어져 있는 생명을 강조하면서 그리스도교 공동체의 존재 원리를 그리스도 중심으로 본다(3:3).

Ⅲ. 웨슬리와 함께 읽는 골로새서

존 웨슬리는 『신약성서주석』의 골로새서 1장 15절 주석에서 다음과 같이 언급한다. "그리스도의 영광 그리고 그리스도께서 가장 높은 천사들보다 탁월하심을 묘사함으로써 사도 바울은 여기에서 모든 천사 숭배자들에 대한 책망의 기초를 놓는다." 이 언급은 웨슬리가 골로새서 안에 나타나는 신학적인 문제가 그리스도에 관한 올바른 이해에 관한 것이었음을 인식하고 있었다는 것을 보여준다. 골로새서에는 "철학이나 헛된 속임수"(2:8), "명절이나 초승달 축제나 안식일"(2:16), "천사 숭배"(2:18)와 같은 문제가 언급된다. 이런 문제들은 당시 골로새 공동체를 둘러싼 사회에 자리 잡고 있던 이방인 종교들의 모습을 보여주는 것으로서 이런 것들이 당시 골로새 지역의 교회 안으로 침투하고 있었다는 것을 시사한다. 이런 상황에서 바울은 우주적 그리스도론을 통해 그리스도교의 신앙이 이런 이방 종교를 능가한다고 선언한다.

    웨슬리는 이런 바울의 입장과 관련하여 1장 15절에서 말하는 "보이지 않는 하나님의 형상"이라는 표현을 통해 독생자 예수 그리스도만이 하나님을 볼 수 있는 존재라고 설명한다. 이 예수 그리스도는 모든 피조물 이전에 난 자, 즉 모든 만물의 처음 나신 분이자 영원하신 분이다. 웨슬리는 『신약성서주석』의 골로새서 1장 16절 주석에서 "만물이 그를 통해(through), 그에 의해(by), 그를 위해(for)"라는 표현을 "시작(beginning), 진척(progress), 끝(end)"으로 이해한다. 이처럼 예수 그리스도는 모든 창조세계(피조물을 포함한 영적인 것들)의 근원이 되시는 분이며, 따라서 골로새서 안에서 문제를 일으키는 철학, 헛된 속임수, 천사 숭배, 유대교의 여러 가지 축제 행위 등은 모두 허상에 지나지 않는다. 웨슬리는 『신약성서주석』의 골로새서 1장 17절 주석에서 "모든 것은 그분 안에 하나의 체제로 충만하게 채워져 있었으며, 그리고 충만하게 채워져 있다는 믿음 안에서 그분께서 모든 것들을 유지하신다."라고 말한다. 그러므로 우리는 그리스도가 우주의 중심이라는 것을 늘 새롭게 고백하며, 이런 그리스도의 중심성을 흔드는 세력을 믿음으로 이기며 극복해 나가야 한다.

4. 웨슬리와 함께 읽는 데살로니가전서

이 장에서 함께 공부할 주요 내용

- 바울이 데살로니가교회에 전한 복음의 내용은 무엇인가?
- 데살로니가교회는 어떤 교회인가?
- 데살로니가전서에서 바울은 종말에 대해 어떻게 말하고 있는가?

키워드: 믿음(의 본), 거룩함, (주 예수의) 강림, (죽은 자의) 부활

핵심 구절: 우리가 여러분을 찾아갔을 때 여러분이 우리를 어떻게 영접했는지, 어떻게 해서 여러분이, 우상을 버리고 하나님께로 돌아와서 살아 계시고 참되신 하나님을 섬기며, 또 하나님께서 죽은 사람들 가운데서 살리신 그 아들 곧 장차 내릴 진노에서 우리를 건져 주실 예수께서 하늘로부터 오시기를 기다리는지를, 그들은 말합니다.(1:9b-10)

I. 데살로니가전서를 이해하기 위한 배경

1. 데살로니가전서의 기록 동기

기원후 1세기에 로마의 행정구역 마케도니아의 수도이자, 집정관 출신 지방 총독의 주재지였던 데살로니가는 해상과 내륙 교통의 요지로서 상업이 발달했고, 문화적으로나 종교적으로도 중요하여 여러 제의(祭儀)가 공존하는 도시였다. 바울은 두 번째 선교 여행 때 빌립보를 거쳐 이곳에 도착하여 교회를 세웠다(1:9; 2:2). 그는 유대인들의 시기와 방해로 이곳을 떠난 후(행 17:5-9) 두 번이나 다시 방문하려고 했지만 사탄의 방해로 올 수 없었다고 밝힌다(2:17-20). 그

래서 아테네에 머물 때 디모데를 그곳으로 파견하여 교회의 근황을 알아보게 했고(3:1-2), 디모데는 그에게 교회에 관한 좋은 소식을 가져다주었다(3:6-8).

데살로니가 교인들은 주로 이방 그리스도인들이었지만(1:9; 2:14), 그곳에 유대교 회당이 있었고(행 17:1) 유대인들이 바울의 선교를 방해했던 것을 생각하면(행 17:5-9) 극소수의 유대 그리스도인들도 있었을 것이다. 유대인들을 향한 강한 비판은 그리스도인들을 회당에서 추방한 일과 관련이 있다(2:14, 행 17:1-9 참조). 데살로니가에서 바울이 갖게 된 여러 기억(1:6, 9-10; 2:1, 13)에 관한 서술을 보면 그 모든 일이 그리 오래된 과거가 아님을 짐작할 수 있다. 따라서 편지가 기록될 당시 데살로니가교회는 개척된 지 오래되지 않은 상태였을 것이다. 이 교회에 아무런 문제가 없었던 것은 아니지만(고난[1:6; 2:14], 믿음[3:10], 미래의 운명[4:13-5:11]), 교회와 성도들에 대한 소문은 마케도니아와 아가야 지역 전체로 퍼져나갈 정도로 좋았다(1:7-8).

2. 데살로니가전서의 기록 시기와 장소

데살로니가전서 3장과 사도행전 17장 10-15절, 18장 5절은 디모데가 가끔 바울과 떨어져 있는 상황을 보여준다. 또한 데살로니가전서 3장 6절과 사도행전 18장 5절을 함께 연결해 보면 바울은 편지의 공동 발신자인 실루아노(실라)와 디모데(1:1)를 고린도에서 다시 만났다는 것을 알 수 있다. 그렇다면 데살로니가전서는 고린도에서 기록되었을 확률이 높으며, 기록 시기는 대략 50년경으로 추정할 수 있다. 이 시점은 그가 데살로니가교회를 세운 지 그리 오래 지나지 않아서이며, 디모데가 돌아와서 교회에 대한 좋은 소식을 전한 직후로 생각된다. 데살로니가전서는 신약성서 27권 중에서 가장 먼저 기록된 책으로 인정받는다.

II. 데살로니가전서 함께 읽기

1. 데살로니가전서의 구조

머리말(1:1-10)
1:1 인사말(발신자, 수신자, 기원)
1:2-10 서언(감사와 중보기도)

몸말(2:1-5:22)
2:1-3:13 방문 계획과 사신 파송
  • 2:1-12 데살로니가에서의 선교 회상과 사도로서의 자기 추천
  • 2:13-16 복음 수용에 대한 감사
  • 2:17-3:8 방문 계획과 디모데의 파송
  • 3:9-13 교회를 위한 감사 및 중보기도
4:1-5:22 성도의 종말론적 삶
  • 4:1-12 성화의 삶을 향한 호소
  • 4:13-5:11 몇몇 교인의 죽음이 초래한 교회의 두 가지 질문들
      4:13-18 부활의 소망 및 그리스도와의 연합
      5:1-11 주의 날을 기다리며 사는 삶
  • 5:12-22 교회생활을 위한 교훈들

맺음말(5:23-28) 중보기도, 거룩한 입맞춤과 서신 낭독 요청, 축도

2. 데살로니가전서의 내용

[1:1-10] **머리말:** 바울은 다른 편지들처럼 자신을 예수 그리스도의 사도와 종으로 소개하지 않고, 대신에 세 명의 발신자 이름만 간단하게 언급한다(1:1). 이 인사말은 그런 점에서 바울서신 중에서 가장 짧다. 반면에 바울의 감사는 비교적 길게 이어진다(1:2-10). 그는 복음을 받아들이고 믿음에 이르게 된 지 얼마 되지 않은 데살로니가 교인들이 마케도니아와 아가야 전역에 좋은 소문이

날 정도로 믿음과 소망과 사랑 안에서 신앙생활을 잘하고 있음을 칭찬하며 하나님께 감사한다. 여기에 교인들을 개종에 이르도록 한 전도설교의 내용이자, 바울이 전한 복음의 핵심적인 요소들이 나타나는데(1:9b-10), 그것은 부활하신 분이 성도들을 다가올 심판에서 구원하실 것이라는 메시지이다.

[2:1-5:22] 몸말

[2:1-3:13] 방문 계획과 사신 파송: 바울은 데살로니가에서 벌였던 선교 활동을 회상한다(2:1-12). 그는 어떤 경우에도 복음을 자신의 유익을 위해 이용하지 않았고, 사도로서 생활에 필요한 비용을 교회에 요구하고 받을 수 있는 권리가 있음에도 불구하고 자비량으로 선교 활동을 펼쳤다. 여기에 다시금 감사의 말이 이어진다. 교회의 성도들은 바울의 말을 하나님의 말씀으로 받아들였고(2:13), 그들은 유대 지역 성도들이 동족 유대인들로부터 박해를 받는 것처럼 동족 이방인들에게 핍박을 받고 있었다(2:14). 바울이 퍼붓는 유대인들을 향한 저주에 가까운 비난(2:15-16)은 믿지 않는 동족을 놓고 씨름하는 로마서 9-11장과 완전히 대조된다.

바울은 어쩔 수 없이 데살로니가를 떠나야 했기에 그곳을 떠난 후에도 교회를 향한 염려가 그치지 않았다(2:17-20). 그래서 직접 갈 수 없는 자신을 대신하여 디모데를 통해 교회의 상황을 알아보려고 했다. 데살로니가를 다녀온 디모데가 전해준 소식은 성도들이 박해와 고난에도 불구하고 믿음을 지키고 있다는 것이었다(3:1-8). 하지만 바울은 그곳 성도들이 아직 '믿음이 부족'하다는 것을 알고 이를 위해 주야로 간구한다(3:9-10). 하나님의 심판과 예수의 재림이라는 맥락 속에서 바울의 중보기도가 이어진다(3:11-13).

[4:1-5:22] 성도의 종말론적 삶: 편지 본론 중 두 번째 큰 단락은 바울이 성도들에게 가르치고 싶어 하는 내용이다. 그는 가장 먼저 성도들이 하나님을 기쁘시게 하는 성화의 삶을 살아가도록 권면한다. 그는 특히 정결한 성생활, 형제 사랑과 단정하고 부지런한 생활을 실천함으로써 주님이 다시 오시는 날에

부끄러움이 없는 성도가 되라고 촉구한다(4:1-12). 그 당시 데살로니가에서 활발했던 여러 이방 제의의 영향이 아마도 바울이 이런 것을 강조하는 계기가 되었을 것이다.

두 번째 강조점은 주의 다시 오심과 죽은 성도들의 운명에 관한 것이다(4:13-18). 주님이 다시 오시는 날 살아 있는 성도와 먼저 죽은 성도가 모두 함께 주님을 만나게 될 것이라는 종말론적인 희망이 이 부분의 핵심이다. 데살로니가교회 안에는 주의 재림을 경험하지 못하고 죽은 성도들이 주님이 재림하시는 때 어떻게 될 것인가와 관련하여 불안해하고 슬퍼하던 사람들이 있던 것으로 짐작되는데, 이에 대해 바울은 예수의 죽음과 부활이 죽은 성도의 부활 근거가 된다는 사실을 분명하게 밝힘으로써 그들에게 소망을 주고자 했다. 아직 살아 있든, 이미 죽었든 모든 성도는 마지막 때 항상 주와 함께 있게 될 것이다. 이와 더불어 바울은 주님이 언제 다시 오실지 아무도 모르지만, 다시 오시는 것만큼은 확실하다는 사실을 강조한다(5:1-11). 이런 종말론적 희망과 확신은 성도들이 빛의 자녀이자 낮의 자녀로서 항상 깨어 있는 삶을 살 수 있게 한다. 마지막으로 바울은 교회 안에서 성도들이 서로를 사랑하고 격려하는 삶을 살도록 권면한다(5:12-22).

[5:23-28] 맺음말: 바울은 주님이 다시 오실 때까지 모든 성도가 전인적으로 거룩하게 보전되기를 바라면서 사도 자신을 위해서도 중보기도를 요청하고(5:23-25), 거룩한 입맞춤을 권면한다(5:26). 이 편지를 낭독하라는 부탁과 은혜의 기원으로 서신은 끝난다(5:27-28).

III. 웨슬리와 함께 읽는 데살로니가전서

1. 웨슬리와 데살로니가전서

웨슬리도 데살로니가전서가 바울이 쓴 첫 번째 서신이라고 이해한다. 빌립보를 출발점으로 하여 유럽에서 선교를 시작한 후 바울은 두 번째로 데살로니가를 방문했고, 거기에서 선교 활동을 펼쳤다. 하지만 예수 그리스도를 믿지 않는 유대인들의 방해로 바울은 그곳에서 오랫동안 복음을 전할 수 없었다. 이후 베뢰아와 아테네를 거쳐 고린도에 도착한 바울은 데살로니가교회의 상태를 알아보기 위해 파송했던 디모데를 다시 만나 교회의 소식을 전해듣게 된다. 그래서 바울은 이 서신을 작성하여 데살로니가 교인들에게 보내는데, 웨슬리에 따르면 이 일은 데살로니가에 체류했었던 시점부터 1년이 지나서였다(기원후 48년). 아쉽게도 웨슬리는 데살로니가전서를 본문으로 한 설교를 우리에게 남겨주지 않았다. 그러나 설교 중에 데살로니가전서를 종종 언급한다(예를 들어 『표준설교』 9번 "노예의 영과 양자의 영", 4.4; "성령의 증거-강론 II", 4.6; "대심판", 2.3 등).

2. 데살로니가전서와 현대 교회

1) 바울의 '복음'

데살로니가전서는 바울이 유럽 땅으로 넘어가서 세운 데살로니가교회의 초기 모습을 보여주기도 하지만, 그의 신학적인 사고를 처음으로 보여주는 서신이기도 하다. 메시지의 기초는 예수의 부활에 대한 언급이다(1:10). 바울은 이 내용을 초기 기독교 전승에서 받아들였고, 묵시 사상의 도움을 받아 표현했다. 하나님이 예수를 죽은 자들 가운데에서 살리시고 신자들을 다가올 심판에서 구원하신다는 메시지(1:9b-10)의 핵심 개념으로, 여기에서 '복음'(1:5)이라는 단어가 등장한다.

이신칭의에 관한 직접적인 언급은 아직 나오지 않지만, 많은 이방인의 개종 사건(1:6-10), 그리스도를 통한 마지막 심판에서의 구원(1:10)과 그 구원으로 가는 길로서 믿음의 강조(4:14)는 갈라디아서나 로마서에서 보게 되는 칭의론에 상당히 가깝다. 실제로 일어난 몇몇 교인들의 사망 소식(4:13)으로 인해 구원론의 초점이 예수의 부활에 더 맞추어진 것으로 보이지만, 예수의 십자가 죽음은 다른 서신들에서처럼 언급된다(4:14; 5:10). 데살로니가전서의 신학을 갈라디아서나 로마서의 신학과 비교하면서 바울의 사고의 흐름을 따라가는 일은 그런 점에서 의미가 크다.

2) 재림 신앙의 의미

하나님께서 선택하시고 부르셨다는 사실(1:4; 2:12; 4:7; 5:9, 24)이 성도들이 이미 지금 구원을 받았다는 확신의 표시라면, 예수 그리스도의 재림에 참여하게 되리라는 기대는 미래에 대한 소망의 표현이다(4:13-18). 특히 모든 장 끝부분에서 재림("강림")이 언급된다는 사실(1:10; 2:19; 3:13; 4:15-16; 5:23)은 이 서신이 주의 임박한 재림에 신학적 초점이 맞추어져 있음을 보여준다. 재림 신앙과 관련된 긴장감이 상대적으로 많이 약해진 오늘날에 데살로니가전서가 던져주는 부활과 재림 신앙을 어떻게 적용할 수 있는지 고민해 보아야 한다.

3. 더 생각해 볼 문제

바울이 가장 먼저 기록한 데살로니가전서에는 바울 신학의 핵심적인 개념들(예를 들어 하나님의 의, 대속, 율법), 갈라디아서나 로마서에서 찾을 수 있는 오직 믿음으로 의롭게 여겨진다는 칭의론에 관한 직접적인 언급, 구약성서의 직접적 인용 등이 아직 등장하지 않는다는 이유로 바울의 신학이 시간이 지나면서 점점 변화와 발전의 과정을 거쳤다고 어떤 학자들은 주장한다. 즉, 데살로니가전서의 신학은 바울의 초기 신학에 해당되며, 이후 계속되는 선교 활동 과정에서 사상적 발전을 이루었고 그것이 갈라디아서나 로마서 같은 후기 서신에 나타난다는 것이다. 여전히 논쟁 중인 이 주제에 대해 어떻게 생각하는가?

5. 웨슬리와 함께 읽는 데살로니가후서

이 장에서 함께 공부할 주요 내용

- 데살로니가후서에서 마지막 때 일어날 일을 어떻게 설명하고 있는가?
- 데살로니가전서와 비교해 볼 때 후서가 보여주는 공통점과 차이점은 무엇인가?

키워드: 심판, (주 예수의) 강림, 불법의 사람, 미혹, 게으름

핵심 구절: 여러분은, 영이나 말이나 우리에게서 받았다고 하는 편지에 속아서, 주님의 날이 벌써 왔다고 생각하게 되어, 마음이 쉽게 흔들리거나 당황하는 일이 없도록 하십시오.(2:2)

I. 데살로니가후서를 이해하기 위한 배경

1. 데살로니가후서의 저자

데살로니가후서는 바울이 발신자 중 하나로 표기되어 있으나, 그의 친필 서신이 아니라 그의 신학적 영향력을 강하게 받은 제자에 의해 작성된 차명(借名) 서신이라는 견해가 제기되는 서신이기도 하다('제2바울서신'). 종말론과 관련하여 데살로니가전서와 데살로니가후서의 차이를 어떻게 해석하느냐에 따라 그 여부가 결정되곤 한다. 차명 서신의 경우는 사도행전과의 연결을 전제할 때 두드러진다. 그렇게 생각되는 이유는 사도행전에 나타나는 바울의 선교 여정

을 놓고 볼 때 전서를 기록한 후 곧바로 후서를 기록해야 할 이유가 없을 뿐만 아니라 그럴 만한 시간적 여유도 없었을 것이라는 점이 대두되기 때문이다. 반면에 외적인 증거는 친필 서신 주장을 지지한다. 기원후 2세기 초반에 활동한 폴리카르포스와 이그나티우스는 데살로니가후서를 바울서신으로 인용하며, 마르키온과 그 밖의 다른 모든 정경 목록도 이를 포함하고 있다.

2. 데살로니가후서의 기록 시기 및 장소와 동기

1) 기록 시기와 장소

데살로니가후서를 바울의 저작으로 볼 경우 기록 시기는 전서와 큰 시간적 차이가 없다. 두 서신을 비교해 보면 약자들의 절망이 깊어지고 게으른 자들의 행패가 심해진 것을 제외하면 큰 변화를 찾아보기 어렵고, 바울 편에서도 큰 변화가 없다. 따라서 후서는 전서와 거의 같은 시기인 50년경에 고린도에서 작성된 것으로 볼 수 있다. 기록 시기를 늦출수록 게으름을 경고하는 상황(3:6-15)을 설명하기 어렵다. 반면에 데살로니가후서가 바울의 저작이 아니라면 그의 제자 중 하나가 1세기 말에 바울의 다른 차명 서신이 작성된 소아시아나 마케도니아에서 기록한 것으로 추정된다.

2) 기록 동기

이 서신을 보면 교회에 재림 기대가 고조되고 열광주의적 신앙이 만연했음을 짐작할 수 있다. 주의 날이 이미 이르렀다는 소문이 퍼져서 교인들 가운데 일상적인 삶에 대한 회의가 일어났고, 이에 교회 안에 혼란과 불안이 가중되었던 것으로 보인다.

데살로니가후서가 바울이 쓴 것이라면 바울이 기대하던 효과를 데살로니가전서가 만들어 내지 못한 상황을 가정해 볼 수 있다. 임박한 종말이 도래했다는 열광주의적인 신앙과 그 신앙으로 인한 생활의 무질서 및 게으름의 문제는 이렇게 설명될 수 있다. 즉, 게으른 자 중 일부는 바울의 권면뿐만 아니라 교회 지도자들의 권위를 받아들이지 않았고, 그래서 지도자들은 이 문제를 바울에게 알렸으며(3:11), 이에 바울은 그 문제를 해결하려고 데살로니가후서를 작성했다고 볼 수 있다.

만약 데살로니가후서가 차명 서신이라면 주의 재림이 이미 일어났다고 주장하면서 교회 내 질서를 어지럽히는 사람들이 있었고, 이들이 심지어 바울의 이름으로 그렇게 했을 가능성이 크다는 서신의 언급(2:2)에 초점을 맞추어볼 수 있다. 이에 맞서서 저자는 거짓교사들과 같은 방식으로 바울의 이름을 빌려 데살로니가후서를 기록함으로써 그들의 주장을 반박하고, 주의 재림 문제에 대한 올바른 가르침을 주려고 했다는 것이다.

II. 데살로니가후서 함께 읽기

1. 데살로니가후서의 구조

머리말(1:1-12)
1:1-2 인사말(발신자, 수신자, 기원)
1:3-12 서언(감사와 중보기도)

몸말(2:1-3:15)
2:1-12 주의 날과 '불법의 사람'
2:13-3:5 두 번째 감사와 중보기도 요청
3:6-15 게으름에 대한 경고

맺음말(3:16-18) 평화의 기원과 친필 문안 인사

2. 데살로니가후서의 내용

[1:1-12] 머리말: 데살로니가전서와 문자적으로 같은 인사말이 나온다(1:1-2). 이어지는 서언(1:3-12)은 전서와 유사하게 교회가 경험하는 박해와 환난을 언급한다. 하지만 전서와 달리, 박해와 환난의 구체적인 상황은 제시되지 않으며, 하나님의 공의로운 심판이 부각된다.

[2:1-3:15] 몸말

[2:1-12] 주의 날과 '불법의 사람': 바울은 전서에서 재림의 시기가 정확하게 알려지지 않았다고 말하는데, 후서에서는 교인 중 일부가 임박한 재림으로 인해 일할 필요가 없다고 믿으면서 다른 사람들을 설득하거나 혼란스럽게 하고 있다고 언급한다. 그들은 주의 날이 이미 이르렀기 때문에 먼 장래를 위해 무엇을 따로 준비할 필요가 없었다. 그들은 자기들의 주장을 뒷받침하기 위해 바울의 가짜 편지를 제시했던 것 같다(2:2). 그래서 저자는 임박한 재림 기대를 둘러싼 오해를 바로잡기 위해 주의 날이 오기 전에 반드시 일어나야 할 일들을 밝힌다(2:3-12).

[2:13-3:5] 두 번째 감사와 중보기도 요청: 두 번째 감사의 말과 함께 교회와 사도를 위한 중보기도 요청이 이어진다.

[3:6-15] 게으름에 대한 경고: 저자는 서신을 마무리하기 전에 재림에 대한 오해가 일으킨 게으름의 문제를 다룬다(3:6-15). 여기에서 그는 일하지 않는 자에게 일정한 징계가 필요하다는 생각을 피력하는데, 그 방법은 그들을 공동체로부터 분리하는 것이다.

[3:16-18] 맺음말: 데살로니가후서는 전서와 거의 똑같이 평화의 기원으로 편지를 마무리하는데(3:16), 특히 바울의 친필 문안 인사가 강조된다(3:17-18). 이렇게 한 것이 이 편지가 바울이 쓴 것으로 보이게 하려는 의도에서 한 행동

으로 볼 것인지 아닌지에 따라 서신의 진정성 문제도 판가름 난다.

Ⅲ. 웨슬리와 함께 읽는 데살로니가후서

1. 웨슬리와 데살로니가후서

웨슬리에 따르면 데살로니가후서는 전서를 작성해 보낸 후 얼마 지나지 않아서 써 보낸 두 번째 서신이다. 전서에서 오해가 있었던 내용을 수정하기 위한 목적인데, 주의 재림에 관한 설명과 제멋대로 생활하는 일부 교인들의 태도에 관한 지적 및 책망이 이에 해당한다. 웨슬리의 설교 중에는 2장 7절을 본문으로 삼은 "불법의 신비"(표준설교 98번)가 남아 있다. 이 설교에서 웨슬리는 역사를 '타락-부분적인 회복-타락'의 순환으로 보면서도 타락을 가져오는 이런 악조차도 하나님의 섭리와 그분의 절대적 은혜를 무효화할 수 없다는 사실을 역설한다.

2. 데살로니가후서와 현대 교회

바울은 데살로니가전서 5장 1-11절에서 재림의 시기가 정확하게 알려지지 않았음을 분명히 밝힌 적이 있다. 그런데 후서의 언급은 교인 중 일부가 주의 날이 이르렀다는 생각에 일할 필요가 없다고 믿으면서 다른 사람들을 혼란스럽게 하는 일이 발생했음을 전제한다. 재림이 이르렀기에 먼 장래를 위해 무엇을 준비할 필요가 없다는 것이다. 이런 생각은 재림을 기대하던 바울의 말을 오해한 결과일 수 있다. 그래서 자신들의 주장을 뒷받침하기 위해 바울의 가짜 편지를 제시했는지도 모른다. 일단, 데살로니가후서의 종말론은 재림 기대에 대해 거리를 둔다는 점에서 당장 전서와 다른 모습을 보여준다. 후서의 저자는 재림과 종말이 분명히 일어나지만, 아직은 아니라는 점을 강조한다. 그 전에 고통스러운 날들이 와야 하고 거짓 예언자들이 나타나야 한다.

데살로니가후서는 그리스도의 재림에 대한 기대가 가져올 수 있는 오해뿐만 아니라 그에 따른 결과, 곧 임박한 재림 때문에 일할 필요가 없다는 잘못된 생각을 바로잡기 위해 기록되었다. 인간의 본성 중 하나로서 가능한 한 일을 하지 않으려는 태도가 임박한 재림 기대를 왜곡함으로써 표면화되었기 때문이다. 신자는 임박한 종말 기대 속에서 믿음을 지키고, 고난을 감당하며, 침착하고 질서 있게 부지런한 삶을 살아야 한다. 한마디로, 종말 신앙은 현실의 삶을 등한시하게 만드는 것이 아니라 오히려 더욱 진지하고 질서 있고 책임 있게 만들어야 한다. 특정 신앙 양태의 지나친 강조로 발생하는 오해와 이로 인한 잘못된 행동의 결과는 오늘날에도 여전히 나타나는 고질적인 병폐이기도 하다.

3. 더 생각해 볼 문제

데살로니가전서와 후서는 예수의 재림 또는 주의 날에 대한 기대와 관련하여 서로 다르게 생각하는가? 만약 차이점이 분명하다면 이를 데살로니가교회의 상황과 연결하여 어떻게 설명할 수 있는가?

6. 웨슬리와 함께 읽는 목회서신(디모데전·후서, 디도서)

이 장에서 함께 공부할 주요 내용

- '목회서신'으로 분류되는 디모데전서와 후서 그리고 디도서는 바울 이후 교회의 발전과 문제들에 대해 무엇을 알려주는가?
- 이 교회들 안에서 발생한 문제들은 어떤 것들인가?

키워드: 다른 교훈, 신화와 족보, 직분, 구원자 예수 그리스도, 선한 싸움, 남자들, 여자들, 감독, 집사, 장로, 젊은 과부와 나이든 과부, 경건의 비밀, 고난, 예수 그리스도의 좋은 병사, 성경

핵심 구절: 하나님의 사람이여, 그대는 이 악한 것들을 피하십시오. 의와 경건과 믿음과 사랑과 인내와 온유를 좇으십시오. 믿음의 선한 싸움을 싸우십시오. 영생을 얻으십시오. 하나님께서는 영생을 얻게 하시려고 그대를 부르셨고, 또 그대는 많은 증인들 앞에서 훌륭하게 신앙을 고백하였습니다.(6:11-12)

I. 목회서신을 이해하기 위한 배경

디모데전·후서와 디도서를 가리켜 '목회서신'(Pastoral Epistles)이라고 부른 최초의 사람은 독일의 개신교 신학자였던 파울 안톤(Paul Anton, 1661-1730)이다. 이 명칭에 걸맞게 이 세 편지는 공동체 안에서 목사직 수행과 관련된 일들을 다룬다. 편지의 수신자로 언급되는 디모데는 사도행전에서 바울과 바나바가 서로 갈라진 다음에 2차 선교 여행을 할 때 동행했던 인물이다(행 16:1-3). 그는 히브리서 끝부분에서 히브리서 저자의 동역자로 언급되기도 한다(히 13:23). 디도는 바울과 고린도교회가 갈등 관계에 빠졌을 때 화해를 청하는 바울의 편지를 고린도교회에 전달하고, 다시 고린도 소식을 바울에게 전하는

역할을 했던 제자이다(고후 2:13; 7:6, 13-14). 특히 그와 관련된 언급은 갈라디아서에서 할례 문제를 다룬 부분에서 주목받는다. 디도는 이방인이었고 바울과 동역할 때 할례를 받지 않았다. 반면에 디모데는 할례를 받았다(갈 2:1-10; 행 16:1-3). 이 편지들은 빌레몬서와 함께 바울의 개인 서신으로 받아들여진다.

성경의 순서는 디모데전서, 디모데후서, 디도서 순으로 되어 있으나, 여기에서는 지금의 신약학 연구 상황을 반영하여 디모데전서, 디도서, 디모데후서 순으로 다룰 것이다. 이렇게 하는 이유는 디모데전서와 디도서가 목회적 실천에 많은 관심을 보이지만, 디모데후서는 바울이 죽은 이후에 벌어지는 일들에 대한 당부로, 그 내용이 유언(testament)의 성격을 띠고 있어서 약간 성격이 다르기 때문이다.

II. 목회서신 함께 읽기

1.1 디모데전서의 구조

1:1-2 편지의 서두

1:3-20 편지의 도입부
- 1:3-11 거짓 교훈에 대한 방어
- 1:12-17 죄 사함을 받은 바울의 감사
- 1:18-20 선한 싸움을 싸우라(목회 직무를 위임함)

2:1-6:2 편지의 본론
2:1-3:13 첫 번째 부분
- 2:1-7 기도에 관한 가르침
- 2:8 예배 안에서의 남자들
- 2:9-15 예배 안에서의 여자들

- 3:1-13 교회의 직제: 감독과 집사
- 3:14-16 디모데를 만나고자 하는 바울과 찬송시

4:1-6:2 두 번째 부분
- 4:1-11 거짓 교훈과의 투쟁
- 4:12-6:2 전승된 말씀에 따른 교회 지도

6:3-21 편지의 마무리
- 6:3-10 이단과 소유욕에 대한 경고
- 6:11-16 선한 싸움을 싸우라
- 6:17-19 부유함에 대한 경고
- 6:20-21 거짓 교훈에 대한 경고와 마지막 인사

1.2 디모데전서의 내용

[1:1-20]: 바울의 다른 서신들처럼 1장 1-2절은 편지의 서두이다. 이 서두는 바울의 다른 서신들에서 잘 등장하지 않는 '자비'라는 단어가 눈길을 끈다. 이 편지의 본론은 1장 3-20절의 도입부로 시작된다. 그 내용은 거짓 교훈을 막아내라는 것(1:3-11), 은혜로 죄 사함을 받은 죄인이었던 바울의 역할을 언급하며 하나님께 감사하는 것(1:12-17), 마지막으로는 믿음과 양심을 갖고 선한 싸움을 싸우라는 권면으로 디모데에게 임무를 맡기는 것이다(1:18-20).

[2:1-6:2]: 이 부분은 편지의 본론이다. 이 부분은 다시 첫 번째 부분(2:1-3:13)과 두 번째 부분(4:1-6:2)으로 나뉜다. 첫 번째 부분에서 다루어지는 문제들은 공동체가 겪는 문제들이다. 2장 1-7절은 기도에 관한 가르침으로, 이 기도 가운데 통치자를 위한 기도가 있다. 2장 8절은 예배 중에 남자들의 행동 문제, 2장 9-15절은 여자들의 행동 문제를 다룬다. 3장 1-13절은 교회의 직제에 해당하는 감독(episkopos)과 집사(diakonoi)에 관해서 다룬다. 3장 14-16절은 바울이 디모데에게 가고 싶다는 바람과 고대 그리스도교의 찬송을 소개한다. 두 번째 부분(4:1-6:2)에서 제일 먼저 언급하는 것은 거짓 교훈과의 투쟁(4:1-11)과

전승된 말씀을 통해 교회를 올바르게 지도하라는 지시이다(4:12-6:2).

[6:3-21]: 이 부분은 편지의 마무리로서 이단에 대한 경고(3-10절), 소유욕에 대한 경고(3-10절), 다시 한 번 선한 싸움을 싸우라는 권면(11-16절)이 나온다. 이어서 부유함에 대한 경고(17-19절)와 거짓 교훈에 대한 경고(20-21a절) 그리고 은혜를 비는 것(21b절)으로 편지를 끝맺는다.

2.1 디도서의 구조

신약학계에서는 디도서가 디모데전서와 유사한 상황 속에 있다고 본다. 이런 이유에서 목회서신의 내용을 살펴볼 때 디모데전서에 이어서 디도서를 보는 것이 도움이 된다.

1:1-4 편지의 서두

1:5-3:11 편지의 본론
- 1:5-16 크레타섬에 퍼진 거짓 교훈
- 2:1-10 건전한 교훈에 따른 가정 규례(House Code)
- 2:11-15 하나님의 구원 행위
- 3:1-11 올바른 교훈을 따르라는 권면

3:12-15 편지의 마무리
- 3:12-13 편지 왕래에 관한 언급
- 3:14-15 당부와 마지막 인사

2.2 디도서의 내용

디도서의 편지 서문은 디모데전서의 서문보다 길다(1:1-4). 디도서는 디모데전서와 달리, 편지 도입부에 해당하는 감사나 찬송 없이 곧바로 편지의 본론으로 들어간다(1:5-3:11). 본론에서는 먼저 크레타섬에서 교회를 지도하는 장로와 감독의 자격과 역할이 언급되고, 이어서 크레타에 퍼져 있는 잘못된 교훈에 관해서 말한다(1:5-16). 특히 디도서의 바울은 "모든 크레타 사람들은 거짓말쟁이다."라는 어떤 예언자의 말을 인용한다(1:12). 이어지는 진술은 건전한 교훈에 관한 가정 규례이다(2:1-10). 2장 11-15절에서는 이 가정 규례가 하나님 구원 행위의 결과라고 말한다. 3장 1-11절은 올바른 교훈을 따르기 위한 권면이다. 3장 12-15절은 편지의 마무리이다. 3장 12-13절은 편지 왕래의 상황을 전제하고 있고, 3장 14절은 일반적인 당부이며, 3장 15절에서 바울은 인사와 은혜를 비는 것으로 편지를 끝맺는다.

3.1 디모데후서의 구조

1:1-2 편지의 서두

1:3-5 편지의 도입부

1:6-3:17 편지의 본론
- 1:6-14 복음에 따른 고난의 삶
- 1:15-18 편지 왕래
- 2:1-13 고난 가운데 굳게 서라
- 2:14-26 부활이 이미 지났다는 거짓 주장
- 3:1-17 마지막 때와 거짓교사들의 등장

4:1-8 임박한 바울의 죽음
- 4:9-13 편지 왕래
- 4:14-15 바울의 대적자 알렉산더
- 4:16-18 소송을 당했던 바울 사도

4:19-22 편지의 끝

3.2 디모데후서의 내용

[1:1-5]: 디모데후서의 서두(1:1-2)는 디모데전서가 갖고 있는 문자들과 일부 일치한다는 것을 보여준다. 1장 3-5절은 편지의 도입부이다.

[1:6-3:17]: 이 부분은 편지의 본론이다. 이 본론은 증언하라는 긴급한 권고로 시작되고(1:6-14), 이어지는 1장 15-18절은 편지 왕래의 상황을 보여준다. 2장 1-13절에서 바울은 디모데를 자신의 자녀라고 부르면서 디모데에게 자기처럼 고난 가운데에서 굳세게 서 있으라고 당부한다. 바울은 2장 14-26절에서 부활은 이미 지나갔다고 주장하는 거짓 교훈을 경고한다. 3장 1-9절은 마지막 때 거짓교사들이 등장할 것이라는 바울의 예언이다. 이런 상황 속에서 바울은 3장 10-17절에서 자신의 모범적 제자도를 제시하면서 성령의 감동으로 기록된 성경을 중심으로 디모데에게 바른 교훈을 지키는 하나님의 선한 일꾼이 되라고 당부한다.

[4:1-8]: 여기에서 바울은 자신에게 죽음이 임박했다고 말한다. 그러면서 4장 9-13절에서 편지를 중심으로 왕래하는 상황을 언급하고, 4장 14-15절에서는 바울을 대적했던 구리 세공업자 알렉산더에 관해서 말한다. 4장 16-18절에서 바울은 소송을 겪어야 했던 자신의 상황과 그것을 극복하고 구원을 받게 되리라는 확신을 말한다.

[4:19-22]: 4장 19-21절은 마지막 문안 인사이고, 4장 22절은 은혜를 비는 편지의 종결 부분이다.

4. 목회서신 요약

바울이 디모데전서를 기록했다는 가설은 예루살렘을 향한 여정에서 나오는 일곱 명의 제자 명단(행 20:1-6)을 근거로 추정되곤 한다. 그 명단 안에 디모데가 들어가 있지만, 그가 이후의 여정에 어떻게 참여하고 있는지 확인하기는 어렵다. 또한 디도서에도 바울이 크레타섬에서 선교 활동을 한 것으로 나오지만(1:5, 12), 이는 사도행전에 나오는 바울의 로마 압송 과정과 연결해 볼 때 잘 맞지 않는다(행 27:7, 12-13). 디모데후서 역시 디모데전서처럼 바울이 예루살렘으로 가는 여정도 고려해 볼 수 있지만, 디모데후서의 내용을 보면 바울이 로마에 머물고 있는 것으로 보인다(딤후 4:9-18). 그런데 이 상황 역시 바울의 실제 궤적과 잘 조화가 되지 않는다. 이런 정황을 종합해 볼 때 이 세 개의 편지들은 바울이 직접 쓴 서신이라기보다는 바울 이후 교회의 상황을 바울 사도의 권위를 바탕으로 해결할 목적으로 만들어진 것으로 보인다(차명 서신). 이런 관점에서 볼 때 세 편의 목회서신은 제2 바울서신, 즉 바울의 제자들이나 바울 학파의 유산으로 볼 수 있다.

우리는 목회서신에서 바울 전승 또는 전통(학파)에 담긴 바울의 모습을 찾아볼 수 있다. 디모데전서 5장 23절과 디모데후서 4장 13절의 진술은 바울과 디모데 사이의 사적 관계를 보여주는데, 이는 발신자가 바울의 권위에 의지하여 편지에서 언급된 문제들을 해결하려 했다는 것을 보여준다. 즉, 편지의 독자들은 이렇게 바울의 모습으로 전달된 편지를 읽음으로써 자신의 공동체가 직면한 이단적 논쟁 상황을 인식하고 이에 대해 바른 신앙을 지켜내도록 도전받는다. 이렇게 볼 때 우리는 이 편지들에서 다루는 문제가 결국 거짓 교훈이라는 것을 알 수 있다. 그러므로 이 편지들의 목표는 이단이 나타난 상황에서 공동체를 보호하는 것이다. 바울은 디모데전서 1장 12-17절에서 자신의 과거 행적을 극단적으로 서술하는 동시에 자신이 하나님의 자비하심에 힘입어 훗날 믿는 자들을 위한 모범이 되었다고 말한다(딤전 1:13, 17). 바울이 말하는 모범은 옥에 갇혀 고난받는 모습이다(딤후 1:16-17; 3:10-11). 이런 바울의 모범은 그가 죽음에 직면한 상황을 통해 더욱 분명해지며, 그런 상황 속에서 도리어 그는 세심하게 교회를 염려한다(딤후 4:6-18). 그의 이런 모습은 그가 순교도 마다하지 않는 신앙의 증언자라는 것을 보여준다(딤후 4:16-18).

바울은 자신이 없는 동안 교회 안에 거짓 교훈이 나타난 상황 속에서 교회의 조직과 직무에 관한 사항을 지시해 준다. 이런 교회 조직과 지도자의 직무에 관한 논의는 바울이 직접 쓴 편지에서는 나타나지 않는다. 그러므로 이 세 개의 편지는 교회의 질서에 관한 규칙서 같은 인상을 준다. 교회의 질서와 관련하여 이 편지들이 그리고자 한 바울의 모습은 교회의 미래를 위한 모델인 동시에 이 질서들을 보장해 주는 영적인 권위자라고 할 수 있다.

III. 웨슬리와 함께 읽는 목회서신

목회서신의 핵심 구절은 디모데전서 6장 11-12절이다. 바울이 떠난 이후 바울이 세운 교회 안에는 여러 문제가 발생했고, 그 문제들은 그리스도교 신앙을 위협했다. 디모데전서의 저자는 신앙을 위협하는 문제들에 맞서는 것을 가리켜 "믿음의 선한 싸움"이라고 규정했다. 웨슬리는 디모데전서 6장 9-10절을 본문 삼아 "부의 위험성"(설교 85번)을 설교했다. 웨슬리는 이 디모데전서 말씀을 중심으로 "대부분 그리스도인은 이 진리를 아주 가볍게 생각하여 이런 말씀이 성경에 있다는 것을 기억하기조차 겁내고 있습니다."라고 말한다(설교 85번 "부의 위험성", 0.1). 여기에서 웨슬리는 그리스도인들 역시 부자가 되려는 욕망을 품고 있으며, 그것이 갖고 있는 위험성에 대한 성서의 경고를 외면하고 있다고 지적한다.

웨슬리가 말하는 '부하다'라는 의미는 '먹고 입을 것' 이상의 것을 소유하고자 하는 욕망을 뜻하며, 이는 10절에서 말하는 '돈을 사랑하는 자들'과 연결된다. 이는 '보다 더 많은 것을 소유하려는 욕망'("부의 위험성", 1.7)인데, 이 욕망의 결과는 '악마의 올무'에 빠지는 결과에 이르게 한다. 이런 태도는 "하나님에게서 벗어나 행복을 추구하는 것"("부의 위험성", 1.12)이며, 그 결과 그리스도인들은 "예수 그리스도의 좋은 군사로서 고난을 참아서 얻게 되는 기쁨에 참여할 수 없다."("부의 위험성", 1.17)라는 것이 그의 경고이다. 이런 맥락에서 볼 때 결국 부의 위험성은 그리스도인이 좋은 군사가 되는 것을 방해하여 파멸에 이르게 하는 길이 된다. 그는 이 설교의 마지막에서 다음과 같이 말한다. "침노함으로 천국을 취하십시오." "아주 값진 진주를 위해 모든 것을 파십시오." "세상에 대해 십자가에 못 박히십시오." "그리고 모든 것을 배설물로 여기십시오. 그러면 그리스도를 얻을 것입니다."("부의 위험성", 2.20)

우리는 웨슬리의 이 설교를 통해 교회가 부흥하고 성장하며 동시에 부유함에 이르다가 결국은 그리스도의 군대 또는 하늘의 군대이며 병사라는 정체성을 잃어버리고 세상과 타협하다가 결국 멸망에 빠지게 되는 위험에 처할 수 있다는 사실을 깨닫게 된다. 부의 위험은 신앙의 위험이자 교회의 위험이 될 수 있고, 그 부유함으로 교회가 악마의 덫에 빠져드는 총체적인 위기와 파멸에 이를 수 있다는 것을 기억해야 한다. 부에 대한 위험을 올바르게 깨달을 때 교회와 그리스도인들은 참된 그리스도의 군대와 군사로 살아갈 수 있다.

7. 웨슬리와 함께 읽는 빌레몬서

이 장에서 함께 공부할 주요 내용

- 빌레몬서는 개인적 서신인가, 사도적 서신인가?
- 오네시모는 어떤 상황에 있는가?
- 오네시모를 위한 바울의 중재에서 발견하는 그의 사회 윤리적 특징은 무엇인가?

키워드: (사도의) 갇힘, 종, 형제

핵심 구절: 그가 잠시 동안 그대를 떠난 것은, 아마 그대로 하여금 영원히 그를 데리고 있게 하려는 것이었는지도 모릅니다. 이제부터는 그는 종으로서가 아니라, 종 이상으로 곧 사랑 받는 형제로 그대의 곁에 있을 것입니다. 특히 그가 나에게 그러하다면, 그대에게는 육신으로나 주님 안에서나 더욱 그러하지 않겠습니까?(15-16절)

I. 빌레몬서를 이해하기 위한 배경

1. 빌레몬과 오네시모

바울이 노예 오네시모의 주인인 빌레몬에게 그의 선처를 부탁하는 것이 주제인 이 서신의 발신자는 빌립보서와 마찬가지로 바울과 디모데이다. 수신자는 "우리의 사랑하는 동역자 빌레몬과 자매 압비아와 우리의 전우인 아킵보와 그대의 집에 모이는 교회"로 되어 있다. 일부 학자들은 세 명 중 마지막에 언급된 아킵보를 기본 수신자로 생각하여 '그대 집에 모이는 교회'가 아킵보의 집에서 모이는 교회를 가리킨다고 주장한다. 하지만 고대 편지의 일반적인 형식에 따르면 기본 수신자를 가장 먼저 언급했기 때문에 여기에서도 빌레몬을 기본 수신자로 그리고 빌레몬의 집에 모인 교회로 생각하는 것이 적절하다. 골로새서 4장 9, 17절을 함께 고려하면 빌레몬의 가정교회는 골로새에 있었던 것으로 추정해 볼 수 있다.

'오네시모'는 그 당시 노예에게 요구되던 특성('유익한/유용한'[11절])을 표현해 주는 흔한 노예 이름이었다. 빌레몬서의 오네시모가 골로새서 4장 9절의 오네시모와 동일 인물일 것이라는 추측은 골로새서의 명단이 빌레몬서를 반영한다고 생각할 때 가능하다.

오네시모가 처한 상황과 관련해서는 그가 골로새의 집에서 도망친 노예이고, 바울을 만나서 그리스도인이 되었으며, 이제 바울이 그를 그의 주인인 빌레몬에게 돌려보내려고 한다는 것('도피')이 크리소스토무스 이래로 가장 일반적인 해석이다. 하지만 상황을 다르게 생각해 볼 수도 있다. 즉, 바울 당시에 노예가 처벌에 대한 두려움으로 자기 주인 친구의 중재를 위해 그에게 도피하는 경우가 종종 있었다는 사실에 근거하여 주인 빌레몬과의 관계에서 문제가 생긴 오네시모가 주인의 친구인 바울을 찾아가서 중재를 요청했다는 것이다('중재 요청'). 고대의 노예제도는 당시만 해도 전혀 문제가 되지 않았던 경제적 필수 요건이었고, 도망친 노예는 잡히게 되는 경우 원칙적으로 잔혹하게 처벌받았다. 실제로 본문은 오네시모가 주인과의 관계를 완전히 단절하고 그를 떠나려 했다는 사실을 전혀 보여주지 않는다. 오히려 오네시모가 바울에게 중재를 요청했다는 사실만 짐작하게 해준다. 노예가 자유를 위해 주인에게서 도망친 것이 아니라 중재를 위해 중재자에게 곧바로 간 경우에는 법적으로 도망자로 간주하지 않았다고 한다. 이 견해가 도피설이라는 전통적인 해석보다 더 개연성이 높은 이유는 도피한 노예에게는 바울의 감방보다 더 안전한 은신처들이 있었을 것이기 때문이다.[5]

2. 빌레몬서의 기록 시기와 장소

바울이 감옥에 갇혀 있는 것으로 묘사되기 때문에(1, 9, 13절) 빌레몬서에서는 대개 빌립보서(빌 1:7, 13, 17)와 유사한 집필 상황을 전제하기도 한다. 이 경우 빌립보서의 기록 시기와 장소에 관한 설명은 빌레몬서에도 해당한다.

1) 가설1: 로마에서 60/61년경

로마를 기록 장소로 보는 이유는, 몇몇 비잔틴 필사본들에 나타나는 전통이 바울이 이 편지를 빌립보서와 마찬가지로 로마에서 보냈다고 말하기 때문이다. 바울이 서신에서 자신을 '나이가 많은 나 바울'(9절)이라고 지칭하는 것도 이를 뒷받침해 준다.

2) 가설1: 로마소에서 55년경

로마 저작설을 반대하는 사람들은 비잔틴 필사본들의 언급이 후대의 전통이라는 점을 지적한다. 또한 바울이 교회에 자신을 위해 숙소를 마련해 달라고 요청한다는 사실(22절)은 그가 석방된 후에 골로새 지역을 방문할 계획을 세우고 있음을 짐작하게 해준다. 그렇다면 거의 1,600킬로미터 떨어져 있는 로마에서 출발하여 오네시모의 집이 있는 소아시아의 골로새(골 4:9)로 가는 여행보다는 193킬로미터 정도 떨어져 있는 에베소에서 골로새로 향하는 여정이 더 개연성이 높다. 그 밖에 스페인 선교 여행을 계획하고 있는 바울의 일정상 생각하기가 어렵다. 자신과 주인 빌레몬 사이에서 발생한 문제를 해결하기 위해 오네시모가 멀리 떨어져 있는 로마보다는 가까이에 있는 에베소로 여행하기로 한 것도 그 가능성에 힘을 실어준다.

Ⅱ. 빌레몬서 함께 읽기

1. 빌레몬서의 구조

머리말(1-7절)
1-3절 인사말(발신자, 수신자, 기원)
4-7절 서언(감사와 중보기도)

몸말(8-22절)
8-21절 노예 오네시모의 선처를 호소함
22절 방문 계획과 숙소를 마련해 달라는 부탁

맺음말(23-25절) 인사와 축도

2. 빌레몬서의 내용

[1-7절] 머리말: 빌립보서처럼 바울과 디모데가 공동 발신자이다. 수신자는 골로새에 있는 빌레몬과 그의 가정교회 그리고 그 교회의 대표자로 추정되는 압비아와 아킵보이다(1-3절). 바울은 주 예수와 모든 성도에 대한 빌레몬의 사랑과 믿음을 칭찬하며 감사한다(4-7절).

[8-22절] 몸말: 서신의 주제는 한 가지, 곧 빌레몬의 노예 오네시모를 선처해 줄 것을 빌레몬에게 부탁하는 일이다. 이를 위해 바울은 명령이 아니라 사랑의 간구를 방편으로 사용한다(8-9절). 오네시모를 변호하기 위해 바울은 자신이 갇혀 있는 감옥에서 그를 믿음의 아들로 낳았다고 밝힌다(10절). 그럼으로써 그는 이제 이름에 걸맞은 '유익한 자'가 되어 복음을 위해 갇힌 자신을 열심히 섬기고 있다는 것이다.

그런 오네시모를 원래의 주인인 빌레몬에게 돌려보내면서 이제 그를 형제로 받아줄 것을 호소한다(11-17절). 바울은 심지어 오네시모가 끼친 손해가 있다면 그것을 갚아줄 용의가 있다는 점을 덧붙인다(18절). 그러면서 바울은 빌레몬이 자신에게 진 믿음의 빚, 영적인 빚을 언급하며 그가 자신의 부탁을 들어줄 것을 확신한다(19-21절). 석방 이후의 골로새 방문 계획이 마지막으로 언급된다(22절).

[23-25절] 맺음말: 바울은 문안 인사와 축복기도로 서신을 끝맺는다.

Ⅲ. 웨슬리와 함께 읽는 빌레몬서

1. 웨슬리와 빌레몬서

웨슬리에 따르면 골로새 출신 그리스도인인 빌레몬의 노예 오네시모는 주인에게서 도피하여 로마에서 바울을 만나 그리스도인이 된다. 빌레몬서는 바울이 오네시모를 주인인 빌레몬에게 돌려보낼 때 함께 써 보낸 서신이다. 훗날 이그나티우스가 에베소교회에 보낸 편지에서 언급하는 오네시모가 에베소의 감독이라는 점을 고려해 볼 때 빌레몬은 바울의 편지를 갖고 돌아온 오네시모를 용서하고 자유도 허락했을 것이라고 웨슬리는 생각한다. 빌레몬서를 본문으로 한 웨슬리의 설교는 없다.

2. 빌레몬서와 현대 교회

1) 빌레몬서가 보여주는 초기 기독교 공동체

바울이 노예 오네시모의 주인인 빌레몬에게 그의 선처를 부탁하는 이 서신은 고대 편지의 형식을 따른다. 빌레몬을 가장 먼저 호명하는 이유는 그를 서신의 기본 수신자로 생각하기 때문이다. 이 점은 빌레몬에 이어 복수의 수신자를 언급한 인사말과 달리, 서신의 몸말에서 2인칭 대명사와 동사들이 모두 단수형으로 나타난다는 사실로도 확인된다. 그러면서도 서신의 주된 내용이 동역자 빌레몬의 사역과 직접적으로 관련이 없고 오네시모를 둘러싼 개인적인 문제를 다룬다는 점에서 이 서신은 사적인 편지의 특징을 드러낸다.

그러나 바울이 빌레몬 외에도 여러 사람과 교회를 수신자로 언급한다는 점은 빌레몬을 사인(私人)으로서의 개인으로 생각하거나 오네시모와 관련된 일을 단순히 사적인 문제로 여길 수 없다는 사실을 알게 해준다. 바울은 사적인 편지와 공적인 편지의 다소 모호한 경계에 서 있는 서신 형식을 취함으로써 그리스도인들이 공동의 신앙에 바탕을 둔 일체의 행위와 관련하여 서로에게 올바른 의무를 지고 있다는 사실을 가르치려고 한다. 그런 점에서 이 서신은 초기 기독교 공동체의 사회적, 신학적 현실을 반영한다.

2) 바울의 사회 윤리

바울은 고린도전서 7장 17-24절에서 각 사람이 자신이 부름을 받은 그 사회적 위치에 머물러 있으라는 원칙을 밝힌 적이 있고, 이 기본 원칙은 노예들에게도 해당된다(7:21a). 다만, 그들에게 자유롭게 될 기회가 주어질 때에는 그 가능성을 받아들여야 한다(7:21b). 바울의 진술은 노예제도를 포함한 당시의 외형적 사회질서를 깨뜨리지 않는 선에서 제시된다. 이에 상응하게 바울은 빌레몬에게 오네시모의 해방을 요구하지 않는다. 왜냐하면 그가 보기에 결정적인 것은 사회적 지위로부터 독립된 두 사람의 인격적, 신앙적 관계 변화였기 때문이다.

바울은 주인인 빌레몬과 노예인 오네시모 사이에서 발생한 변화된 관계가 빌레몬의 집과 가정교회에서 어떤 파급효과를 가져올지 잘 알고 있었을 것이다. 그래서 그는 오네시모를 통해 발생한 손해를 인정하고 그 재정적인 부담을 짊어진다. 또한 영적인 아버지의 권위를 갖고 빌레몬에게 오네시모를 한 형제로 대하고 받아들일 것을 동시에 요구한다. 이로써 복음의 영향으로 오네시모의 삶과 빌레몬의 삶이 변화될 수 있다.

하지만 외적인 체제가 바뀌지는 않는다. 바울은 내적 관점 또는 기독교적 관점에 호소함으로써 그 외적인 관계를 새롭게 바라보고 이해하도록 한다. 그런 점에서 빌레몬서는 사회를 향한 기독교의 영향력을 묘사하는 본보기라고 평가할 수 있다. 이미 주어진 사회적 틀 안에서 기독교적 신앙이 대안적인 사회적 관계를 구성함으로써 세상을 변화시키려 한다는 점을 보여주기 때문이다 (갈 3:26-28; 고전 12:13 참조). 이것이 바울의 사회 윤리가 가진 특징이자, 한계일 것이다.

3. 더 생각해 볼 문제

1) 오네시모는 어떤 상황에 처해 있었는가?
2) 빌레몬서의 발송과 오네시모의 귀환 이후 상황은 어떻게 전개되었다고 생각하는가?(이그나티우스가 에베소교회에 보낸 서신 1장 3절, 6장 2절에서 언급하는 '에베소의 감독 오네시모'도 참조)

---

1 웨슬리학회 편역, 『웨슬리 신약성경주석』(서울: 웨슬리학회, 2022), 499를 보라.
2 웨슬리학회 편역, 『웨슬리 신약성경주석』, 499-500을 보라.
3 웨슬리학회 편역, 『웨슬리 신약성경주석』, 500을 보라.
4 4:2-9는 다른 편지의 일부로 제안되기도 한다.
5 Douglas J. Moo/신윤수 옮김, 『골로새서·빌레몬서』, PNTC(서울: 부흥과개혁사, 2017), 468-472는 도피와 중재 요청 외에 형제간의 다툼과 공식적인 파송이라는 두 가지 견해도 함께 소개한다.

제**12**장

히브리서와 공동서신

히브리서와 공동서신

1. 웨슬리와 함께 읽는 히브리서

> **이 장에서 함께 공부할 주요 내용**
>
> - 히브리서는 누가, 언제, 누구를 위해, 왜 기록했는가?
> - 히브리서의 전체적인 구조는 어떻게 이루어졌는가?
> - 히브리서가 중요하게 생각하는 주제들에는 어떤 것들이 있는가?
> - 웨슬리적 관점에서 히브리서는 어떻게 볼 수 있는가?
> - 오늘날 우리에게 주는 히브리서의 메시지는 무엇인가?
>
> **키워드:** 대제사장이신 예수, 멜기세덱, 천사, 장막, 더 좋은 언약, 더 나은 제사, 믿음, 한 번의 제사, 온전
>
> **핵심 구절:** 그러나 우리에게는 하늘에 올라가신 위대한 대제사장이신 하나님의 아들 예수가 계십니다. 그러므로 우리의 신앙 고백을 굳게 지킵시다. 우리의 대제사장은 우리의 연약함을 동정하지 못하시는 분이 아닙니다. 그는 모든 점에서 우리와 마찬가지로 시험을 받으셨지만, 죄는 없으십니다. 그러므로 우리는 담대하게 은혜의 보좌로 나아갑시다. 그리하여 우리가 자비를 받고 은혜를 입어서, 제때에 주시는 도움을 받도록 합시다.(4:14-16)

I. 히브리서를 이해하기 위한 배경[1]

1. 히브리서의 저자[2]

히브리서에는 저자가 누구인지에 관해서 구체적으로 언급되지 않는다. 초기 교회 전통에서는 히브리서가 바울이 기록한 것일 수 있다고 추정하기도 했

다. 왜냐하면 이 문서의 제목이 '히브리인들에게'(pros Hebraious)로 전해져 왔으므로 '로마인들에게'(로마서), '고린도인들에게'(고린도서)와 같이 수신자들을 언급한 바울서신의 제목과 비슷하게 보였기 때문이다(물론 '히브리인들에게'라는 제목이 이 문서의 저자가 쓴 것인지, 후대의 인물이 첨가한 것인지는 알 수 없다). 또한 이 문서의 마지막에 구체적인 안부와 계획이 언급된 부분(13:22-25) 가운데 "형제자매 여러분, 부디 이 권면의 말을 받아들이기를 권유합니다. 나는 여러분에게 짤막하게 썼습니다. 우리 형제 디모데가 풀려나온 것을 알려드립니다. 그가 속히 오면, 내가 그와 함께 여러분을 만나보게 될 것입니다."라는 본문은 마치 바울의 말처럼 여겨질 수 있기 때문이다.

히브리서의 바울 저작설을 주장한 최초의 인물은 알렉산드리아의 클레멘스로 알려져 있다. 유세비우스의 『교회사』(6.14.2-4)에 따르면 바울이 히브리인들에게 보내기 위해 히브리어로 쓴 편지가 있었고, 이 편지를 누가 기자가 그리스어로 번역했는데, 유세비우스는 이것이 알렉산드리아의 클레멘스가 언급한 사실이라고 말한다.[3] 아마도 바울은 자신의 이름을 밝히면 히브리인들이 반발심을 갖게 될 것을 염려하여 익명으로 이 글을 작성했다는 것이다.[4]

반대로 히브리서가 바울의 작품이 아니라는 주장도 있었다. 특히 서방교회 전통에서 그러했는데, 가령 무라토리 정경 목록(2세기 말)에는 히브리서가 아예 없으며, 터툴리아누스는 히브리서의 저자를 바나바로 보았다. 서방교회가 히브리서를 바울의 저작으로 인정하기까지는 오랜 시간이 걸렸을 것으로 보인다.[5] 4세기 말, 카르타고 종교회의는 히브리서가 바울서신 가운데 하나인 것으로 보았다. 하지만 루터와 칼뱅은 히브리서의 저자를 바울로 간주하는 의견에 반대했고, 더 나아가 루터는 히브리서의 정경성도 의심했다.[6] 물론 히브리서가 정통적 신학에서 벗어났다고 주장한 루터의 견해는 지나친 면이 있지만, 바울의 신학을 매우 중시했던 루터가 보기에 히브리서의 내용이 바울적이지 않았다는 것은 분명하다.

그리스어 문체로 보면 히브리서는 바울서신과 너무 달라서 바울이 히브리서를 썼다고 보기는 힘들며, 또한 신학적인 내용으로 보아도 바울의 신학과는 상당히 거리가 멀게 느껴진다. 히브리서는 신약 문서들 가운데 최고의 그리스어 문장력을 보여주며, 따라서 그 저자는 고도의 수사학 훈련과 학문적 연륜을 가진 사람이었을 것이다. 따라서 저자의 정체에 관해서 우리가 추측할 수 있는 내용은, 그가 기독교의 첫 세대가 아닌 2세대 또는 3세대에 속한 인물(2:1-4 참조)로, 매우 높은 학식과 구약성서 지식을 겸비한 저자였다는 사실이다.[7]

2. 히브리서의 기록 시기와 공동체

히브리서의 기록 연대를 추정할 수 있는 구체적 근거는 매우 부족하다. 물론 90년대 중반에 기록된 『클레멘스1서』의 저자는 히브리서의 내용을 알고 있었다. 예컨대 『클레멘스1서』 17장 1절에는 히브리서 11장 37절이, 『클레멘스1서』 36장 2-6절에는 히브리서 1장 7절의 내용이 분명하게 나온다.[8] 따라서 히브리서는 90년대 중반 이전에 기록되어 유포되었음이 확실하다. 또한 이 책이 70년 예루살렘 성전 멸망 이후에 기록되었다는 것도 분명한 사실로 보인다. 왜냐하면 저자는 성전이라는 말 대신에 '장막' 개념을 계속하여 사용하고 있기 때문이다. 게다가 제의와 관련된 여러 파격적인 말씀들은 예루살렘 성전에서 더는 제사를 지낼 수 없게 된 상황을 저자가 알고 있었음을 암시하기 때문이다.[9]

히브리서에 언급된 박해의 상황이 기록 시기를 추정하는 단서가 될 수 있다고 추정하기도 한다. 신약 시대에 기독교 공동체가 많은 박해를 받은 것은 사실이지만, 히브리서에 언급된 박해의 정황이 어느 지역, 어느 시대를 말하는 것인지는 알기 힘들다. 히브리서의 독자들이 예전에 "고난의 싸움을 많이 견디어 낸" 것을 회상하라는 말씀(10:32-34)이나 "여러분은 죄와 맞서서 싸우지만, 아직 피를 흘리기까지 대항한 일은 없습니다."(12:4)라는 말씀이 어떤 박해의 정황을 염두에 둔 것인지를 추정하기가 쉽지 않기 때문이다. 따라서 히브리

서의 저작 연대는 70년 이후부터 90년 이전 사이의 어느 시점이라고 추정할 수 있다.[10]

히브리서가 기록된 장소를 추정할 만한 단서도 거의 없다. '디모데'와 '이탈리아에서 온 사람들'(13:24)이 언급된 점이나 앞에서 언급한 『클레멘스1서』가 히브리서를 알고 있었다는 사실에 근거하여 로마가 기록 장소로 추정되기도 하지만,[11] 아마도 저자는 독자들이 의외로 여길 만한 곳이 아닌 로마와 같이 유명한 장소를 암시했을 것이라고만 추정할 수 있다.[12]

히브리서의 독자층이 누구였는지도 미지수이다. 전통적 관점에서는 히브리서의 독자가 유대인이었다고 본다. 이 관점에서는 '히브리인들에게'라는 제목을 근거로 이들이 유대인이었다고 보거나 또한 유대교로 다시 돌아가기를 원하고 성전 예배와 유대교 전통으로의 회귀를 원하는 유대인 출신 신앙인이 독자층이었으며, 이들에게 교회에 머물라고 권고했다고 생각한다. 또한 히브리서가 구약성서를 유난히 많이 활용한다는 점도 이런 이론의 근거가 되곤 한다. 그러나 이런 근거들을 절대적 기준으로 삼기는 어렵다. 그리스어로 번역된 구약성서, 즉 칠십인 역(Septuaginta)은 유대인뿐만 아니라 이방인 신자들도 읽을 수 있었고, 히브리서가 인종적으로 유대인을 강조한 적도, 유대인과 이방인 사이의 관계를 강조한 적도 없기 때문이다.

따라서 히브리서의 독자층이 어떤 이들로 구성되었는지에 관한 물음은 히브리서 본문에서 다루고 있는 내용을 토대로 간접적으로만 추론할 수 있을 뿐이다. 즉, 히브리서 공동체의 지도자들은 교인들을 설득하는 데 어려움을 겪고 있었고, 이런 상황에서 예수의 희생적 죽음이 지속적 효력이 있다는 점을 효과적으로 설득하려고 했다는 정도만 확인할 수 있을 뿐이다.[13] 이 서신의 수신자들은 여러 가지 사정으로 표류하는 배와 같이 신앙의 어려움을 겪고 있는 신앙인들이었으며, 저자는 이들에게 높은 수준의 신학을 제시하여 올바른 신앙의 길로 이끌고자 했다.

II. 히브리서 함께 읽기

신약성서에서 뚜렷한 신학적 구도를 갖고 작성된 문서는 크게 세 종류이다. 첫째, 바울은 칭의론을 통해 명확한 구원관을 제시했다는 점에서 바울서신은 매우 정교한 신학적 이론을 제공한다. 둘째, 요한문서(요한복음과 요한1,2,3서)는 영적인 깊은 세계를 다루면서 태초부터 하나님과 함께했으며 하나님 자신과도 같은 예수의 정체성에 집중했다는 점에서 심오한 신학을 보여준다. 히브리서의 신학은 바울서신이나 요한문서와는 또 다른 지평을 펼쳐 보인다. 히브리서는 그리스도의 희생적 죽음이라는 주제와 대제사장인 예수의 정체를 강조하면서 믿음의 중요성을 새로운 방식으로 제시하는, 매우 중요한 신학적 문서이다. 이런 차원에서 히브리서는 바울서신, 요한문서와 더불어 신약성서의 3대 신학적 기록이라고 말할 수 있다.

물론 신약성서 27권은 모두 신학적으로 수준 높은 책들이므로 이 3대 신학적 기록이 아닌 다른 신약 문서들이 비신학적이라고 볼 수는 없다. 이들을 가리켜 3대 신학적 문서라고 일컫는 것은 이 문서들이 매우 뚜렷한 신학 이론적 전제를 가졌다는 점을 강조하는 것일 뿐, 이들을 포함한 신약성서 27권은 모두 각자 고유한 신학적 사상을 드러낸다.

히브리서 저자가 구사한 그리스어 문장력은 신약성서에서 최고 수준을 보여주며, 따라서 저자는 상당히 높은 수준의 교육을 받은 인물이었을 것이다. 다른 한편으로 히브리서의 수사적, 논리적 흐름은 현대인이 해석하기에 난해하다. 예컨대 히브리서 기자는 아주 많은 구약성서 본문을 활용하며, 거의 모든 주제를 구약 본문을 통해 펼쳐나가고 있다고 말해도 과언이 아니다. 히브리서 기자는 특히 모세오경보다 시편과 예언서를 더 자주 인용한다. 그런데 히브리서의 구약성서 인용 방식은 오늘날의 일반적 방식과 다른 경우가 적지 않다. 그러므로 히브리서 본문의 원래 의도에 가깝게 이해하려면 고대 시대의 세계관을 파악해야 하고, 고대 신앙인들이 구약성서를 현대인들과는 다른 방식으로 적용하기도 했다는 사실을 염두에 두어야 한다.[14]

1. 히브리서의 구조와 장르

전체 13장으로 이루어진 히브리서의 문학적 구조를 일목요연하게 정리하기는 쉽지 않다. 아주 단순히 구조를 나누면[15] 아들(예수)을 통한 하나님의 계시가 다른 모든 계시보다 더 중요함을 보여주는 히브리서 1장 1절-4장 13절을 첫째 부분으로 본다. 둘째 부분은 히브리서 4장 14절-10장 18절로서 여기에서는 히브리서의 중심적 주제인 예수 자신이 온전한 대제사장이심을 논증한다. 셋째 부분은 히브리서 10장 19절-13장 25절로서 구체적인 권면의 말씀과 마지막 결론을 제시한다. 히브리서의 구조를 더 자세하게 살펴보면 예수 그리스도가 어떤 분인지에 대한 주장인 기독론적인 언급들(1:1-15; 2:5-3:6; 5:1-10; 6:13-10:18; 11:1-40)과 훈계 또는 권면의 언급들(2:1-4; 3:7-4:13; 4:14-16; 5:11-6:12; 10:19-39; 12:1-13, 21)이 교대로 얽혀서 나타나고 있음을 알 수 있다.[16]

히브리서의 핵심적 주제는 '진정한 대제사장이신 예수 그리스도'를 신학적으로 논증하는 것이며, 이 주제가 집중적으로 펼쳐진 곳은 히브리서 7장 1절-10장 18절이다. 따라서 이 부분을 중심으로 그 앞에 놓인 1-6장은 이 중심적 주제를 다루기 위한 서론적 논의이고, 그 이후의 10장 19절-13장 25절은 중심적 주제에서 연장된 권면의 말씀이라고 볼 수 있다. 이런 관점에서 히브리서의 전체 구조를 다음과 같이 정리할 수 있다.[17]

A. 서론: 신학적 기본 주제(1:1-6:20)[18]
1. 사람이 되신 하나님 아들의 높여짐(1:1-14)
2. 들은 말씀을 준수하라는 명령(2:1-4)
3. 낮추어지고 죽임을 당한 아들이 높여져 하늘의 대제사장이 됨(2:5-18)
4. 신실함에 대한 명령(3:1-6)

5. 옛 백성의 광야 생활과 안식에 대한 약속(3:7-4:13)
   6. 큰 대제사장이신 예수에 대한 충성을 명령(4:14-16)
   7. 하나님 아들의 대제사장직(5:1-10)
   8. 핵심 주제인 대제사장직 논의에 대한 준비(5:11-6:20)

B. 본론: 대제사장이신 하나님의 아들(7:1-10:18)
   1. 멜기세덱의 전통에 따른 대제사장의 위상(7:1-28)
   2. 대제사장의 직무(8:1-10:18)
      1) 새 언약에 따른 직무(8:1-13)
      2) 첫 언약에 따른 직무의 본보기(9:1-10)
      3) 자기희생의 직무(9:11-15)
      4) 자기희생의 이유(9:16-28)
      5) 단번의 자기희생의 영원한 효력(10:1-18)

C. 후속적 가르침: 믿음의 길(10:19-13:17)
   1. 온전한 믿음을 굳게 할 것(10:19-39)
   2. 믿음의 증인들(11:1-40)
   3. 믿음의 싸움(12:1-29)
   4. 마지막 가르침들(13:1-17)

마지막 인사(13:18-25)

　히브리서의 문학적 장르를 고대의 다른 문서와 비교할 만한 사례는 아직 발견된 적이 없다. 히브리서는 부분적으로는 서신서의 특징을 지니면서도, 그 내용에서는 연설문이나 설교 같은 인상을 주는 독특한 장르의 문서이다. 히브리서의 결말 부분에는 서신서의 특징이 나타나고 있어서(13:18-25) 초기 교회 전통에서는 히브리서를 서신서로 보았다. 하지만 바울서신을 비롯한 다른 대부분의 서신서는 발신자와 수신자를 명시하는 등 대체로 일정한 도입양식이 나타난다. 따라서 이런 기준에서 보면 히브리서는 전형적인 서신서에 부합하지는 않는다. 물론 이런 이유로 히브리서가 실제 독자가 없는 공상적인 글이라고 보면 안 된다. 왜냐하면 히브리서는 전체적으로 아주 섬세한 논증을 펼쳐나가고 있는데, 이는 구체적인 독자층을 염두에 둔 것이라고 볼 수 있기 때문이다.[19] 따라서 히브리서는 정확하게 서신서 장르에 부합하지는 않지만, 저자는 글을 작성하거나 편집하는 과정에서 서신서와 같은 인상을 주려고 했다고 볼 수 있다.[20]

그러나 다른 한편으로 히브리서는 내용 면에서도 통일된 주제를 다루는 연설(또는 설교) 같은 인상을 준다. 예컨대 저자는 이 책을 권면의 말씀이라고 표현하며(13:22), 2장 5절이나 6장 9절에서 "우리가 말한다."라는 표현을 사용하는 것에서 볼 수 있듯이, 연설(또는 설교)로서의 특징을 강조하기 때문이다.[21] 히브리서 저자는 자신이 말하는 주제가 어렵다는 점을 강조하며(5:11), 연설의 요점을 직접 언급하기도 한다(8:1). 또한 나중에 다룰 내용을 미리 밝히기도 하고(6:1-2; 9:5), 시간이 부족하여 말을 줄인다는 언급도 나온다(11:32).[22] 이런 부가적 표현은 실제 연설(설교)이 행해진 정황과 관련되며, 이런 특징은 신약성서 가운데 오직 히브리서에서만 나온다. 이렇듯, 히브리서는 구체적 상황에서 실제로 행해진 연설(설교)의 상황과 긴밀하게 관련되어 있지만, 그렇다고 해서 히브리서가 전형적인 연설문(설교문)에 해당한다고 단정할 수도 없다. 따라서 히브리서는 기존의 어떤 유형에도 부합하지 않는 독특한 장르의 글이다.[23]

2. 히브리서의 내용

히브리서의 내용을 파악하려면 몇 가지 신학적 특징들을 살펴볼 필요가 있다.[24] 첫째, 히브리서는 구약성서를 매우 비중 있게 그리고 독특한 방식으로 해석하여 적용한 문서이다. 히브리서에는 다른 신약 문서들에서 발견되지 않는 유대교적 해석 방식들이 적지 않게 발견된다. 예를 들어 3장 7-14절은 시편 95편에 대한 유대교적 미드라쉬라고 볼 수 있으며, 7장 1-25절은 시편 110편과 창세기 14장 17-22절에 대한 미드라쉬라고 할 수 있다.[25] 또한 창세기에 나타난 신비한 인물 멜기세덱을 "정의의 왕, 살렘의 왕, 평화의 왕"으로 해석하면서(7:2) 그를 진정한 대제사장인 예수 그리스도와 연결된 인물로 보는 유형론적, 알레고리적 해석 방식을 취한다는 점도 특이하다. 히브리서는 신약성서 문서 중에서 유일하게 예수 그리스도의 신비를 설명하기 위해 멜기세덱을 언급하며, 멜기세덱 사례를 포함한 구약성서의 많은 증거를 예수의 대제사장 되심이라는 주제와 연결하여 구속사적으로 해석하는 방식을 사용해 신약성서의 전체적인 신학적 흐름과 연속성을 보인다.

둘째, 히브리서는 신비한 구원관을 역설하는 가장 핵심적인 주제로서 예수가 온전한 대제사장이 되신다는 논리를 강조한다. 즉, 히브리서 전체를 관통하는 가장 중요한 주제는 예수 그리스도가 진정한 대제사장이라는 점이다. 이는 히브리서에서는 기독론이 교회론이나 기타 훈계보다 더 우선한다는 것을 시사한다. 히브리서의 핵심 부분인 7장 1절-10장 18절은 진정한 대제사장으로서의 예수 그리스도의 정체를 다루는 기독론에 관해서 섬세하게 논증하는 부분이다.

또한 히브리서는 예수께서 지상의 삶 이전부터 존재하신 분이라는 선재(先在) 기독론을 지향하는데, 이는 요한복음 1장이나 빌립보서 2장에서 나타나는 기독론과 같은 신학 노선이다. 그렇지만 요한복음이나 빌립보서와 달리, 히브리서에서는 예수의 '부활'이 강조되지 않는다는 점이 독특하다. 히브리서에서 예수의 부활은 오직 히브리서의 결말부에서만 한 번 나타난다(13:20). 히브리서는 다른 신약 문서들처럼 그리스도의 하강(내려오심)과 상승(올라가심)의 구도를 다루며, 그가 하늘 보좌에 앉으신 분임을 역설하지만(8:1; 12:2), 이런 주제를 다루면서도 예수의 부활은 많이 강조하지 않는다는 점도 독특하다.

셋째, 히브리서는 위로 올려진 그리스도께서 세상의 통치자 역할을 하신다는 것을 강조한다. 히브리서는 올려진 그리스도의 위상과 세상의 통치자로서의 위상 그리고 대제사장이신 분으로서의 위상을 동시에 말한다. 자신을 낮추신 예수를 강조하면서 동시에 그 예수를 하나님이 높이셨음을 강조하는 대표적인 예는 바울의 '그리스도 찬가'(빌 2:9-11 참조)인데, 바울은 이 찬가에서 높아지신 그리스도에게 '주님'이라는 이름이 수여되었다고 말한다. 이에 반해 히브리서는 '주님' 대신에 '아들'이라는 칭호를 쓴다(1:4 이하). 히브리서 저자는 '하나님 영광의 광채, 본체의 형상'(1:3)이라는 표현을 통해 선재(先在)하셨던 그리스도를 고백하면서 '아들' 개념을 전면에 제시하며, 이와 함께 단순히 선재하신 분으로서의 그리스도의 위상만을 강조하지 않고 통치자로서의 역할도 강조한다. 이를 통해 히브리서는 예수 그리스도의 존재감이 신비한 차원에만 국한된 것이 아니라 교회의 실제적인 영역에서도 구체적으로 작용한다는 것을 말한다. 예를 들어 히브리서 5장은 예수의 '지위와 역할'을 모두 강조하는데, 여기에서 저자는 예수의 '지위'와 현실 세계에서의 실제적 '역할'(기능)이 불가분의 관계에 있다고 말한다(5:5-10 참조).

넷째, 히브리서는 이 '아들'의 통치는 아직 온전하지 않지만, '대제사장'이신 그 아들의 구원 능력은 온전하여 다른 어떤 도움이 필요하지 않다고 말하며, 따라서 신자들은 오직 대제사장이신 아들의 구원 능력에만 의지해야 함을 강조한다(2:5-18). 이런 신학적 논증 과정에서 기독론적 진술은 신앙인들의 현실의 삶과 아주 밀접한 것으로 다루어진다. 즉, 그리스도가 모든 면에서 '아들들', 즉 그의 형제들과 같은 분이시며(2:10-11, 14), 그들과 마찬가지로 시험을 당하시고(2:18; 4:15), 또한 순종함을 배워야 하셨다는 점이 강조된다(5:8-9). 이는 그리스도의 위상이 부족하다는 것을 말하려는 것이 아니라 오히려 신비한 지위를 가지신 예수 그리스도께서 우리 인간과 밀접한 관계를 맺고 있다는 것을 알려주려는 것이다.

다섯째, 히브리서에서는 제의(제사) 주제가 중요하게 거론된다. 구약 시대의 유산과 씨름했던 가장 대표적인 저자인 바울이 구약의 율법 준수 문제를 다루었다면, 히브리서 저자는 구약의 제의 주제를 아주 자세하게 논증한다. 히브리서는 그리스도의 속죄 죽음이 어떻게 모든 이전의 제사를 대체하는지를 설득력 있게 논증한다(9:13-14).[26] 히브리서의 기록 연대를 예루살렘 성전이 파괴된 70년 이후로 추정한다면 히브리서 저자가 왜 과거의 반복적 희생 제사를 부정하면서 그리스도의 단 한 번의 희생적 죽음을 강조했는지, 이런 주장을 펼쳐야 했던 당시의 정황이 어떤 것이었는지 많은 토론이 필요하다. 혹시 성전이 파괴되고 나서도 여전히 성전 제사가 중요하다고 하면서 혼란을 일으킨 사람들이 있었던 것은 아닌가? 또는 성찬식을 포함하여 초기 기독교 시대에 행해졌던 어떤 성례전을 신비주의적으로 해석하면서 이런 것들을 반복적으로 드려졌던 성전 제사와 동일시하려고 했던 자들이 있었던 것은 아닌가?[27]

히브리서는 시험의 위기 속에서 지쳐 있는 신앙인들에게 힘을 주고 바른 신앙의 길로 인도하려는 목적으로 기록되었다는 점은 분명하다. 히브리서 저자와 그의 독자들은 아마도 구약성서에 정통했던 사람들이었을 것이다. 히브리서 저자는 힘든 신앙의 길을 가고 있는 독자들을 과거의 유산을 토대로 설득하지 않고(5:12; 6:1 참조), 오히려 새로운 방식을 그들에게 제시한다. 이 새로운 방식은 십자가에 매달리시고 올려지신 그리스도에 대한 새로운 신학적 해석을 중심으로 한 것이다. 히브리서 저자가 소개하는 그리스도는 현실의 신앙인들을 적극적으로 도우시며 함께하시는 분이다. 그분은 표류하는 배와 같이 지쳐 있는 신앙인들을 도우시는 견고한 닻과 같은 분이며, 오직 이 그리스도를 통해서만 구원에 대한 새로운 희망을 품을 수 있을 뿐 다른 길은 없다고 히브리서 저자는 역설한다(6:19-20 참조). 이 구원의 길을 열어주신 분이 바로 진정한 대제사장이신 예수 그리스도이다(6:20). 그러므로 히브리서는 십자가에서 시작하여 하늘의 거룩한 보좌로 이어지는 은총의 능력을 강조한다는 점에서 그리고 그리스도를 온전한 대제사장으로 역설함으로써 제의적 차원의 창의적 해석을 시도했다는 점에서 심오한 사상을 보여주는 글이다.[28]

III. 웨슬리와 함께 읽는 히브리서

1. 웨슬리와 히브리서

히브리서는 웨슬리가 즐겨 사용하는 성경이다. 95번 "선한 천사들에 대하여"(1:14), 107번 "완전에 대하여"(6:2), 132번 "믿음에 대하여 Ⅰ", 150번 "믿음에 대하여 Ⅱ"(11:1), 135번 "믿음의 발견에 대하여"(11:1), 139번 "목회적인 직분"(5:4) 등 6편이 히브리서를 본문으로 한 설교이다. 히브리서와 관련하여 특히 눈여겨볼 것은 난해한 구절인 히브리서 6장 4-6절에 대한 웨슬리의 이해이다. 웨슬리는 그리스도인의 완전이나 타락의 주제를 논할 때 이 구절을 자주 활용한다. "완전에 대하여"에서 웨슬리는 그리스도인은 죄를 짓지 않는다는 논리에 반대하면서 '육체에 있는 자'를 하나님의 자녀가 아닌 '자연적 상태'(『표준설교』 9번 "노예의 영과 양자의 영" 참조)에 있는 자("완전에 대하여", 2.10)로 이해하면서 "한 때 하나님의 자녀였다가도 완전히 떨어져 나갈 수 있다."라는 히브리서 구절에 근거하여 그리스도인의 완전 논리를 뒷받침한다("완전에 대하여", 2.12).

그러나 웨슬리는 이 히브리서 구절을 절망적으로만 해석하지 않는다. 『표준설교』 16번 "우리 주님의 산상수훈에 관하여-강해 1"(2.4)과 19번 "우리 주님의 산상수훈에 관하여-강해 4"(1.9)에서 각각 같은 히브리서 6장 4-6절을 활용하는데, 여기에서는 그리스도인의 타락을 인정하면서도 언제든지 이들이 다시 하나님의 자녀로 회복될 기회가 주어진다는 점을 강조한다. 그는 "타락한 사람들"이라는 말이 하나님에 대한 "전적인 배신"을 뜻하는데, 하나님의 자녀는 일시적으로 "미끄러질 수는 있어도 아주 타락하지는 않는다."("산상수훈 강해 4", 1.9)라는 그리스도인의 완전 논리를 유지한다(『표준설교』 35번 "그리스도인의 완전" 참조). 그렇지만 하나님의 자녀에서 다시 마귀의 자녀로 떨어져 나간 사람이 영원히 회복의 기회를 상실하는 것은 아니다. 왜냐하면 그를 다시 살리시는

"하나님의 사랑"이 그를 다시 찾아오고도 남을 만큼 넉넉하기 때문이다("산상수훈 강해 1", 2.4). 이처럼 히브리서는 특히 그리스도인의 완전, 그리스도인의 타락, 그리스도인의 반복 가능한 칭의와 중생의 개념에서 종종 활용된다.

2. 히브리서와 현대 교회

히브리서는 정밀한 신학적 체계를 보여준다. 그 체계의 중심에 구약성서에 대한 심오한 해석이 있다. 교회의 역사는 한편으로 신학을 심화하는 방향으로, 다른 한편으로는 대중에게 쉽게 다가갈 수 있는 메시지를 계발하는 방향으로 발전해 왔다. 교회 현장에서 후자가 중요한 것이 사실이지만, 신학적인 탄탄한 체계가 그 중심에 있어야 한다. 교회는 매일의 신앙적 삶을 견고한 신학적 토대와 연결하려는 노력을 기울여야 한다.

히브리서는 믿음을 성숙함으로 나아가는 신앙의 길이라고 역설한다. 오늘날 많은 교회가 신앙 교육에 힘을 기울이고 있지만, 아직도 부족한 부분이 적지 않다. 성도 각 사람의 꾸준한 훈련과 성경 공부를 위해 더 큰 노력이 필요할 것이다. 대제사장이신 예수를 강조하는 히브리서는 교회가 거룩한 예배(제의) 공동체이며 하나님과 하나 됨을 추구하는 신비한 목적을 근본으로 삼고 있음을 시사한다. 예배(제의)를 하나의 굳어진 형식으로만 생각해서는 안 된다. 예배는 하나님과 만나고, 하나님의 음성을 듣는 가장 거룩한 활동이다. 그러므로 예수만이 참되신 대제사장임을 깨닫게 만드는 거룩한 예배가 신앙의 중심에 있어야 하며, 다른 것을 중심으로 여기는 옛 관습으로 돌아가서는 안 된다. 이렇게 예배의 본질적 의미를 기억하는 교회가 되어야 할 것이다.

3. 더 생각해 볼 문제

1) 히브리서에는 많은 구약성서 본문이 언급되는데, 과거의 말씀을 예수 그

리스도 사건에 비추어서 어떻게 새롭게 해석하고 있는지 분석해 보라.
2) 이와 관련하여 히브리서 저자가 예수 그리스도의 대제사장 되심을 멜기세덱과 관련해 해석하는 주제를 창세기 14장, 시편 110편 그리고 쿰란문서와 직접 비교해 보라.
3) 히브리서에서 언급된 천사 주제를 현대 교회의 관점에서 어떻게 적용할 것인지에 관해서 연구해 보라.
4) 히브리서의 믿음(신앙) 주제는 바울서신, 요한문서, 공관복음서 등과 비교하여 어떤 특징이 있는지 연구해 보라.

2. 웨슬리와 함께 읽는 야고보서

이 장에서 함께 공부할 주요 내용

- 그리스도인들의 시험과 인내는 무엇인가?
- 믿음과 행함은 서로 어떤 관계가 있는가?
- 온전한 그리스도인이란 무엇인가?

키워드: 시험, 행함이 없는 믿음, 그리스도인의 완전

핵심 구절: 그러나 완전한 율법 곧 자유를 주는 율법을 잘 살피고 끊임없이 그대로 사는 사람은, 율법을 듣고서 잊어버리는 사람이 아니라, 그것을 실행하는 사람인 것입니다. 이런 사람은 그가 행한 일에 복을 받을 것입니다.(1:25)

Ⅰ. 야고보서를 이해하기 위한 배경

1. 야고보서의 저자

야고보서는 1장 1절에서 "하나님과 주 예수 그리스도의 종"이라고 저자 야고보를 소개한다. 서신의 마지막 부분에 인사가 빠졌기 때문에 저자와 관련하여 이 밖에는 다른 부차적인 정보를 찾기 어렵다. 신약성서에는 야고보라는 인물이 모두 다섯 명이 있는데, 교회 전승에는 야고보서의 저자가 주의 동생 야고보라고 알려져 있다. 그러나 야고보서의 저자가 제자 야고보일 가능성도 완전히 배제할 수는 없다. 그러나 만약 제자 야고보라고 한다면 그는 헤롯 아

그립바1세가 통치했던 41-44년 사이에 순교했기에(행 12:2) 이 서신이 그 전에 기록되어야 하는데, 이렇게 보는 것은 다소 무리가 있다. 그런 면에서 저자는 주의 동생 야고보이거나 아니면 '야고보'라는 이름이 중요하게 받아들여지는 공동체에서 그의 이름과 명성을 빌렸을 가능성(차명 서신)도 배제할 수 없다.

2. 야고보서의 수신자와 기록 동기

수신자는 1장 1절에 "디아스포라의 열두 지파"라고 되어 있다. 이는 유대 기독교를 가리키기보다는 전체 교회를 표현하는 말로서 전 세계에 흩어져 있는 그리스도인들을 일컫는 것이다. '디아스포라'의 개념은 이 세상에 흩어져 살아야 하는 유대인들을 가리키지만, 여기에서는 이 세상의 낯선 땅에서 살아가야만 하는 모든 그리스도인을 의미한다(벧전 1:1, 빌 3:20 참조). 저자는 어떤 특정한 공동체가 아닌 이 땅에서 살아가는 모든 그리스도인을 대상으로 쓰고 있다. 야고보서의 내용은 복음의 1.5세대보다 더 후대의 상황들을 보도한다. 교회 안에 이미 공적인 임무를 담당할 장로들이 존재했으며(5:14), 신학적으로 바울의 '이신칭의' 신학에 대한 부작용도 있었다. 이런 모든 것들을 종합해 볼 때 이 서신은 대략 90-100년경 작성된 것으로 보인다. 저자는 신앙의 선배들이 가진 문제, 특히 바울 전승의 영향으로 행함이 없는 믿음을 지나치게 강조하여 생기는 부작용을 극복하고, 기독교인이 실제 생활에서 온전한 그리스도인으로서 어떻게 살아야 하는지 가르쳐 주려 한다.

II. 야고보서 함께 읽기

1. 야고보서의 구조

1:1-18 서언 및 시험을 당할 때 인내에 관한 권면
1:19-27 듣는 것과 행하는 것
2:1-13 교회 안에서의 차별적인 행동
2:14-26 믿음과 행함
3:1-12 말로 짓는 죄
3:13-4:17 다툼에 대한 권고와 허탄한 생각에 대한 경고
5:1-11 부자들에 대한 경고와 주의 다시 오심을 참고 기다리라는 권면
5:12-20 마지막 경고

2. 야고보서의 내용

[1:1-27] 서언 및: 이 편지는 그리스도인이 시험을 겪는 것이 불가피하다고 시작한다. 여기에서 말하는 '시험'은 유혹이 아닌 시련과 검증의 과정을, '인내'는 이런 시련 속에서도 하나님을 신뢰하며 버티는 능력을 말한다. 저자는 지혜를 강조하는데, 이는 단순한 지식이 아니라 하나님에서 비롯한 통찰력과 현명함을 의미한다. 지혜는 우리가 삶의 어려움 속에서도 하나님의 뜻을 찾아 행할 수 있게 하는 하나님의 선물이다. 저자는 하나님께서 지혜를 구하는 이들에게 아낌없이 주신다고 말한다. 저자는 교회 안의 경제적인 지위 문제에 관해서 언급하며, 가난과 부에 따른 차별이 존재한다는 점도 인정한다. 그러나 그리스도인은 이런 세상의 가치관과 다른 세계관을 가져야 하며, 하나님은 모든 이를 소중히 여기시므로 부자는 자신의 재물을 이웃 사랑을 위해 사용해야 한다고 권고한다.

[2:1-13] 차별에 대하여: 저자는 사람의 외모나 경제적 상태에 따라 그를

판단하지 말고 그리스도의 사랑으로 모두를 평등하게 대하라고 강조한다. 사회적 차별은 그리스도의 가르침과 어긋나며, 모든 이는 하나님 앞에서 평등하다.

[2:14-26] **믿음과 행위의 일치:** 단순히 말로만 하는 위로는 아무 의미가 없으며, 그리스도인은 실제 행동으로 자기 믿음을 증명해야 한다. 야고보는 아브라함이 자신의 믿음을 행동으로 보여줌으로써 그 믿음을 완성했다고 말한다. 이는 믿음만으로 충분하지 않으며, 그 믿음을 실천으로 옮기는 것이 중요함을 시사한다.

[3:1-18] **공동체 내에서의 가르침의 중요성:** 여기에서는 교회 공동체 안에서의 가르침과 그에 따른 책임을 다룬다. 가르침의 내용은 진리에 부합해야 하며, 가르치는 이의 삶도 그 가르침과 일치해야 한다. 저자는 그리스도인이 하나님에게서 온 지혜, 즉 성결, 화평, 관용, 양순, 긍휼 등을 추구하며, 이런 덕목은 인간관계뿐만 아니라 하나님과의 관계에서도 중요한 것이라고 말한다. 이런 지혜를 통해 그리스도인은 의의 열매를 맺고 하나님의 뜻을 이룰 수 있다.

[4:1-17] **정욕의 위험:** 그리스도인은 자기 인생의 목표가 하나님을 기쁘시게 하는 것인지, 자기를 기쁘게 하는 것인지 생각해 보아야 한다. 이 세상에 대한 과도한 쾌락과 지나친 욕망은 영적인 생활을 위험하게 만든다. 자기의 욕망 추구를 목표로 삼는 삶은 자기 자신뿐만 아니라 주변의 사람들까지도 하나님과 멀어지게 한다. 세상을 사랑하는 것은 하나님을 배신하는 것이다. 이는 육체적인 간음은 아니지만, 영적인 간음에 해당한다. 하나님을 신랑으로, 이스라엘을 신부로 묘사하는 것은 구약에서 온 것이다(렘 3:20). 하나님께 불순종하는 것은 결혼의 서약을 깨는 것이며, 하나님의 마음을 아프게 하는 것이다. 그리스도인은 내적이든 외적이든 성결해야 한다. 누구든 자신의 죄를 발견한 사람은 슬퍼하며 애통하게 된다. 그러나 이런 슬픔은 곧 새로운 출발로 그를 이끌어 결국 기쁨을 가져다준다. 허탄한 것을 자랑하는 것은 악하다. 자신이 갖고 있지 않으면서 미래에 대한 확신을 말하고 남에게 거짓된 확신을 심어주는 것도

큰 잘못이며 악이다. 그리스도인이 말하고 따라야 할 것은 오로지 주님의 뜻밖에 없다. 그분의 뜻은 그리스도인 인생의 기준이 되어야 하며, 그분의 뜻에 따라 죽기도 하고 살기도 해야 한다.

[5:1-20] 부자들에 대한 경고: 부자들은 이후 받게 될 고생을 염두에 두면서 책임 있게 행동해야 한다. 자신만을 위해 부를 사용하는 사람은 언젠가 심판 날에 재판장 앞에 서게 될 것이다(5:1-6). 그리스도인은 주님의 강림을 기다려야 한다. 따라서 믿음이 있는 자라면 인내로써 자신의 믿음을 증명해 보여야 한다. 정직한 사회에는 맹세가 필요하지 않다(5:12). 오히려 '솔직히 말하라'라는 표현은 다른 일상적인 말의 신뢰성을 떨어뜨린다. '맹세하지 말라'는 말은 뒤집어 말하면 자기 생각이나 사상을 너무 절대화하지 말라는 의미일 수도 있다. 우리가 지금 드는 생각을 '옳다', '그르다'라고만 말하면 나중에 얼마든지 바꿀 수 있다. 그러나 맹세를 하면 맹세한 그 말은 바꿀 수 없다. 이 구절들에는 초기 기독교 공동체의 모습이 보인다. 그들은 찬송하는 교회(13절), 병 고치는 교회(14-15절), 죄를 고백하는 교회(16-18절)였다. 교회 공동체는 진리를 떠난 자를 다시금 바른길로 인도해야 할 의무가 있다. 다른 사람의 영혼을 구원하는 것은 자신의 영혼을 구원하고, 허다한 죄를 덮는 가장 확실한 방법이다.

3. 야고보서 요약

야고보서에 반영된 교회는 안으로는 신앙과 행함의 긴장이, 밖으로는 사회적인 긴장 곧 빈부의 차별 등이 있는 상황에 있었다. 이런 상황에서 야고보는 '온전한 그리스도인'에 관해서 말한다. 야고보는 믿음과 행함의 일치, 말과 행함의 일치, 부자와 가난함의 형평성이라는 문제를 다룬다. 당시 그리스도인들은 바울의 이신칭의의 교리에 대한 일종의 부작용으로 믿음과 실천이 분리되어 불균형을 이루는 삶을 살아가고 있었다. 뿐만 아니라 부자와 가난한 자를 차별하여 대하면서 상대적 약자인 궁핍한 자에 대한 배려와 돌봄이 부족했다

(2:1-13). 부자들은 하나님 대신 자기 자신을 믿었고(4:13-17), 노동자들을 무시하고 그들을 착취의 대상으로 삼았다(2:6; 5:1-6). 그래서 야고보는 행함과 일치하지 않는 허상인 믿음을 경고하게 된 것이다. 그는 진정한 믿음과 행함은 절대로 서로 떨어질 수 없는 것이라고 말한다. 이런 믿음을 가진 자가 온전한 그리스도인이며, 야고보가 바라는 공동체 구성원의 모습이다. 이런 모든 것을 가능하게 하는 것은 '위로부터 오는 지혜'이며, 이는 인간을 새롭게 하며 올바른 열매를 맺는 믿음을 갖게 한다.

III. 웨슬리와 함께 읽는 야고보서

1. 웨슬리와 야고보서

웨슬리는 종교개혁자 중에서 신앙과 그에 따른 실천을 가장 강조한 사람이다. 특히 그는 야고보서 1장 4절을 통해 인내에 관해서 설교했는데, 여기에서 인내가 그리스도의 완전으로 향하는 가장 중요한 덕목이라고 전한다. 성숙한 그리스도인으로 향하는 길은 바로 인내이다(설교 102번 "인내에 대하여"). 실천을 강조하는 그의 신학은 "행함 없는 믿음이 죽은 것"임을 강조하는 야고보서에 그 뿌리가 있다(2:24-25). 그에 따르면 바울과 야고보는 대척점에 있는 것이 아니다. 웨슬리는 『신약성서주석』의 야고보서 2장 24절 주석에서 "바울은 살아 있는 믿음을 이야기하고, 사도 야고보는 여기에서 죽은 믿음을 이야기한다."라고 말한다. 이토록 웨슬리에게 있어 참된 기독교 신앙은 이웃에 대한 사랑과 봉사로 나타나야 한다는 그의 생각은 온전한 그리스도인을 강조하는 야고보서와 떼려야 뗄 수 없는 깊은 사상적 연관성을 갖고 있다. 그의 그리스도의 완전을 지향하는 성화 사상도 이런 야고보서의 덕과 하나님을 두려워하는 삶을 추구하는 것과 다르지 않다. 웨슬리의 야고보서 해석은 사회 정의와 개인적 거룩함에 대한 그의 깊은 헌신을 반영하며, 이는 감리교 전통의 핵심 기둥이다.

2. 야고보서와 현대 교회

현대 교회의 가장 큰 문제점 중 하나는 행함과 믿음의 불일치일 것이다. 우리가 믿는 것과 행하는 것의 불일치는 기독교에 대한 호감도를 낮출 뿐만 아니라 자신의 신앙에도 불균형을 초래하여 결국 건강한 신앙인이 되지 못하게 하는 걸림돌이 된다. 야고보서가 '오직 믿음'이라는 바울 신앙에 대한 치유책으로 나온 것이라고 한다면 오늘날 한국 교회는 이런 야고보서의 교훈을 통해 다시금 건강하고 온전한 기독교인이 되도록 노력해야 한다.

3. 더 생각해 볼 문제

1) 한국 교회에 나타나고 있는 믿음과 행함의 불균형의 원인은 무엇이라고 생각하는가?
2) 온전한 그리스도인이 되기 위해 나의 신앙생활에서 고쳐야 할 부분은 무엇인가?

3. 웨슬리와 함께 읽는 베드로전서

이 장에서 함께 공부할 주요 내용

- 그리스도인들의 정체성은 무엇인가?
- 고난 속에서 그리스도인들이 가져야 할 자세는 무엇인가?
- 음부에 내려가신 예수를 어떻게 해석할 것인가?

키워드: 고난, 그리스도인의 정체성, 거룩한 삶

핵심 구절: 하나님께서는 여러분의 믿음을 단련하셔서, 불로 단련하지만 결국 없어지고 마는 금보다 더 귀한 것이 되게 하시며, 예수 그리스도께서 나타나실 때에 여러분에게 칭찬과 영광과 존귀를 얻게 해 주십니다.(1:7)

I. 베드로전서를 이해하기 위한 배경

1. 베드로전서의 저자

교회는 전통적으로 베드로가 이 서신의 저자라고 보지만, 현대 학계에서는 이에 대해 다른 의견들을 제시한다. 서신에서 베드로가 자신을 "장로"이자 "그리스도의 고난의 증인"(5:1)이라고 소개하며, 실루아노를 통해 서신을 작성했다고 언급하는 것은 실루아노가 비서 역할을 했거나 서신의 전달자였을 가능성을 시사한다. 그러나 일부 학자들은 베드로의 이름이 그의 권위를 빌리기 위해 사용되었을 것으로 보고 있으며(차명 서신), 실제 저자의 정체는 불명확하

다고 주장한다.

베드로 저작설에 대한 의구심을 불러일으키는 요인으로는 서신이 소아시아에서 기독교가 널리 퍼진 시기를 전제로 한다는 점, 베드로의 순교 시기와 일치하지 않는다는 점, 그리스어 사용 능력, 사도와 장로의 지위 표현의 차이, 예수에 대한 명시적 언급이 없다는 점 등이 있다. 이런 분석을 고려할 때 이 서신이 대략 90년경 소아시아에서 기록되었을 것으로 추정된다. 이는 초기 교회의 문헌학적 연구에서 베드로의 저작 여부에 대한 현대 학계의 의구심을 반영한 것이며, 신약성서 문헌의 저자 식별과 권위 부여 방식을 깊이 고려한 결과이다.

2. 베드로전서의 수신자와 기록 동기

베드로전서는 소아시아 지역의 이방 그리스도인 공동체를 대상으로 한다. 이 교회 공동체는 이교도적인 사회와 갈등 속에 있었으며, 교회 안에는 카리스마적 직무와 장로제도가 있었다. 이 서신은 고난과 박해라는 환경 속에서 기독교인들이 겪는 일상적 어려움을 다루며, 기독교인의 생활 방식이 주변 사회로부터 배척받을 수 있었음을 시사한다. 이 서신은 이런 상황 속에서 그리스도인들에게 격려와 위로를 주는 편지이다. 이 서신은 교회의 제도화가 진행되던 시기의 배경을 이해하는 데 중요한 정보를 담고 있다. 100년에서 140년 사이에 교회는 재림의 지연, 예루살렘과 성전의 멸망이라는 현실에 적응하면서 유대교 및 로마제국과의 관계에서 나름대로 자신의 위치를 찾아가는 중이었다. 이 시기에 교회는 독자적인 신조와 성경, 조직을 발전시키며, 사역자들의 역할을 규정하는 등 자체 제도를 강화해 나갔다.

II. 베드로전서 함께 읽기

1. 베드로전서의 구조

1:1-12 서두와 고난받는 그리스도인들의 산 소망에 대한 찬양
1:13-25 구원을 바라보며 거룩한 생활을 하라
2:1-4:19
- 2:1-10 모퉁이돌 예수 그리스도
- 2:11-4:19 고난과 핍박받는 그리스도인들의 확증
  2:13-17 그리스도인과 국가
  2:18-25 종들에 대한 권면
  3:1-7 부부생활에 대한 권면
  3:8-12 교회와 주변 세계 안에 있는 그리스도인
  3:13-4:6 고난은 그리스도인의 정체성
  4:7-19 종말의 때에 보여야 할 태도

5:1-4 장로들과 젊은이들을 향한 권면
5:5-11 두려워하지 말고 깨어 있으라
5:12-14 실루아노의 추천과 평화의 인사

2. 베드로전서의 내용

[1:1-12] 서언: 베드로전서의 시작 부분은 전통적인 유대교 서신 형식을 따르며, 특히 고난 중에 있는 그리스도인들에게 초점을 맞춘다. 핍박 속에서 고통받는 그리스도인 공동체에게 저자는 소망을 유지하라고 조언한다. 이 구절들은 찬양의 형식을 취하면서 하나님에 대한 깊은 감사의 뜻을 표현하고, 그리스도인이 부활에 대한 믿음을 통해 현재의 고난 속에서도 기쁨을 발견할 수 있다고 말한다. 이런 소망을 갖는 이들은 결국 영광과 칭찬을 받게 될 것이다.

[1:13-25] 그리스도인으로서 바람직한 생활 방식: 예수 그리스도를 따르

며 거룩한 삶을 영위하기 위해 과거의 욕구를 버리고 앞으로 다가올 은혜를 기다리는 태도가 강조된다. 나그네로서 이 땅을 살아가는 그리스도인들은 하나님의 공정한 심판을 의식하면서 존경과 두려움으로 살아가야 하며, 이런 삶은 형제애를 통해 최종적으로 표현되어야 한다.

[2:1-10] 그리스도인이 되기 위한 권면: 그리스도인이 되기를 원하는 사람은 현재의 삶에 만족해서는 안 되며, 성장을 위해 악의, 거짓, 위선, 질투와 같은 과거의 나쁜 생활 방식을 단호하게 버려야 한다. 이런 악한 것은 그리스도 없는 삶의 방식이자, 이교 세계의 생활 방식에 속한 것이다. 도리어 그리스도인이 추구해야 할 것은 순수한 젖과 같은 말씀이며, 이 젖은 구원에 이르도록 성장을 촉진하는 영양분을 준다. 4-10절에서 저자는 이사야 28장 16절을 인용하여 교회의 본질과 직무를 설명한다. 그리스도인은 말보다는 삶을 통해 예수 안에서 하나님께서 자신에게 행하신 일을 증거해야 한다.

[2:11-25] 그리스도인의 올바른 생활: 저자는 그리스도인들에게 올바른 생활을 유지하라고 다시금 권고한다. 그리스도인들은 나그네로서 육체의 정욕을 제어해야 하며, 이 땅에 임시로 살아가는 존재, 즉 다리를 건너는 사람으로서 약속의 땅을 향해 인내하며 살아야 한다. 그리스도인은 거룩한 목적지에 합당한 자가 되기 위해 자신을 순결하게 지켜야 하며, 그리스도인으로서 의무를 이행해야 한다. 첫 번째 의무는 법과 국가에 순복하며 선을 통해 악을 극복함으로써 시민으로서 책임을 다하는 것인데, 이는 기독교인들이 지켜야 할 기본적 의무이다. 두 번째는 공동체 안에서 지켜야 할 의무이다. 기독교인들의 자유는 방종이 아니며, 공공의 이익을 해치지 않는 범위 내에서 행사되어야 한다. 세 번째는 노예로서의 의무이다. 초대교회 시기에 노예제도는 일상적이었으며, 노예들에게는 인격에 관한 기본적 권리가 없었다. 저자는 노예에게 폭동이나 저항을 권하지 않고, 그 대신 예수를 바라보며 인내하라고 권고한다. 그리스도인들의 고난은 예수의 고난에 참여하는 것이며, 심판은 하나님께 맡겨야 한다.

[3:1-7] 부부생활에 대한 권면: 초기 기독교 세계관에서 여성은 권리를 거의 갖지 못했다. 여성의 주된 의무는 가정에 머물며 남편에게 순종하는 것이었다. 베드로전서의 권고는 유대 전통과 크게 다르지 않으며, 결혼은 상호 의무와 책임을 포함한다고 강조한다. 남편은 여성을 약한 존재로 인식하고 신사적으로 존중해야 한다. 만약 이 책임을 다하지 않으면 기도 응답에 장벽이 생긴다. 상처받은 아내의 한숨은 하나님이 남편의 기도를 듣지 못하게 한다.

[3:8-12] 그리스도인 생활의 특징: 그리스도인의 특징은 하나가 되는 것이다. 그것을 위해 저자는 같은 마음을 품으라고 권한다. 그 밖에도 동정, 형제애, 불쌍히 여김, 겸손과 용서를 말한다.

[3:13-16] 그리스도에 대한 변론: 위험한 세상에서 그리스도인의 안전과 그리스도에 대한 변론에 대해 다룬다. 변론은 합리적이고 공손하며 존경심을 기반으로 이루어져야 한다. 그러나 가장 설득력 있는 변론은 그리스도인의 생활 방식 그 자체이다. 그리스도인은 깨끗한 양심으로 행동하고, 어떤 비난에도 흠잡을 것이 없는 생활 방식을 유지해야 한다.

[3:17-4:6] 그리스도의 구속: 이 부분은 베드로 서신에서 가장 이해하기 어려운 부분으로 손꼽힌다. 이 구절은 "예수께서 음부로 내려가셨다."라는 사도신경의 복잡한 조항의 배경이 된다. 저자는 그리스도의 사명이 우리를 하나님께 이끄는 것임을 강조한다. 그리스도는 우리의 죄를 위해, 의로운 자로서 부정한 자들을 대신하여 우리가 하나님께 가까이 가게 하려고 한 번 돌아가셨다. 이는 하나님의 구원사역이 지하 세계에까지 미칠 수 있음을 나타내며, 그의 권능이 죽음으로 제한되지 않음을 보여준다.

[4:7-19] 종말에 대한 준비: 여기에서 저자는 가까이 오는 종말을 정신을 차리고 준비하고 근신하며 기도해야 한다고 말한다. 그러나 무엇보다 가장 중요한 것은 상대방의 허다한 죄를 가려주는 사랑이다. 그리고 그리스도인으로서의 책임은 손님을 대접하는 것이며, 자신의 은사로 공동체를 섬기는 것이다. 이런 과정에서 그리스도인은 당연히 박해받는다. 박해는 우리가 그리스도의

고난에 참여하는 길이자, 영광에 이르는 길이다.

[5:1-4] 장로들과 젊은이들을 향한 권면: 직분을 맡은 자들, 그중에서도 장로들에게 대한 조언을 포함하고 있다. 기독교 공동체에서 장로들을 임명하는 것은 관례였다(행 14:23). 디도는 각 성에 장로들을 임명하기 위해 크레타섬에 남아 있었으며(1:5), 장로들은 교회의 재정 등 여러 사항을 다루는 일에 관여했다. 사도행전에는 예루살렘 성에 기근이 들었을 때 바울과 바나바가 빈민구제를 위한 헌금을 장로들에게 맡겼다는 것이 적혀 있다.

[5:5-11] 젊은이들에게 하는 조언: 그리스도인은 하나님의 손아래에서 겸손해야 하며 모든 염려를 주님께 맡겨야 한다. 하나님은 자기 외아들까지도 우리를 위해 내어주실 정도로 우리에게 모든 것을 아낌없이 주실 수 있는 분이시다.

[5:12-14] 실루아노의 추천과 마지막 인사: 실루아노(실라)가 초대교회의 매우 유력한 인물 중 하나였다는 것은 확실하다. 그는 베드로를 대필해 주는 사람 이상의 역할을 했다. 사도행전 16장 37절에 따르면 그는 로마의 시민이며, 교회의 중견 인물이기도 하다. 그리고 베드로보다 더 높은 교육을 받은 사람이다. 13절의 그리스어 원문에는 '교회'라는 말은 없다. 다만, '바벨론에 있는 너희와 같이 택함을 받은 자'라고 되어 있을 뿐이다.

3. 베드로전서 요약

베드로전서의 신학적 메시지는 한마디로 고난받는 그리스도인이다. 그리스도인들의 정체성, 즉 그리스도인은 누구이냐는 질문에 저자는 고난받는 자들이라고 정의한다. 그리스도인이면 고난받는 것이 당연하다. 1세기 말, 기독교 3세대에 속하는 공동체들은 주님이 곧 오신다는 임박한 종말론을 믿고 있다가 이 시기가 도래하지 않자, 신앙에 피로감이 쌓이기 시작했고, 안으로는 종교적 열광주의와 영지주의 등 기독교 공동체에 부정적인 영향을 끼치는 사상적 조류들이 나타났다. 또한 밖으로는 황제 숭배를 강요하는 로마와 같은 동족인 유대인들의 종교적 핍박 등 여러 가지 고난의 요소들이 존재하고 있었다. 이런 시기에 저자는 그리스도인의 실존에 관해서 설명하며, 공동체에 견디고 끝까지 승리하라고 격려한다. 이 세상에서 그리스도인의 정체성은 '흩어진 나그네'이자, '선택받은 자'이다(1:1-2). 이들은 이 세상에서는 이방인이며 이 세상에 절대 속할 수 없는 존재들이다. 이들의 본향은 하늘에 있다. 예수는 죽음을 통해 그들을 구속하고, 치유하며, 구원했다. 이로 인해 그리스도인은 새로운 삶의 상황으로 이동하게 되며, 주의 재림을 기대하는 소망 속에서 살게 된다. 세례를 통해 이런 변화를 경험한 그리스도인은 주변에서 오는 박해와 모욕에도 불구하고 이를 복으로 여겨야 한다.

III. 웨슬리와 함께 읽는 베드로전서

1. 웨슬리와 베드로전서

베드로전서는 초기 기독교인들이 고통과 박해 속에서 어떻게 믿음을 지켜야 하는지, 왜 신앙을 지켜야 하는지에 대해 기술한다. 웨슬리는 1장 6절의 본문을 통해 인생을 살아가며 겪어야만 하는 여러 가지 시험에 대해 그리고 그로 인한 고통의 시간 속에서 절망에 빠지지 말고 죄악과 암흑의 권세에 무너지지 않도록 설교한다. 또한 시련의 연단을 통해 영원히 끝나지 않을 것만 같았던 고통이 결국 평화와 안식을 주실 하나님의 목적을 바라볼 것을 권고한다.[29] 뿐만 아니라 3장 3-4절의 본문을 통해 그리스도인들의 복장 생활에 대해서도 설교했는데, 감리교인의 사치스러움을 경고하고, 의복에 재물을 낭비하는 것을 나무란다. 그리고 의복에 대한 근검한 생활을 주장하기도 한다(설교 108번 "목사에게 순종함에 대하여", 3.10; 설교 120번 "의복에 대하여"). 이처럼 고난과 시련을 통해 구원과 성장의 경험을 강조하는 베드로전서의 주제는 웨슬리 신학과 감리교 운동의 바탕이 되었다.

2. 베드로전서와 현대 교회

오늘날 한국 교회는 고난에 대해 매우 취약해 있다. 여전히 예수에 대한 신앙은 복을 받는 기복 신앙 위에 형성되어 있고, 이런 기대에 못 미치게 되면 신앙에 대한 의심과 회의를 한다. 베드로전서는 기독교인의 정체성이란 고난 받는 자임을 명시한다. 고난을 받아도 그 속에서 오히려 그리스도에 대한 신앙으로 이겨내고 고난을 이겨내신 예수의 모습을 통해 그분과 연합하는 과정을 배워야 한다.

3. 더 생각해 볼 문제

1) 왜 그리스도인인데 고난을 받는 것일까? 고난에 대한 현대적 의미의 신앙적 해석은 무엇일까?
2) 아내와 남편의 관계, 교회 안에서의 젊은이와 노인의 관계 등 갈등이 깊어지는 관계 속에서 성경의 가르침은 무엇인가?

4. 웨슬리와 함께 읽는 베드로후서

이 장에서 함께 공부할 주요 내용
- 거짓교사들의 가르침들은 무엇이었는가?
- 재림 지연에 대한 베드로후서의 가르침은 무엇인가?
- 선한 행위와 서로 사랑을 통한 선교의 방법은 무엇인가?

키워드: 주의 강림, 천년 같은 하루와 하루 같은 천년

핵심 구절: 어떤 이들이 생각하는 것과 같이, 주님께서는 약속을 더디 지키시는 것이 아닙니다. 도리어 여러분을 위하여 오래 참으시는 것입니다. 하나님께서는 아무도 멸망하지 않고, 모두 회개하는 데에 이르기를 바라십니다.(3:9)

I. 베드로후서를 이해하기 위한 배경

1. 베드로후서의 저자

　베드로후서의 저자 문제는 신약학과 성서 비평 분야에서 중요한 논의 주제 중 하나이다. 전통적으로 이 서신은 사도 베드로가 쓴 것으로 생각되었지만, 현대의 많은 학자는 언어 및 문체, 신학적 주제, 역사적 배경 그리고 초기 교회의 수용과 같은 몇 가지 핵심적인 이유로 이에 대해 의문을 제기했다. 언어적으로 볼 때 베드로후서는 세련된 문체로 된 고급 그리스어로 되어 있다. 이런 이유에서 이 서신의 저자가 베드로가 아닐 것으로 추정되는데, 베드로는 아람

어를 사용하던 사람이었을 것이기 때문이다. 신학적 내용을 살펴보면 이 서신은 주로 재림에 대한 기대와 이단에 대한 경고를 다루고 있는데, 이는 베드로의 시대보다는 후대의 교회 상황에 더 맞다.

이 서신이 언급하는 교회 상황과 이단에 대한 대응은 1세기 후반부터 2세기 초반의 상황에 더 부합되며, 이 시기는 베드로가 살았던 시대보다 훨씬 훗날의 상황을 반영한다. 또한 초기 교회에서는 베드로후서의 저자가 베드로라는 것을 의심했고, 이에 따라 일부 초기 교부들은 저자에 대한 명확한 언급 없이 이 서신을 그냥 인용하기도 했다. 그래서 이 서신은 신약성서 정경에 비교적 늦게 포함되었다. 이런 증거와 분석을 바탕으로, 현대 학계에서는 베드로후서가 베드로가 죽은 이후에 그의 이름을 빌려 작성되었을 가능성에 무게를 둔다. 그렇지만 베드로후서가 신약성서의 일부로서 가진 신학적 가치와 권위는 매우 중요하다.

2. 베드로후서의 수신자와 기록 동기

베드로후서는 교회가 직면한 다양한 문제와 도전에 대응하기 위해 기록되었으며, 어느 특정한 교회보다는 보편적인 독자층을 그 대상으로 한다. 이 서신은 "사랑하는 여러분"(3:1)에게 쓴 편지인데, 이는 이 편지가 믿음을 공유하는 보편적인 그리스도인 공동체에 메시지를 전달하려 했다는 것을 시사한다. 당시 많은 교회는 이단적 사상, 교리적 혼란, 사도적 권위에 대한 도전 등 여러 어려움에 직면해 있었다.

베드로후서는 주로 세 가지 주된 목적에서 기록되었다. 첫째, 교회 안에 만연한 이단적 사상과 거짓교사들에 대한 경고와 이에 대한 대응이다. 저자는 거짓교사들이 주의 재림을 부정하고 부도덕한 생활을 조장한다고 지적하며, 이런 사상이 교회의 순수성을 위협하고 믿음을 흔들 수 있다고 경고한다. 둘째, 저자는 그리스도인들에게 하나님을 기쁘게 하는 삶을 살 것을 권유한다. 저자는 덕, 자제, 인내, 경건, 형제애, 사랑 등을 강조하며, 이런 덕목은 신자들을 믿음에서 효과적이고 열매 맺는 삶으로 나아가게 한다. 셋째, 베드로후서는 신자들에게 그리스도의 재림을 기다리는 동안 믿음을 굳세게 하라고 독려한다. 저자는 재림의 지연이 있을 수 있으나, 그 재림 약속은 확실하다고 강조하면서 신자들에게 거룩함과 경건함을 유지하라고 권면한다. 종합해 보면 베드로후서는 교회를 거짓 교리로부터 보호하고, 도덕적 순결과 신앙적 강화를 통해 하나님의 왕국을 준비하도록 그리스도인들을 격려하기 위한 편지이다. 이 서신은 신자들에게 경계를 유지하고, 흠잡을 데 없이 행동하며, 다가올 하나님의 왕국을 준비하라고 촉구한다.

II. 베드로후서 함께 읽기

1. 베드로후서의 구조

1:1-2 서론
1:3-2:22 믿음의 성장과 그리스도인의 삶
3:1-16 주님의 다시 오심에 대한 교훈과 권면
3:17-18 결론 및 인사

2. 베드로후서의 내용

[1:1-2] 서론: 이 서신은 전통적인 유대-그리스도교 서신 형태를 취하고 있으며, 저자는 자신이 사도 베드로라고 소개한다. 이렇게 함으로써 이 편지는 그리스도인 공동체에 대한 저자의 정체성과 사도로서의 권위를 확립하는 동시에 같은 신앙을 공유하는 독자들과의 연대감을 표현한다. 저자가 수신자

에게 축복을 전하는 것은 하나님과의 관계에서 오는 은혜와 평안을 강조하는 것이다.

[1:3-2:22] 그리스도인으로서 갖추어야 할 덕목: 저자는 덕, 지식, 절제, 인내, 경건, 형제애, 사랑 등 그리스도인의 삶에 풍성히 나타나야 할 덕목들을 열거한다. 이런 덕목들은 그리스도인이 이 세상의 악에서 벗어나 신성에 참여하는 데 중심적인 역할을 한다. 즉, 성도는 이런 덕목을 통해 세상의 부정적인 영향에서 벗어나 거룩한 성품에 참여하게 되고, 이로써 자신의 신앙을 확신하게 된다. 이 과정에서 베드로가 거짓교사들의 위험에 대한 경고와 함께 성경과 사도 전승을 진리의 근거로 강조하는 점은 주목할 만하다. 거짓교사들이 주장하는 재림의 거부, 자유방임주의, 성경에 대한 사사로운 해석 등은 심판을 피할 수 없다는 것을 과거의 사례를 들어 경고한다.

[3:1-16] 반박: 주님의 재림을 믿지 않고 조롱하는 이들에 대한 반박이 이루어진다. 저자는 시간의 상대성과 하나님의 인내심이 인간의 구원을 향한 소망에서 비롯한 것이라는 점을 강조하며, 이에 성도들에게 거룩함과 경건함을 갖추고 주님의 날을 준비하라고 권면한다. 저자는 이렇게 그리스도인이 현재의 삶을 어떻게 살아야 하는지 명확한 지침을 제공한다.

[3:17-18] 권면: 성도들이 구원의 은혜 안에서 성장하고, 그리스도를 알아가는 지식에서 자라나기를 권면하며, 이 모든 것을 통해 주 예수 그리스도의 영광을 찬양하도록 격려한다. 이런 마무리는 그리스도인으로서의 성장과 성숙 그리고 하나님의 영광에 대한 지속적인 추구를 강조한다. 베드로후서는 그리스도인들이 직면한 도전과 시험 속에서도 변함없는 믿음을 유지하고 성장해 나갈 것을 격려하며, 궁극적으로는 하나님의 영광을 위한 삶을 살도록 독려하는 강력한 메시지를 담고 있다.

3. 베드로후서 요약

베드로후서의 가장 중요한 신학적 메시지는 거짓교사들의 가르침에 대한 저자의 강력한 반박에 있다. 특히 재림의 지연에 대한 그들의 비웃음에 대해 저자는 하나님의 시간 개념과 인간의 시간 개념이 다르다는 것으로 변증한다. 그래서 그리스도의 재림과 이를 위한 거룩한 기다림과 준비가 필요하다는 점을 말한다(3:10-13). 이런 종말론적 관점은 기독교 신앙의 희망과 미래적인 차원을 강조한다. 이는 신앙의 역사와 우주를 이해할 때 중요한 것으로서 하나님 약속의 최종 성취와 악에 대한 최종 승리를 암시하는 종말론이다. 또한 베드로후서는 거짓교사들의 임의적인 성서해석이 위험하다는 점도 경고한다. 성경의 예언은 인간의 해석에서 나오는 것이 아니라 성령에 의해 영감을 받은 것이다(1:20-21).

Ⅲ. 웨슬리와 함께 읽는 베드로후서

1. 웨슬리와 베드로후서

베드로후서와 웨슬리 사이의 관계를 살펴볼 수 있는 설교의 직접적인 본문은 잘 알려지지 않았다. 그러나 그의 『신약성서주석』에서 우리는 웨슬리가 신앙의 성장, 거짓 교훈에 대한 경고 그리고 거룩함의 추구라는 주제들과 관련하여 베드로후서로부터 영향을 받았음을 알 수 있다. 웨슬리는 개인적인 경건함과 거룩한 삶을 추구하는 것을 크게 중시했는데, 이는 베드로후서의 핵심 주제이다. 예를 들어 베드로후서는 그리스도인의 생활의 거룩함을 강조하는데, 특히 『신약성서주석』의 베드로후서 1장 5-7절 주석에서 성도들에게 덕, 지식,

절제, 인내, 경건, 사랑 같은 덕목들을 신앙의 기초에 더하라고 권면한다. 이런 신앙의 발전에 도움을 주는 덕목들은 웨슬리의 기독교인의 완전 또는 거룩함의 교리와 깊은 연관이 있다. 웨슬리에게 있어 기독교인들의 삶은 하나님과 이웃 사랑에 대한 삶과 떼려야 뗄 수 없는 삶이었다. 그리고 주님의 오심을 기다리며 하루가 천년 같고, 천년이 하루 같은 하나님의 시간 속에서 그리스도인들은 자신의 소명을 다 이루어야 한다(『신약성서주석』의 베드로후서 3장 8절 주석).

2. 베드로후서와 현대 교회

기독교 신앙에서 마지막 때에 대한 논의는 매우 중요한 주제이다. 왜냐하면 종말론은 건강한 신앙의 기초이기 때문이다. 한때 임박한 종말론으로 인해 한국 교회가 큰 어려움을 겪었던 적이 있다. 베드로후서의 가르침을 통해 마지막을 어떻게 살아야 하는지 교훈을 얻어야 할 것이다.

3. 더 생각해 볼 문제

1) 한국 교회의 선교 방향성과 관련하여 베드로후서의 가르침, 즉 '안으로는 서로 사랑, 밖으로는 선한 행실'이 주는 교훈은 무엇인가?
2) 한국 교회에 거짓 선지자들이 전하는 가르침과 건강한 기독교적 종말론에 대해 논해 보라.

5. 웨슬리와 함께 읽는 유다서

이 장에서 함께 공부할 주요 내용
- 유다서는 오실 주님에 대해 어떻게 기대하고 있는가?
- 유다 공동체는 누구인가?
- 적대자들에게 주는 경고는 무엇인가?

키워드: 구원, 믿음의 도

핵심 구절: 사랑하는 여러분, 나는 여러분에게 우리가 함께 가진 구원에 관해서 편지를 써 보내려고 여러 가지로 애쓰고 있었습니다. 그러던 참에 나는 이제 여러분에게 성도들이 단번에 받은 그 믿음을 지키기 위하여 싸우라고 권하는 편지를 당장 써야 할 필요가 생겼습니다.(1:3)

I. 유다서를 이해하기 위한 배경

1. 유다서의 저자

유다서의 저자에 관한 문제는 '유다'라는 이름으로부터 시작한다. 신약성서에 유다라는 이름은 대표적으로 세 명의 인물로 압축된다. 첫째, 예수의 형제 유다(마 13:55; 막 6:3), 둘째, 열두 제자 중 한 사람인 유다(눅 6:16; 행 1:13), 셋째, 바사바라는 유다(행 15:22, 27, 32)이다. 유다서에서는 예수의 형제 '유다'로 보이려는 흔적이 있지만, 그 역사성에 대해서는 확실하게 말할 수 없다. 왜냐하면 저자가 왜 직접 예수의 형제라고 말하지 않고 야고보의 형제라고 하는지 의문이 생기기 때문이다. 그리고 이단과 거짓 가르침이 출현하는 것은 사도 이후의 시대에 해당하기 때문에 이 서신의 저자를 예수의 형제 유다라고 보기는 어렵다. 아마도 유다서는 알려지지 않은 유대 기독교인이 주의 형제 유다의 권위를 빌려서 거짓 가르침을 바로잡으려는 목적으로 쓴 글로 보인다.

2. 유다서의 수신자와 기록 동기

유다서에 따르면 이 공동체는 적대자들과 격렬하게 논쟁을 하고 있다. 유다서의 기록 목적 또한 수신자가 삶에서 부딪히는 적대자들의 거짓 가르침을 경계하고 이런 가르침으로 인해 발생하는 신앙의 위험을 경고하기 위해서이다. 거짓교사들은 공동체 안에 들어와서 주 예수가 그리스도이심을 부인한다(4절). 이들이 구체적으로 어떤 부류의 사람인지 우리는 정확히 알 수 없지만, 이들이 공동체의 애찬식에 참여했다는 것(12절)으로 미루어보아 공동체 내부의 사람일 것으로 추측할 수 있다. 유다서는 이단의 위험성에 맞서서 그의 공동체가 지켜야 할 정체성을 강조한다. 이들은 '부르심을 받은 사람들'(1절), '성도', 즉 '거룩한 자'이다(3절). 거짓교사들의 가르침은 잘못된 것이며, 그들이 하는 부도덕한 행동의 끝은 심판이다(7-11절). 이에 반해 수신자인 교회 공동체는 거룩한 부르심을 받은 성도들이며, 구원받은 자로서 영원한 생명으로 인도된다(21절).

II. 유다서 함께 읽기

1. 유다서의 구조

1:1-4 편지의 시작

- 1:1-2 서언(보내는 자, 수신자, 인사)
- 1:3-4 편지의 동기와 주제

1:5-23 편지의 몸
- 1:5-16 거짓교사의 주장
- 1:17-23 기억과 권면

1:24-25 결론: 축복의 인사

2. 유다서의 내용

　편지의 서언은 바울서신의 전승을 통해 알려진 형식을 담고 있다(빌 1:1 참조; 롬 1:1; 고전 1:1). 그중에서도 2절은 디모데전서 1장 2절 등에서 보이는 형식을 떠올리게 한다. 3절과 4절은 유다서의 주제이다. 본론은 크게 두 부분으로 나눌 수 있는데, '지시적인 부분'(5-16절)과 '호소하는 부분'(17-23절)이다. 첫 번째 부분에서는 거짓교사의 존재와 그들의 교묘한 모습이 드러나고, 두 번째 부분에서는 '너희 사랑하는 여러분'(17, 20절)이라는 표현을 통해 공동체에 호소하는 모습이 눈에 띈다. 그리고 마지막 부분에는 찬양의 형식으로 바울서신의 마지막 부분을 떠올리게 한다(롬 16:25-27 참조).

　유다서의 저자는 공동체 앞에 놓인 거짓교사들의 가르침으로 인해 공동체에 닥친 위기를 보고, 이에 교회 공동체가 가져야 할 정체성을 강조한다. 저자는 "동일하게", "같은", "함께"로 번역할 수 있는 "일반으로"(gemeinsam) 받은 구원을 강조하며, 이는 사도들이 한 말과 같은 것이며(17절), 공동체의 기초가 되는 말이다(20절). 거짓교사들의 가르침은 유대적 생각에 기초를 두고 있으며, 아마도 많은 부분에서 에녹 전승으로부터 기인한 것으로 보인다. 에녹 전승에도 에녹이라는 인물의 승천과 천상으로의 여행(에녹1서 17:36)은 에녹의 승천(창 5:24)과 천사의 타락(창 6:1-4)이 그 배경이 된 것으로 보이며, 이는 유대 묵시문학과 신비주의에 중요한 주제가 된다. 또한 유다서의 기독론에도 영향을 주어서 오실 주에 대한 기대감을 크게 만든다(14-15절). 다시 오실 그리스도는 긍휼을 베푸시는 분이시지만, 반대로 그분께서는 적대자들에게는 벌을 내리실 것이다. 주님의 오심을 기다리는 자들의 마지막은 그 영광 앞에 흠이 없이 기쁨으로 서게 되는 것이다(24절).

---

1 히브리서에 관한 이 내용은 박찬웅,『히브리서』, 연세신학백주년기념 성서주석(서울: 연세대학교 출판문화원, 2021), 9-22의 내용을 참조하여 새롭게 작성했음을 밝혀둔다.
2 히브리서 저자에 관한 일반적 논의에 관해서는 바나바스 린다스/장동수 옮김,『히브리서 신학』(서울: 한들출판사, 2002), 36-44를 참조하라.
3 박찬웅,『히브리서』, 18-19를 보라.
4 콘첼만, 린데만/박두환 옮김,『신약성서 어떻게 읽을 것인가』, 583을 참조하라.
5 박찬웅,『히브리서』, 19를 보라.
6 콘첼만, 린데만/박두환 옮김,『신약성서 어떻게 읽을 것인가』, 583을 참조하라.
7 박찬웅,『히브리서』, 19를 보라.
8 윌리엄 L. 레인/채천석 옮김,『히브리서(상)』, WBC 47상(서울: 솔로몬, 2006), 91을 참조하라.
9 박찬웅,『히브리서』, 21을 보라.
10 Ellen B. Aitken, "Reading Hebrews in Flavian Rome," *Union Seminary Quarterly Review* 59(2005), 82-85는 베스파시아누스와 티투스 시대의 플라비우스 황조의 때라고 추정한다. 이 연구는 유대-로마 전쟁과 예루살렘 성전의 멸망과 관련된 플라비우스 황조의 통치 이데올로기와 예식의 특징을 히브리서의 신학과 관련하여 비교하는 흥미로운 가설을 제시한다. 박찬웅,『히브리서』, 21, n. 28을 참조하라.
11 콘첼만, 린데만/박두환 옮김,『신약성서 어떻게 읽을 것인가』, 587-588을 참조하라.

12 박찬웅,『히브리서』, 21을 보라.
13 독자층에 관한 더 자세한 논의에 관해서는 레인/채천석 옮김,『히브리서(상)』, 78-88; 린다스/장동수 옮김,『히브리서 신학』, 20-36; 콘첼만, 린데만/박두환 옮김,『신약성서 어떻게 읽을 것인가』, 582-583을 보라.
14 박찬웅,『히브리서』, 9-10을 보라.
15 콘첼만, 린데만/박두환 옮김,『신약성서 어떻게 읽을 것인가』, 579를 참조하라.
16 콘첼만, 린데만/박두환 옮김,『신약성서 어떻게 읽을 것인가』, 580을 참조하라. 히브리서의 구조에 관해서는 매우 다양한 의견이 있고, 이런 의견들을 보려면 레인/채천석 옮김,『히브리서(상)』, 122-141을 보라.
17 이 구조에 관한 설명은 Philipp Vielhauer, *Geschichte der urchristlichen Literatur*, 238-239 및 콘첼만, 린데만/박두환 옮김,『신약성서 어떻게 읽을 것인가』, 580을 따랐다.
18 이 구조는 박찬웅,『히브리서』, 10-11에서 제시한 내용이다.
19 린다스/장동수 옮김,『히브리서 신학』, 2에 따르면 히브리서는 시종일관 논증을 펼쳐나간다.
20 박찬웅,『히브리서』, 14를 보라.
21 박찬웅,『히브리서』, 14를 보라.
22 박찬웅,『히브리서』, 14-15를 보라.
23 Erich Grässer, *An die Hebräer(Hebr 1-6)*, Evangelisch-Katholicher Kommentar zum Neuen Testament 17/1 (Zürich: Benziger Verlag, 1990), 15; 박찬웅,『히브리서』, 15를 보라.
24 아래의 설명은 박찬웅,『히브리서』, 15-18에서 다룬 내용을 토대로 다시 정리한 것임을 밝혀둔다.
25 콘첼만, 린데만/박두환 옮김,『신약성서 어떻게 읽을 것인가?』, 584를 참조하라.
26 Grässer, *An die Hebräer(Hebr 7,1-10,18)*, 165를 참조하라.
27 Gerd Theissen, *Untersuchungen zum Hebräerbrief* (Gütersloh: Mohn, 1969), 135 이하를 참조하라.
28 박찬웅,『히브리서』, 8; Grässer, *An die Hebräer(Hebr 1-6)*, 27을 참조하라.
29 존 웨슬리/이계준 역,『새로운 탄생』(서울: 기독교대한감리회 홍보출판국, 1995), 321을 참조하라.

제13장

웨슬리와 함께 읽는 요한계시록

웨슬리와 함께 읽는 요한계시록

이 장에서 함께 공부할 주요 내용

- 편지의 틀 안에 기록된 요한계시록의 주된 기록 목적은 무엇인가?
- 2-3장에 나타난 소아시아 일곱 교회의 상황은 어떠한가?
- 환상과 소아시아 일곱 교회가 경험하고 있는 부정적인 현실에 대한 해결책은 어떻게 이어지는가?
- '새 하늘과 새 땅'과 관련하여 요한계시록이 지향하는 목표는 무엇인가?

키워드: 예수 그리스도의 계시(1:1), 편지(1:4), 구름 타고 오시는 예수 그리스도(1:7), 소아시아 일곱 교회(2-3장), 크고 견고한 성 바벨론(18:10)과 하늘에서 내려오는 새 예루살렘 성(21:10), 새 하늘과 새 땅(21:1), 심판(인-나팔-대접 재앙), 이기다(2-3장)

핵심 구절: "보아라, 그가 구름을 타고 오신다. 눈이 있는 사람은 다 그를 볼 것이요, 그를 찌른 사람들도 볼 것이다. 땅 위의 모든 족속이 그분 때문에 가슴을 칠 것이다." 꼭 그렇게 될 것입니다. 아멘.(1:7)

I. 요한계시록을 이해하기 위한 배경

1. 요한계시록의 저자

다른 묵시문서의 저자와 달리, 요한계시록의 저자 요한은 과거의 위대한 사람들의 이름(예를 들어 모세, 에녹)을 빌려 쓰지 않고(위경) 저자 자신의 이름을 직접 기록했다(1:1-2, 4, 9; 22:8). 요한계시록의 저자는 더는 자기 책의 권위를 위해 존경받는 과거 인물의 이름을 차용할 필요를 느끼지 않았다. 왜냐하면 성령께서 다시금 그리스도교 예언자들을 통해 교회에 말씀하시는 것이 그들의 경험상 중요한 문제였기 때문이었다(1:10 참조; 2:7, 11, 17, 29; 3:6, 13, 22; 4:2; 22:17; 고전 12:10; 14:1; 롬 12:6). 또한 요한계시록의 저자 요한은 사도도 아니다. 그는 사도들로부터 자신을 구분했다(21:14). 더욱이 그는 예수의 사역으로부터 어떤 이야기와 말씀을 한 구절도 인용하지도 않았고, 지상에서 활동하셨던 예수를 자기가 알았다는 사실을 보여주는 그 어떤 증거도 말하지 않았다. 그러므로 우리는 저자 요한을 복음서에 나오는 열두 제자 중 하나인 사도 요한이라고 단정할 수 없다. 게다가 요한계시록은 요한복음, 요한 서신의 언어와 신학과 생각이 크게 달라서 저자를 요한복음과 요한 서신의 저자와 동일하게 볼 수도 없다. 다만, 요한계시록의 역사적 배경과 저자의 그리스어 사용 방식, 로마제국을 바벨론으로 부른다는 점을 근거로 우리는 요한계시록의 저자가 로마-유대 전쟁 기간에 또는 로마-유대 전쟁 직후에 소아시아 지역으로 이주한 그리스도인 예언자라고 규정할 수 있다. 왜냐하면 요한은 요한계시록에서 구약 예언서의 내용을 자유롭게 인용하고 있기 때문이다. 따라서 그를 팔레스타인 출신의 그리스도인 예언자로도 규정할 수 있다.[1]

2. 요한계시록의 독자

1장 1-3절에 따르면 예수 그리스도의 계시는 '하나님-예수님-천사-요한-하나님의 종들'의 순서로 전달되었다. 다시 말해, 요한은 하나님과 예수님이 보내주신 계시를 천사를 통해 받아서 하나님의 종들인 소아시아 일곱 교회에 편지로 보냈다(1:11). 따라서 요한계시록의 독자는 1세기 말경에 소아시아 지역(오늘날 튀르키예)에 실재했던 교회들이며, 이 교회들이 겪는 문제들을 해결하려고 보낸 일종의 회람 서신(편지의 틀로 기록된 묵시적 예언서)이라고 말할 수 있다.

3. 저작 연대와 장소

1장 9절에 따르면 저자 요한은 하나님의 말씀과 예수를 증언했다는 이유로 밧모라는 섬에 감금되었고, 그곳에서 하나님과 예수 그리스도로부터 계시를 받았다고 말한다. 밧모섬은 그 당시에 정치범을 감금했던 유배지였기 때문에 요한의 복음사역은 로마제국의 시각에서 볼 때 반(反)로마적인 것이었다고 말할 수 있다. 요한은 유배지에 감금된 죄수의 신분으로 유배지에서 요한계시록을 기록했다.

저작 시기와 관련하여 11장 1-13절에 따르면 요한계시록은 로마-유대 전쟁의 참상을 경험하고 70년 이후 소아시아 지역으로 이주한 유대 그리스도인들을 대상으로 기록된 책이라고 추론할 수 있다. 요한계시록에는 소아시아 지역에 거주하는 유대 그리스도인들에게 밀려오는 황제 숭배를 포함한 개인과 공동체 삶의 전 분야에 영향을 미치는 '팍스 로마나'(Pax Romana, 로마제국의 통치 이념으로서 로마제국이 주도하는 평화라는 뜻)의 위협이 2-3장, 6장 1-11절, 13장, 17-18장에 잘 나타나 있다. 많은 주석서에 따르면 도미티아누스 황제 시대에 황제 숭배가 극에 달했는데, 그는 자신을 주님이면서 신(Dominus et Deus)으로 숭배할 것을 강요했다. 많은 학자는 밧모섬으로의 추방(1:9)을 포함한 여러 가지 핍박의 정황을 근거로, 요한계시록이 도미티아누스 황제 통치 후기에 기록된 것으로 생각한다(92-96년경).[2]

4. 요한계시록을 이해하기 위한 배경

"역사를 해석하는 책"으로서의 묵시문서가 기록된 역사적 배경은 다음과 같이 요약하여 설명할 수 있다.[3]

- 묵시문서의 주된 내용은 정치적인 복종과 획일화에 대한 저항이다. 즉,

- 묵시문서는 반복음적인 기존의 질서에 저항하려고 기록되었다.
- 묵시문서는 십계명의 첫 계명을 역사 현장 중에 적용함으로써 하나님만이 역사의 유일한 주관자이며 주님이라는 사실을 강조한다.
- 묵시문서가 미래에 대해 침묵하는 것은 아니지만, 현실 속에서 경험될 수 있는 하나님의 실재를 해석하는 환상을 제시하는 것에 더 중점을 둔다. 따라서 묵시문서에 등장하는 환상은 현재 우리와 함께하시는 하나님의 손길을 상징적으로 표현한다.
- 묵시문서는 세상의 절대 권력과 그로 인해 독자들에게 비롯되는 고난과 아픔이 갖는 시간적인 한계를 알리는 것 그리고 때가 되면 이것들은 반드시 무너진다는 사실을 강조한다.
- 묵시문서는 현실 비판의 기능, 즉 결코 구원을 이룰 수 없는 세상 권력을 각성하게 한다.
- 묵시문서는 숨겨진 것들을 폭로한다. 묵시문서에서 미래 또는 종말(예를 들어 심판과 구원의 완성)은 이미 현재 안에 들어와 있으며, 이런 관점에서 현실을 본다. 따라서 묵시문서는 새 하늘과 새 땅이 이루어지려면 지금 우리는 무엇을 해야 하는지 묻는다.
- 유대교 묵시문서와 달리, 기독교 묵시문서는 예수 그리스도의 역할(하나님의 진노하심으로부터의 보호, 지옥과 죽음과 사탄을 이기심 등)을 강조한다. 그리스도의 역할은 이미 우리 안에서 시작되었지만, 아직 완성되지는 않았기 때문에 독자들은 소망 중에 그 완성을 기다려야 한다.
- 묵시문서는 독자들의 실존적인 결단을 이끄는 윤리적 권면의 성격이 있다. 묵시문서가 주는 권면은 독자가 구원의 자리와 심판의 자리 중 어느 편에 설 것인지 도전한다.

또한 묵시문서가 다음과 같은 독특한 형식과 신학적 사고를 갖고 기록되었다는 사실을 알아야만 요한계시록을 바르게 해석할 수 있다.[4]

- 저자의 익명성: 묵시문서 저자들은 본인의 이름을 사용하지 않고, 에녹, 아브라함, 바룩, 모세와 엘리야 등 위인의 이름을 차용하여 그들의 권위를 빌린다. 특히 구약의 예언자들에게 하나님이 주셨던 계시가 묵시문서들이 기록될 당시에는 더는 이스라엘 가운데 나타나지 않는다고 생각했기 때문에 위대한 선지자로 활동했던 인물들의 이름을 저자로 차

용했다.
- 계시 전달의 중요한 매체로 사용된 꿈과 환상은 주로 독자들의 현실을 해석하는 기능을 한다. 따라서 많은 경우 꿈과 환상을 해석하는 천사가 등장한다.
- 일반적으로 과거와 현재는 예언의 형태로 기록되곤 한다. 일반적으로 전체 역사의 흐름을 10주간이나 70주간이라는 틀에 맞추어 설명하며, 현재를 그 기간의 마지막으로 본다.
- 시간과 역사를 이원론적으로 이해한다. '이 세상과 다가올 새로운 세상', '역사와 종말'이라는 서로 다른 두 시대를 대립시킨다.
- 현실은 악하고 절망적이며, 악의 세력 또는 사탄의 지배를 받고 있다고 생각한다. 따라서 묵시문서는 불의가 만연한 현재의 세상이 멸망하고 그 후에 임할 새로운 세상을 동경한다. 그렇다고 해서 염세주의를 조장하지는 않는다.
- 묵시문서는 역사의 흐름이 창조 때부터 이미 시간표처럼 계획되었다고 주장하는 '결정론'과 '임박한 종말론'이 그 신학적 근간을 이룬다.
- 묵시문서는 공간적으로는 이스라엘과 예루살렘을 넘어 하늘과 땅과 바다와 지하 세계를 갱신하는 데까지 미치며, 시간으로는 창조로부터 종말에 이르기까지 온 세상에 발생한 모든 일, 특히 마지막 때 임할 파국에 관심을 둔다. 묵시문서는 우주적 차원에서의 구원을 강조하지만(보편주의), 동시에 각 개인의 행위에 대한 주님의 심판과 부활을 설명함으로써 개인적 차원의 구원에도 관심을 보인다(개인주의).

II. 요한계시록 함께 읽기

1. 요한계시록의 구조

요한계시록의 내용은 [그림6]과 같이 개괄적으로 볼 수 있다.
[그림6]에서 6-7장은 일곱 인의 재앙, 8-14장은 일곱 나팔의 재앙, 15장

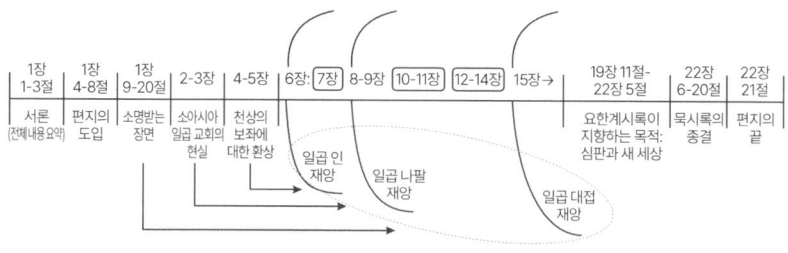

그림6 요한계시록 구조

1절-22장 5절은 일곱 대접의 재앙을 표시하며 7장, 10-14장, 19장 11절-22장 5절은 교회의 본질과 사명을 다양하게 설명한다. 세 가지 재앙에 대한 보도가 요한계시록 전체 분량 중에 약 2/3를 차지하는데, 세 가지 재앙은 [그림7]과 같이 서로 긴밀하게 연결되어 있다는 사실에 주목해야 한다.

그림7 세 가지 재앙의 구도

[그림7]에서 일곱 번째 인이 일곱 나팔 재앙을 품고 있고, 일곱 번째 나팔이 일곱 대접 재앙을 품고 있다는 것은 세 가지 재앙의 보도가 단순히 시간적으로 배열된 사건이 아니라 신학적인 의도를 갖고 긴밀하게 연결된 사건이라는 사실을 보여준다.

2. 요한계시록의 내용

1) 1-5장

여기에서는 요한계시록의 전체 틀을 함축하고 있는 [그림6], [그림7]을 근간으로 각 단락의 내용을 개괄적으로 볼 것이다. 이 두 그림은 요한계시록이 시간적 순서대로 사건이 발생하고 있다는 종말적인 시간표를 제시하는 책이 아니라는 사실을 말해준다.

[1:1-3] 서론: 이 부분은 요한계시록 전체 내용을 함축하여 "예수 그리스도의 계시"라고 말한다. 예수 그리스도의 계시는 본문 안에서 "하나님의 말씀과 예수 그리스도의 증언", "예언의 말씀"으로 규정된다. 예수 그리스도의 계시란 예수 그리스도께서 자신의 종들인 교회를 향해 주신 계시로서 창조주 하나님에 의해 실현되는 새로운 현실을 가리킨다. 예수 그리스도의 계시는 십자가 사건과 부활이 소아시아 일곱 교회 상황에서 어떤 의미가 있는지 말한다. 그리고 예수 그리스도의 계시는 "반드시 속히 될 일"이라고 표현되는데, 이로써 이것이 하나님 편에서는 이미 계획되었으나 인간의 편에서는 여전히 기다려야 하는, 하나님에 의해 실현될 새로운 현실이라는 것을 말한다.

[1:4-8] 편지의 도입: 여기에서 우리는 요한계시록이 편지의 틀로 기록되었다는 사실에 주목해야 한다. 1장 4-8절은 편지의 도입 부분이고, 22장 21절은 편지의 결말이다. 기원전 2세기부터 기원후 2세기에 걸쳐 많은 묵시문서가 기록되었는데, 유독 요한계시록만 편지의 틀에 기록되었다는 사실은 우리에게 중요한 해석학적인 안목을 제공해 준다. 소아시아 지역은 바울의 선교지였으며, 바울이 죽은 후에는 그의 제자들이 목회한 지역이기 때문에 요한계시록의 저자는 소아시아 지역 교회에 익숙한 편지의 틀로 요한계시록을 기록하여 소아시아 일곱 교회의 문제들을 해결하려 했다. 따라서 요한계시록은 소아시아 일곱 교회의 문제를 해결하기 위해 기록된 일종의 회람용 목회서신이라고 말할 수 있다. 요한계시록의 주된 관심은 종말론적인 시간표에 대한 설명이 아니라 건강한 교회를 만들기 위한 교회 개혁이다.

본문에서 삼위일체의 하나님을 독특하게 부르는 점은 눈여겨볼 만하다. 요한은 하나님을 "지금도 계시고 전에도 계셨고 앞으로 오실 이" 또는 "알파요 오메가"로, 성령님을 "하나님의 보좌 앞에 있는 일곱 영"으로 독특하게 부른다. 또한 예수 그리스도를 "충성된 증인"과 "죽은 자들 가운데 먼저 나신 분", "땅의 임금들의 머리"라고 부르는 점도 특이하다. 7절은 요한계시록의 주제 구절이다. 이 구절은 구름을 타고 오시는 예수 그리스도께서 역사의 주관자로서 세상 나라를 그리스도의 나라로 바꾸실 때 세상 모든 족속이 애통해할 것이라는 경고를 말한다.

[1:9-20] 소명받는 요한: 밧모섬에 갇힌 요한은 주의 날에 성령에 감동되어 에베소, 서머나, 버가모, 두아디라, 사데, 빌라델비아, 라오디게아 등 일곱 교회에 편지를 보내라는 사명을 받는다. 하늘에서 들리는 음성을 구약성서에 나오는 나팔 소리라고 규정하는데, 이로써 요한이 소아시아 일곱 교회에 경고 방송을 하라는 소명을 받았다고 볼 수 있다. 구약의 예언자들이 하나님을 만나 소명을 받는 것처럼 요한도 부활하신 그리스도를 만나 소명을 받는 장면이 나오는데(12-19절), 이는 요한이 구약의 예언자 전통에 서 있다는 점을 강조하는 것이다. 20절에서는 요한계시록이 교회를 위한 예언이라는 사실을 다시금 강조한다.

[2-3장] 소아시아 일곱 교회의 현실: 소아시아 일곱 교회가 있는 각 도시 중에서 에베소는 약 20~25만 명, 서머나는 약 7만 5천~10만 명, 버가모는 약 12~18만 명, 사데는 약 10만 명이 살고 있었다. 소아시아 일곱 교회의 규모가 크지 않았을 것이라는 전제 아래 10만 명 이상 되는 도시의 종교적-문화적 분위기 속에서 팍스 로마나 이념을 따르지 않고 순수한 신앙의 길을 꿋꿋하게 걷는 일은 쉽지 않았을 것이다.[5] 일곱 교회 안에서 활동했던 니골라당(2:6), 자칭 유대인이라 하는 자들(2:9), 자칭 선지자라 하는 여자 이세벨(2:20), 차지도 뜨겁지도 아니한 자들(3:15)은 모두 로마제국이 요구하는 정치-경제-종교적 이념에 순응하여 하나님을 떠난 혼합주의자들을 가리킨다. 특히 사탄의 회당(2:9; 3:9)

이라는 표현은 교회 전체가 혼합주의에 빠져 하나님을 크게 실망시킨 엄중한 상황을 암시한다. 이런 상황 속에 처한 일곱 교회를 흔들어 깨우기 위해 일곱 편지는 예언자의 대언 행위를 상상하게 하도록 다음과 같은 공통된 양식(Form)을 사용했다.

- **편지를 쓰라는 명령**: "○○교회의 사자에게 편지하라!"
- **예언자적인 대언의 양식**(Botenformel)
  - "… 이가 이르시되"
  - 1장 12-18절에 나온 환상을 이용하여 그리스도를 묘사
  - "여호와께서 이와 같이 말씀하시되"(구약의 예언자들이 하나님의 말씀을 대언하는 전형적인 형식. 예를 들어 렘 6:16.22)를 연상시킴
- **현재의 상황 설명**: "나는 …을 안다"(칭찬과 책망, 회개와 예수 그리스도의 오심)
- **칭찬**: 라오디게아교회를 제외한 모든 교회가 칭찬을 들음
- **책망**: 서머나와 빌라델비아교회를 제외하고 모든 교회가 책망을 들음
- **깨어 있으라는 경고**: 권면과 경고. "귀 있는 사람은 성령이 교회들에게 하시는 말씀을 들으라."라는 명령은 두 가지 해석이 가능하다. 하나는 만약 누구든지 주어지는 말씀을 들을 수 있는 귀를 갖고 있다면 그 사람은 성령께서 교회에 하시는 말씀을 기꺼이 청종하여 이해할 수 있는 준비를 갖추어야 한다는 것이다. 또 한 가지는 들을 수 있는 귀를 갖고 있기 때문에 성도들은 성령께서 교회를 향해 하시는 말씀을 들어야만 한다는 것이다. 그리고 여기에서 성령께서 교회에 하시는 말씀의 내용은 4장 1절-22장 5절의 내용까지를 포함하고 있다.
- **이기는 자가 누리는 종말적 언약**: "이기는 그에게는 …"-이기는 자는 끝까지 주님의 일을 지키는 자를 뜻함(2:26)
- **성령이 교회들에게 하시는 말씀을 들으라는 권면**: "교회들"이라는 복수형을 취함으로써 일곱 교회의 각각의 문제가 시대와 공관을 초월하여 모든 교회 안에 발생할 수 있는 문제들이라는 사실을 강조함(일곱 교회의 문제들을 모든 교회에 적용할 수 있도록 보편화함)

[4-5장] 천상의 보좌에 대한 환상: 요한계시록의 묵시적 본론이 하나님의 보좌와 일곱 인으로 봉인된 책에 대한 환상으로 시작한다는 것은 매우 중요하

표1 일곱 교회 정리표

교회	말씀하시는 분	책망	칭찬	이기는 자에게 주어진 언약
에베소	오른손에 일곱 별을 붙잡고 일곱 금 촛대 사이를 거니시는 분	1. 처음 사랑을 버림 2. 어디서 떨어졌는지를 생각하고 회개하여 처음 행위를 가지라. → 그렇지 않으면, 내가 네게 가서 네 촛대를 그 자리에서 옮기리라.		하나님의 낙원에 있는 생명나무의 열매(2:7)를 먹게 하리라.
서머나	처음이며 마지막이요, 죽었다가 살아나신 이	없음	1. 니골라당의 행위를 미워함 → 나급라당의 행위를 미워하는 것(2:14-15)	둘째 사망의 해(20:6, 21:4)를 당하지 않음
버가모	좌우에 날이 선 검을 가지신 이	1. 발람의 교훈을 지키는 자들이 있음 2. 니골라당의 교훈을 지킨 자들 3. 회개하라. 그렇지 않으면 내가 네게 속히 가서 내 입의 검으로 그들과 싸우리라.	사탄의 권좌가 있는 곳에 살면서도 주의 이름을 굳게 잡아서 믿음을 버리지 않음	감추인 만나(22:16, 서 14:12-13) 새 이름을 받음(1:12)
두아디라	눈이 불꽃 같고 그 발이 빛난 주석과 같은 하나님의 아들	1. 자칭 선지자 이세벨의 음란한 행위, 우상 제물 2. 나는 그들의 행위대로 갚아주리라(우상 제물). 3. 회개할 기회를 주었으나, 회개하지 않음 → 침상에 던지며 대환난 가운데 → (열심을 행함 자들도 크게 환난 가운데) → 하나님의 못과 마음을 살피는 자이며 사람의 행위대로 갚아주는 이 4. 그러나 사탄의 깊은 것을 알지 못하는 사람들에 책망하지 않음 4. '이기다'의 의미(2:26절)	나중 행위(사랑, 섬김, 믿음, 인내)가 처음 것보다 많음	만국을 다스리는 권세(2:26, 시 2:8-9) 새벽 별(22:16, 시 14:12-13)
사데	하나님의 일곱 영과 일곱 별을 가지신 이	1. 살아있다 하는 이름을 가졌으나 죽은 자 2. 하나님 앞에 내 행위의 온전한 것을 찾을 수 없으니 → 어떻게 받았으며 어떻게 들었는지 생각하고 회개하라. → 만일 일깨지 않으면 내가 도둑같이 이르리니.	옷을 더럽히지 않은 몇 명 → 흰 옷을 입고 나와 함께 다니리니(6:11, 7:9, 16:15, 19:8 참조)	1. 흰 옷을 입음(19:8, 7:9, 14) 2. 그 이름이 생명책에서 지워지지 않으며, 주님이 이 이름을 아버지와 천사들 앞에서 시인함
빌라델비아	거룩하고 진실하사 다윗의 열쇠를 가지신 이	없음	1. 적은 능력으로 내 말을 지키고 내 이름을 배반치 않음 2. 사탄의 회당 유대인 → 네게 절하게 함 3. 인내의 말씀을 지켰음(13:10, 14:12) → 온 세상에 임하는 시험의 때에 지켜줌 4. 내가 속히 오리니 → 면류관을 지키라(마 25:14-30).	1. 성전의 기둥이 되게 함(갈 2:9) 2. 하나님이 내려오는 새 예루살렘의 시민이 됨(21:2, 27, 갈 3:20)
라오디게아	1. 아멘이시오 충성되고 참된 증인이시고 2. 하나님의 창조의 근본	1. 차지도 뜨겁지도 않은 교회 2. 부요한 교회(?) 군색하고 가련하고 가난하고 눈 멀고 벌거벗은 → 고화(시마나)교회(참조) → 주신으로부터 불로 연단한 금, 흰 옷을 사서 입고, 안약을 사서 발라라 3. 열심을 내라, 회개하라. 4. 문 밖에 서서 두드리노니 내 음성을 듣고 문을 열면.	없음	예수 그리스도께서 (선지자 사건을 통해, 하나님과 함께 보좌에 앉으신 것처럼 보좌에 앉게 하심

405

다. 4장에서 무려 14번이나 사용된 "보좌"(thronos)라는 단어와 5장에서 8번이나 반복하여 등장하는 "일곱 인으로 봉인된 책"은 요한계시록의 가장 중요한 주제인 역사에 대한 지배권 또는 세상에 대한 통치권을 상징한다. 일곱 인으로 봉인된 책은 불의한 자에 대한 심판을 설명하는 세 가지 재앙 시리즈(인, 나팔, 대접 재앙)와 연결되어 있고, 새로운 창조의 근원지로서 하늘의 보좌는 종말적인 사건과 언약의 결실이 예비된 곳이며, 12-13장, 21장 1절-22장 5절과 연결되어 있다. 따라서 우리는 4-5장을 요한계시록의 신학적인 중심이라고 말할 수 있다.

2) 세 가지 재앙(인 재앙-나팔 재앙-대접 재앙) 시리즈

앞의 [그림7]에서 보듯이, 일곱 번째 인의 재앙은 일곱 나팔을 준비하고 있는 천사들을 등장시키며, 일곱 번째 나팔 재앙도 일곱 대접을 세상에 쏟을 준비를 하는 천사들을 등장시킴으로써 세 가지 재앙 시리즈가 시간적 순서로 발생하는 사건이 아니라 신학적-문학적으로 연계된 사건이라는 사실을 말하고 있다.

[6장] 인 재앙: 첫 번째 인이 개봉되었을 때 "흰 말이 있는데 그 탄 자가 활을 가졌고 면류관을 받고 나아가서 이기고 또 이기려고"(2절) 하는 장면이 나온다. 평화를 상징하는 흰색과 이기고 또 이기려는 전쟁의 장면은 서로 어울리지 않는다. 이 환상은 우리에게 이것이 위장된 평화임을 말해준다. 즉, 소아시아 일곱 교회가 로마제국이 추구하는 팍스 로마나의 위장된 평화 체제 아래에서 신음하고 있다는 사실을 보여준다.

두 번째 인이 개봉될 때 "붉은 말을 탄 자가 허락을 받아 땅에서 화평을 제하여 버리며 서로 죽이게 하고 또 큰 칼을 받은"(4절) 장면은 로마제국 안에서 발생하는 내란과 폭동을 가리킨다. 이 환상은 무력으로 통치하는 위장된 평화 체제가 폭동과 내란을 동반할 수밖에 없다는 지극히 평범한 정치적 사실을 말해준다.

세 번째 인이 개봉될 때의 장면은 흉년을 상징하는 검은색과 더불어 기초 생활 필수품의 가격이 폭등했다는 사실을 암시하는 환상으로, 이는 로마제국의 변방에 있는 소아시아 지역의 삶이 얼마나 가난하고 궁핍한지를 대변한다. 한편 부자가 사용하는 감람유와 포도주의 생산만은 풍요롭다는 사실을 통해 해당 지역에서 빈부 격차가 심각했다는 사실을 알 수 있다. 이 환상은 팍스 로마나 체제의 경제적 실상을 폭로한다.

네 번째 인이 개봉될 때의 환상(8절)에서 나오는 청황색은 죽음을 상징하며, 이는 많은 사람이 흉년과 전염병으로 인해 죽는 끔찍한 상황을 연출한다. 지금까지 보여준 네 개의 환상은 로마제국의 통치 이념인 팍스 로마나 또는 큰 성 바벨론의 부정적인 실상을 고발하는 기능을 한다.

다섯 번째 인이 개봉될 때 등장한 환상(10절)에서는 부르짖는 순교자들의 모습이 등장한다. 이 환상을 통해 요한계시록은 팍스 로마나에 대항하여 하나님의 뜻과 창조의 질서를 증언하는 그리스도인들은 순교를 당할 수 있다는 사실을 말하며, 더 나아가 우리도 순교자가 될 수 있다는 신앙을 견지할 것을 암시하고 있다.

여섯 번째 인이 개봉될 때는 심판의 장면과 함께 사람들이 준엄한 심판을 피하려 하는 모습을 기록한다. 굴과 산들의 바위틈에 숨는 "땅의 임금들과 왕족들과 장군들과 부자들과 강한 자들과 모든 종과 자유인"(15절)은 로마제국의 정치-군사-사회-경제적 계층을 대표하며, 불법을 저지르며 하나님의 뜻과 창조의 질서를 무너뜨린 반복음적 사람들을 가리킨다.

일곱 번째 인이 개봉될 때 나팔을 들고 있는 일곱 천사가 등장하는데, 이로써 여섯 번째 인이 개봉될 때 불의한 세상이 심판을 받는 장면이 더욱 상세히 그려진다(8:1-2). 또한 8장 3-5절은 나팔 재앙과 대접 재앙이 땅에 있는 신실한 성도들의 기도의 응답이라는 사실을 강조한다.

여섯 개의 인이 개봉되는 장면을 보도하는 6장과 일곱 번째 인이 개봉될 때 나오는 환상 사이에 놓여 있는 7장은 하나님의 심판을 받지 않을 이상적인 교회를 환상으로 보여준다. 요한계시록은 재앙에 대한 환상을 보도하며, 그 후반부에 이상적인 교회의 모습과 교회의 사명을 보도한다.

3) 나팔 재앙과 대접 재앙에 대한 개괄적 설명[6]

출애굽기는 430년 동안 애굽에서 학대받으며 포로 생활을 했던 이스라엘 백성을 위해 애굽에 10가지 재앙을 내려서 이스라엘을 애굽에서 해방하신 하나님의 역사를 다룬다. 요한계시록에 나오는 7가지 나팔 재앙과 대접 재앙은 10가지 출애굽 재앙 중의 일부를 포함한다. 이는 요한계시록이 출애굽 재앙을 모티프로 사용하여 하나님의 구원을 설명한다는 점을 시사한다. 요한계시록에서 하나님은 일곱 시리즈의 재앙을 로마제국을 상징하는 바벨론에 내려서 교회를 바벨론의 지배 체제로부터 해방하신다. 특히 18장 4-6절은 교회에게 큰 성 바벨론의 지배 체제를 동경하거나 거기에 동화되지 말고, 바벨론의 지배에서 벗어나라고 명령한다. 이는 제국주의의 지배 체제에 도전하며 그런 지배 체제로부터의 해방을 말하는 출애굽 모티프를 전달하는 것이다.

인 재앙(6:1-8:5)에는 출애굽 재앙이 전혀 등장하지 않지만, 8장 6절-9장 19절, 11장 15-19절에서 보도된 나팔 재앙에는 출애굽 재앙의 흔적이 나온다. 또한 15-16장에 설명된 대접 재앙은 출애굽 재앙의 피해를 좀 더 강화하여 설명한다. 한편 출애굽 재앙은 10개로 구성된 반면에 나팔 재앙과 대접 재앙은 각각 7개의 재앙으로 구성되어 있다. 이 7개의 재앙 중 4개의 재앙은 출애굽 재앙과 일치한다. 그리고 나팔 재앙과 대접 재앙에 나오는 재앙(ⓐ)을 피해 영역(ⓑ)과 관련하여 표로 비교하면 다음과 같다.

표2 나팔 재앙과 대접 재앙 비교

나팔 재앙	대접 재앙
ⓐ 우박과 불 ⓑ 수목의 1/3, 각종 푸른 풀 태움	ⓐ 종양 ⓑ 짐승의 표를 받은 사람들, 우상에게 경배한 사람들

나팔 재앙	대접 재앙
ⓐ 물이 피로 변함 ⓑ 바다의 생명체와 배의 1/3 파괴	ⓐ 물이 피로 변함 ⓑ 바다의 모든 생물이 죽음
ⓐ 물의 1/3이 쏙이 됨 ⓑ 많은 사람들이 죽음	ⓐ 물이 피로 변함 ⓑ 성도들과 선지자들에게 피를 흘리도록 만든 사람들
ⓐ 해와 달과 별의 1/3이 어두워짐 ⓑ 낮과 밤이 1/3 빛을 잃음	ⓐ 해가 불로 사람을 태움 ⓑ 하나님의 이름을 비방함
ⓐ 별들이 땅으로 떨어지고, 무저갱이 열리고, 연기와 전갈이 올라옴 ⓑ 하나님의 인을 맞지 않은 사람을 괴롭힘	ⓐ 짐승의 나라가 어두워짐 ⓑ 하나님을 비방하고 회개하지 않음
ⓐ 네 천사가 풀려나고 불과 연기, 유황을 가진 마병대의 등장 ⓑ 사람의 1/3이 죽음	ⓐ 동방에서 왕이 오고, 개구리 같은 세 더러운 영이 용의 입에서 나옴 ⓑ 온 천하의 왕들이 전능한 이의 큰 날의 전쟁을 위해 모임
ⓐ 번개, 음성들, 뇌성, 지진, 우박 ⓑ 성전이 가시적으로 나타남	ⓐ 번개, 음성, 뇌성, 지진, 우박 ⓑ 바벨론이 세 갈래로 갈라짐, 만국의 성들도 무너짐

출애굽 재앙이 10가지인데 반하여, 나팔 재앙과 대접 재앙은 7가지로 축약되어 있다. 또한 출애굽 재앙이 애굽 사람들에게만 내려진 재앙인데 반하여, 나팔 재앙과 대접 재앙은 온 세상에 존재하는 불법을 저지르는 자들을 향해 있다. 그리고 나팔 재앙은 대접 재앙을 통해 점점 그 강도가 세진다(예를 들어 나팔 재앙은 1/3을 죽이지만, 대접 재앙은 짐승의 표를 받고 우상 숭배하는 사람을 모두 죽인다).

출애굽 재앙 모티프는 반(反)창조 모티프를 전제한다. 출애굽 재앙은 반(反)창조 모티프나 애굽 신(神)들과의 경쟁 모티프 중 하나로 여겨지는데, 반(反)창조 모티프를 따른다면 요한계시록은 출애굽 재앙의 전승에 많은 영향을 받았다고 말할 수 있다. 10가지 재앙으로 애굽은 큰 손해를 입어서 더는 사람이 살 수 없는 황폐한 땅으로 변하여 애굽 사람뿐만 아니라 이스라엘 사람도 살 수 없는 땅이 되어버렸다. 창조주 하나님은 이스라엘이 애굽 땅을 떠날 수밖에 없는 상황이 되도록 재앙을 내리셨다. 10가지 출애굽 재앙을 전하는 본문 안에 이스라엘이 미래를 향해 가야 할 곳으로서의 약속의 땅과 이스라엘이 반드시 떠나야 할 곳으로서의 애굽 땅이 대조적으로 묘사된다. 또한 박해와 중노동으로 고통받는 세상과 하나님에 의해 해방의 은혜가 보장되는 약속의 세상이 서로 대항 현실로 제시된다. 21장 1절은 나팔 재앙과 대접 재앙도 7가지의 재앙들을 통해 큰 성 바벨론으로 상징되는 로마제국의 팍스 로마나 통치 이념 아래 자행되는 다양한 불의와 죄악으로 만연한 처음 하늘과 처음 땅이 없어지고 새 하늘과 새 땅이 창조된다고 설명하는데, 이로써 재앙이라는 반(反)창조 모티프가 새로운 창조를 실현하는 수단으로 제시된다.

4) 나팔 재앙(8-9장)

[8:7] 첫 번째 나팔 재앙: 피 섞인 우박과 불[7]이 땅에 떨어져 땅과 수목의 1/3과 각종 푸른 풀을 태웠다. 출애굽기 9장 23-25절에서는 우박과 불이 애굽에 국한되었으나, 여기에서는 온 세계에 떨어졌다. 그러나 우박과 불에 의한 피해는 1/3로 제한되었다.

[8:8-9] 두 번째 나팔 재앙: 불붙는 큰 산과 같은 것이 바다에 던져지매, 바다의 1/3이 피로 변했고, 그 가운데 있는 생명을 가진 모든 피조물과 배들의 1/3이 죽거나 파괴되었다. 에녹1서 18장 13-14절에 따르면 에녹은 하늘의 끝에서 불붙은 큰 산과 같은 일곱 개의 별을 보았는데, 이 별들은 하늘에서 사로잡힌 악한 영들이었다. 그들이 바다에 던져졌을 때 바다의 삼분의 일이 피로 바뀌었다. 여기에서 피는 악의 세력이나 파괴하는 힘을 상징한다. 해당 구절에서 바다가 피로 변했고 바다에 사는 생물들이 죽고 배들이 파괴되었다는 것은 바다가 악의 영에 의해 파괴의 힘을 행사하는 곳으로 변했음을 암시한다. 13장 1절도 열 개의 뿔과 일곱 개의 머리를 가진 짐승이 바다에서 올라온다고 함으로써 바다를 사탄의 세력이 활동하는 곳으로 규정한다.

[8:10-11] 세 번째 나팔 재앙: 쑥이라는 이름을 가진 별이 강들의 1/3과 여러 물과 샘에 떨어져 사람들이 마시지 못하도록 쓰게 만들었다. 쑥은 그 자

체로는 독이 없지만, 그 쓴맛 때문에 사람들이 물을 마시지 못해 죽는다. 쑥은 구약성서에 따르면 쓰라린 고통이나 심판 또는 하나님을 떠난 상태를 설명할 때 비유적으로 사용했다(신 29:14-18; 렘 9:14-15; 23:15). 물이 쑥으로 변했다는 것은 하나님이 당시의 대적자들에게 행하시는 심판을 의미한다.

[8:12] 네 번째 나팔 재앙: 해와 달과 별들의 1/3이 빛을 잃고 어두워졌는데, 아홉 번째 출애굽 재앙(출 10:22)과 에스겔 32장 7-8절도 동일한 사건을 보도한다.

[8:13]: 독수리가 "땅에 사는 자들에게 화, 화, 화가 있으리"라고 큰소리로 외치면서 날아가는데, 이는 아직 남아 있는 다섯 번째부터 일곱 번째 나팔 재앙이 지금까지의 네 재앙보다 더욱 심함을 암시하면서 9장으로 자연스럽게 장면을 연결한다. 묵시문서에서 독수리는 흔히 로마제국을 상징하지만(예를 들어 에스라4서 11:1; 12:11; 14:17), 여기에서는 하나님 심판의 혹독함을 전하는 역할을 한다(마 24:28 참조; 눅 17:37).

[9:1-12] 다섯 번째 나팔 재앙: 요한은 별 하나가 하늘에서 땅으로 떨어지는 것을 보았는데(1절), 이 천사는 사탄이 아니라 하나님의 심판 의지를 실행하는 자이다. 지하 세계인 무저갱은 유대교 전통에서는 사탄이 있는 곳이며(벧후 2:4), 요한계시록에서는 여기에서 처음으로 언급된다. 무저갱에서 나온 악의 세력이 어떻게 하나님께 대항하는지는 12-19장에서 상세히 설명된다. 무저갱이 열렸을 때 그곳에서 하나님의 진노와 심판을 상징하는 연기가 올라와 해와 공기가 어두워졌다.[8]

황충이 전갈의 권세를 받고 땅 위에 나왔다(3-6절). 흔히 알려진 황충/메뚜기와 달리, 여기에 나온 황충은 풀을 먹지 않고, 이마에 하나님의 인을 받지 않은 사람들만 괴롭힌다는 사실은 이 재앙이 상징적인 사건임을 암시한다. 그러나 황충은 사람을 죽이지 못하며, 오직 5개월 동안만 괴롭힐 권한을 받았다.[9] 흔히 이 5개월을 메뚜기의 삶의 기간으로 이해하려 하는데, 여기에 나오는 황충이 우리가 아는 일반적인 곤충이 아니라 상징적이라는 사실을 전제한다면 이런 설명은 설득력이 부족하다. 여기에서 5는 완전수로서 하나님을 대적하는 자가 괴롭힘을 당하는 아주 긴 시간을 의미한다(창 7:24). 6절은 죽고 싶으나, 죽을 수 없는 하나님을 대적하는 자들의 운명을 예언자적인 입장에서 보도한다(렘 8:3 참조; 욥 3:21).

7-10절은 요엘 1-2장의 도움을 받아 황충이 사람과 짐승의 형상을 합쳐 놓은 모습이라고 설명하는데,[10] 무엇보다 중요한 것은 황충이 꼬리를 이용하여 사람을 해할 수 있는 권세가 있을 뿐만 아니라 전쟁을 할 수 있게 준비되어 있다는 사실이다. 크라프트(H. Kraft)는 이들을 하나님과 최후의 전쟁을 하기 위해 모인 곡의 사탄의 군대로 이해한다. 일반적인 황충에게는 왕이 없지만, 여기에 등장하는 황충은 히브리어로 아바돈 또는 그리스어로 아볼루온이라는 이름의 왕이 있다고 말한다. '파멸시킨다'는 의미의 그리스어 '아폴뤼메'에서 파생된 '아폴뤼온'은 '아폴론'(Apollon, 파괴자/세상을 부패하게 만드는 자)이라는 페스트를 주관하는 그리스 신의 이름을 연상시킨다. 황충의 나라는 죽음의 권세가 지배하고 있는 영역을 뜻한다. 이때 사탄의 지도자를 상징하는 아볼루온이 여기에서는 하나님이 적대자들을 심판하는 데 사용하는 도구로서의 역할을 한다는 사실을 통해 하나님의 권세가 사탄의 영역에까지 영향을 미치고 있음을 알 수 있다. 지금까지 설명된 재앙에도 불구하고 하나님의 표를 지닌 사람들은 보호된다(9:4).

[9:13-21] 여섯 번째 나팔 재앙: 여섯 번째 나팔 재앙도 다섯 번째와 마찬가지로 사람을 향하고, 재앙의 강도가 아픔과 괴로움을 넘어 죽음으로 이어진다(출 12:29-30 참조). 그리고 다섯 번째 나팔 재앙이 땅 아래 음부에서 올라온 황충 떼에 의해 자행된 데 반하여, 여섯 번째 재앙은 큰 강 유브라데 건너편에서 오는 군사력에 의해 자행된다. 여섯 번째 나팔 재앙을 통해 저자가 관심을 갖는 것은 20-21절이 전하는 것처럼 죽지 않고 살아남은 사람들의 반응이다. 저자는 하나님의 심판을 통해 세상을 쓸어버리는 것에 관심하는 것이 아니라 세상이 하나님을 두려워하며 회개하게 만드는 희망을 표현한다. 그런데 세상은 저

자의 기대와 달리, 회개하기보다는 더욱 완악해져 우상을 숭배하고 살인과 음행과 복술과 도적질을 계속한다.

5) 대접 재앙(15-16장)

[16:2] 첫 번째 대접 재앙: 첫 번째 천사가 나가서 대접을 쏟을 때 짐승의 표를 받은 사람들과 그 우상에게 경배하는 사람들에게 독종이 생겼다. 여섯 번째 출애굽 재앙(출 9:10-11)이 애굽 사람들에게 내렸던 것에 반하여, 여기에서는 짐승의 표를 받고 그 우상을 경배하는 모든 사람에게 발생하며, 이는 재앙의 범위가 온 세상에 미치고 있음을 말한다. 그러나 신실하게 신앙을 지키는 사람들에게는 이 재앙이 미치지 않는다.

[16:3] 두 번째 대접 재앙: 두 번째 천사가 대접을 쏟을 때 첫 번째 애굽 재앙(출 7:17-21)처럼 바다가 죽은 사람들에게서 흘러나오는 피에 물든 것같이 핏빛으로 변하여 물고기들이 죽었다. 첫 번째 출애굽 재앙은 나일강을 핏빛으로 바꾸었지만, 두 번째 대접 재앙은 바다를 핏빛으로 물들여 물고기를 죽이며, 하나님을 대적하고 짐승의 표를 받은 온 세상이 고통에 빠지게 된다. 살아 계신 하나님과의 관계가 끊어지면 모든 사람이 이런 고통을 겪게 된다는 사실을 암시한다.

[16:4-7] 세 번째 대접 재앙: 세 번째 천사가 대접을 쏟을 때 강과 물의 근원이 피로 물들어 마실 물을 구할 수 없는 상황이 발생한다. 8장 10-11절에서는 강들과 물과 샘의 1/3만 해를 입었는데, 여기에서는 모든 강과 물의 근원이 피로 물든다. 6절에 따르면 피로 물든 바다와 강물 때문에 고통을 당하는 자는 성도들과 선지자들의 피를 흘리게 한 사람들이다. 성도들과 선지자들에게 피를 흘리게 했던 하나님의 대적자들은 피로 변한 물을 마셔야만 했다. 하나님은 대적자들로 인해 흘린 신실한 성도들과 선지자들의 피를 대적자들에게 마시게 함으로써 그들을 심판하신다.

[16:8-9] 네 번째 대접 재앙: 네 번째 천사가 대접을 해에 쏟으니 해가 권

세를 받아 사람들을 태웠다. 이 재앙도 하나님을 대적하는 자들에게 내렸으며, 신실하게 믿음을 지키는 자들은 7장 16절에서처럼 해나 뜨거운 기운에도 상하지 않고 보호하심을 입는다. 태양이 사람을 태우는 재앙은 출애굽 재앙에 등장하지 않으며, 이 재앙은 네 번째 나팔 재앙(8:12)보다 하나님을 대적하는 사람들에게 직접적으로 더 큰 피해를 준다. 네 번째 대접 재앙에 대한 사람들의 반응은, 출애굽 재앙을 경험하면서도 계속 하나님께 대항했던 애굽의 바로처럼 하나님을 비방하며 회개하지 않고 주께 영광을 돌리지 않았다(9:20-21 참조; 16:11). 이 재앙을 통해 인간의 완악한 모습이 잘 나타난다.

[16:10-11] 다섯 번째 대접 재앙: 다섯 번째 천사가 대접을 짐승의 보좌에 쏟을 때 짐승의 나라가 어두워졌다. 보좌는 힘을 상징하기 때문에 이는 짐승의 보좌, 곧 로마제국의 권세가 하나님의 심판으로 멸망하게 됨을 의미한다. 아홉 번째 출애굽 재앙(출 10:21-23)과 네 번째(8:12) 및 다섯 번째 나팔 재앙(9:1-12)도 하나님을 대적하는 자들의 나라가 어두워지는 심판을 전한다. 그러나 하나님을 대적하는 짐승의 나라와 달리, 신실한 하나님의 백성의 나라는 밝고 환하다(18:1 참조; 21:23-24; 22:5). 즉, 짐승의 나라와 하나님의 나라가 대조를 이루는 것이다. 다섯 번째 대접 재앙에 대한 사람들의 반응은 자기 혀를 깨물며 하나님을 비방하고 자기 행위를 회개하지 않고 완악함에 머무르는 것으로 나타난다. 어둠 속에서 사람들은 자신의 진정한 상황을 깨닫지 못하고 하나님께 대항하고 불순종한다.

[16:12-16] 여섯 번째 대접 재앙: 여섯 번째 천사가 그 대접을 큰 강 유브라데에 쏟을 때 그 강물이 말라 동방에서부터 왕들이 군사를 이끌고 로마제국을 침략할 수 있는 길이 준비되는데, 이는 여섯 번째 나팔 재앙(9:13-16)과 일치한다. 유브라데는 로마제국과 그 동쪽에 있는 파르타이 제국의 국경을 이루는 강으로, 이 구절은 파르타이 제국으로 도망간 네로가 군사를 이끌고 유브라데 강을 건너 로마로 쳐들어올 것이라는 당시 소문을 암시한다.[11] 그러나 여섯 번째 나팔 재앙과 달리, 해당 구절에서 묘사된 동방으로부터 오는 왕들이 이끄

는 군사들은 용의 입과 짐승의 입과 거짓 선지자의 입에서 나오는 귀신의 영에 속아서 하나님 곧 전능하신 이의 큰 날에 있을 영적 전쟁을 위해 아마겟돈으로 모인다.

히브리어로 아마겟돈은 '므깃도의 언덕'이라는 의미가 있는데, 사사기 4-5장에 따르면 이스라엘이 가나안 군대와 싸워 승리한 곳이며, 유다 왕 요시야가 애굽 왕 느고의 군대와 맞서 싸우다가 전사한 곳이기도 하다(왕하 23:29; 대하 35:22-25). 로메이어(Lohmeyer)는 므깃도의 언덕을 바알의 더러운 귀신들이 멸망한 갈멜산으로 해석한다.[12] 므깃도가 갈멜산이 있는 지역의 한 부분이며, 갈멜산은 엘리야가 바알 선지자들을 죽이기 전에 모욕을 주었던 산이기도 하다(왕상 18장). 전 세계로부터 우상 숭배 세력과 폭력 세력들이 이번에는 하나님께 확실히 대항하기 위한 전쟁을 치르려고 그곳에 집결한다. 그 전쟁에서 악은 완전히 패하고 쓰러진다. 아마겟돈은 구체적인 어떤 장소를 가리키기보다는 상징적인 장소로 이해하는 것이 타당하다.[13] 즉, 므깃도는 하나님을 끝까지 거역하고 대적하는 모든 악한 세력이 심판받고 멸망당하는 곳을 가리키는 상징적 장소이다. 따라서 악의 세력이 왕성하게 활동하다가 멸망하는 곳은 모두 므깃도라고 일컬을 수 있다.

[16:17-21] 일곱 번째 대접 재앙: 일곱 번째 천사가 대접을 공중에 쏟을 때 번개와 음성들과 뇌성과 아주 큰 지진이 일어났는데, 이는 하나님의 임재를 상징하는 표현이다. 요한계시록에는 이런 장면이 여러 번 등장한다(4:5; 8:5; 11:19; 출 19:18; 시 68:8; 77:18; 사 64:3; 합 3:6-7, 10 참조). 성전 보좌에서 나오는 큰 음성이 "되었다"(gegonen, 현재 완료형)라고 함으로써 일곱 번째 대접 재앙을 끝으로 하나님 진노의 심판이 모두 이루어졌음을 말한다(15:1; 11:15). 큰 음성은 이사야 66장 6절에 나오는 적에게 보응하는 소리로 이해할 수 있다. 여기에서 지진은 19절과 연결해 볼 때 하나님이 행하시는 심판을 상징한다.

큰 지진의 결과, 이방 나라들의 성들이 갈라진다. 로마제국을 상징하는 큰 성 바벨론은 세 갈래로 갈라졌을 뿐만 아니라 하나님의 맹렬한 진노의 포도주

잔을 받았으며, 각 섬과 산악도 사라졌다. 지진은 하나님이 대적자들을 심판하는 강력한 도구이다(6:12, 14; 11:13). 지진으로 하나님은 로마제국만이 아니라 자신을 대적하는 세상의 모든 사람을 심판하신다. 섬과 산이 사라지는 것은 초기 유대교 문서들에 나타나는 전형적인 종말 사건이다(예를 들어 겔 26-28장; Ass. Mos. 10:4; äthHen 1:6; 83:4; OrSib VIII, 234-236). 무게가 한 달란트(약 40킬로그램)나 되는 우박이 하늘로부터 땅으로 떨어졌다는 것은 일곱 번째 출애굽 재앙을 연상시킨다. 우박 재앙도 역시 하나님을 대적하는 사람들에게만 임하는 하나님의 심판을 의미하며, 우주적 파멸을 뜻하지는 않는다. 이 무시무시한 우박 재앙에도 하나님을 대적하는 사람들은 회개하지 않고 오히려 하나님을 비방한다(9:20-21).

[17-18장] 바벨론에 대한 심판: 17-18장은 로마제국이 누리고 있는 풍요롭고 사치와 향락이 넘쳐나는 경제-사회 체제를 "창녀 또는 음녀"로 단정한다. 17-18장은 다음과 같은 네 가지 사실을 근거로 바벨론이 경제적-문화적으로 반(反)복음적인 시스템 또는 착취 시스템이라고 말한다. 첫째, 음녀가 입고 있는 사치스럽고 호화스러운 옷(17:4-6; 18:6), 둘째, 음녀의 몰락을 보고 눈물을 흘리며 슬퍼하는 사람들은 음녀와 상거래를 해서 많은 이익을 취한 사람들(왕들, 상인들, 선원들)이라는 점, 셋째, 음녀만 소비할 수 있는 다양한 사치품들(18:11-13), 넷째, 음녀의 몰락은 사치-향락 문화의 몰락(더는 음악과 쾌락과 공예품도 혼인 잔치도 없으며, 사회적 약자들과 성도들에 대한 착취와 폭력으로 사회 경제 체제가 무너져 내림)이라는 점이다. 그중 18장 23절은 로마제국의 통치 체제를 "마술"로 규정함으로써 로마제국의 사회-경제 시스템이 진정한 삶의 행복을 가져다주지 못하는 거짓 경제 체제라는 사실을 강조한다. 특히 "큰 성 바벨론"(18:2)이라는 표현은 로마제국의 사회-경제 시스템이 견고하여 누구도 쉽게 무너뜨릴 수 없다는 사실을 간접적으로 강조하면서 동시에 이런 로마제국의 통치 체제가 온 세상에 혼돈을 가져오는 반복음적이고 적그리스도적인 사회-경제 시스템이라는 사실을 부각한다(바벨의 뜻은 혼돈임). "큰 성 바벨론"은 21장에 나오는 "하늘에서 내

려오는 새 예루살렘 성"과 서로 반대되는 대항 현실이며, 요한계시록은 이 두 성의 상반된 모습을 보여주면서 어느 성에 들어가 살 것인지 결단하라고 한다.

6) 주님이 원하시는 교회에 대한 설명(7장, 10-14장, 19-22장)

[7장] 144,000명과 누구도 셀 수 없는 허다한 무리로 구성된 교회: 7장은 교회를 두 가지 환상으로 암시한다. 하나는 이스라엘 열두 지파에서 나온 144,000명(1-8절)이고, 다른 하나는 모든 민족과 종족과 언어에서 나온 흰옷을 입고 손에 종려나무 가지를 든 수를 셀 수 없는 큰 무리(9-17절)이다. 144,000은 완전수($12 \times 12 \times 1,000$)로서 '수를 셀 수 없는 큰 무리들'과 같은 수를 의미한다. 요한계시록의 교회론을 상징적으로 나타내는 이 두 부류의 사람들은 누구를 가리키는가? 같은 부류의 사람들인가, 아니면 서로 다른 부류의 사람들인가? 이들은 서로 어떤 관계인가? 14장에 나오는 144,000명과 여기에 나오는 144,000명은 같은 사람인가? 이런 질문에 대답하는 것은 단순하지 않지만, 이와 관련하여 중요한 몇 가지 입장이 있다.[14] 첫 번째 입장은 144,000명을 현재 땅에서 고난당하는 교회로, 셀 수 없는 큰 무리는 종말론적으로 완전한 경지에 이른 교회로 이해하는 입장이다. 두 번째 입장은 144,000명을 싸우는 교회(ecclesia militans)로, 셀 수 없는 큰 무리를 승리한 교회(ecclesia triumphans)로 보는 입장이다. 세 번째 입장은 두 환상을 인과관계로 규정하여 1-8절의 환상을 원인과 근거(지상에서 거룩하고 선한 싸움에서 승리했기 때문)로, 9-17절의 환상을 결과(하늘나라에서 하나님 앞에 서서 예배하는 삶을 살아가게 됨)로 해석하는 입장이다.

[10장] 두루마리를 먹고 다시 예언해야 하는 교회: 1-2절에서 작은 두루마리는 "하나님의 비밀 또는 복음"(7절)을 뜻한다. 또한 힘센 천사가 오른발은 바다를, 왼발은 땅을 밟고 있다는 것은 작은 두루마리로부터 비롯된 영향력이 온 세상에 미칠 것이라는 사실을 암시한다. 8-9장에서 하나님을 믿지 않는 세상과 그에 속한 사람들이 나팔 재앙을 통해 심판을 받았지만, 그들은 손으로

행한 일을 회개하지 않고 오히려 여러 귀신과 금, 은, 동과 목석의 우상에게 절하고, 살인과 복술과 음행과 도둑질을 회개하지 않았다(9:20-21). 심판을 받아도 회개하지 않는 인간의 완악함에도 불구하고 교회가 해야 할 일은 복음을 전하는 것이다(10:11). 전도와 선교는 게을리할 수 없는 교회의 본질적 사명이다. 전도의 사명을 바르게 감당하기 위해 교회는 힘센 천사의 손 위에 펼쳐 놓인 작은 두루마리를 먹어야 한다. 그런데 작은 두루마리의 맛은 입에는 꿀같이 달지만, 먹은 후 배에서는 쓴맛이 난다(9-10절). 두루마리의 맛이 입에서는 단맛이 난다는 것은 우리가 사명을 받을 때 갖게 되는 감격과 기쁨을 가리키지만, 배에서 쓴맛이 난다는 것은 전도의 사명을 감당할 때 경험하게 될 고난과 고통을 의미한다.

[11장] 두 증인의 권세를 갖고 1260일 굵은 베옷을 입고 예언하는 교회: 교회를 두 증인으로 규정한 것은 교회만이 하나님 나라의 참된 증인이라는 사실을 말한다(신 19:15). 두 증인으로서 교회에 주어진 권세는 "하늘을 닫아 그 예언을 하는 날 동안 비가 오지 못하게 하고(엘리야를 연상하게 함) 또 권능을 갖고 물을 피로 변하게 하고 아무 때든지 원하는 대로 여러 가지 재앙으로 땅을 칠 수 있는(모세의 출애굽 재앙을 연상하게 함)" 권세이다(6절). 다시 말해, 교회는 갈멜산에 서 있는 엘리야처럼 바알과 같은 이단과 싸워 이길 수 있는 권세와 하나님을 대적하는 애굽 왕 바로처럼 완악한 세상에 대적할 수 있는 권세를 갖고 있다. 1260일이라는 시간은 이방인이 성전에서 드리는 거룩한 제사를 금지한 42개월(2절; 단 12:11-12에서 제우스 신상을 성전에 세우고 제우스를 하나님으로 섬기라고 강요한 시간)과 같은 시간이며, 한 때와 두 때와 반 때(12:14)와도 같은 시간이다. 이 시간은 상징적인 시간으로서 하나님께 드리는 제사가 방해를 받는 기간을 가리킨다.

[12장] 용(사탄)과 싸워야만 하는 교회: 7-8절은 미가엘과 그의 사자들이 용과 더불어 싸울 새 용과 그의 사자들도 싸우나, 이기지 못하여 다시 하늘에서 그들이 있을 곳을 얻지 못했다고 한다. 예수 그리스도의 부활 승천 이후에

사탄은 더는 공중 권세를 행사할 수 없게 되었고(4-5절), 하늘에서 땅으로 쫓겨나서 하나님의 계명을 지키며 예수의 증거를 가진 자들과 더불어 싸우려고 바닷가 모래 위에 서 있게 되었다(17절). 따라서 예수 그리스도의 증거를 가진 신실한 그리스도인은 사탄의 공격 대상이기 때문에 정신 바짝 차리고 자신의 신앙을 지켜야 하며, 교회가 거룩함을 잃어버리지 않도록 잘 지켜내야 한다.

[13장] 온 세상에 혼돈을 불러일으키며 하나님과 대적하는 바벨론(666) 과 싸우는 교회: 1-2절은 바다에서 올라오는 짐승(666)을 묘사한다. 완전수를 상징하는 10개의 왕관으로 치장된 10개의 뿔과 7개의 머리는 누구도 대적할 수 없는 절대 권력을 상징한다. 그런데 이 절대 권력 666은 하나님을 모독하는 반(反)복음적이고 반신적(反神的)인 행동을 한다. 더욱이 바다에서 올라오는 이 짐승은 표범과 비슷하고, 그 발은 곰의 발 같으며, 그 입은 사자의 입과 같다고 묘사된다. 이와 관련하여 다니엘서 7장 3-7절은 바다에서 올라오는 하나님을 대적하는 네 마리의 짐승 중 세 마리를 사자와 곰과 표범 같다고 설명한다. 다니엘서 7장의 짐승들은 곧 세 개의 제국(앗시리아-바벨론-페르시아)을 의미하는데, 이들은 마치 사자와 곰과 표범처럼 맹수같이 세상을 잔인하게 폭력으로 다스린다. 요한계시록 13장에 나오는 바다에서 올라오는 짐승(666) 역시 다니엘서에서 묘사하는 세 마리의 맹수적이고 반신적인 모습을 모두 가진 아주 강력한 하나님의 대적이다.

이어서 등장하는 땅에서 올라오는 짐승은 바다에서 올라오는 짐승(666)을 신격화하고 우상으로 숭배하게 하며 사람들에게 짐승의 표를 받도록 한다. 짐승의 표를 받는 것은 하나님에게서 인을 받는 것과 대조적인 모습으로서 666의 소유가 된다는 것을 상징한다. 바다에서 올라오는 짐승(666)은 절대 권력을 갖고 하나님을 모독하고 반복음적인 행동을 할 뿐만 아니라 세상이 대적할 수 없는 권세를 갖고 온 세상의 질서를 자기의 뜻대로 세워가며, 신격화되어 우상숭배를 받는 속성을 가진다. 그래서 마틴 루터는 바다에서 올라오는 짐승(666)을 자기 시대의 교황으로 해석하기도 했다. 루터의 이런 해석은 666을 우리가 어떻게 규정해야 하는지에 대한 신앙적인 안목을 제공한다. 바다에서 올라오는 짐승(666)은 역사의 마지막 때에 나타날 사탄이 아니라 시대마다 요한계시록 13장이 말하는 속성을 가진 자는 모두 666이라고 규정할 수 있으며, 따라서 666과 같은 존재는 역사 속에서 얼마든지 반복하여 등장할 수 있다.

[14:1-5] 제자도를 가르치는 교회: 시온산에 있는 어린양과 함께 있는 144,000명이 그들의 이마에 어린양의 이름과 그 아버지의 이름이 쓰여 있다고 설명하는 1절은 하늘에 있는 교회의 모습을 묘사하고 있다. 이들은 지상에서 살 때 여자와 더불어 자신을 더럽히지 않고 순결한 삶, 어린양이 어디로 인도하든지 따라가는 삶, 속량함을 받아 처음 익은 열매로 하나님과 어린양에게 속한 자들에게 합당한 삶 그리고 그 입에 거짓이 없고 흠이 없는 삶을 살았던 신실한 그리스도인이었다(4-5절). 즉, 이들은 예수 그리스도와 하나님에 대해 무조건적인 순종을 했던 사람들이다.

[19-22장] 하나님께로부터 하늘에서 내려오는 새 예루살렘 성: 16장 19-21절은 큰 성 바벨론이 세 갈래로 무너져 내리는 심판의 장면을 짧게 설명하고, 17장 1절-19장 10절은 큰 성 바벨론의 심판 장면을 상세히 설명한다. 반(反)복음적인 질서를 통해 온 세상에 막대한 영향력을 행사하고 있는 큰 성 바벨론과 대립을 이루고 있는 것은 하늘에서 내려오는 새 예루살렘 성이다. 새 예루살렘 성은 예수 그리스도의 신부인 교회를 가리킨다(21:2, 9-10). 하나님과 어린양의 보좌가 있는 새 예루살렘 성으로부터 생명(새로운 삶)을 제공하는 생수의 강은 온 세상으로 흘러가면서 두 가지 사건을 일으킨다(22:1-5). 첫째, 생명나무가 매달 열두 가지의 열매를 맺음(가난한 자가 존재하지 않는 풍요로운 세상), 둘째, 생명나무의 잎사귀들이 만국을 치료함(처음 하늘과 처음 땅을 사라지게 함으로써 발생하는 새로운 창조)이다. 교회를 통해 새로운 창조를 이루기를 원하시는 하나님의 마음을 삶으로 실현하는 것이 성도의 사명이다.

3. 요한계시록 요약

회람용 서신의 틀로 기록된 요한계시록은 소아시아 일곱 교회에게 요한이 권면하고 있는 일종의 예언서라고 말할 수 있다. 따라서 우리는 요한계시록에서 교회론에 관심을 가질 필요가 있다. 물론 요한계시록이 종말론을 다양한 환상을 통해 말하고 있는 것은 사실이지만, 요한계시록은 종말론적인 내용을 담고 있는 환상을 통해 종말론적인 시간표를 말하려고 하는 것이 아니다. 세상에 존재하는 교회가 새로운 세상을 실현하려는 종말론적인 희망과 목표를 갖고 현실 속에서 경험하고 있는 반신적(反神的)이고 반(反)복음적인 세력과 영적인 싸움을 싸울 것을 권면하는 책이다. 또한 요한계시록은 교회 내부에 존재하는 첫사랑을 잃어버린 자들, 니골라당, 발람의 가르침과 이세벨의 가르침을 따르도록 가르치는 자들 그리고 차지도 덥지도 않은 신앙을 가진 자들을 책망함으로써 교회를 개혁하려는 교회 개혁서이다. 요한계시록의 주된 관심은 심판보다는 새로운 창조를 이 세상에 실현시키려는 하나님의 구원의 의지라는 사실을 잊지 말아야 한다.

Ⅲ. 웨슬리와 함께 읽는 요한계시록

1754년 1월에 출판된 『신약성서주석』에서 웨슬리는 요한계시록을 단순히 종말론적 시각에서만 설명하지 않고 교회론적인 시각에서 보았다. 웨슬리의 4장 2절 주석에 따르면 4장 1-2절에 나오는 '이 일 후에 발생할 일'은 곧 요한계시록 전체의 내용으로서 "교회와 세상 사이에 발생하는 싸움을 보여주는 연극무대"와 같다. 6장 9절에 묘사된 예수 그리스도의 도움을 받는 교회와 사탄의 도움을 받는 반(反)복음적인 세상(『신약성서주석』의 요한계시록 4장 9절 주석)과의 영적 전쟁 또한 요한계시록의 주요 내용이다. 또한 웨슬리는 요한계시록 14장 1절 주석에서 144,000명을 지상의 교회가 모범으로 삼아야 하는 천상의 교회라고 말하면서 영적 전쟁을 끊임없이 해야 하는 지상의 교회와 지상의 교회에게 영적 싸움의 목적과 동기를 제공하는 천상의 교회와의 관계를 강조했다. 그는 자신의 설교에서 요한계시록 21장 5절을 설명하면서 하나님은 교회를 통해 당신의 창조적인 구원의 능력으로 세상에 새로운 질서를 만들어 가신다는 사실을 강조했다(설교 113번 "새로운 창조"). 웨슬리의 요한계시록 주석과 설교는 종말론적인 입장을 배제하지 않지만, 교회론적인 입장이 중요하다는 사실을 말하고 있다. 요한계시록은 교회가 영적 전쟁을 해야 하는 목적과 목표를 제시함으로써 불의한 현실과 선한 싸움을 회피하지 말라는 저항 문서이다. 따라서 요한계시록을 사회-경제-문화 비판을 위해 묵상하고 적용할 수 있도록 우리의 선입견과 편견을 버려야 한다.

---

1 저자 요한에 대한 다양한 입장에 관해서는 신동욱, 『요한계시록 주석』(서울: 도서출판kmc, 2010), 22-23을 참조하라.
2 요한계시록 저자에 대한 다양한 논의는 신동욱, 『요한계시록 주석』, 21-23을 참조하라.
3 K. Berger, *Hermeneutik des Neuen Testaments* (Tübingen und Basel: Francke, 1999), 204-205를 요약 정리했음을 밝혀둔다.
4 신동욱, 『요한계시록 주석』, 15-20을 보라.
5 이에 관해서는 R. Stark, *Rise of Christianity* (SanFrancisco: HarperSanFrancisco, 1997), 131-132를 참조하라.
6 이 단락의 내용은 신동욱, "요한계시록에 나타난 출애굽 전승에 관한 연구: 나팔 재앙과 대접 재앙을 중심으로," 「인문사회 21」 10:5(2019), 891-902를 요약 정리했음을 밝혀둔다.
7 Cicero에 따르면 로마제국 당시 불가사의한 재앙의 조짐 목록들에 자주 등장한다. 『시빌의 신탁』

5.377-80. "이는 하늘의 여러 층으로부터 불이 사람들에게 비 오듯 내릴 것이니, 곧 불과 피와 물과 번개와 흑암과 하늘의 밤이니라."

8 J. Wesley, Works 2, 529(Sermon 66, "The Sign of the Time"). 요한계시록을 교회사적으로 해석한 웨슬리는 무저갱에서 올라오는 연기를 부와 명예와 힘을 얻을수록 나타나는 순수함을 잃어버린 교회의 모습(A Mixed Society)으로 해석하면서 교회는 콘스탄틴 황제 때부터 이미 순수함을 잃어버리기 시작했다고 말한다. cf. 창 19:23-29, 소돔과 고모라 성이 불과 유황으로 심판받는 장면은 요한계시록의 심판과 같은 모티프를 제공한다.

9 8장 7절과 9장 4절은 서로 모순된다. 환상의 배열을 시간적-논리적 배열로 간주하면 많은 경우 해석의 오류를 범할 수 있다.

10 J. Roloff, *Die Offenbarung des Johannes* (Zürich: Theologischer Verlag, 1984), 103을 보라. 그는 황충의 이런 모습을 그리스신화에 나오는 반인반마(半人半馬)인 Zentauren의 영향을 받은 것으로 설명한다.

11 Nero redivivus: Sib. Or. 4:115-139: "이탈리아로부터 한 위대한 왕이 [...] 보이지 않게 피신하여 [...] 유브라데강을 건너고 [...] 파르타이인들의 땅을 넘을 것이다. [...] 그리고 전쟁을 하러 서쪽으로 올 것이며, 로마로부터 추방된 사람들이 무수한 사람들과 함께 강력한 칼을 휘두르며 유브라데를 건너올 것이다."

12 E. Lohmeyer, *Die Offenbarung des Johannes* (Tübingen: Mohr Siebeck, 1926), 137을 보라.

13 I. T. Beckwith, *The Apocalypse of John* (NY: Macmillan, 1919), 685; G. E. Ladd, *A Commentary on the Revelation of John* (Grand Rapids: Eerdmans, 1972), 216; R. H. Mounce, *The Book of Revelation*, NICNT (Grand Rapids: Eerdmans, 1977), 302; W. J. Harrington, Revelation, Sacra Pagina Series 16 (MN: Liturgical Press, 2008), 167을 보라.

14 이에 관해서 보다 상세한 내용은 신동욱, 『요한계시록 주석』, 83-86을 참조하라.

제14장

웨슬리 신학과 신약성서

웨슬리 신학과 신약성서

복음이라는 말에는 다양한 정의가 있다. 본디 복음(euangelion)이라는 단어는 '기쁜 소식'으로서, 튀르키예 서부의 로마 식민지 도시였던 프리에네에서 발견된 칼렌더 비문(Priene Calendar Inscription, 기원전 9년)에서 엿볼 수 있듯이, 로마 황제의 탄생을 가리킬 때 사용되던 단어였다. 옛날 이스라엘 사람들은 평화와 구원이 온 것을 기쁜 소식이라고 생각했고, 이 평화와 구원은 하나님께서 다스리시는 상태가 되었을 때 이루어진다고 보았다(사 52:5-7). 바울 시대로 넘어오면서 예수 그리스도의 오심과 그분의 사역, 죽음 그리고 부활에 대한 소식을 복음이라고 보았다(롬 1:1-4; 고전 15:1-5). 이런 정의는 마가복음 1장 서두에서 내리는 복음의 정의와 다소 차이를 보인다.

모든 것의 질서를 잡고 우리 삶에 깊이 관여한 신의 섭리는 우리에게 아우구스투스를 주셔서 가장 완벽한 질서를 세우셨다. 그 섭리는 아우구스투스를 모든 인류에게 유익을 끼칠 덕으로 채우셨고, 우리와 우리의 후손들을 위해 그를 우리의 구세주로 보내셨다. 그는 전쟁을 종결시키고 모든 것의 질서를 잡을 것이다. 이전의 모든 훌륭한 인물들보다 훨씬 뛰어나신 가이사의 나타나심은 후손들에게 이전에 하신 것보다 더 좋은 희망을 주는 것일 뿐만 아니라 신이신 아우구스투스의 생일은 모든 세상을 위한 좋은 소식(euangelion)의 시작이었다. -프리에네 칼렌더 비문

마가복음의 저자는 세례 요한이 체포된 뒤에 예수께서 갈릴리로 오셔서 "하나님의 복음"을 선포하셨다고 말하면서 "때가 찼고 하나님의 나라(통치)가 임했다. 회개하고 복음을 믿어라."라고 전한다(막 1:14-15). 여기에서 복음은 "하나님의 나라", 즉 "하나님께서 다스리신다."라는 것이고, 이는 구약에서 말하는 기쁜 소식과 일맥상통한다.

한편 요한과 누가는 각각 자신의 이야기를 전하면서 복음과 연결하여 생각해 볼 수 있는 말을 남겼다. 요한은 복음서 맨 뒤에 자신이 이 모든 이야기를 전한 목적이 "예수께서 그리스도요, 하나님의 아들이라는 사실을 믿게 하고, 또 그렇게 믿어서 독자들이 그의 이름으로 생명을 얻도록 하려는 것"(요 20:30-31)이라고 전한다. 누가도 사도들이 복음을 전하는 목적이 "사람들이 헛된 일을 버리고 하늘과 땅과 바다와 그 안에 있는 모든 것을 만드신, 살아 계신 하나님께로 돌아오게 하려는 것"(행 14:15)이라고 말한다. 바울 또한 로마서에서 복음을 언급하면서 자신이 이방인의 사도로서 "하나님의 복음을 전하는 일을 수행함으로써 이방인들이 성령으로 거룩하게 되고 하나님께서 기뻐 받으실 제물이 되게 하는 것"(롬 15:16)이라고 밝힌다.

이상과 같은 내용을 정리해 본다면 복음은 "하나님께서 다스리시는 것"이고, 하나님의 다스리심은 예수의 오심과 사역과 죽음과 부활을 통해 증명되고 이루어졌으며, 우리가 계속 복음을 전하는 것은 모든 사람이 예수를 믿어 하나님의 다스리심 안으로 들어와 그분을 알고 그분과 날마다 교제함으로써 거룩한 삶을 살도록 하려는 데 목적이 있다는 것이다. 결국 복음의 본질은 하나

님께서 다스리시는 삶을 사는 것이며, 이런 복음적 삶은 예수 그리스도를 통해 가능하게 되었으며, 성령의 능력 안에서 우리는 그런 삶을 지속해 나갈 수 있게 된다. 우리가 신앙생활을 한다는 것은 궁극적으로 하나님의 나라로 가는 여정을 걷는 것이며, 이 구원론이 바로 웨슬리가 말하는 신앙의 삶이며 웨슬리 신학의 핵심이기도 하다.[1] 이 장에서는 웨슬리 신학의 중요한 핵심이 되는 이 구원론을 중심으로 살펴볼 것이다.

1. 웨슬리의 삶과 감리회 신학의 형성

1) 올더스게이트 이전

웨슬리의 신학과 삶에 관해서 우리는 보통 1738년 5월 24일 수요일 저녁 8시 45분, 런던 올더스게이트 거리에 있는 한 모라비안 교도의 모임에서 있었던 웨슬리의 체험 고백을 중요한 기점으로 손꼽는다. 심지어 웨슬리 회심일로 이 일을 크게 기념하기도 한다. 이날의 체험이 중요한 것은 사실이지만, 이날 사건만 중시하면 우리는 웨슬리 신학의 핵심을 놓치게 된다. 여기에서는 웨슬리의 삶을 간략히 살피면서 웨슬리 신학의 핵심을 다룰 것이다.

웨슬리는 1703년, 영국 중부 링컨셔에 있는 한 작은 시골 마을 엡워스(Epworth)에서 태어났다. 아버지는 사무엘 웨슬리 목사였고, 어머니는 수잔나 웨슬리였다. 사무엘 웨슬리는 청교도적 배경의 경건주의자요, 기독교 지식 증진을 위한 신도회(Society for Promoting Christian Knowledge, SPCK) 초기 멤버였다. 그의 어머니 수잔나의 아버지, 즉 존 웨슬리의 외할아버지는 사무엘 아네슬리 박사였는데, 그는 유명한 청교도 지도자였다. 특히 그는 "사랑으로 역사하는 믿음"(갈 5:6)을 강조하던 신학자였는데, 이 주제는 훗날 웨슬리 신학의 핵심 가운데 하나가 된다. 아버지 사무엘은 가정보다는 대외 정치적 활동에 관심이 많았던 사람이었고, 자녀의 신앙 교육에는 수잔나의 역할이 지대했다. 따라서 존과 찰스 웨슬리 형제에게 실질적 멘토가 된 것은 수잔나였다. 실제로 토마스 맥스필드(Thomas Maxfield)가 1740년에 런던에서 평신도로서 자신의 권한을 넘어선 행동을 해서 문제를 일으켰을 때 존 웨슬리에게 공식적으로 평신도 설교자를 세우도록 조언한 것도 수잔나였으니, 그녀가 감리회 운동에 미친 영향은 컸다.

웨슬리의 삶에서 중요한 기점이 되는 것은 첫째, 1725년부터 1730년대 초까지 있었던 옥스퍼드에서의 삶이다. 1725년 9월 19일, 웨슬리는 수잔나의 권면에 따라 부제서품을 받음으로써 성직의 자리로 들어갔다. 이때가 웨슬리의 일차 회심이라고 할 정도로 그에게는 중요한 결단의 순간이었다. 그는 테일러 감독의 책인 『거룩한 삶과 죽음을 위한 규칙과 연습들(Rule and Exercises of Holy Living and Dying)』을 탐독하고 있었는데, 이 책은 웨슬리 신학의 중요한 요점 중 하나인 '의도의 순수성'(Purity/Simplicity of Intention)에 큰 영향을 끼쳤다.[2] 그는 1727년, 윌리엄 로우(William Law)의 『그리스도인의 완전(Christian Perfection)』, 『헌신되고 거룩한 삶으로의 진지한 부르심(A Serious Call to a Devout and Holy Life)』을 탐독했는데, 이 또한 기독교가 내적 종교라는 점을 그에게 각인시켜 준다.

뿐만 아니라 1726년부터 웨슬리는 토마스 아 켐피스의 『그리스도를 본받아』를 탐독했는데, 여기에서도 '의도의 순수성'이라고 하는 웨슬리 신학의 매우 중요한 핵심을 얻게 된다. 웨슬리는 1738년 5월 24일 일지에서 자신의 옥스퍼드대학 시절을 회고하는데, 여기에서 그는 자신의 10대 학창 시절에 온갖 경건의 행위에도 불구하고 온전한 그리스도인이 될 수 없다고 말하면서 "참된 기독교가 마음에 있다는 것"을 아 켐피스의 글을 통해 깨달았다고 밝힌다.

> 하나님의 섭리로 나는 아 켐피스의 '그리스도인의 귀감'(『그리스도를 본받아』)을 접하게 되었고, 이를 통해 나는 참된 종교는 마음에 있으며 하나님의 율법은 우리의 모든 말과 행동뿐만 아니라 모든 생각까지도 미쳐야 한다는 것을 알게 되었다. (1738. 5. 24. 일지)
>
> 1726년, 나는 아 켐피스의 '그리스도인의 귀감'(Christian Pattern)이라는 것

을 알게 되었습니다. 이를 통해 나는 마음의 종교, 내적 종교의 본질이 무엇이고 어느 정도의 것인지 지금까지 그 어떤 때보다도 강하고 확실하게 알게 되었습니다. 나는 내 삶의 모든 것을 하나님께 바친다고 해도 내 마음을 드리는 것이 아니라면 그것은 내게 아무런 유익이 되지 못한다는 것을 알게 되었습니다. '의도의 단순함(Simplicity of Intention)과 감정의 순수성(Purity of Affection)', 우리가 말과 행동을 할 때 하나의 의도만 갖는 것, 우리의 기질을 다스리는 하나의 열망, 이것이 바로 "영혼의 날개"입니다. 이 영혼의 날개가 없다면 우리는 결코 하나님의 산에 오를 수 없습니다.
(『그리스도인의 완전에 관한 평이한 해설』, 3)

『표준설교』 중에서 유일하게 올더스게이트 체험 이전인 1733년에 작성된 13번 설교 "마음의 할례"에서 웨슬리는 참된 기독교의 본질은 "마음의 변화, 기질 자체의 전적인 변화에 있다."라고 하면서(『표준설교』 13.1.1) 참 기독교인은 "자기 삶의 모든 부분", 즉 내적인 부분까지 포함한 모든 부분을 "하나님께 온전하게 거룩히 구별하여 드리는 사람"(『표준설교』 13.0.3)이라고 말한다. 이 설교는 말년에 웨슬리가 "내가 45년 전에 쓴 마음의 할례라는 설교보다 더 좋은 설교를 쓸 수 있을지 모르겠다."(1778. 9. 1. 일지)라고 말할 정도로 중요하게 손꼽는 설교인데, 이 설교가 1725년부터 30년대 초반까지 웨슬리 신학의 키워드로 자리 잡았던 "의도의 순수성", "내적 성결"의 주제와 직결된다. 의도의 순수성이라는 신학적 주제는 이후 메도디스트 운동 초창기인 1740년 전후에 작성된 13편의 산상수훈 강해와 1789년, 그의 말년에 했던 설교 "단순한 눈에 관하여"(On a Single Eye, 143번)에서도 중요하게 다루어지는데, 이는 이 "의도의 순수성" 주제가 웨슬리의 삶을 관통하는 중요한 신학적 주제였음을 증명해 준다. 그런데 이 중요한 신학적 주제는 올더스게이트 체험이 아닌 1725-30년에 이르는 옥스퍼드 시절의 초기에 이미 웨슬리에게 형성되었다.

둘째, 웨슬리 신학의 주요 요소인 "그리스도인의 완전", "사랑으로 역사하는 믿음", "경건의 행위"(Works of Piety), "자비의 행위"(Works of Mercy/Charity)의 개념도 1925-30년대 초 옥스퍼드 시절에 형성된다.

1729년 [...] "그리스도 안에 있는 마음"을 갖는 것과 "그리스도께서 걸으셨던 것과 똑같이 나도 걸어야만 한다."는 것이 반드시 필요하다는 사실이었습니다. 그리스도의 마음을 가질 때 그저 일부만 그런 것이 아니라 그분의 마음 모든 부분을 나도 가져야 한다는 것입니다. 그분과 함께 걷는 것도 마찬가지입니다. 그분께서 걸으셨던 길의 많은 부분이나 거의 모든 부분을 따라 걷는 것이 아니라 정말로 하나도 빠짐없이 모든 부분에서 그분을 따라 걸어야 한다는 점입니다. (『그리스도인의 완전에 관한 평이한 해설』, 4)

1729년은 옥스퍼드대학에서 찰스 웨슬리를 중심으로 홀리클럽이 시작된 해였고, 존 웨슬리가 이 클럽의 리더로 합류한 그해 11월 이후 홀리클럽은 앞의 신학적 명제들을 직접 실천으로 옮길 수 있는 현장이 되어 주었다. 1765년 일지에서 웨슬리는 1730년에 "하나님과 이웃을 사랑함으로써 역사하는 믿음만이, 모든 내적, 외적 거룩함만이 필요하다는 사실을 그 어느 때보다도 분명하게 깨달았다."라고 기록한다(1765. 5. 14. 일지). 특히 1733년 1월 1일, "마음의 할례" 설교에 대해 웨슬리는 "그리스도인의 완전" 개념이 비로소 시작된 출발점이었다고 고백한다(1765. 5. 14. 일지). 1729년 말, 홀리클럽 멤버였던 존 클레이톤(J. Clayton)은 "경건의 행위"를, 윌리엄 모건(W. Morgan)은 "자비의 행위"를 앞장서서 실천했던 사람들이었다.

셋째, 하나님의 자녀가 되었다는 "성령의 증거와 우리 자신 영의 증거" 신학도 올더스게이트 체험 이전에 이미 나타난다. 1736년 2월, 미국 조지아주 사반나에 도착한 웨슬리는 대서양 풍랑 속에서 밑바닥까지 내려간 자신의 비참한 모습에 좌절하고 있었다. 그때 모라비안 교도의 지도자였던 아우구스트 스팡겐베르크(August Spangenberg)는 웨슬리에게 "당신은 자기가 하나님의 자녀라는 사실을 성령께서 그리고 자신의 영이 증거해 주고 있음을 확신하는가?"라는 질문을 던졌고, 이에 웨슬리는 자신 있게 답하지 못했다(1736. 2. 7. 일지). 이 사건은 웨슬리의 마음을 계속 복잡하게 만들었고, 결국 올더스게이트의 체험으로 이어졌으며, 그 결과 1746년에 웨슬리는 "성령의 증거"(『표준설교』, 10번)와 "우리 자신의 영의 증거"(『표준설교』, 11번)라는 시리즈 설교를 한다. 성령의 증거와 우리 영의 증거에 대한 확신은 웨슬리에게 올더스게이트 이후 생겼지만, 이 주제는 사실 올더스게이트 이전부터 이미 그의 마음에 도전으로 다가오고 있었음을 알 수 있다.

2) 올더스게이트와 헤른후트(1738. 5. 24.-9. 16.)

1738년 5월 24일, 올더스게이트 모라비안 교도 집회소에서의 체험은 웨슬리에게 새로운 국면을 안겨주었다. 그의 고백대로 믿음으로 말미암은 구원이라는 종교 개혁적 모토가 그에게 확증되었고, 행위가 아닌 오직 믿음으로만 구원받는다는 확신이 그의 마음에 자리 잡았다. 이런 깨달음은 이 체험이 있은 지 불과 2주일 뒤인 6월 11일에 했던 그 유명한 설교 "믿음에 의한 구원"(『표준설교』 1번)에 반영된다. 그는 "믿음으로 말미암아 구원을 받는다는 것이 모든 우리 설교의 기초이며 기초가 되어야 합니다. 이것이 처음으로 설교되어야 하는 것은 틀림없습니다."("믿음에 의한 구원", 3.7)라고 강조한다. 이신칭의 교리의 전형적 교과서와 같은 신학을 담은 이 1번 설교는 웨슬리 신학과 신앙 고백의 기초임에 틀림없다. 그러나 행위는 필요 없고 믿음이면 모든 것이 해결된다는 믿음 만능주의 신학은 웨슬리 신학이 아니다. 만약 웨슬리가 올더스게이트에서 멈추어 섰다면 그럴 수도 있지만, 그가 1738년 6월부터 9월에 걸쳐 겪었던 사건은 그의 생각을 바로잡아 주었다.

올더스게이트에서 뜨거운 체험을 한 웨슬리는 그 은혜의 제공지였던 모라비안들에 대해 호감을 더욱 크게 갖게 되었고, 그는 독일 동부에 있는 모라비안 공동체인 헤른후트를 직접 방문하여 그들과 함께 머물기로 했다. 1738년 6월 14일에 영국을 떠난 웨슬리는 7월 4일에 모라비안 교도의 수장인 친첸도르프를 만나고, 8월 1일에 헤른후트에 도착한다. 그러나 모라비안 공동체에 대해 갖고 있던 일종의 환상은 헤른후트 방문을 통해 여지없이 깨진다. 헤른후트 형제들은 웨슬리가 여전히 거듭나지 않은 사람이라고 취급하면서 심지어 그를 성만찬에서 배제하기까지 했다. 모라비안들은 칭의함을 입어 거듭난 사람은 어떤 죄의 유혹도 받지 않고 악의 쓴 뿌리조차도 다 사라진 완전한 성화를 이룬 상태에 있다고 보았다. 그러나 웨슬리는 이런 입장을 도저히 받아들일 수 없었다. 웨슬리는 우리가 비록 칭의와 중생을 겪었더라도 여전히 우리 안에는 악한 본성, 즉 악의 쓴 뿌리를 갖고 있기 때문에 여전히 죄의 유혹에 노출되어 있다고 보았다. 이런 웨슬리의 성화와 회개, 중생에 관한 신학은 『표준설교』 8번 "성령의 첫 열매들"과 설교 14번 "신자의 회개"에 잘 나타나 있다.

결국 모라비안들에게 실망하여 영국으로 돌아온 웨슬리는 올더스게이트 체험으로 얻게 된 신학의 방향성을 조정한다. 즉, 한쪽으로는 오직 믿음으로 말미암아 구원을 받는다는 신학과 더불어, 다른 한편으로는 거듭난 이후에도 끊임없이 악의 유혹과 싸우며 거룩한 성화의 길을 실천하며 나아가야 한다는 신학이 자리 잡는다. 칭의와 성화의 신학이 이렇게 다듬어졌다. 그가 1725년 이후 30년대 초반까지 옥스퍼드 시절에 갖추었던 신학은 이렇게 다시 "불 속에서 건져낸 타다 남은 나무"처럼 다시 살아난다. '사랑으로 역사하는 믿음', '경건의 행위와 자비의 행위', '그리스도인의 완전' 등의 개념은 1738년 6월, "믿음에 의한 구원" 설교에도 분명히 강조된다. 또한 행위가 아닌 오직 믿음에 의한 구원이라는 개념도 1741년에 했던 그의 설교 "거의 그리스도인"(『표준설교』 2번, 1.11)을 통해 자서전적 고백으로 다시금 확인된다. 그럼에도 칭의와 성화의 양 날개는 1739년 이래로 계속 유지되며, 이는 웨슬리 신학의 본론은 올더스게이트가 아니라 그 이후 헤른후트에서 돌아와 새롭게 자신의 이신칭의 신학을 정비한 후 본격적으로 설교사역에 뛰어들었던 1739년 초로 볼 수 있다.

3) 1739-40년대

1739-40년대까지는 웨슬리 신학이 자리를 잡아가는 시기이다. 1739년 봄부터 야외설교가 시작되었고, 조지 휫필드와 갈등이 시작된 것도 이때이다. 1739년 4월 29일에 있었던 설교인 "값없이 주시는 은총"(Free Grace, 설교 72번)과 이 설교에 맞물려 찰스 웨슬리가 붙였던 찬송 "만민을 위한 구원"(Universal

Redemption, 1739)은 예정론적 신학을 추구하던 조지 휫필드의 심기를 매우 불편하게 해서 결국 휫필드와 웨슬리 형제는 갈라서게 되었다. 또한 그리스도인의 범죄 문제에 대해 범죄의 필연성을 주장한 휫필드와 반대로 웨슬리는 "하나님으로부터 난 자는 누구든지 죄를 범하지 않는다."(요일 5:18)라는 주장을 갖고 있었고, 이에 웨슬리는 『표준설교』 35번 "그리스도인의 완전"을 설교하게 된다. 또한 1740년 7월 16일에는 모라비안 신도회인 페터레인 신도회에서 설교를 금지당하는 사건을 계기로 웨슬리는 자신의 추종자를 이끌고 런던 파운더리에서 감리회 모임을 시작했다(1740. 7. 20. 일지). 이후에도 웨슬리는 모라비안들과 관계는 유지했으나, 모라비안 형제들은 1745년에 웨슬리 형제와의 결별을 선언했다(1745. 9. 6. 일지).

1739-40년대 초반은 감리회가 조직과 신학에 있어서 정착하는 단계였다. 반회(band), 참회자반(penitents), 선발 신도회(select societies), 속회(class), 심야 기도회, 평신도 보조자(lay assistants), 유사(steward) 등 다양한 조직들이 1740년대 초반에 형성된다.[3] 또한 1744년에 제1회 연회를 필두로 연회(Conference)가 시작되는데, 연회는 단순한 행정 회무처리 모임이라기보다는 감리회 신학을 정립해 가는 모임이었다. 예를 들어 제1회 연회(1744. 6. 25.-27.)는 안건으로 칭의, 성화, 그리스도인의 완전의 교리를 다루었다. 브리스톨에서 열렸던 제2회 연회(1745. 8. 1.)에서는 칭의, 용서, 구원, 회개, 성결, 믿음, 하나님의 은혜, 신자의 타락과 믿음의 회복, 성화의 시작, 은총의 수단 등을, 제3회 연회에서는 심판과 지옥, 정죄, 믿음과 성령, 회개와 열매, 구원의 시작으로서 행위로 이어지는 믿음인 죄 사함, 구원의 계속으로서 사랑으로 역사하는 믿음과 연결되는 성화, 구원의 완결로서 믿음의 보상으로 주어지는 천국 등의 신학적 주제를 다루었다. 1747년에 열린 제4회 연회에서는 의롭게 하는 믿음의 의미, 선행, 온전한 성화 등의 문제를 논의했다. 물론 총회록 안건에는 이 밖에도 설교자들, 신도회 운영, 야외설교 허용 문제, 속회나 반(band)의 운영과 규율, 평신도 보조자의 자격 문제, 학교 운영 등 다양한 행정적 안건들도 포함되어 있었으나, 위와 같이 다

양한 신학적 주제들이 중심 안건이었다. 이는 1740년대가 감리회 신학이 안정적으로 정돈되는 시기였음을 보여준다. 특히 1746년, 1748년, 1750년에 『표준설교』 제1권부터 3권이 출판되었고, 1754년에는 『신약성서주석』, 1760년에는 『표준설교』 제4권이 마저 출판되었다. 이는 이 시기가 감리회 신학과 조직이 자리를 잡아가던 시기였음을 보여준다.

2. 표준설교

1762년, 런던 파운더리에서 적잖은 소동이 일어났다. 평신도 설교자인 토마스 맥스필드(Thomas Maxfield)와 조지 벨(George Bell)이 문제를 일으킨 것이다. 토마스 맥스필드는 1739년, 브리스톨 집회에서 웨슬리의 설교를 듣고 그때부터 웨슬리를 따라다니며 사역하던 사람이었는데, 그는 교만하여 초기 시절부터 함부로 앞서가기 시작했다. 1740년, 그는 웨슬리와 아무런 상의도 없이 평신도임에도 불구하고 멋대로 신도회에서 설교했고, 이로 인해 웨슬리와 큰 갈등을 빚었다. 다행히 수잔나 웨슬리의 중재로 웨슬리는 평신도 설교자를 세울 수밖에 없는 현실을 받아들이게 되었고, 이로써 1740년 9월, 조셉 험프리스(Joseph Humphreys)가 최초의 평신도 설교자로 세워지게 되었으니, 아이러니하게도 토마스 맥스필드가 감리회의 특징 중 하나인 평신도 설교자의 탄생에 기여한 셈이다. 그런데 이런 토마스 맥스필드가 훗날 조지 벨과 합세하여 런던 파운더리 공동체를 뒤흔드는 큰일을 저질렀으니, 바로 1763년 2월 28일에 예수께서 재림하신다는 시한부 종말론을 설파한 것이었다.

웨슬리는 맥스필드에게 엄중하게 경고했으나, 그는 아랑곳하지 않고 시한부 종말론을 고집했으며, 이로 인해 많은 메도디스트가 그를 따라나섰다. 웨슬리의 일지에 따르면 500명 이상이 그의 말에 현혹되었고 106명이 맥스필드의 말을 듣고 감리회를 떠났다(1763. 11. 15. 일지). 실제로 1763년 2월 28일에 많은 이들이 맥스필드의 말대로 이루어질까 걱정하며 불안에 떨었다.

나는 스피탈필드에서 "그대의 하나님을 만날 준비를 하라"라는 제목으로 저녁에 설교했다. 나는 설교에서 그날 밤에 세상의 종말이 온다는 생각이 얼마나 말도 안 되는 소리인지 말해주었다. 하지만 내가 그렇게 말했음에도 불구하고 많은 사람은 그런 말에 현혹되거나 설령 종말이 아니라 하더라도 런던이 지진으로 폭삭 주저앉을지도 모른다는 생각에 빠져서 잠자리에 들기를 겁냈고, 어떤 이들은 들판을 배회했다. 그러나 나는 평소에 하던 대로 밤 10시경에 깊이 잠에 빠져들었다." (존 웨슬리, 1763. 2. 28 일지)

이 사건은 감리회 운동에 반성을 불러일으켰고, 그해 봄 연회에서 "설교자를 위한 모범 고시문"(Model Deed for Preaching-house)을 통해 감리회 설교자는 웨슬리 목사의 『신약성서주석(Note on the New Testament, 1754)』과 더불어 4권으로 이루어진 설교(『표준설교』 44편)에 담긴 교리를 벗어나서 설교하면 안 된다는 결의를 했다. 1753년 말, 웨슬리는 자신의 죽음을 예감하고 유언까지 남길 정도로 심하게 건강이 나빠졌었다. 그러다가 극적으로 회복되어 다시 기력을 찾은 웨슬리가 제일 먼저 한 작업이 『신약성서주석』이었다. 웨슬리는 『신약성서주석』 서문에서 이 책을 쓴 목적이 이제 막 복음을 받아들인 사람이라도 아무런 어려움 없이 성경의 메시지를 쉽게 이해할 수 있도록 돕는 데 있다고 밝힌다.[4]

1763년의 연회에서 감리회 설교자 가이드라인으로 제시했던 또 다른 것이 4권으로 이루어진 웨슬리의 설교집인데, 이것이 오늘날 우리가 『표준설교』라고 알고 있는 설교집이다. 『표준설교』는 1746년, 1748년, 1750년 그리고 1760년에 출판된 웨슬리의 설교집이다(『표준설교』 3번 "잠자는 자여 깨어나라"는 찰스 웨슬리의 설교임). 44편 표준설교집에 담긴 설교의 목록은 다음 표와 같다.

표3 『표준설교』 44편 구성

vol.	44편 표준설교
1(12편) 1746년	1. 믿음에 의한 구원(엡 2:8)
	2. 거의 그리스도인(행 26:28)
	3. 잠자는 자여 깨어나라(엡 5:14) (*찰스 웨슬리의 설교)
	4. 성경적 기독교(행 4:31)

vol.	44편 표준설교
	5. 믿음에 의한 칭의(롬 4:5)
	6. 믿음에 의한 의(롬 10:5-8)
	7. 하나님 나라로 가는 길(막 1:15)
	8. 성령의 첫 열매들(롬 8:1)
	9. 노예의 영과 양자의 영(롬 8:15)
	10. 성령의 증거(롬 8:16)
	11. 우리 자신의 영의 증거(고후 1:12)
	12. 은총의 수단(말 3:7)
2(12편) 1748년	13. 마음의 할례(롬 2:29)
	14. 신생의 표적(요 3:8)
	15. 하나님으로부터 난 자들의 위대한 특권(요일 3:9)
	16. 우리 주님의 산상수훈에 관하여-강해 1(마 5:1-4)
	17. 우리 주님의 산상수훈에 관하여-강해 2(마 5:5-7)
	18. 우리 주님의 산상수훈에 관하여-강해 3(마 5:8-12)
	19. 우리 주님의 산상수훈에 관하여-강해 4(마 5:13-16)
	20. 우리 주님의 산상수훈에 관하여-강해 5(마 5:17-20)
	21. 우리 주님의 산상수훈에 관하여-강해 6(마 6:1-15)
	22. 우리 주님의 산상수훈에 관하여-강해 7(마 6:16-18)
	23. 우리 주님의 산상수훈에 관하여-강해 8(마 6:19-23)
	24. 우리 주님의 산상수훈에 관하여-강해 9(마 6:24-34)
3(13편) 1750년	25. 우리 주님의 산상수훈에 관하여-강해 10(마 7:1-12)
	26. 우리 주님의 산상수훈에 관하여-강해 11(마 7:13-14)
	27. 우리 주님의 산상수훈에 관하여-강해 12(마 7:15-20)
	28. 우리 주님의 산상수훈에 관하여-강해 13(마 7:21-27)
	29. 율법의 기원, 본성 그리고 쓰임새(롬 7:12)
	30. 믿음을 통해 세워지는 율법 1(롬 3:31)
	31. 믿음을 통해 세워지는 율법 2(롬 3:31)
	32. 광신의 본질(행 26:24)
	33. 편협한 신앙에 대한 경고(막 9:38-39)
	34. 관용의 정신(왕하 10:15)
	35. 그리스도인의 완전(빌 3:12)
	36. 방황하는 생각(고후 10:5)(*훗날 vol. 2의 제2판 때 포함됨)
	37. 사탄의 계략(고후 2:11)
4(7편) 1760년	38. 원죄(창 6:5)
	39. 신생(요 3:7)
	40. 광야의 상태(요 16:22)
	41. 여러 가지 시험을 통한 낙담(벧전 1:6)

vol.	44편 표준설교
	42. 자기부정(눅 9:23)
	43. 험담의 치료(마 18:15-17)
	44. 돈의 사용(눅 16:9)
	메도디스트들에게 주는 의복에 대한 권면
	남편과 아내의 의무
	그리스도인의 완전에 대한 생각
	고 프랑스 작가의 글에서 발췌한 그리스도인 지침

웨슬리는 1746년, 『표준설교』 제1권 서문에서 다음과 같이 밝힌다.

다음에 나오는 설교들은 내가 지난 8-9년 동안 설교했던 핵심들을 담고 있습니다. 그때 나는 이 설교집에 있는 모든 주제를 공공연하게 말했습니다. 이 책에는 내가 공공연하게 설교하곤 했던 교리 중 단 하나라도 빠진 것은 없습니다. 이 책을 읽는 모든 독자는 내가 참된 종교의 핵심이라고 믿고 가르친 그 교리들이 무엇인지 분명하게 알게 될 것입니다.

여기에서 보듯이, 『표준설교』는 기독교 신앙의 본질을 담은 교리들을 설명하기 위해 정리한 설교집이다. 즉, 감리회 신학의 핵심을 정리한 것이 44편 표준설교이다. 설교집 서문에서 웨슬리는 신앙의 본질적 교리가 지향하는 최종 목표가 무엇인지 밝힌다.

제가 알고 싶은 한 가지, 그것은 바로 '하나님 나라로 가는 길'입니다. [...] 이렇게 하늘로 가는 길에 대해 제가 성경에서 발견한 것들을 이 설교집에 기록했습니다. [...] 이 설교집을 통해 첫째, 얼굴만 하늘로 향해 있고 하나님의 일은 잘 모르는 사람들, 하늘로 가는 길에서 벗어나기 쉬운 사람들을 형식만 남은 종교적 의식에서 보호하길 원합니다. [...] 둘째, 마음의 종교, 곧 사랑으로써 역사하는 믿음(갈 5:6)을 알고 있는 자들의 경우 믿음으로 말미암아 율법을 폐하고, 그럼으로써 마귀의 올무에 도로 빠지는 일이 없도록 경고하고자 했습니다. (표준설교집 vol. 1. 서문, 1746)

웨슬리는 신앙생활의 궁극적 도착지점을 하나님 나라라고 밝힌다. 그리고

『표준설교』는 그 하나님 나라로 들어가는 길, 즉 구원의 여정을 담고 있다. 신약성서가 우리에게 말해주고자 하는 것 역시 하나님 나라로 가는 길이다. 앞에서 우리는 복음이라는 개념을 살펴보면서 하나님의 다스리심 안에서 사는 삶이 복음의 본질임을 언급했다. 예수 그리스도를 통해 가능하게 되었고(칭의), 성령을 통해 지속되는(성화) 이런 구원의 과정은 웨슬리 신학의 핵심이다.

> 칭의는 하나님께서 당신의 아들을 통해 우리를 위해 행하신 것을 말하고, 성화는 하나님께서 당신의 성령으로써 우리 안에서 행하시는 일을 가리킵니다. (『표준설교』 5번 "믿음에 의한 칭의", 2.1)

『표준설교』는 어떻게 인간이 하나님의 다스리심에서 멀어지게 되었는지, 어떻게 하나님께서 우리를 다시 화해시키시려고 했는지, 어떻게 하면 우리가 그 화해의 자리로 나아갈 수 있는지, 하나님의 다스리심 안에 들어온 사람은 어떻게 살아가는지 등 구원의 여정(Ordo Salutis)을 담고 있다.

3. 웨슬리 신학과 구원의 여정(Ordo Salutis)

1) 원죄

구원의 여정은 원죄에서 시작한다. 태초에 하나님께서 인간을 창조하셨을 때 인간은 하나님의 형상대로 창조된 완벽한 존재였다. 죄도 없었으며, 하나님께서 주신 법(도덕법[Moral Law], 율법)을 완벽하게 지킬 수 있었다. 그러나 인간은 하나님께 불순종, 즉 하나님과의 관계를 깨뜨리고자 했다. 하나님의 법을 지킬 능력이 있었음에도 그 길을 버리고 하나님에게서 멀어지려고 한 것이 문제의 근원이었다(『표준설교』 5번 "믿음에 의한 칭의", 1.1-5). 이로써 "영혼이 몸에서 분리될 때 육신이 죽듯이 영혼이 하나님으로부터 분리될 때 영혼은 죽음을 맞이"하게 되었다(『표준설교』 39번 "신생", 1.2). 인간은 원래 자연적 형상, 정치적 형상, 도덕적 형상을 갖고 있었다("신생", 1.1). 인간은 자연적 형상을 받았기에 참과 거짓을 구분하는 통찰력과 통찰한 대로 실행할 수 있는 의지적 자유도 갖고 있었다(설교 62번 "하나님의 형상", 1.1-2; 설교 84번 "그리스도의 오신 목적", 1.3-4). 또한 정치적 형상을 지닌 존재로서 모든 피조물에 책임을 진 존재였다.

인간은 무엇보다도 도덕적 형상, 즉 "의와 진리의 거룩함으로 지으심을 받은" 존재였다("신생", 1.1). 그러나 인간은 자연적 형상도 지닌 존재였기에 선뿐만 아니라 악을 선택할 능력과 자유도 있었고, 인간은 결국 악을 선택하여 하나님을 버렸다. 태초의 인간이 하나님을 떠난 원인은 육신의 정욕에 대한 유혹에 넘어가는 "불신앙"이었고, 이 불신앙이 결국 교만과 고집을 낳아서 자신의 욕망에 따라 행하게 한 것이다(설교 84번 "그리스도의 오신 목적", 1.7-9). 이로 인해 인간은 하나님에 대한 지식과 사랑을 잃어버리게 되었고 결국 하나님의 생명과 하나님의 형상을 잃게 되었다(『표준설교』 38번 "원죄", 2.5-6; "신생", 1.3). 이는 인간을 영적 무감각 상태로 몰아넣었고, 인간은 "끔찍한 어둠의 상태"에 빠져서 잠자는 자가 되어 자신이 거듭나고 구원을 받아야 하는 존재라는 사실 자체도 망각하고 살게 되었다(『표준설교』 3번 "잠자는 자여 깨어나라", 1.2-3). 그는 영적 무감각에 빠져 하나님의 영의 일을 이해하지 못하며 영적 사망 상태에 빠져서 자기는 아무런 문제가 없다고 착각하면서 구원의 필요성을 못 느낀다("잠자는 자여 깨어나라", 1.9-12). 인간은 하나님에 대한 지식, 사랑, 두려움을 모두 상실한 채 사탄의 뒤를 따라 자신의 영광과 욕망만을 추구하는 존재가 되었다("신생", 1.2; "원죄", 2.5-9).

2) 선행은총

하나님의 형상을 상실한 채 영적 죽음에 빠져 하나님과 단절된 인간에게 하나님은 먼저 손을 내미신다. 비록 암흑 가운데 있으나, 하나님은 인간에게 "하나님을 알 만한 것"(롬 1:19)을 심어두셨다. 이는 "자연적인 양심이라는 것"으로서 모든 사람에게 비치는 빛이었다.[5] 또한 이는 모든 인간에게 하나님께서 일방적으로 주신 것으로서 누구도 예외 없이 누릴 수 있는 것이다.

[...] 왜냐하면 단순히 자연 상태에 머물러 있는 인간이란 하나도 없기 때문입니다. 인간이 하나님의 영을 소멸시키지 않는 한 하나님의 은총의 역사 밖에서 홀로 있는 사람은 아무도 없기 때문입니다. 살아 있는 사람치고 우리가 보통 말하는 자연적 양심을 갖고 있지 않은 사람은 없습니다. 그러나 양심이란 것은 자연적인 것이 아닙니다. 좀 더 정확히 말하면 그것은 선행적 은총입니다. 모든 사람은 많건 적건 이 선행은총을 지니고 있습니다. 이 은총은 인간이 원하던 원하지 않던 관계없습니다. 시간의 차이는 있지만, 인간은 누구든지 선행의 의욕을 갖고 있는 것입니다. 비록 이 선행의 은총이 인간의 심층을 찌르기 전에 그리고 좋은 열매를 맺기 전에 이것을 없애 버리는 사람이 많다 해도 이 선행의 의욕이 모든 인간에게 있다는 것은 불변의 사실입니다. 누구나 이 세상에 태어난 사람은 어느 정도 자기를 비추어 주는 빛, 즉 희미하기는 해도 반짝이는 불꽃을 갖고 있습니다. 그리고 만약 귀를 달군 부젓가락으로 지져서 마비된 양심을 가진 극소수의 사람이 아니라면 인간은 양심의 빛을 거역했을 때 다소 불안을 느끼게 됩니다. 그러므로 사람은 은총이 없어서 범죄하는 것이 아니라 그가 갖고 있는 은총을 활용하지 않는 까닭에 범죄하는 것입니다. (설교 111번 "우리 자신의 구원을 성취함에 있어서", 3.4)

웨슬리는 바울이 말하는 "사람의 본성"(롬 2:14)을 선행은총으로 이해한다(『신약성서주석』의 로마서 2장 14절 주석). 소위 "깨닫게 하는 은혜"("우리 자신의 구원을 성취함에 있어서", 2.1)라고 일컫는 이 선행은총 덕분에 우리는 하나님의 은혜를 깨달을 수 있으며 우리에게 내미시는 하나님의 구원의 부르심과 손길에 반응할 수 있다(『신약성서주석』의 요한복음 3장 16절 주석). 비록 영적으로 죽음에 빠졌으나, 하나님은 "어느 정도의 율법을 다시 새겨 넣으셨고"(『표준설교』29번 "율법의 기원, 본성 그리고 쓰임새", 1.4), 덕분에 우리를 부르시는 하나님의 음성에 반응할 수 있게 되었다.

3) 회개

원죄로 인해 인간은 본능적으로 하나님을 가까이하려고 하지 않는다. 웨슬리는 고린도전서와 로마서를 인용하여 인간을 자연적 인간(고전 2:14), 율법 아래 있는 인간(고전 9:20), 은혜 아래 있는 인간(롬 6:14)으로 분류한다(『표준설교』 9번 "노예의 영과 양자의 영"). 자연적 인간은 죄 가운데서 잠자고 있는 영혼이다. 그는 영적으로 무감각하며 자신의 파멸과 끔찍한 상태에 관해서 전혀 문제를 못 느끼고 있다. 그는 "죄의 마취제"를 맞아서 죄를 범하면서도 전혀 문제가 없다고 생각한다. 그는 죄와 싸울 생각도 없고, 그런 능력도 없으며, 지금 상태가 평안하고 행복하다고 말한다("노예의 영과 양자의 영", 1.1-8). 그러나 하나님의 선행은총의 빛이 어느 순간 그에게 비춘다. 그때 이 사람은 잠에서 깨어나 자기가 지금 어떤 위험에 처했는지 드디어 바라보기 시작한다. 그는 지금껏 자기가 누리던 행복과 평화가 거짓이었음을 자각하고 자신이 철저히 부패해 있다는 사실을 자각한다. 그는 자신에게 닥칠 파멸과 심판 때문에 두려워하고 슬픔을 느낀다. 그래서 이 굴레에서 벗어나보려고 몸부림치며 죄와 투쟁하기 시작한다. 그러나 그는 여전히 죄 아래 눌려 있으며 거기에서 스스로 힘으로 벗어날 수 없다는 것을 깨닫는다. 이것이 바로 '율법 아래 있는 인간'의 모습이다("노예의 영과 양자의 영", 2.1-10).

자연적 인간이 율법 아래 있는 인간의 상태로 변화하는 데 역할을 하는 것이 율법이다. 여기에서 말하는 율법은 도덕법(Moral Law)으로서 하나님의 마음, 하나님의 거룩한 성품과 본질 그 자체이다. 이는 종교 제의법(Ceremonial Law)이나 모세의 율법(Mosaic Dispensation)과 다른, 예수께서 "율법을 폐하러 오지 않고 완성하러 오셨다."(마 5:16-20)라고 할 때의 그 율법이다("율법의 기원, 본성 그리고 쓰임새", 2.1-6). 이 율법이 자연적 인간을 깨워서 자신의 처참한 현실을 직시할 수 있게 만들어 주는 기능을 한다. 웨슬리는 율법의 기능을 첫째, "세상의 죄를 확인하는 기능, 즉 죄인을 죽이는 기능", 둘째, "죄인이 그리스도에 대해 살아나도록 이끄는, 살리는 기능", 셋째, "우리가 계속 살아 있도록 유지해 주는 기능" 등 세 가지로 말한다.

> 하나님의 성령이 율법을 통해 죄인들을 깨우치게 하시는 것이 일반적인 방법입니다. [...] 율법의 두 번째 쓰임새는 그가 살도록, 그리스도에 대해 살아나게 이끄는 것입니다. [...] 율법의 세 번째 기능은 우리를 살아 있게 만드는 것입니다. [...] 믿는 이로 하여금 하나님의 생명과 더 크게 교통할 수 있도록 준비시켜 주는 것입니다. [...] 율법은 아무도 의롭게 만들지는 못하고 다만, 모든 사람을 그리스도께로 인도할 따름입니다. ("율법의 기원, 본성 그리고 쓰임새", 4.1-3)

도덕법이라고 하는 이 율법, 즉 하나님의 사랑은 자연적 인간이 깊은 영적 잠에서 깨어나 자신의 현실을 바라보도록 이끌어 주는 기능을 한다. 자연적 인간은 복음이 아니라 율법을 통해 죄를 깨닫게 되며(『표준설교』 30번 "믿음을 통해 세워지는 율법 1", 2.3), 율법을 통해 자기 현실과 실존을 깨달은 인간은 "은혜 아래 있는 인간"의 단계로 나아가게 된다.

하나님의 율법, "깨닫게 하는 은혜"("우리 자신의 구원을 성취함에 있어서", 2.1), 즉 선행은총의 빛 덕분에 인간은 회개할 수 있게 되었다. 회개란 무엇인가? 우리는 흔히 회개한다는 것을 '뉘우치는 행위', '후회하는 행위' 등으로 연결하여 생각하는데, 웨슬리 신학에서의 회개의 개념은 이와 다르다. 첫째, 회개는 "자기 자각", 자신의 비참한 현실을 철저하게 직시하는 실존적 자각, "잠에서 깨어남"을 가리킨다.

> 회개하십시오. 즉, 여러분 자신을 아십시오. 이것이 신앙에 앞선 최초의 회개이며, 실로 죄의 자각 또는 자신을 아는 것입니다. 그렇다면 잠자는 자여 깨어나십시오. 당신 자신이 죄인이라는 것과 당신이 어떤 죄인이라는 것을 아십시오. 당신 내면 본성의 타락을 아십시오. [...] 당신 영혼의 모든 힘과 기능이 부패했다는 것을 아십시오. (『표준설교』 7번 "하나님 나라로 가는 길", 2.1)

둘째, 회개란 자신의 실존적 현실을 직시하는 한편 자기 힘으로 그 굴레에서 벗어날 수 없다는 사실을 직시하는 것이다("하나님 나라로 가는 길", 2.5-6; 설교

14번 "신자의 회개", 0.2). 웨슬리는 『표준설교』 16번 "산상수훈 강해 1"에서 이것을 가리켜 "심령의 가난함"이라고 설명한다. 심령의 가난함은 그가 마태복음 5장 3절 주석에서도 밝히듯이, 자신의 죄성을 철저히 자각하고[6] 이로 인해 죄책을 느끼는 것이며, 인간이 스스로 구원할 수 없는 무력한 존재(helplessness)라는 사실을 인정하고 하나님께 매달리는 것(『표준설교』 16번 "우리 주님의 산상수훈에 대하여- 강해 1", 1.4-8)을 가리킨다.

셋째, 회개는 율법 아래 있는 인간이 은혜 아래 있는 인간으로 옮겨갈 수 있도록 인도한다("율법의 기원, 본성 그리고 쓰임새", 4.3-5). 은혜 아래 있다는 것은 하나님께서 아들 예수 그리스도를 통해 우리를 위해 하시는 일을 신뢰하는 것, 그래서 그분의 내미시는 손길에 응답하는 것이다. 이 회개는 따라서 "믿음에 선행하는 것"이다("신자의 회개", 0.2). 회개가 우리를 은혜 아래 있는 인간으로 옮겨가게 인도한다는 것은 회개가 칭의 이전과 칭의 이후의 회개로 나뉨을 시사한다.

웨슬리는 복음을 믿기 이전의 회개와 믿은 이후에 필요한 회개와 믿음을 말한다("신자의 회개"). 우리의 죄성을 자각하고 깊은 영적 잠에서 깨어나는 회개, 즉 우리를 칭의로 인도하는 회개가 있는 반면에 칭의 이후에도 악의 쓴 뿌리로 인해 끊임없이 우리를 괴롭히는 유혹과 맞서 싸우면서 하게 되는 회개가 있다 ("신자의 회개", 1.1-2.6). 여기에서 웨슬리와 모라비안의 갈림길이 생긴다. 모라비안들은 거듭난 이후에는 어떤 유혹도 받지 않고 악의 쓴 뿌리도 사라진다고 믿었다. 반면에 웨슬리는 칭의는 죄책으로부터의 자유이고, 중생은 죄의 권세로부터 자유이며, 성화의 과정은 죄의 권세를 이길 힘은 있으나(그리스도인의 완전), 여전히 악의 쓴 뿌리가 남아 있어서 여전히 죄에 노출되어 있고 유혹을 받는 단계(그리스도인의 불완전)라고 말한다(『표준설교』 35번 "그리스도인의 완전"). 즉, 웨슬리는 구원의 개념을 '죄의 존재로부터의 자유'가 아니라 '죄의 권세로부터의 자유'로 보았다. 따라서 구원은 '현재적'이다("믿음에 의한 구원", 2.1; 설교 43번 "성경적 구원의 길", 1.1). 다음 웨슬리의 설교 한 구절은 회개와 믿음의 관계, 칭의 이전과 칭의 이후의 모습, 율법 아래 있는 인간과 은혜 아래 있는 인간의 모습을 잘 보여준다.

> 회개에 의해 우리는 우리 안에 아무 힘도 없다는 것을 늘 깨달으며, 믿음에 의해 자비뿐만 아니라 도우시는 그리스도의 은혜도 받는 것입니다(히 4:16). 바꾸어 말하면 회개란 그분 외의 다른 곳에서는 도움을 얻을 수 없다고 외치는 것입니다. 그러나 믿음은 하늘과 땅의 모든 권세를 가지신 주님(마 28:18)으로부터 우리가 곤고할 때 필요한 모든 도움을 받아들이는 것입니다. 회개는 말합니다. "주님 없이 나는 아무것도 할 수 없노라."고 말입니다. 믿음은 말합니다. "나에게 힘을 주시는 그리스도로 말미암아 나는 모든 것을 할 수 있노라."(빌 4:13)고 말입니다. ("신자의 회개", 2.6)

4) 칭의와 신생

가난한 마음으로 회개하는 자는 믿음으로 의롭다함을 얻을 수 있다. 회개의 개념은 이미 앞에서 살펴보았듯이, 자신의 무력에 대한 실존적 한계를 겸허히 인정하는 한편 하나님의 구원 약속을 신뢰함으로써 그분의 부르심에 응답하는 것이다. 여기에서 우리는 '믿음'이란 무엇이고 '의롭다함을 입는다.'는 것의 의미가 무엇인지 생각해 볼 수 있다. '믿음'이라는 말은 우리가 흔히 사용하는 말이지만, 구체적으로 그것이 무엇을 뜻하는지 설명하려면 막연하다. 우리가 "믿음을 갖고 있다.", "믿는다."라고 했을 때 무엇을 믿는다는 말인가? 통상적으로 "예수 그리스도께서 나를 위해 죽으셨고 덕분에 내 죄가 용서받았다는 사실을 믿는다."라는 것으로 생각한다. 그런데 여기에는 자칫 위험 요소가 있다. 웨슬리는 『표준설교』 1번 "믿음에 의한 구원"에서 이교도의 믿음, 마귀의 믿음, 부활 이전 제자들의 믿음을 언급한다. 특히 유념할 것은 '마귀의 믿음'이다. 웨슬리는 누가복음 4장 34절을 인용하면서 마귀도 예수가 하나님의 아들이라는 사실을 잘 알고 고백한다고 말하면서 그렇다고 우리는 그 마귀가 믿음을 가졌다고 말하지는 않는다는 점을 지적한다("믿음에 의한 구원", 1.2). 즉, 단지 지적인 차원, 어떤 사실에 대한 동의나 수긍, 인정하는 행위나 태도가 믿음이라고 착각하면 안 된다는 것이다(『표준설교』 14번 "신생의 표적", 1.1-3).

웨슬리는 믿음이라는 것이 위와 같은 사실을 동의하고 인정, 수긍하는 것뿐만 아니라 그것이 실제로 내게 이루어지는 현실이라는 "신뢰"를 아우르는 것으로 본다.

> 믿음이란 [...] 증거 또는 확신입니다. 의롭다함을 얻게 하는 믿음은 단지 '하나님께서 그리스도 안에서 세상을 당신과 화해시키셨다.'는 사실에 대한 신적 증거나 확신만은 아닙니다. 그리스도가 나의 죄를 위해 죽으셨으며, 나를 사랑하셨고 그래서 나를 위해 자신을 내어주셨다는 사실에 대한 깊은 신뢰와 확신이기도 합니다. (『표준설교』 5번 "믿음에 의한 칭의", 4.2)

믿음에 대한 웨슬리의 정의는 그가 1736년 2월, 조지아주에 도착하여 스팡겐베르크와 나누었던 대화에서 그 흔적을 찾아볼 수 있다.

> 오그소르프씨가 사반나에서 독일 목회자인 스팡겐베르크씨와 함께 돌아왔다. 나는 곧 그가 어떤 영의 소유자인지 간파할 수 있었다. 그래서 나는 그에게 나의 행실에 관해서 조언을 구했다. 그는 "내 형제여, 우선 한 두 가지 질문을 먼저 던지겠습니다. 당신은 자신 안에 증거를 갖고 있습니까? 하나님의 영이 당신의 영과 함께 당신이 하나님의 자녀라는 사실을 증거하고 있습니까?"라고 물었다. 나는 무어라 대답할지 몰라 당황했다. 이런 내 모습을 보고 그가 물었다. "당신은 예수 그리스도를 아십니까?" 나는 잠시 머뭇거리다가 "나는 그분께서 세상의 구세주이심을 압니다."라고 답했다. 그러자 그가 말했다. "네, 맞습니다. 하지만, 당신은 그분께서 당신을 구원하셨다는 사실을 아십니까?" 나는 이렇게 대답했다. "나는 그분께서 나를 구원하시기 위해 돌아가셨기를 바랍니다." 이에 그는 "당신은 당신 자신에 대해 알고 있습니까?"라고 물었고, 나는 "네, 그렇습니다."라고 답했다. 하지만 내 답변은 그저 뜻 없는 공허한 소리였다. (1736. 2. 7. 일지)

스팡겐베르크의 질문에 웨슬리는 목사로서 하나님께서 하신 일에 대한 사실을 지식으로 알고 지적으로 동의할 수는 있었으나, 그것이 사실을 넘어서 자기 자신의 이야기로 적용되는 것, 즉 자기 안에 확신과 그것이 나의 삶에 실제로 이루어지는 사건이라는 확신은 없었다. 이처럼 칭의를 이루는 '믿음'은 지적 동의가 아니라 그것이 내 삶에서 벌어지고 적용되는 사실이라는 확신과 하나님께서 그렇게 약속하신 것을 정말로 내게 이루어 주신다는 신뢰를 가리킨다("성경적 구원의 길", 3.14-16).

이와 같이 하나님의 약속을 신뢰하는 자에게 하나님은 의롭다고 셈 쳐주시는 일을 하시며, 이를 가리켜 칭의라고 한다. 칭의는 "하나님께서 당신의 아들을 통해 우리를 위해 하신 일"이다("믿음에 의한 칭의", 2.1). 이를 다른 말로 "죄의 용서"라고 한다("믿음에 의한 칭의", 2.5; "성경적 구원의 길", 1.3). 칭의에 관한 웨슬리의 정의에서 우리는 세 가지를 살펴볼 수 있는데, 첫째, 하나님의 주도권이다. 칭의 행위의 주체는 우리가 아니라 하나님이시다. 둘째, 이는 예수 그리스도를 통해서만 가능하다. 셋째, 이는 '우리를 위해' 이루어진 일이다. 칭의는 우리의 어떤 조건적 선결 행위의 결과로 주어지는 것이 아니며, 설령 우리가 칭의에 앞서 선행을 한다고 해도 진정한 의미에서 선행은 될 수 없다("믿음에 의한 칭의", 3.5). 칭의를 받는 사람은 자기의 의를 포기하고 하나님의 의에 전적으로 의지하는 사람이며, 여기에서 '거의 그리스도인'(almost Christian)과 '온전한 그리스도인'(altogether Christian)이 차이가 난다(『표준설교』 2번 "거의 그리스도인").

우리가 하나님의 약속을 신뢰하며 전적으로 의지할 때 예수 그리스도의 공로가 우리에게 전가되며(설교 20번 "우리의 의가 되신 주", 3.1), 칭의 곧 죄를 용서받을 때 우리는 죄책에서 구원받게 된다("믿음에 의한 구원", 2.5). 칭의와 신생은 거의 동시적으로 이루어지는데, 칭의는 하나님과 우리 사이의 관계적 변화를, 신생은 실질적 변화를 가리킨다(『표준설교』 15번 "하나님으로부터 난 자들의 위대한 특권", 0.2). 칭의는 우리가 죄책으로부터 구원을 받아 하나님의 사랑 안에 거하는 것이고 성화는 죄의 권세와 뿌리에서 구원받아 하나님의 형상으로 회복되는 것이다(설교 111번 "우리 자신의 구원을 성취함에 있어서", 2.1). 칭의와 신생과 성화는 거의 동시에 이루어지나, 순서를 따지면 칭의-신생-성화의 순서대로 이루어진다("성경적 구원의 길", 1.4; "신생", 4.3).

신생은 영적 무감각에서 깨어나서 하나님의 음성에 반응하여 영적으로 다시 살아나는 현상이다. 신생은 마귀의 자녀에서 하나님의 자녀로 신분의 변화가 생긴 사실을 가리킨다("신생", 2.3). 영적 무감각에 빠졌던 우리가 드디어 하나님과 "영적 호흡"을 하게 되는 것이고, 그리스도 안에서 새로운 인간으로 창조되는 것이다("신생", 2.4-5). 거듭난 자는 "은혜 아래 있는 자"("노예의 영과 양자의 영", 3.1-8)이다. 그는 하나님을 아바 아버지라고 부르고, "자연적 인간"이 누리는 거짓 평화나 "율법 아래 있는 자"가 느끼는 두려움이 아니라 참된 평화를 누린다("노예의 영과 양자의 영", 3.8). 우리가 거듭나서 하나님의 자녀가 되었다는 사실은 성령이 친히 증거하시고(『표준설교』 10번 "성령의 증거"), 우리 자신의 영도 증거한다(『표준설교』 11번 "우리 자신의 영의 증거").

5) 성화, 그리스도인의 완전, 그리스도인의 타락과 반복되는 칭의와 중생

하나님 안에서 거듭난 사람은 성령 안에서 거룩한 열매를 맺는데, 단순히 열매를 맺는 현상이 중요한 것이 아니라 거룩한 열매를 맺을 수 있도록 본질적으로 거룩한 나무가 되었다는 것이 중요하다. 즉, 하나님의 자녀가 거룩한 열매를 맺는 것은 그가 거룩한 나무가 되었기 때문이며(『표준설교』 8번 "성령의 첫 열매들"), 따라서 그가 좋은 열매를 맺는 것은 선택이나 가능성의 문제가 아니라 당연한 것, "불가피한 문제"이다("우리 주님의 산상수훈에 관하여–강해 13", 3.4).

하나님 안에서 거듭난 사람은 새롭게 태어나는 순간부터 자라기 시작한다. 이 성장의 과정은 성화이다. 우리에게 성화가 필요한 이유는 칭의를 입어 죄책으로부터 자유를 얻었지만, 죄의 유혹으로부터 자유를 얻은 것은 아니기 때문이다. 따라서 거듭난 신자에게도 죄의 유혹은 끊임없이 찾아온다("성경적 구원의 길", 1.6). 신생의 목적은 하나님의 형상을 회복하는 것, 즉 거룩함의 회복에 있다("신생", 3.1-3). 이 거룩한 삶은 죽은 이후 미래의 이야기가 아닌 지금 현재의 이야기이며, 따라서 구원은 현재적이다("믿음에 의한 구원", 2.1). 이 거룩함이 있어야 우리는 하나님을 뵐 수 있으며, 죽음 이후의 천국뿐만 아니라 이 세상에서 참된 행복도 누릴 수 있다("신생", 3.3). 그러므로 거듭난 하나님의 자녀도 꾸준히 믿음의 선한 싸움을 계속 싸워나가야 한다.

다행히도 거듭나서 하나님의 자녀가 되어 은혜의 계약 안에 들어간 사람은 죄의 권세를 이길 힘을 부여받는다(『표준설교』 6번 "믿음에 의한 의", 1.10). 이전에 우리에게 부과되었던 "공로의 계약"(Covenant of Works)은 우리에게 "이것을 행하면 살 것이다."라고 말하지만, 은혜의 계약은 "믿으면 살 것이다."라고 말한다("믿음에 의한 의", 0.3). 하나님의 자녀에게 율법을 지키라고 요구하시는 것은 우리가 지킬 수 없는 것을 하나님이 요구하시는 것이 아니라 우리가 그것을 지킬 수 있도록 능력을 주신다는 것이다.

> 우리가 "믿으시오. 그리하면 구원을 받을 것이오."라고 말한다고 해서 이것이 "믿으시오. 그리하면 그대는 죄에서 벗어나서 하늘로 가는 그 도중에 있는 어떠한 거룩함의 단계 없이도 곧바로 천국에 가게 될 것입니다. 믿음이 거룩하게 되는 것을 대체하니까 말입니다."라는 것을 뜻하지는 않습니다. 도리어 우리는 "믿으시오. 그러면 그대는 거룩하게 될 것입니다."라고 말하는 것입니다. "예수 그리스도를 믿으시오. 그러면 그대는 평화와 능력을 함께 받게 될 것입니다. 그리고 그대는 그대가 믿는 그분에게서 능력을 받아서 그대의 발로 죄를 짓밟게 될 것이며, 그대의 온 맘으로 주님이신 그대의 하나님을 사랑할 수 있는 능력을 받게 될 것입니다."라는 말을 하는 것입니다. (『표준설교』 20번 "우리 주님의 산상수훈에 관하여-강해 5", 3.9)

이런 맥락에서 율법은 복음이며 약속이다(『신약성서주석』의 마태복음 5장 48절 주석). 이 약속에 대한 신뢰, 즉 "믿음은 거듭난 자에게 주시는 첫 번째 표적이자, 다른 표적의 기초"이며, 모든 내적-외적 죄를 이기는 능력이 된다(『표준설교』 14번 "신생의 표적", 1.1). 이 능력 덕분에 하나님에게로 난 자는 "악한 기질에서 벗어나" 죄를 짓지 않는 위대한 특권을 갖는다("신생의 표적", 1.5-6; "성령의 첫 열매들", 2.4; "그리스도인의 완전", 2.1-28).

그러나 이것이 거듭난 자가 영적 나태에 빠져도 문제가 없다는 안전 보장 수표는 되지 못한다. 웨슬리는 거듭난 자라고 할지라도 믿음 안에서 꾸준히 정진하지 않으면 죄를 지을 수 있다고 말하면서 한 번 빛을 받아 하늘의 은사를 맛보고 성령을 나누어 받았던 자가 어떻게 믿음에서 떨어져 나가는지(히 6:4-6) 그 과정을 여덟 단계로 상세히 설명한다("하나님으로부터 난 자들의 위대한 특권", 2.7-9). 그러므로 신자에게 중요한 것은 지금 그가 믿음 안에서 성령의 능력으로 거룩한 길을 걷고 있는가라는 것이다. 그가 과거에 세례를 받았던 사람이든, 한때 성령 충만했던 사람이든 아무런 상관이 없다. 그것이 그를 구원하지 못한다. 중요한 것은 지금 그가 거듭난 상태를 유지하느냐는 점이다("신생의 표적", 4.2-5). 이를 뒤집어 말하면 하나님의 자녀였다가도 언제든지 마귀의 자식으로 떨어져 나갈 수 있으며, 설령 그렇다 하더라도 다시 하나님의 아들로 돌아올 수 있다는 것이다("신생의 표적", 4.5).

웨슬리는 그리스도인의 완전과 거듭된 회개와 칭의, 신생의 논리를 히브리서 6장 4-6절을 통해 설명한다. 칭의함을 받고 거듭나 하나님의 자녀가 된 사람은 죄를 짓지 않는다(『표준설교』 35번 "그리스도인의 완전"; 설교 107번 "완전에 대하여"). 하나님의 자녀는 "미끄러질 수는 있어도 아주 타락하지는 않기" 때문이다("산상수훈 강해 4", 1.9). 만약 그가 죄를 짓는 자라면 그는 이미 타락하여 육에 거한 자, 즉 "자연적 상태"로 되돌아간 자이다("하나님으로부터 난 자들의 위대한 특권"; "노예의 영과 양자의 영"; "완전에 대하여", 2.10, 12). 하지만 하나님의 사랑은 너무나 강해서 비록 그가 떨어져 나가서 믿음에 파선했다 하더라도 다시 하나님의 자녀로 회복시키실 수 있다("산상수훈 강해 1", 2.4). 다시 하나님의 자녀로 돌아올 수 있다는 말("신생의 표적", 4.5)은 회개와 칭의와 중생이 일회성이 아니라 반복될 수 있음을 보여준다.

이 밖에도 웨슬리는 하나님 나라로 가는 거룩한 성화의 여정에서 겪는 다양한 과정을 13편에 이르는 『표준설교』 16-28번 "산상수훈 강해"를 통해 자세히 설명한다. 또한 36번 "방황하는 생각", 37번 "사탄의 계략", 40번 "광야의 상태", 41번 "여러 가지 시험을 통한 낙담", 42번 "자기부정", 43번 "험담의 치료", 44번 "돈의 사용" 등 표준설교집 후반부 설교들을 통해 성화의 여정에서 겪을 수 있는 신자의 유혹과 장애물들은 무엇이며, 그것을 어떻게 극복할 수 있는지 설명한다.

4. 웨슬리 신학과 신약성서

지금까지 우리는 웨슬리의 신학적 핵심을 그의 삶과 『표준설교』를 비롯한 다른 설교를 중심으로 살펴보았다. 웨슬리의 『표준설교』의 성경 본문 구성은 신약성서에 집중되어 있다. 『표준설교』 총 44편 중에서 구약이 3편(창세기, 열왕기하, 말라기)인데 반하여, 신약이 41편으로 거의 대부분을 차지한다. 신약은 마태복음 14편, 마가복음 2편, 누가복음 2편, 요한복음 3편, 사도행전 3편, 로마서 9편, 고린도후서 3편, 에베소서 2편, 빌립보서와 베드로전서와 요한1서가 각각 1편씩이다. 『표준설교』 외에 다른 설교들의 분포를 살펴보아도 신약성서가 구약성서보다 월등히 많다. 『표준설교』 외에 110편가량 되는 기타 설교 중에서도 70퍼센트 정도가 신약성서를 본문으로 삼는다.

표4 표준설교와 웨슬리 설교 본문 분포

성경	표준설교	기타설교	계	성경	표준설교	기타설교	계
마태복음	14	10	24	디모데전서		1	1
마가복음	2	4	6	디모데후서			0
누가복음	2	7	9	디도서			0
요한복음	3	3	6	빌레몬서			0
사도행전	3		3	히브리서		6	6
로마서	9	8	17	야고보서		2	2
고린도전서		8	8	베드로전서	1	1	2
고린도후서	3	7	10	베드로후서			0
갈라디아서		1	1	요한1서	1	4	5
에베소서	2	5	7	요한2서			0
빌립보서	1	1	2	요한3서			0

성경	표준설교	기타설교	계	성경	표준설교	기타설교	계
골로새서		1	1	유다서			0
데살로니가전서			0	요한계시록		1	1
데살로니가후서		1	1	합계	41	71	112

[표4]에서 보듯이, 웨슬리의 설교는 신약성서 중에서도 마태복음과 로마서의 사용 비중이 상당히 높다. 『표준설교』만 따로 보아도 마태복음이 14편으로 32퍼센트, 로마서가 9편으로 21퍼센트를 차지한다. 설교의 주제는 주로 원죄, 구원, 믿음, 칭의, 의, 율법, 복음, 거듭남, 선행은총, 죄, 심판, 성화, 그리스도인의 완전, 의도의 순수성, 은총, 예정 등과 같은 신학적 주제들과 더불어 거듭난 하나님의 자녀로서 거룩한 삶을 살아가는 과정(시험, 자기부정, 험담, 경제, 사랑, 이웃과의 관계, 열광주의, 에큐메니즘)에 관한 내용으로 구성된다. 신학적 주제 중에서 삼위일체, 사후 보상, 예배, 예정, 천사, 전도, 교회, 창조, 섭리, 심방, 영원, 성찬 등에 관한 주제는 주로 일반 설교에서 다루어지고, 거룩한 삶의 과정에 대한 내용에서도 자녀 교육이나 가정생활, 시간 사용, 이성과 지성, 부모 공경 등은 일반 설교에서 다루어진다. 물론 이런 모든 내용은 『표준설교』 내용 중 곳곳에 스며들어 있어서 따로 분리할 수는 없다.

이렇게 보았을 때 『표준설교』는 구원의 여정에 대한 내용에 초점을 맞추고 있으며, 그 내용은 크게 칭의와 성화로 구분된다. 칭의에 관한 내용은 주로 에베소서, 로마서, 요한복음, 고린도후서 등이 활용되며, 성화의 여정을 설명하는 데는 주로 마태복음, 요한복음, 요한1서, 고린도후서, 누가복음, 베드로전서 등이 활용된다. 물론 웨슬리『표준설교』의 성경 본문이 그 설교에서 말하고자 하는 것과 모두 일치하는 것은 아니다. 예를 들어 2번 "거의 그리스도인"의 본문은 사도행전 26장 28절인데, 설교에서 말하고자 하는 내용과 성경 본문이 전하는 맥락은 전혀 상관없다. 이런 유사한 예는 4번 "성경적 기독교", 12번 "은총의 수단", 36번 "방황하는 생각", 40번 "광야의 상태", 43번 "험담의 치료", 44번 "돈의 사용"이다.⁷ 그러나 전반적으로 웨슬리는 구원의 모든 과정을 설명하기 위해 신약성서에 거의 대부분을 의존하고 있으며, 산상수훈 강해 등 몇 개 설교를 제외하면 성경 본문을 주석하며 강해하기보다는 성경 본문의 말씀을 내세워서 그것에 착안하여 자신의 메시지를 전달하는 주제설교의 방식으로 설교를 진행하고 성경 말씀을 활용한다.

---

1 Scott J. Jones, *John Wesley's Conception and Use of Scripture* (Nashville: Abingdon Press, 1995), 215를 보라.
2 존 웨슬리,『그리스도인의 완전에 관한 평이한 해설(A Plain Account of Christian Perfection)』, 2를 보라.
3 이 조직에 대한 자세한 설명은 존 웨슬리/김진두 역, "메도디스트라 불리는 사람들에 대한 평이한 해설"(A Plain Account of the People Called Methodists: in a letter to the Reverend Mr. Perronet, Vicar of Shoreham in Kent), in『웨슬리 논문집 I』(서울: 웨슬리학회, 2009), 13-46을 보라.
4 존 웨슬리/양재훈 역,『신약성서주석: 사복음서-마태복음』, 15-16을 보라.
5 존 웨슬리/양재훈 역,『신약성서주석: 사복음서-요한복음』(서울: 동연, 2023), 41을 보라.
6 존 웨슬리/양재훈 역,『신약성서주석: 사복음서-마태복음』, 82를 보라.
7 "돈의 사용" 본문인 누가복음 16장 9절의 "불의한 청지기의 비유"에 관해서 웨슬리는 청지기적 정신을 가르치는 비유로 이해한다(『신약성서주석: 사복음서-누가복음』, 누가복음 16장 9절 주석). 이와 유사한 논지의 설교는 51번 "선한 청지기"이다. 이에 대한 비판으로는 존 웨슬리/양재훈 역,『신약성서주석: 사복음서-누가복음』, 230-234를 보라.

참고문헌

김창선, "유대 전쟁과 예루살렘 성전 멸망," 「성서마당」 87(2008), 85-98.

라이케, 보. 『신약성서 시대사』(서울: 한국신학연구소, 1986), 15-45.

레인, 윌리엄 L./채천석 옮김, 『히브리서(상)』, WBC 47상(서울: 솔로몬, 2006).

로제, 에드워드/박창건 역, 『신약성서 배경사』(서울: 대한기독교출판사, 1983).

뤼데만, G./김충연 역, 『사도행전』(서울: 솔로몬, 2012).

린다스, 바나바스/장동수 옮김, 『히브리서 신학』(서울: 한들출판사, 2002).

박찬웅, "마가복음의 수난과 제자직 관점에서 본 향유를 부은 여자," 「신학과 현장」 31(2021), 227-250.

_____, "벳새다 맹인 단락(막 8:22-26)의 '보다' 관련 동사에 관한 연구," 「성경원문연구」 41(2017), 100-122.

_____, "사도행전 12장에 나타난 아그립바1세의 박해와 죽음에 관한 연구," 「신학논단」 99(2020), 39-69.

_____, "세례 요한과 헤롯 안티파스에 관한 비교 연구," 「신약연구」 16(2017), 36-70.

_____, "신약성서주석 방법론의 이해와 적용: 청소년 교육의 목적을 포함하여," 『신학과 현장』 33(2023), 193-218.

_____, "예수 신격화의 유대 사상적 배경," 「신약논단」 27(2020), 1-32.

_____, 『초기 기독교와 요세푸스: 헬레니즘 시대의 유대교를 배경으로』(서울: 동연, 2018).

_____, 『히브리서』, 연세신학백주년기념 성서주석(서울: 연세대학교 출판문화원, 2021).

버릿지, R./김경진 역, 『네 편의 복음서, 한 분의 예수?』(서울: UCN, 2000).

브라운, 레이먼드, 『요한 공동체의 역사와 신학: 사랑받는 제자 공동체』(서울: 성광문화사, 1994).

샌더스, E. P., M. 데이비스/이광훈 옮김, 『공관복음서 연구』(서울: 대한기독교서회, 1999).

서중석, 『마가복음』, 연세신학백주년기념 성서주석(서울: 대한기독교서회, 2013).

송혜경, 『영지주의, 그 민낯과의 만남』(의정부: 한님성서연구소, 2014).

스타인, R./김철 옮김, 『공관복음서 문제』(서울: 솔로몬, 1995).

신동욱, "요한계시록에 나타난 출애굽 전승에 관한 연구: 나팔 재앙과 대접 재앙을 중심으로," 「인문사회 21」 10:5(2019), 891-902.
_____, 『요한계시록 주석』(서울: kmc, 2010).

알베르츠, 라이너/강성열 옮김, 『이스라엘 종교사』, II(고양: 크리스찬다이제스트, 2004).

양용의, 『마태복음 어떻게 읽을 것인가』(서울: 성서유니온, 2008).

양재훈, "'몇 번 용서를 할까요?'-용서의 비유(마 18:23-35)에 나타난 용서에 대한 재고찰," 「신약논단」 21:4(2014), 865-893.
_____, "신약외경과 알레고리: 도마행전 '진주의 찬가'의 알레고리화와 이데올로기 고찰" 「캐논앤컬쳐」 8:2(2014), 135-161.
_____, "초기 기독교 공동체의 이데올로기와 부활," 「헤르메네이아투데이」 34(2006), 19-32.

에스콜라, 티모/박찬웅, 권영주, 김학철 옮김, 『신약성서의 내러티브신학: 유배와 회복의 메타내러티브 탐구』(서울: 새물결플러스, 2021).

웨슬리, J./감리교신학대학교・한국웨슬리연구원 옮김, 『존 웨슬리의 설교, 웨슬리 선집 I』(서울: 대한기독교서회, 2022).

웨슬리, J./김진두 역, "메도디스트라 불리는 사람들에 대한 평이한 해설," 『웨슬리 논문집 I』(서울: 웨슬리학회, 2009).

웨슬리, J./마경일 역, 『잠자는 자여 일어나라』(서울: 기독교대한감리회 홍보출판국, 1995).

웨슬리, J./양재훈 역, 『웨슬리와 함께 읽는 산상수훈』(서울: kmc, 2013).

웨슬리, J./양재훈 역, 『신약성서주석: 사복음서-요한복음』(서울: 동연, 2023).

웨슬리, J./양재훈 역, 『신약성서주석: 사복음서-마태복음』(서울: 동연, 2023).

웨슬리, J./양재훈 역, 『신약성서주석: 사복음서-마가복음』(서울: 동연, 2023).

웨슬리, J./이계준 역, 『새로운 탄생』(서울: 기독교대한감리회 홍보출판국, 1995).

웨슬리, J./조종남 외 공역, 『웨슬리설교전집 1-7』(서울: 대한기독교서회, 2020).

웨슬리, J/웨슬리학회 편역, 『웨슬리 신약성경주석』(서울: 웨슬리학회, 2022).

켈버, 베르너 H./서중석 옮김, 『마가의 예수 이야기』(서울: 한국신학연구소, 1991).

콘첼만, 한스, 안드레아스 린데만/박두환 옮김, 『신약성서 어떻게 읽을 것인가』(서울: 한국신학연구소, 2000).

키이, 하워드 클락/서중석 옮김, 『신약성서의 이해』(천안: 한국신학연구소, 1990).

타이센, 게르트/류호성, 김학철 옮김, 『복음서의 교회 정치학: 복음서에 대한 사회 수사학적 접근』(서울: 대한기독교서회, 2002).

타이센, 게르트, 아네테 메르츠/손성현 옮김, 『역사적 예수: 예수의 역사적 삶에 대한 총체적 연구』(서울: 다산글방, 2001).

헤그너, D./ 채천석 역, 『마태복음 하; WBC 33B』(서울: 솔로몬, 2006).

Aitken, Ellen B., "Reading Hebrews in Flavian Rome," *Union Seminary Quarterly Review* 59(2005), 82-85.

Allison, D. C., *The New Moses: A Matthean Typology* (Oregon: Wife & Stock, 2013).

Aune, David E., *The New Testament in its Literary Environment* (Philadelphia: Westminster Press, 1988).

Bacon, B. W., *Studies in Matthew* (NY: Henry Holt, 1930).

_____, "The 'Five Books' of Matthew Against the Jews," *ExpTim* 8/15(1918), 56-66.

Beckwith, I. T., *The Apocalypse of John* (NY: Macmillan, 1919).

Berger, K., *Hermeneutik des Neuen Testaments* (Tübingen und Basel: Francke, 1999).

Bornkamm, H., *Luthers Vorreden zur Bibel* (Göttingen: Vandenhoecker & Ruprecht, 1989).

Bultmann, R., *Evangelien, gattungsgeschichtlich (formgeschichtlich)*, RGG², 2. Aufl. (Tübingen: J. C. B. Mohr, 1928).

_____, *Jesus* (Tübingen: Paul Siebeck, 1926).

Bultmann, R./허혁 역, 『신약성서신학』(서울: 성광문화사, 1976).

Conzelmann, Hans, *Die Mitte der Zeit: Studien zur Theologie des Lukas*, Beitrage zur Historischen Theologie 17 (Tübingen: J. C. B. Mohr, 1953).

Davies, W. D., *The Setting of the Sermon on the Mount* (Cambridge: Cambridge Univ. Press, 1977).

Dibelius, Martin, *An die Thessalonicher I, II, An die Philipper*, HNT 11 (Tübingen: J. C. B. Mohr, 1937).

_____, *Die Formgeschichte des Evangeliums* (Tübingen: Mohr, 1919).

Dodd, Charles Harold, *The Apostolic Preaching and its Developments* (Chicago: Willett, Clark & Company, 1937).

Funk, R. W. Hoover & the Jesus Seminar, *The Five Gospels - The Search for the Authentic Words of Jesus* (New York: Macmillan, 1993).

Grässer, Erich, *An die Hebräer(Hebr 1-6)*, Evangelisch-Katholicher Kommentar zum Neuen Testament 17/1 (Zürich: Benziger Verlag, 1990).

Harnack, A. v./오흥명 역, 『기독교의 본질』(서울: 한들출판사, 2007).

Harrington, W. J., *Revelation*, Sacra Pagina Series 16 (MN: Liturgical Press, 2008).

Jones, Scott J., *John Wesley's Conception and Use of Scripture* (Nashville: Abingdon Press, 1995).

Kähler, Martin, *Der sogenannte historische Jesus und der geschichtliche biblische Christus*, 2nd ed. (Leipzig: A. Deichrt, 1896).

Keener, Craig S., *Acts: An Exegetical Commentary*, vol. 1 (Grand Rapids: Baker Academic, 2012).

Kennedy, George Alexander, "Classical and Christian Source Criticism," in William O. Walker (ed.), *The Relationship among the Gospels: An Interdisciplinary Dialogue*, Trinity U. Monograph Series in Religion 5 (San Antonio: Trinity U. Press, 1983), 125-55.

Kingsbury, J. D./김근수 역, 『마태복음서 연구』(서울: CLC, 1990).

Klaiber, W. and M. Marquardt/조경철 역, 『감리교회 신학』(서울: 도서출판kmc, 2006).

Ladd, G. E., *A Commentary on the Revelation of John* (Grand Rapids: Eerdmans, 1972)

Lessing(Herausgeber), G. E., *Vom Zwecke Jesu und seiner Jünger* (Göttingen: De Gruyter, 1784).

Lohmeyer, E., *Die Offenbarung des Johannes* (Tübingen: Mohr Siebeck, 1926).

Lohse, E., Die *Entstehung des Neuen Testaments* (Stuttgart: Kohlhammer, 1983).

Mack, B./김덕순 역, 『잃어버린 복음서』(서울: 한국기독교연구소, 1999).

Martyn, J. Louis, *History and Theology in the Fourth Gospel* (New York: Harper & Row, 1979).

Marxsen, Willi, *Der Evangelist Markus: Studien zur Redaktionsgeschichte des Evangeliums*, FRLANT 67 (Gütersloh: Gütersloh Mohn, 1959).

Moo, Douglas J./신윤수 옮김, 『골로새서·빌레몬서』, PNTC(서울: 부흥과개혁사, 2017).

Mounce, R. H., *The Book of Revelation*, NICNT (Grand Rapids: Eerdmans, 1977).

Otto, Rudolf, *Aufsätze das Numinose betreffend* (Stuttgart/Gotha: Friedrich Andreas Perthes, 1923).

Pokorny, Petr and Ulrich Heckel, *Einleitung in das Neue Testament: Seine Literatur und Theologie im Überblick*, UTB 2798 (Tübingen: Mohr Siebeck, 2007).

Roloff, J., *Die Offenbarung des Johannes* (Zürich: Theologischer Verlag, 1984).

Schmidt, Karl Ludwig, *Der Rahmen der Geschichte Jesu: literarkritische Untersuchungen zur ältesten Jesus-überlieferung* (Darmstadt: Wissenschaftliche Buchgesellschaft, 1919).

Schweitzer, A., *Geschichte der Leben-Jesu-Forschung*, 9. Auflage (Tübingen: Paul Siebeck, 1984).

Stanton, G., "The Communities of Matthew," *Int* 46(1992), 379-91.

_____, *A Gospel for a New People: Studies in Matthew* (Edinburgh: T & T Clark, 1992).

Stark, R., *Rise of Christianity* (SanFrancisco: HarperSanFrancisco, 1997).

Vielhauer, Philipp, *Geschichte der urchristlichen Literatur: Einleitung in das Neue Testament, die Apokryphen und die Apostolischen Väter* (Berlin: Walter de Gruyter & Co., 1978).

Wellhausen, Julius, *Das Evangelium Marci* (Berlin: G. Reimer, 1903).

Wrede, William, *Das Messiasgeheimnis in den Evangelien. Zugleich ein Beitrag zum Verständnis des Markus-Evangeliums* (Göttingen: Vandenhoeck & Ruprecht, 1901, 1969).

Yang, Jayhoon, "Apocryphal Women in Wonderland: Asceticism and Desire in the Apocryphal Acts," *Canon & Culture* 11(2017), 213-38.

웨슬리언 신약개론
우리 신앙의 표준

발행일 2024년 10월 2일

지은이 · 김충연 박성호 박찬웅 신동욱 양재훈 임진수
발행인 · 이 철
편집인 · 김정수
발행처 · 도서출판kmc
　　　　서울특별시 종로구 세종대로 149 감리회관 16층
　　　　(재)기독교대한감리회 도서출판kmc
　　　　전화 02-399-2008 팩스 02-399-2085
　　　　www.kmcpress.co.kr
디자인·인쇄 · 코람데오

ⓒ 양재훈, 2024
ISBN 978-89-8430-929-6 03230

· 값은 뒤표지에 있습니다.
· 파본은 구입처에서 교환해 드립니다.
· 이 책 내용의 전부 또는 일부를 이용하려면 반드시 저작권자와 출판사의 서면동의를 받아야 합니다.